The Wise Company
How Companies Create Continuous Innovation

ワイズカンパニー

知識創造から知識実践への新しいモデル

野中郁次郎
竹内弘高＝＝著
黒輪篤嗣＝＝訳

東洋経済新報社

われわれの後に続いてくれる若い人たちへ
飽くなき知識と知恵の探求者たちへ
本書を捧げる。

The Wise Company was originally published in English in 2019. This translation is published by arrangement with Oxford University Press. Toyo Keizai, Inc. is solely responsible for this translation from the original work and Oxford University Press shall have no liability for any errors, omissions or inaccuracies or ambiguities in such translation or for any losses caused by reliance thereon.

まえがき
Preface

『知識創造企業（*The Knowledge-Creating Company*）』の刊行からおよそ四半世紀が経った。同書で提唱したのは、新しい組織的知識がいかにＳＥＣＩ《セキ》――共同化（Socialization）、表出化（Externalization）、連結化（Combination）、内面化（Internalization）――というプロセスを通じて生まれるかについての理論だった。われわれは知識創造のプロセスをＳＥＣＩモデルと呼んで、何が企業にイノベーションをもたらすかを理解するうえで、鍵を握るものだと論じた。一九九五年刊行の同書の英語版には、「日本企業におけるイノベーションの力学」という副題もつけた。[1]

　われわれが同書で唱えた概念の数々は、今日では世界で広く受け入れられている。ピーター・ドラッカー氏は日本語版の帯の推薦文で、『知識創造企業』を「現代の名著」と評してくださった。[2] 二〇一三年、英国の経営学の学術誌『ナレッジマネジメントの研究と実践（*Knowledge Management Research and Practice*）』では、『知識創造企業』が二〇〇三年から二〇一二年までの一〇年間において、ナレッジマネジメント分野で最も引用された文献だったことが紹介された。同じ年、日本のビジネス誌『週刊ダイヤモンド』の「１００年後も読み継がれるべスト経営書」では第一位に選ばれた[3]。

『知識創造企業』の出版は、経営学者の間に「ナレッジ(知識)ブーム」を巻き起こし、やがてナレッジマネジメントという新しい分野も生み出した。一九九〇年代半ばまで、主流の組織論や研究では「情報」に重点が置かれていたが[4]、われわれは「知識」に着目し、組織やコミュニティにおいて、イノベーションの力学がどのように築かれているかを解き明かそうとした。ナレッジブームは、学術分野としてのみならず、企業の機能としても発展を遂げた。ナレッジマネジメントは現在、マネジメントの研究と実践の両方で、主要なテーマの一つと見なされている[5]。

これまで二五年以上にわたって、われわれは以下のようにナレッジマネジメントの拡大に努めてきた。

- 新設された一橋ビジネススクール[6]における「知識ベースのマネジメント」や、ハーバード・ビジネス・スクールにおける「知識ベースの戦略」など、講座の開講。
- 『ナレッジ・イネーブリング(*Enabling Knowledge Creation*)』(フォン・クロー、一條、野中、二〇〇〇年)、『流れを経営する(*Managing Flow*)』(野中、遠山、平田、二〇〇八年)、『トヨタの知識創造経営(*Extreme Toyota*)』(大薗、清水、竹内、二〇〇八年)など、英語の著作の執筆。
- 「組織的知識創造のダイナミック理論(A Dynamic Theory of Organizational Knowledge Creation)」

（野中『オーガニゼーション・サイエンス』一九九四年）、「〝場〟の概念——知識創造の土台を築く（The Concept of 'Ba': Building a Foundation for Knowledge Creation）」（野中、紺野『カリフォルニア・マネジメント・レビュー』一九九八年）、「トヨタの成功を駆動させる矛盾（Contradictions That Drive Toyota's Success）」（竹内、大薗、清水『ハーバード・ビジネス・レビュー』二〇〇八年）、「賢慮のリーダー（The Wise Leader）」（野中、竹内『ハーバード・ビジネス・レビュー』二〇一〇年）、「俊敏さ（アジャイル）を抱きしめて（Embracing Agile）」（リグビー、サザーランド、竹内『ハーバード・ビジネス・レビュー』二〇一〇年）など、論文の発表。

- ファーストリテイリング（ユニクロ）、セブン&アイ・ホールディングス、本田技研工業、エーザイなどの企業や、国際協力機構などの政府機関において、競争優位性を獲得する手段としての知識の活用。また、われわれは二〇一四年刊行の『スクラム（*Scrum*）』の著者で、スクラム社の創業者であるジェフ・サザーランド氏から「アジャイルムーブメントの祖父」と評された。
- 二〇一八年には、東京の野中インスティテュート・オブ・ナレッジが創設一〇周年を迎えた。この非営利組織は、一流企業のリーダー向けに、受講者三〇人という少数制で行われる一年間のリーダー育成講座「ナレッジ・フォーラム」などを手がけている。

『知識創造企業』がすでにこれだけ大きな影響をもたらしているのに、二五年後の今、あえて同じテーマの本を書こうとするのは、なぜなのか。皆さんは疑問に思われるかもしれない。

理由は三つある。第一には、知識創造の基本的な理論は確かに、学者や、企業や、企業のリーダーたちに受け入れてもらえたが、SECIが日々のビジネスの場面で、具体的にどのように機能しているのかや、SECIをどのように役立てればよいのかについては、十分に理解されていない。とりわけ企業のリーダーたちの間ではそうだといえる。そこで、理論から実践へ移りたい、知識をうまく活用したい、知識を行動に結びつけたいという方々に向けて、本書を書くことにした。第3章でSECIスパイラルモデルを紹介し、第4章から第9章で、六つの素晴らしい事例によって、「SECI行き詰まり症候群」とも呼ぶべきものをどう避ければよいかを論じている。

第二には、世界は過去二五年で根底から劇的な変化を遂げた。そういう世界で大きな困難に直面しながら、われわれが提唱したアイディアを実践しようとする方々に向けて、この新しい本は書かれた。世界の変化に伴って、知識の風景も一変した。その変化には次のようなものがある。

- グローバル化の進展で、企業が国境を越えやすくなった。
- あらゆる知識が世界中で入手可能になった。
- インターネットがソーシャルメディアやモバイル技術と組み合わさり、人々が密接に結びつく世界が生まれた。

- 知識が無料に、無限に、「ツイートするだけ」になった。
- ビッグデータや、クラウドや、人工知能から貴重なデータや情報がもたらされるようになった。
- 知識と、情報と、データの区別がつきにくくなると同時に、情報過多が問題になってきた。
- オープンイノベーションによって、企業という枠組みが超えられやすくなった。
- 知識の共有がいっそう広まった。モノのインターネット（IoT）化によって、あらゆる製品がサービスとして提供される新世代の製品が、登場した。
- マネジャーたちに新しい知識のスキルが求められるようになった。
- 環境保護が企業にとっても、社会にとってもますます喫緊の問題になってきた。
- 知識創造が組織のためだけではなく、生態系のために行われるようになった。

これらの変化は知識をいっそう豊かなもの、グローバルなもの、複雑なもの、深いもの、互いにつながったものにしている。企業が情報過多の問題に取り組まなければならない理由も、適切な知識の活用方法を真剣に考えなくてはならない理由もそこにある。

前著では、知識が情報やデータと似たものでありながら、それらとはどこが違うかを論じた。情報と違って、知識には「信念」や「積極的な関与（コミットメント）」が深くかかわっている。

知識は当人の価値観や、倫理観や、道徳観によって形作られるものだ。また情報と違って、知識は「行動」とも切り離せない。知識には必ず、何らかの用途や目的がある(例えば、イノベーションの材料にするなど)。さらに知識には、データや情報とは違い、常に「意味」が伴う。文脈のない知識はないし、他者やものとの関係を持たない知識もない。

そして、『ワイズカンパニー(*The Wise Company*)』と題した今回の本では、変化の激しい世界に対処するためには、高次の暗黙知である知恵が必要だということを述べたいと考えている。

第三には、社会に影響を与える仕事がしたいという熱意にあふれる研究者の皆さんに、われわれの知識創造理論をいっそう役立ててもらえるよう、理論にさらに磨きをかけるために本書は書かれた。経済学者に知識の価値に関心を持ってもらえたことや、組織理論の研究者に資産としての知識の管理に興味を抱いてもらえたことに、われわれは大いに勇気づけられている。また、戦略や起業、情報技術、政治学、脳科学のほか、ナレッジマネジメントのいろいろな学問分野の研究者の間でも、知識創造理論が広まっていることは心強い。

米国における社会・組織・応用心理学の草分けの一人、クルト・レヴィンはかつて「優れた理論ほど実用的なものはない」と言った。[7] われわれも、優れた理論をどこまでも追究することが、結局は、人々の実際の仕事の役に立つことにつながると確信している。

研究人生の締めくくりの時期が近づいてきた今、次の世代の研究者たちにバトンを渡して、成長著しいこの研究分野をさらに大きく発展させてもらいたいというのが、われわれの切なる願いである。われわれの研究は理論面では、「知恵」という概念をナレッジマネジメントの中心テーマとして確立することをめざしている。

たとえるなら、ナレッジマネジメントという名の大海に深く潜って、知恵という名のダイナミックで、ミステリアスな海流に達しようという企てといえる。われわれの研究はアリストテレスの「フロネシス（実践知）」という概念を拠り所にしており、経営や組織生活においてフロネシスが果たしている中心的な役割に重点を置いている。(8)

実践面でわれわれがめざしているのは、あらゆる人々の生き方に知識創造が取り入れられるようにすることである。この途方もない目標を達成するには、強い意志と忍耐はもちろん、共感や愛も求められる。

さらに、「場」の活用も必要になる。「場」とは、近代日本の哲学者、西田幾多郎が唱えた概念で、人々が文脈を共有したり、知識を創造したりするのを可能にする「共有された動的文脈」のことを意味する。(9) 知識創造を実践するならば、たえずイノベーションが生まれ、組織のパフォーマンスは向上するだろう。加えて、個人の人生も豊かになるだろう。

われわれの心情をよく言い表してくれている詩があるので、ここで紹介したい。米国の女性詩人ウィル・アレン・ドロムグールの「橋を架ける者」という詩である。この詩は、バーモント州とニューハンプシャー州の州境を流れるコネティカット川に架けられた、チャールズ・N・ビラス橋（バーモント州ベロウズ・フォールズ）の飾り板に刻まれている。

人跡まれな道を歩んできた老人が、
寒くて薄暗い夕暮れどきにたどり着いたのは、
向こう側が霞んで見えるほど広く、険しい谷だった。
そこには深くて、冷たい川が流れていた。
老人は薄闇の中、その谷を渡った。
黒々とした水の流れにもひるみはしなかった。
しかし渡り切ったとき、老人は振り返って、
川に橋を架けた。

「ご老人よ」と、同行の旅人が言った。
「ここに橋を架けるなんて、無駄な骨折りではないですか。
あなたの旅は今宵で終わりなのですから。
あなたはもうここを通らないのでしょう。
これだけ深くて、広い谷を渡り切ってから、
どうして一日の終わりにここに橋を架けたのですか」

「良き友よ、私が歩んできた道には、あとからやってくる若者がいる。
その若者も、この道を通らなくてはならない。
私はこの谷を無事に渡れた。
しかし、大切な若者を危険な目に遭わせるわけにはいかない。
若者も、薄暗がりの中でここを渡らなくてはならないのだから……。
良き友よ、私は若者のためにこの橋を架けたのだよ！」

われわれは若い研究者やマネジャーに本書を捧げたい。われわれが架けた橋を渡って、どこまでも知識を、そして知恵を追究してほしいという願いを込めて。

ワイズカンパニー——目次

第2章　知識実践の土台　053

第3章 知識創造と知識実践のモデル

第II部 ワイズカンパニーの六つのリーダーシップの実践

第4章 何が善かを判断する——167

第5章　本質をつかむ　205

第6章 「場」を創出する 251

第9章 社員の実践知を育む

第I部

新しい理論的基盤

New Theoretical Foundations

第1章 知識から知恵へ

From Knowledge to Wisdom

われわれは変化の激しい世界に生きている。今の世界では、長続きしないことが普通であり、不確かであるということ以外に確かなことがない。きわめて流動的な時代である。変化の勢いはわずか二五年前と比べても、いっそう目まぐるしくなっている。

自動車を一台も所有しない企業(ウーバー)が世界最大のタクシー会社になるなど、誰が予想できただろうか。不動産をまったく所有しない企業が世界最大のホテル会社(エアビーアンドビー)になるなど、誰が予想できただろうか。

近い将来に次のような出来事が起こって、世界を震撼させるとは、四半世紀前、『知識創造企業』が刊行された頃には誰も考えていなかっただろう。

- 二〇〇一年の九・一一同時多発テロと、それをきっかけに勃発した中東での戦争、暴力的な宗教原理主義の台頭。

- 二〇〇三年にアジアで起きたSARS（重症急性呼吸器症候群）の流行。
- 二〇〇五年の原油価格の乱高下。
- 二〇〇八年の米国の金融危機、リーマン・ブラザーズの経営破綻、大不況。
- 二〇一一年三月一一日の東日本大震災。
- 二〇一三年のウォール街占拠運動。
- 二〇一六年の英国のEU離脱（ブレグジット）。

一方で、さらに危機感を覚えるのは、世界にはあらゆる知識が揃っていながら、世界の金融システムの崩壊を食い止められもしなければ、リーマン・ブラザーズのような金融機関や、イーストマン・コダック、ゼネラルモーターズ、サーキット・シティといった業界の盟主の失墜を防げもしなかったことである。これらの失敗はすべて、「まえがき」で触れたように、知識が「いっそう豊かなもの、グローバルなもの、複雑なもの、深いもの、互いにつながったもの」になった中で起こっている。いったいどうしてこんなことになったのか。

ここには三つの問題があると思う。

第一には、正しい種類の知識が利用されていないということ。『知識創造企業』で指摘したように、知識には暗黙知と形式知の二種類がある（この二種類の知識についておさらいしたい方は、本章の最後に付した補論をご覧いただきたい）。企業の幹部陣がえてして頼ろうとするのは、形式知（言葉にでき、計量でき、一般化できる知識）のほうである。ウォール街では、融資を一件ずつ検討するより、数字や、データや、分析や、科学的な公式を使うほうが、大きなリスクを管理しやすいと信じられている。

市場主義者は世界を試験管のようなものと見なし、人々の生活環境に至るまで、あらゆる変数がコントロール可能だと考える。市場主義では、市場の参加者が全員、完全な情報を持ち、完全に独立した人間として行動するという完全競争市場が前提にされている。同じような考え方は、顧客のニーズを理解するより、金銭的なインセンティブを使おうとする米国の自動車産業にも見られる。

形式知を頼みにする企業は、変化に対処できない。理論を優先させた科学的で、演繹的な手法では、世界は文脈に依存しないと仮定され、普遍的な答えが探られる。しかし社会現象（そこには経営や企業も、もちろん含まれる）は文脈に依存している。人々の主観的な目標だとか、価値観だとか、興味だとか、あるいは、それらの相互依存的な関係だとかを考慮しなければ、社会現象の分析は何の役にも立たない。ところが、経営者たちはそういうことを考慮していない。

第二には、ピーター・ドラッカーが述べているような、未来を「創る」ということがなされていないということ。科学的な成果によって環境や、エネルギーや、生物多様性をめぐる地球規模の課題に取り組むことが可能になったり、技術の進歩によって、より優れたシステムが開発されたりしたおかげで、われわれが思っていたよりも早く次のような未来が実現しつつある。科学者や技術者たちは、そのような未来を、もはや「もし」ではなく「いつ」の問題と捉えている。

- コンピュータの知能が人間の知能を上回る。
- 自動運転車が普及する。
- 非在来型の発電方式により電力が格段に安くてクリーンなものになる。
- 都市部の騒音や事故が減る。
- 水不足が解消され、水の供給にもほとんどコストがかからなくなる。
- 畑での農作業が人力ではなく農業ロボットによって行われるようになる。
- 食肉が肉牛ではなく、エアロポニック(噴霧式水耕栽培)で生産されるようになる。
- 昆虫などが新しいたんぱく質の供給源になる。
- 個人がトライコーダーなどの医療機器を使って、ほぼ無料で自分の病気の診断ができるようになる。

この他に、まだいくつも挙げられるだろう。

マネジャーは自らに次のように問わなくてはいけない。自分はどういう未来を創造したいのか、と。本章でのちほど詳しく論じるが、インサイド・アウトのアプローチによる戦略の研究によれば、企業の根本的な差は、思い描かれる未来像の違いから生まれる。企業のトップが実現したいと望む未来は、主観的な目標や、信念や、関心に根差しているべきである。その目標の下に全社員が団結して、互いの間に社会的な関係を築かなくてはいけない。社員一人一人が感覚や、気持ちや、見方を互いに共有し、自分が置かれている文脈を直観的に理解して、それに応じた適切な行動を取れるようにしなくてはならない。

何より肝心なのは、未来の創造では自社が儲かりさえすればそれでよい、という発想はやめなくてはいけないということである。未来の創造とは、公益の追求でなくてはならない。マネジャーは自社にとってだけではなく、社会にとって善であるかどうかを熟慮して、判断を下すことが求められる。経営はより高次の目的にかなうものでなくてはならない。そうすることで初めて、企業は社会的存在(社会に永続的な恩恵をもたらすという使命を帯びた存在)であるという自覚が芽生える。ひいては、人類の現状を改善するという社会科学の本来の意義を取り戻すこともできる。

本田技研工業(以下、ホンダ)の創業者、本田宗一郎がそのようなことに気づかされたのは、一九七〇年代初め、自社のエンジニア陣が米国の大気浄化法の基準を満たした低排出エンジンを開発したときだった。威勢のいいリーダーだった宗一郎は、この新技術があればデトロイトのビッグスリーを打ち倒せると誇らしげに勝利宣言した。ビッグスリーは当時、同法に反対していたからである。ところが、ホンダのエンジニアたちは宗一郎に異を唱えた。自分たちがエンジンを開発したのはよりよい世界を築くため、子どもたちのためなのだと、と。宗一郎はこれを聞いて恥じ入り、伝えられた話によれば、これをきっかけに引退を決意したという。

第三には、時代にふさわしいリーダーを育成していないということ。過去に類例のないほどダイナミックで不安定な今の世界には、賢明な変革者の役割を果たせるワイズリーダーが求められる。それは何事にも文脈があることを踏まえて判断し、あらゆるものが変わることを踏まえて決定を下し、どんなことも成否はタイミングに左右されることを踏まえて行動を起こすリーダーである。ワイズリーダーは、社会にとって何がよいか、何が適切か、何が公正かを見きわめると同時に、絶えず変わり続けるビジネスの現場の状況も熟知していなくてはならない。したがって、細かいところまで目を配るマイクロマネジメントと、将来の大局的な構想の両方が必要になる。

加えて、短期主義の誘惑に屈さず、持続可能な企業の運営方法を見出せるワイズリーダーも、今の世界には求められている。そのようなリーダーであれば、長期的に生き残れる企業の条件に次のことが含まれることがわかるだろう。

- ライバルには築けない未来が築ける。
- 顧客に競合企業よりも大きな価値を提供できる。

- 社会と調和できる。
- 道徳的な目的意識を持っている。
- 生き方として共通善を追求する。

嬉しいことに、最近の『ハーバード・ビジネス・レビュー』の「世界のCEOベスト100」（二〇一六年版）に選ばれたCEOたちは在職年数が長く、長期的な経営戦略で成果を上げていた。それらのCEOの在職年数は平均一七年、各企業の年間純益は平均二〇・二％となっている。(1)

本書では、以上の三つの問題を克服するためには、

①知恵
②フロネシス（実践知）
③「場」

という知的な土台によって、企業の

④持続的なイノベーション

⑤社会的なＳＥＣＩスパイラルを促進し、よりよい未来を築いていくべきだと論じる。

知恵は高次の暗黙知であり、ものの本質を見抜くことを可能にする（だから、「ミステリアス」に見える）と同時に、変化の激しい世界に対処することを可能にする（だから、とても「ダイナミック」に見える）。フロネシスは実用に役立つ知恵という意味のアリストテレスの術語である。われわれは二〇一一年に『ハーバード・ビジネス・レビュー』に寄せた論文「賢慮のリーダー」で、どんどん複雑になる今日の社会勢力や経済勢力を一つにまとめるためにリーダーに求められるのは、単なる知性よりも、フロネシスであると論じた。「場」は、言わば創造的な相互作用を引き起こす一時的な容器である。「場」の空間や、時間や、文脈は、物理的なものであることも、仮想的なものであることも、認識的なものであることも、あるいは、それらの組合せであることもあり、リアルタイムで生じたり、消えたりする。

本章ではまた、二つの実践項目（④と⑤）の重要さについても論じる。それらの重要性が増している背景には、経済の流動化や、不安定化や、政治社会的なダイナミズムの激化が進んだこと、企業の責任に対する消費者の目が厳しくなったこと（とりわけソーシャルメディアにおいて）、意味のある仕事をしたいと考える従業員が増えてきたようであることがある。

本章では最初に、持続的なイノベーションから見ていきたい。鋭い読者はお気づきかもしれないが、前著の副題とはわずかに違い、ここではイノベーションに「持続的な」という語が添えられている。またSECIという理論のフレームワークの呼び名にも若干の変更を施し、「スパイラル」という語を加えた。それらはちょっとしたつけ足しにすぎないように見えるが、本書を読んでいただけばわかるとおり、実はこれから論じることのすべてにかかわってくる。

1 持続的なイノベーションがもたらす長期的な繁栄

イノベーションが重要であることは誰もが理解しているが、どんなに斬新なイノベーションも、やがては、

- ありふれたものになる(たとえば、ホテルで行われている、枕にチョコレートを置いておくサービスなど)。
- 新しいものに凌駕される(たとえば、ビデオレンタル業は、動画配信サービスの登場で顧客を失った)。

企業が競争力を維持するためには、持続的なイノベーションが欠かせない。短期的には、次のような方法で漸進的な改善を図ることでも競争力は維持できる。

- 仮説検証（セブン-イレブンでは、パートタイムの従業員にも日々、仮説と検証を繰り返すことを奨励している）
- 実験
- プロトタイピング（IDEOは「大まかに（Rough）」「素早く（Rapid）」「正しく（Right）」の「3R」を鉄則にしている）

しかし、逆境を長期的に乗り越え続けるには、イノベーションを何度も何度も、絶え間なく繰り返す必要がある。長い期間にわたって革新性を保つためには、一連の斬新なアイディアを思いつくとか、漸進的な改善を続けるとかいうだけでは足りない。トップの経営陣だけではなく、全社を挙げての腹を据えた取組みが求められる。社員全員に自社の目的や、理念や、将来の方向性についてのはっきりとした理解が浸透していなくてはならない。加えて、有機体と同じように、組織の全員がそれらの原則を実践することも必須の要件である。

そのような持続的なイノベーションを実現している企業の一つがホンダである。ホンダは一九四五年、浜松市で産声を上げた。当初は、自転車用の補助エンジンを五〇〇円ほどで売る会社だった。[2]

七〇年後の二〇一五年一二月、ホンダの米国子会社ホンダエアクラフトカンパニーは、四八五万ドルの小型ビジネスジェット機「ホンダジェット」の一号機をノースカロライナ州グリーンズボロ市の顧客に納入した。同社の社長、藤野道格《みちまさ》は次のように述べている。

「ホンダジェットの引き渡しを開始することができ、とても嬉しく思います。ホンダはイノベーションを通じて個人の移動に貢献することに全力を尽くしています。そして私たちは、ついに大空へのモビリティの提供を実現しました。近い将来、多くのホンダジェットを世界中の空港でご覧いただけるように努力を続けていきたいと思います[3]」

過去七〇年の間に、ホンダは何回もイノベーションを成し遂げてきた。そのイノベーションの歴史は、創業者である本田宗一郎とともに始まったものである。宗一郎は三〇代のとき、自動車や船や飛行機に使われるピストンリングを開発して、発明家として名を馳せた。一九三七年に設立した工作機械の部品を作る会社、東海精機重工業では、ピストンリング関連だけで二八の特許を取得した。[4]

一九五〇年代末、ホンダの二回目のイノベーションでは、やはり宗一郎が自ら先頭に立って、当時オートバイ専門のメーカーだったホンダに二つの大きな飛躍をもたらした。一つは、馬力を二倍、重量を半分にした画期的な燃焼室の開発を成功させたことにより、一九五九年、英国の由緒あるオートバイレース、マン島ＴＴ（ツーリスト・トロフィー）レースで、同社の一二五ccバイクが初めて入賞を果たしたことである。一九六一年のレースでは、一二五cc部門の一位から五位までをホンダ車が独占してもいる。[5]

もう一つは、一九五八年に五〇ccのオートバイ「スーパーカブ」を売り出したことである。自動クラッチと三段変速機、オートマチックスターターを搭載した、自転車並みに安全で乗りやすいオートバイだったスーパーカブは、発売直後から売れに売れた。その結果、一九五九年末までにホンダは一躍、日本のオートバイメーカーの首位に躍り出た。[6] 同年には、米国市場にも、スーパーカブを引っさげて進出した。一九六四年の時点で、米国で売れたオートバイのおよそ二台に一台はホンダのオートバイになっていた。[7] スーパーカブの世界生産累計台数は二〇一八年、一億台に到達した。

三回目のイノベーションでは、技術革新を通じて人類の移動手段の進歩に貢献するという取組みが、オートバイから自動車に広げられた。スーパーカブの売上げが米国で急上昇していた頃、ホンダは排出ガスの少ない複合渦流調整燃焼方式（ＣＶＣＣ）エンジンの開発に着手し、一九七三年、シビックの新モデルにそれを搭載した。これによりシビックは、米国の一九七〇年改正空気浄化法（上院議員エドマンド・マスキーが中心となって改正法案が作成されたことから、通称「マスキー法」と呼ばれる）の厳しい条件をクリアした最初の自動車になった。

リーンバーン（希薄燃焼）の技術を一から学ばなければならなかったホンダのエンジニアたちは、CVCCの開発に一〇年もの試行錯誤を要した。その努力は無駄ではなかった。一九八〇年、シビックは米国で「インポート・カー・オブ・ザ・イヤー」に選ばれ、現在はスミソニアン博物館にも展示されている。展示された赤いシビックの横には「米国の自動車文化に示された新世界」と題された説明のボードがあって、米国の自動車産業への新たな参入者が技術革新に貢献したことが称えられている。(8)

その後、さらに四回目のイノベーションを引き起こそうと、宗一郎はいつか飛行機を開発・生産したいという思いを持っていることを社員たちに明らかにした。「いよいよ私どもの会社でも軽飛行機を開発しようと思っていますが、この飛行機は誰にも乗れる優しい操縦で、値段が安い飛行機でございます」(9)と宗一郎が述べたのは、一九六二年である。それからおよそ二五年後の一九八六年、藤野道格に飛行機を設計するという任務が与えられた。

そのとき、藤野は入社四年目だった。それまでは先進のスポーツカー（一九九〇年にホンダNSXとして発売された）のシステムや部品を設計するという花形の部署にいたが、わずか五人の飛行機の設計チームへ配属された。そのチームの存在は社内でも経営上層部の数人にしか知られていなかった。

最初の飛行機が完成するまでに、およそ三〇年かかったが、藤野にはいつも、自動車産業でのシビックの成功を航空機産業でも再現したいという思いがあったという。「（シビックと）同じことを飛行機でもやってみたかったのです。ビジネスジェットの燃費はよくありませんし、乗り心地も最高とは言えません。そういう問題を解決して、市場で新しい価値を築きたいと思いました」と藤野は語っている。[10]

ホンダは二〇〇六年、四五歳の藤野をホンダエアクラフトカンパニーの社長兼CEOに指名した。これにより藤野は潤沢な資源と最上層部からの支援を得られることになった。『フォーブス』誌の試算では、ホンダジェットの開発に投じられた費用は一五億ドルから二〇億ドルの間だったとされる。[11] この投資は実りを結びそうである。二〇一七年には、ホンダジェットは米国市場で好評を博しており、最初の一〇カ月で二〇機納入された。二〇一七年には、四三機納入し、米国で最も売れた軽ビジネスジェット機になった。

複数の賞にも輝いたホンダジェットで、藤野率いるチームは次のような設計を実現している。[12]

- スピードが同クラスで最速（最大巡航速度は時速約七八〇キロ。これは他のビジネスジェット機より一〇％速い）。
- 燃費性能が同クラスで最高。他社より燃費が一七％よい。
- 飛行高度が同クラスで最高（最大運用高度は、一万三一〇六メートル。民間機の中で飛べる高度が最も高い）。
- 静粛性が同クラスで最高。

●コックピットが他のビジネスジェット機のものと比べ、直感的で、快適で、使いやすい。
●客室の広さが同クラスで最高（前後の座席の間隔が二一八センチあり、二〇%広い）。
●荷物室の容量が同クラスで最大（荷物室のスペースが一・八七立方メートルあり、ゴルフバッグ二個を含む、一六個の手荷物を入れられる）。
●化粧室の設置。
●洗練された機体デザイン。優美な尖った機首が目を引く。

ホンダジェット
提供：本田技研工業

世界で最も先進的な小型ビジネスジェット機と評されるホンダジェットには、数々のイノベーションが見られる。以前は不可能だと考えられていた主翼上面エンジン配置（社内での呼称はＯＴＷＥＭ）や、主翼と機首に採用されている自然層流技術、胴体に使用されたアルミよりも軽い複合材などがそうである。『パイロットマグ』誌がホンダジェットを評して、「シビックのサイズと経済性、ＮＳＸの大胆さと敏捷性と操作性」が備わっていると述べたのは、実に的確だったといえる。[13] 藤野も、故・本田宗一郎も、きっとこの評に我が意を得たりと思うのではないだろうか。

◆ホンダジェットの二人のリーダーとストーリーライン

ホンダグループの熱心な観察者であるわれわれには、ホンダジェットには、いかにホンダが長年にわたって、知識を絶えず創造し、増幅し、何度も何度も実践することで、四つの産業で持続的なイノベーションを成し遂げてきたかが、ありありと示されているように思える。

ピストンリングからオートバイ、自動車、飛行機へとイノベーションを推進する分野が変わるにつれ、ホンダの知識ベースは拡大してきた。イノベーションが回を重ねるごとに、さらに多くの知識が創造され、浸透し、行動に移された。知識の量が増えるだけではなく、同時に知識の質も高められ、それによってさらなる行動が生まれた。

イノベーションのたびに、知識の創造の面でも、知識の利用の面でも、それに貢献する社員の数が増えていった。ホンダでは、一つのイノベーションから別のイノベーションへ数年かけて移るごとに、社内の知識ベースが目に見えて拡大し、スパイラルに上昇していくようである。

ここで次の問いが浮かぶ。なぜ、オートバイや自動車のメーカーが、世界で最も速く、最も燃費がよく、最も高く飛べ、最も静かで、最も広いビジネスジェットを開発できたのか。なぜホンダは長年、イノベーションを継続させられたのか。目標と遂行をスパイラルに上昇させた原動力はいったい何だったのか。

ホンダの成功の理由については、二つの説明が考えられる。

一つは、しばしばメディアで語られているもので、創業者である本田宗一郎と、その少年時代のいつか飛行機を飛ばしたいという夢に成功の要因を求めようとする説明である。その説明によれば、ホンダが創業者の夢をいつまでも忘れなかった結果、やがてその夢が――意図して、または意図せずして――実現したとされる。

もう一つは、われわれのインタビューから生まれたもので、藤野道格と、藤野が夢の実現のために長年続けた「いま・ここ」での行動に成功の要因を探ろうとする説明である。では、両者の説明を比較検討していこう。

◆創業者の夢

誰もが口を揃えて言っているように、宗一郎は子どもの頃から飛行機に夢中だった。(14) 一〇歳前後のとき、自分が住む浜松市で米国のパイロットの一団が曲芸飛行を披露するという話を聞いた。飛行機を見たことがなかった宗一郎は、その日、学校をさぼって、二〇キロの道のりを自転車で走り、航空ショーが開かれる軍の基地へ行った。所持金では入場料を払えないことがわかると、近くの木に登って、そこから三人の米国人パイロットたちが空を飛ぶのを眺めた。三人のパイロットの一人、二三歳のアート・スミスにすっかり魅了された宗一郎は、以来、スミスの格好をまねするようになった。ハンターキャップを後ろ前にかぶったり、厚紙で自作したパイロットゴーグルをかけたりしたほか、竹でプロペラを作って、自転車のハンドルバーにつけたりもした。

のちに宗一郎は、第二次世界大戦前、航空機産業とのかかわりを三つ持った。第一には、最初に創業した会社、東海精機重工業が、ゼロ戦の製造で知られる中島飛行機にピストンリングを供給したこと。第二には、航空機の製造に使われる工作機械を発明したこと。第三には、日本楽器製造（現ヤマハ）の社長、川上嘉市《かいち》から、浜松の工場で使うプロペラの製造機械の設計を依頼されたこと。宗一郎をよく知る人たちによれば、飛行機を開発・生産したいという夢が芽生えたのはこのときだという。

一九四八年のホンダ創業時に作られたホンダ製品のマークは、翼だった。ホンダの最初のオートバイは「ドリームD型」と名づけられ、以来現在まで、ホンダのオートバイにはこの翼のマークがつけられている。あくまで推測だが、オートバイ専門のメーカーだったときに、製品のマークにあえて翼を選んだのは、将来やりたいと思っていることが無意識に表れたのではないだろうか。空への進出という夢がそこには無意識のうちに込められていたのではないだろうか。

実際、そのときすでにパイロットの免許も持っていた宗一郎は、夢の実現に向けた具体的な行動を一九六〇年代にいくつか起こしている。

- 前述のとおり、一九六二年、宗一郎は社員に対して、軽飛行機の開発や製造に乗り出すつもりであることを宣言した。
- 一九六三年、朝日新聞社の後援で行われた軽飛行機の設計コンテストで審査員を務めた。このコンテストには日本全国から二二〇〇件の応募があった。
- 一九六四年、コンテストの応募者の一人で、大学で航空機設計を専攻していた吉野浩行を社員として採用した。吉野はのちにホンダの第五代社長兼CEOになる。
- 同年、埼玉県の河川敷に飛行場を持つホンダエアポート（現・本田航空）を設立した。同社が所有するプロペラ機とヘリコプターはやがて一四機に増えた。またホンダフライングスクールとホンダフライングクラブも立ち上げたほか、年一回の飛行競技会や熱気球ホンダグランプリなどのイベントの開催も始めた。

ホンダ製品のマーク
提供：本田技研工業

宗一郎が空を飛ぶのをこよなく愛していることは、ホンダの社内で知らない者は一人もいなかった。宗一郎の妻さちも、これはあまり知られてはいなかったが、パイロットの免許を持っていた。しかし、一九六三年、宗一郎は浜松空港で自社所有の飛行機を墜落させ、以後、空を飛ぶことを禁じられてしまった。これには本田夫妻も社員もひどく気を落とした。それでも空を飛びたいという宗一郎の夢は忘れ去られることはなく、社内でいつまでも静かに生き続けた。一九八六年、ホンダは埼玉県和光市に基礎技術研究センターを発足させ、ジェット機とジェットエンジンの開発を研究の中核の一つに据えた。ただし、そのことは内密にされた。宗一郎は一九七三年に引退していたが、一九八六年、藤野は米国で新たに設立された航空機部門にひっそりと異動になった。

◆継承者のプラグマティズム

派手なリーダーだった宗一郎と比べると、藤野は温厚で、物静かなタイプの経営者という印象を与える。[15] 宗一郎の武勇伝はハーバード・ビジネス・スクールのケーススタディで取り上げられているように、日本のメディアで広く報じられてきた。[16]

「気まぐれな性格と『女遊び』で有名だった本田には、芸者を二階の窓から外へ放り投げたとか、汲み取り便所の汚物の中に入って、大切な取り引き相手の入れ歯を拾ってきたとか(その後、その入れ歯を自分の口にはめてみせた)、酔っ払ったまま礼装で取引銀行に出向き、自社の存亡がかかっている融資を申し込んだとか(その融資は断られた)、工員の頭をレンチで殴ったとか、技術者たちの前で素っ裸になって、オートバイのエンジンを組み立てたとか、数々の伝説がある」

宗一郎と藤野とでは性格に大きな違いがあるが、知り合った誰からも尊敬されるところは同じだった。二人とも、空の移動を発展させようとするホンダの取組みを拡大したことに、高い評価を受けている。上述のストーリーラインに沿うなら、夢を描いたのが宗一郎、その夢を実現したのが藤野だといえる。

夢を持つことはビジネスの成功に不可欠だが、それだけでは十分ではない。誰かがそれを実現させる必要がある。

トヨタ自動車(以下、トヨタ)の場合を見てみよう。トヨタも長年、飛行機設計の構想を抱いていた。創業者、豊田喜一郎の息子である豊田章一郎社長兼CEOの下でホンダと同時期に、同じ期間、研究が進められた。実際、エンジニアたちはプロトタイプの設計・製作までした。しかし最終的には、二〇〇六年、飛行機のプロジェクトは中止された。それはホンダがホンダ

ジェットの商品化を決めたすぐ後のことだった。(17)

藤野はプラグマティストに徹することで、ホンダジェットの夢を実現させた。藤野の仕事の仕方はいろいろな表現で言い表されている——粘り強い、実際的、現実的、行動志向、細部重視——が、それらすべてが指し示しているのは、「いま・ここ」での遂行力である。藤野の経歴を振り返るとき、そこにはいつでもプラグマティストの姿がある。次のエピソードが示すように、それは入社前からのことだった。(18)

- 東京大学の工学部航空学科を卒業したが、就職先には堅実にホンダを選んだ。戦後の日本には大きな航空業界がなく、航空機を製造している企業もないことを知ると、藤野は自動車の研究開発の仕事をすることに決めた。
- 藤野は米国ミシシッピ州の小さな町スタークビルで、一〇年以上、チームとともに研究開発に打ち込んだ。スタークビルには航空学の研究で世界をリードするミシシッピ州立大学がある。しかし一九九六年、プロジェクトが二件、失敗に終わったところで、藤野とチームは呼び戻された。藤野は落胆したが、帰国命令も仕方ないと思った。確かに米国では目ぼしい成果は上がっていなかった。
- 天啓を得たのは、一九九七年である。東京に帰着後、荷解きをしていて、たまたま、航空力学的な空気の流れを数学的に分析したドイツのエンジニア、ルートビッヒ・プラントルの手になる一九三〇年代の教科書を開いたときだった。これがホンダジェットの主翼上面エンジン配置という画期的なコンセプトの土台になった。藤野がホンダジェットは「三女」と呼ぶわけは、このように二回の失敗の後に生まれたものであるからだという。

●理論を現実化する方法がひらめいたのは、ある晩だった。暗い部屋でベッドに横になっていたとき、新しい設計のアイディアがふと思い浮かんだ。藤野はベッドから飛び起きて、明かりをつけ、紙を探した。しかし見つからなかったので、壁のカレンダーを破って、その裏に思いついたことをスケッチした。これがホンダジェットのOTWEM（主翼上面のエンジン配置）が誕生した瞬間だった。

●スケッチを人に見せると、誰もが笑った。翼の上にエンジンを二基載せたら、飛行機の空気力学的な性質が失われるというのが、航空学の専門家の意見だった。藤野が自分の正しさを証明するためには、主翼上面エンジン配置によって抗力が下がることを示す必要があった。エンジンの適切な設置位置を見つけるのは、精密さを要する作業だった。翼の上に取りつけるエンジンの位置がどちらかに一〇センチずれるだけで、ジェット機は飛ばなくなってしまう。藤野はボーイング社の風洞施設でスケールモデルを使って試験を行うことで、ついにその位置を見つけた。これにより長年のタブーが破られることになった。

●二〇〇三年一二月、ホンダジェットの初試験飛行が行われ、絶賛された。そこで藤野は三週間休みを取って、家族と一緒にバハマで骨休めをすることにした。働き詰めですっかり疲れ切っていた藤野の胸に、そろそろ別のことをする時期ではないかという思いがよぎった。会社を辞めるという考えが浮かんだのは、これが初めてではなかった。幸い、藤野た

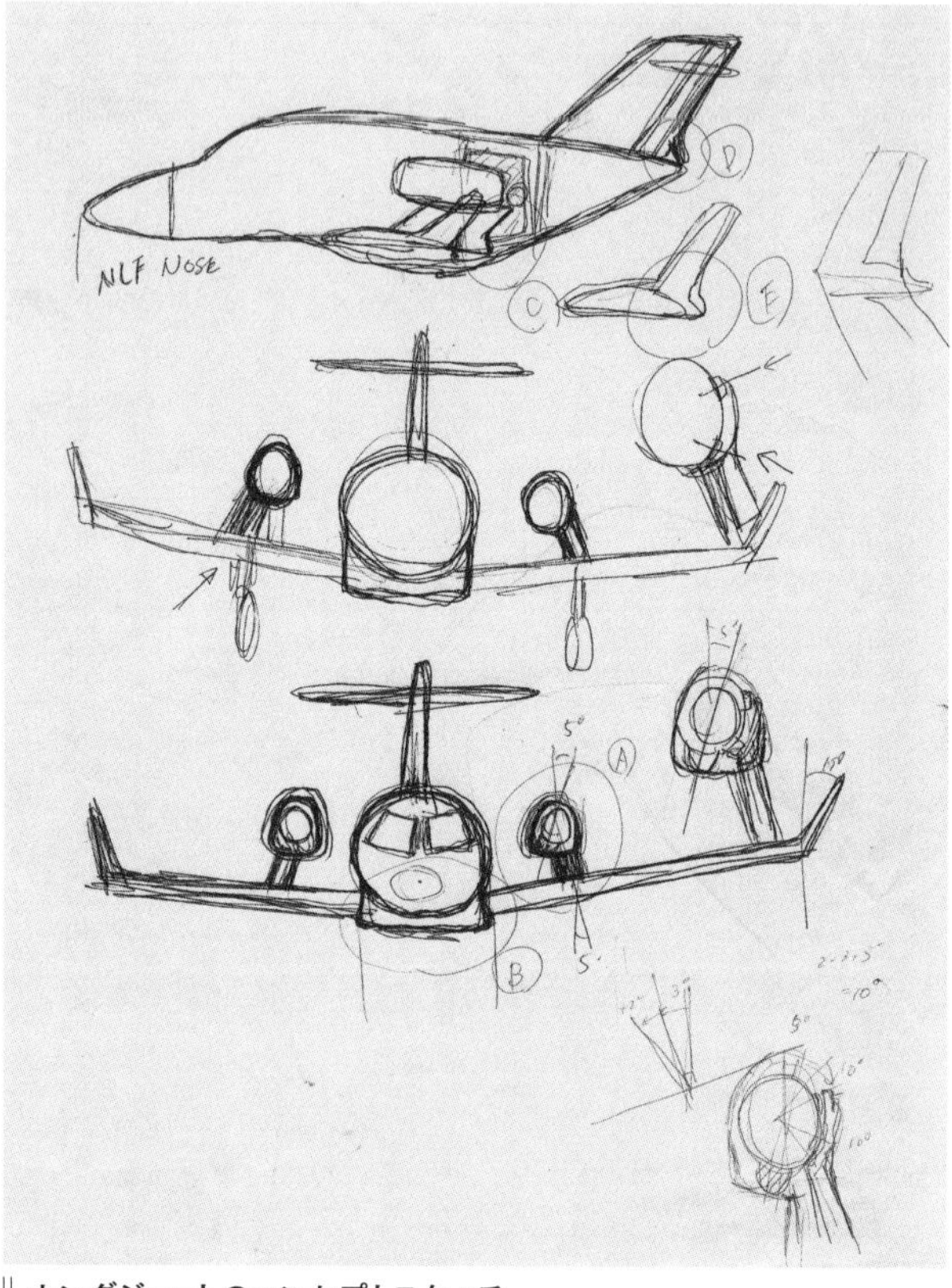

ホンダジェットのコンセプトスケッチ
提供：本田技研工業

ちと同じホテルに滞在していた米国人ビジネスマンが、新しいジェット機を気に入り、購入することを約束してくれた。藤野はこのとき、上司から常々言われていたことの意味がよくわかった。それは会社のためではなく、顧客のために仕事をせよということだった。

●藤野は長年すべてを秘密にしてきたことで溜まっていたフラストレーションを発散すべく、学術誌『ジャーナル・オブ・エアクラフト』の二〇〇五年五月号に「ホンダジェットの設計と開発」と題した一万二〇〇〇ワードの論文を発表した。結論には、「徹底的な分析と地上試験により、設計に間違いがないことが確かめられた」と記した。[19]

ホンダジェットの試験飛行の成功と学術論文の発表後も、ホンダは正式にはホンダジェットの製造や販売にかかわっていなかった。ホンダの取締役会を動かすため、また世間の関心を引くため、藤野はホンダジェットの初公開の場として、ウィスコンシン州オシュコシュの小さな空港で開かれる試作機協会の航空ショーを選んだ。ホンダジェットは二〇〇五年七月、大勢の見物客の前で初飛行を成功させ、着陸したときには何千人もの航空機ファンに取り囲まれ、祝福された。

二〇〇六年三月、藤野はホンダの取締役会に出向いて、ジェット機の商品化を提案した。息が詰まる思いで返事を待った。永遠にも感じられる長い沈黙の後、当時CEOだった福井威夫《たけお》が口を開いた。「やってみましょう。（中略）ホンダはモビリティの会社です。ホンダジェットで未来を追求しましょう」[20]。ホンダの元CEOで、和光基礎技術研究センターを設立した川本信彦によれば、藤野の研究論文の発表とオシュコシュでの実演をきっかけに、天秤ばかりはホンダジェット支持の側に傾いたという。

二〇〇六年、藤野はホンダエアクラフトのCEOに就任した。同社が米国連邦航空局（FAA）から認可を取得するまでには、さらに九年かかった。認可をもらうためには、二〇〇万項目について合計二〇〇万ページに及ぶ書類を提出する必要があった。これほどの書類と項目の多さを突きつけられては、細部を大事にしないわけにはいかなかった。

藤野のプラグマティズムは、ホンダの航空機部門の責任者となったことで、いっそう顕著に発揮された。たとえば、開発チームの編成を、業界平均の三分の一から四分の一という小規模なものにした。チームの人数が少なければ、エンジニア全員がスペシャリストとゼネラリストの両方を兼ねなくてはならないので、おのずと問題解決のサイクルが速まるというのが藤野の考えだった。

同じように、一つの格納庫内で、飛行機の胴体とエンジンの両方の開発に取り組んだ。そうすることでチームが「森と木」を同時に見られ、最適な解決策を見つけやすくなった。翼はオールカーボンにせず、部分的にアルミニウムを使うことで、コストの抑制が図られた。

また、藤野は生産とサービスの拠点として、ノースカロライナ州グリーンズボロのピードモント・トライアド国際空港を選んだ。いくつかの理由があるが、一つにはフェデックスのハブがそこに築かれる予定になっており、部品の調達をスピーディーにできるからだった。

◆二人のリーダーの物語を合わせてみる

われわれはホンダジェットの素晴らしい事例を深く掘り下げていくうち、話は「夢を描く人、本田宗一郎」と「実務家、藤野道格」という単純な図式に収まらないことに次第に気づき始めた。藤野も、米国でおよそ三〇年にわたってホンダジェットの開発に携わる間に、明らかに自分の夢を抱き始めていた。藤野にはまったく新しいビジネスジェット機を作りたいという思いがあった。二〇〇五年、本人が次のように述べている。「あのコンセプトと夢を実現できたのは、幸せでした」と。[21]

胸の深くに秘められた夢は、米国での生活を経験し、その文化やライフスタイルを知ったことから生まれた。米国のように広大な国では、小型飛行機と地方空港が欠かせないものになっていることに気づいた藤野は、速くて燃費がよく、なおかつ客室や荷物室のスペースも犠牲にしない飛行機を作れば、きっと売れると直感した。人々の移動手段を変えることで、そのライフスタイルを変えることが藤野の夢だった。

「そのようなビジネスジェット機の登場で、産業は活性化するでしょう。働く時間が減ります。もっと重要なのは、ライフスタイルが変わることです。飛行機での移動に費やされる時間が大幅に減って、その分、家族と過ごす時間が増えます。それはまず米国で実現するでしょう。商用旅行の面では、米国が日本の一〇年から二〇年先を行っていますから[22]」

めげそうなときにどのようにして自分を立ち直らせたのかと尋ねられたとき、藤野はスミソニアン博物館へ行き、そこに展示されているシビックを見て、脇のボードに記されている紹介文を読むのだと言い、次のように述べている。「シビックと同じように、飛行機の世界においても自分のやっているホンダジェットが何十年か後、ビジネスジェット機のカルチャーを変えたんだ、昔はほんの一部の人だけが使っていたのに、今はかなり多くの人が利用するようになり、ライフスタイルを変え、また新しいカルチャーも作ったじゃないかとなれば、大きな価値があるのではないか。そんな遠い将来が目に浮かぶと、なんとなく励まされるのです[23]」

藤野の夢は、たとえて言うならば、ホンダジェットがスミソニアン博物館に展示され、「米国の飛行機文化に示された新世界」と紹介されることだった。数十年後、実際にホンダジェットはプライベートジェットの文化を変えたと見なされるようになる。かつては「ほんの一部の人だけが使っていた」ものだったプライベートジェットが、現実に「かなり多くの人が利用する」ものになったのである。

宗一郎と藤野の考え方には根本的な部分で数多くの共通点がある。一つは、二人とも物事を成し遂げるためには直接的な経験と、人と人との相互交流が重要だと固く信じていることである。宗一郎は「現場」「現物」「現実」からなる三現主義を掲げた。この三現主義の土台になっているのは、社員は直接的な経験を通じて、問題解決やイノベーションに役立つ有益な知識を得られるという考えである。

ホンダエアクラフトの面々と言葉を交わす藤野
提供：ホンダエアクラフトカンパニー

「現場」の原則では、工場や店舗など、実際に業務が行われている場所に足を運ぶことが大切だとされる。「現物」の原則では、実際の状況を知ることが大切だとされ、そのためにはその状況をなしている諸々の要素（人間を含む）と自分が直に接することが必要だとされる。「現実」の原則では、社員は実際の状況についての知識に基づいて、現実的な判断をしなくてはならないといわれる。藤野はこれらの三原則をすべてホンダエアクラフトで実践し、「誰もがデザインの歴史に残ることを何度もしようとする有機的な組織を築いた[24]」。

二人のもう一つの共通点は、未来を築くことにこそテクノロジーの役割があると考えていたことである。藤野は人々の移動手段を変え、それにより将来、新しい文化を創造したいと考えた。藤野の次の発言は、そのことをよく表している。「ホンダの役割は、新しい技術を世界に提供することによって、未来の暮らしをよりよいものにすることです。このテクノロジーが未来の人々から求められているなら、ホンダにはそのニーズを満たす責任があります」

これは宗一郎のテクノロジー観と一致する。宗一郎もテクノロジーを「日本の社会を復興させる手段、世界の住み心地をよくする手段」と考えていた[25]。この考えは、宗一郎が一九四六年に選んだ社名が「本田技術研究所」だったことにも表れている。

最後にもう一つ、宗一郎と藤野の共通点として指摘できるのは、高次の目的を持つリーダーだったということである。二人とも、自社の儲けのためだけではなく、共通善のためにイノベーションを起こしたいと考えていた。企業の存在意義とは社会に貢献すること、ひいては世界の住み心地をよくすることだという強い信念が二人にはあった。

二人は個人の移動手段(オートバイ、自動車、ジェット機)を通じて、それを実現できると信じていた。二人は共通善を追求する生き方を身をもって示したが、同時に、周りの人々にそうするよう働きかけることにも長けていた。社員たちが自らも高次の目的を達成しようという気になるよう、拠り所となる共通の文脈や価値観を持たせたり、導いたり、同じことができるよう教育したりした。

藤野は次のように述懐している。「給料とか昇進とかいった対価だけで動機づけを保ち続けることは、長期にわたってチャレンジし続けなければならない飛行機開発では、いつか限界がくると思います。（中略）そこで、できるだけ大きな成果、たとえばホンダジェットを作ることで世の中に貢献するとか、航空機産業に貢献するとか、そういったより大きなビジョンを明確に示すことが、皆の強い動機づけになると考えてやってきました[26]」

藤野が宗一郎の夢を実現しようと尽力したのは確かだが、二人とも最終的には同じ目的を果たそうとしていた。それは世界の住み心地をよくするということだった。

2 長期的な繁栄

一般には、未来が不確かだと、企業は長期的な計画を立てづらくなるといわれる。これはホンダの事例にはまったく当てはまらない。ホンダは単に長く存続してきただけではなく、変化の目まぐるしい世界で長く繁栄を続けてきた企業である。

ホンダの事例からは教訓を三つ導き出せる。第一には、企業の長期的な存続のためには、ミッション（使命）や、ビジョンや、バリュー（価値観）を明確にする必要があるということ。またそれ以上に重要なのは、実際にそれらに従って行動するということ。第二には、持続的なイノベーションが欠かせないということ。夢を描くだけでは足りない。夢の実現のためには、行動、積極的な関与、実践が求められる。第三には、リーダーシップが肝心であるということ。誰かが夢を実現させなくてはならない。ホンダジェットの場合、首脳陣が短期主義の誘惑に屈さず、実践知を拠り所にするとともに、主体的な判断に基づいて行動した。

◆ミッション、ビジョン、バリューの大切さ

現代では世界のほぼすべての企業が「社是」とか、「経営理念」とか、「行動指針」とか、「企業理念」とか、その他、それに類したものを掲げている。小さいカードにその言葉を印刷して、全員に常に持ち歩かせている企業もある。そのねらいは、バリューを社内の隅々にまで浸透させることで、社員全員が日々、そのバリューに従って行動できるようにするためである。最初に、企業は「ミッション」「ビジョン」「バリュー」が何を意味するかをはっきりさせなくてはいけない。それには以下のような根本的な問いの形にして考えるのが一番よいだろう。

- ミッション(目的)……自分たちの会社は何のためにあるのか。
- ビジョン(夢)……どういう未来を築きたいと、自分たちは思っているか。

●バリュー（信念）……どういうバリューや信念（ビリーフ）を、自分たちは大事にしているか。

ミッションと目的（パーパス）は、しばしば交換可能な言葉として使われているが、そこには微妙な違いがある。目的とは、全般的なものであり、めざす方向ないしは最終的に達成したいこととして定められるものである。

一方、ミッションとは、個人なり組織なりが担う具体的な任務である。ホンダジェットの例では、藤野は世界の住み心地をよくし、社会に貢献するという「高次の目的」を語った。また言うまでもなく、宗一郎も藤野も、イノベーションによって人々の移動手段に進歩をもたらすということを語っている。それは一九四八年の創業以来掲げられるとともに、実践もされてきたホンダのミッションである。

ビジョンと夢もやはり同義語として使われている。どちらも未来に関する言葉であるが、それは他者によって築かれる未来ではない。自分の手で自ら築く未来である。つまり、「私たち」が築きたい未来である。したがって、ビジョンと夢は主観的で個人的なものになる。宗一郎は自分の夢について、操縦が簡単でなおかつ価格の安い飛行機を作って、誰もが自分の飛行機で飛べる未来を築きたいと語っていた。同じように藤野も、飛行機の移動時間を短くすることで、企業の幹部たちがもっと長く家族と過ごせる未来を築きたいという夢を語っている。

われわれはホンダジェットの事例でたびたび「夢」という語を使ったが、目的とミッションの場合と同じように、夢とビジョンにもニュアンスの違いがある。ビジョンは夢と比べると自分の責務という性格が強く、具体的なものであるが、夢はもっと自由で、大まかなものである。たとえば、藤野は「ビッグピクチャー」である自分のビジョンを明確に示すことで、チームの士気を高めるという話をしている。

バリューと信念もやはり同義語のように思われていることが多いが、それらもまったく同じ意味に解されているわけではない。バリューとは、どういう行動を本質的に望ましいと考えるかであり、各自の人間性の中にあらわになりやすい。バリューは、表面にはあまりあらわにならない信念に基づいて形成される。一方、信念とは、思考の習慣であり、経験に基づいて何らかのことに信を置くことである。

「現場」「現物」「現実」からなる三現主義に加え、宗一郎は「買う喜び」「売る喜び」「作る喜び」からなる「三つの喜び」も社のモットーに掲げた。これらのバリューは藤野たちによって実践され、現在もホンダの信念体系の一部になっている。つけ加えて言うと、藤野は部下にかなりの裁量権を与えていた。それもやはりホンダの信念体系の一部になった。

◆知識を実践することの重要性

知識創造がイノベーションをもたらす。それが前著でわれわれが伝えたかったことの要点である。知識実践が持続的なイノベーションを支える。これが本書の核をなす考えである。ホンダの持続的なイノベーションは、絶えず新しい知識を創造し、社内に浸透させ、行動に移し、さらにその行動からまた新しい知識を創造するという繰り返しによって保たれてきた。その結果、ホンダの知識ベースは拡大し、知識の規模と質は増幅し、知識の創造と実践にかかわる社員の数は増えた。さらにその知識の創造と実践のプロセスは個人から組織へ、コミュニティへ、社会へと、スパイラルに波及していった。

ホンダジェットの事例で指摘したとおり、藤野はプラグマティストだった。その仕事の仕方には、「粘り強い」「実際的」「現実的」「行動志向」「細部重視」という表現が当てはまる。一言でいえば、「いま・ここ」で物事を成し遂げることを重んじるのが、藤野である。そういう意味で、藤野は現象学者として知られるドイツの哲学者マルティン・ハイデガーの影響を受けていた。ハイデガーは次のように考えた哲学者である。

①現在、どういう行動を取るかで、どういう未来が築かれるかは決まる。
②だから、未来の可能性を最大限に高められるよう、「いま・ここ」を生きるべきである（詳しくは、第2章で論じる）。

また、知識はすべて実践に根差していると主張した米国のプラグマティズムの哲学者たち

――第2章でやはり取り上げるチャールズ・サンダース・パースや、ウィリアム・ジェイムズや、ジョン・デューイなど――の思想にならうなら、藤野は「する人」や「行動する人」であるともいえる。

さらに、藤野の考えはピーター・ドラッカーのマネジメント論とも一致する。

「マネジメントとは伝統的な意味におけるリベラルアーツである。『リベラル（自由）』であるのは、マネジメントでは知識や、自己認識や、知恵や、リーダーシップの土台が問われるからであり、『アーツ（技芸）』であるのは、マネジメントでは実践と応用が問われるからである。マネジメントに携わる者は人文科学と社会科学のあらゆる知識を利用する。ただしマネジメントに携わる者は、効果と結果（たとえば、患者の病気を治す、学生を教育する、橋を建設する）に結びつく知識に重点を置かなくてはいけない(27)」

マネジャーとしての藤野は、知識の実践を通じて、成果を上げることの重要性を理解していた。

◆リーダーシップの役割

われわれは二〇年にわたって、さまざまな種類の組織のリーダーシップを研究し、主に日本でビジネスリーダーの教育を手がけ、世界の名だたる企業の数世代のリーダーにインタビューをしてきた。われわれが突き止めようとしたのは、どうすればリーダーたちが企業を社会と衝突させず、むしろ調和させられる判断を、一貫して下せるようになるかということだった。

われわれの研究では、形式知と暗黙知を用いるだけでは不十分であることが示されている。リーダーはもう一つ別の知識も使わなくてはいけない。それはしばしば忘れられがちな実践知である。実践知とは、経験によって培われる暗黙知であり、賢明な判断を下すことや、バリューとモラルに従って、実情に即した行動を取ることを可能にする知識である。リーダーが組織全体でそのような知識を育むとき、その組織は新しい知識を創造するだけでなく、優れた判断を下せるようになる。(28)

なぜ「実践」なのか。それは実践によって一人一人の知恵が磨かれるからである。子どもは母親とともに暮らし、母親に見守られ、叱られ、正直になりなさいとか、嘘をついてはいけませんとか、欲張ってはいけませんとか、何度も繰り返し言われることで、「母の知恵」を授けてもらう。実践によって知識が習慣になるとき、知識は知恵に変わる。

知識は身につけた瞬間から古び始めるが、知恵はいつまでも古びない。知恵は何世代にもわたって受け継がれる。知恵は時間の経過に耐えられる。だから、変化の激しい今の世界に欠かせないものなのである。「母の知恵」は自分の子どもや周りの子どもたちの助けになるが、実践知の恩恵はもっと広範囲に及び、企業やコミュニティや社会の持続可能性を高めてくれる。

われわれは実践知を備えたリーダーを「ワイズリーダー（賢慮のリーダー）」、ワイズリーダーに率いられた企業を「ワイズカンパニー（賢慮の企業）」と呼んでいる。宗一郎と藤野は、どちらもワイズリーダーの例である。二人は高次の目的――自社の儲けのためだけではなく、共通善のために事業を営む――を持ち、社会への貢献というミッションと、世界の住み心地をよくするというビジョンを信じていた。ホンダの歴代のCEOは全員、宗一郎と藤野のミッションとビジョンを受け継ぎ、「秘密」の事業への投資を続けた。その結果、三〇年間赤字続きだったホンダジェットの事業に、二〇一八年、ついに黒字化が見えてきた。

宗一郎や藤野は、ホンダの最上層部の幹部だったが、ワイズリーダーになるのに年齢や、地位や、肩書きは関係ない。組織のどこにいる者でもワイズリーダーになれる。最上層部だけではなくミドルマネジャーや現場にワイズリーダーがいてもおかしくない（ミドルマネジャーについては、第3章でシマノとエーザイの事例を、現場については第5章でセブン－イレブンのパートタイマーの事例を取り上げる）。

ワイズリーダーは最高幹部である必要もなければ、（藤野の例が示すように）カリスマタイプである必要も、（宗一郎の履歴書を見ればわかるように）高学歴である必要もない。

3

ワイズリーダーとワイズカンパニー

われわれが実際の実践知を見たのは、ほとんどの場合、日本においてである。日本政府は国民から失政を強く非難されているが、企業は尊敬を失っていない。国力が世界のトップから後退している近年もそれは変わらない。

二〇一一年の大震災前、日本の産業界には米国に見られたような経営危機はなかった。それは一つには、ウォール街で発生したこと（たとえば、サブプライム危機など）が、日本では起こらなかったからである。ウォール街占拠運動のような動きも日本では生じなかった。詐欺や、虚偽や、強欲を目の当たりにした米国の国民は、企業の価値観や倫理観の欠如に激しく憤った。ビジネススクールや、企業や、リーダーによるマネジャーの育て方に、何らかの大きな間違いがあることは明白である。(29)

確かに、日本の企業に対しても、十分に資本主義的ではないことへの批判はある。つまり、投資家にすみやかに資本利益を還元していないとか、短期的な株主価値を最大化していないとか、オフショアリングへの切り替えが遅いとか、コスト削減のための解雇をしていないとか、経営トップの動機づけになる高額の報酬パッケージがないといった批判である。

しかし、それは裏を返せば、優良企業とは、社会との調和を保ち、生き方として共通善を追求し、道徳的な使命感の下に事業を営み、住みやすい未来の世界を思い描き、組織全体で実践知を育み、戦略の中心には人間を据えるものだという信念が残っていることを意味する。

資本主義の下では一般に、企業と社会はどうしても対立し合う。そこから生まれたのが、サーベンス・オクスリー法や、法令遵守や、四半期報告書などに代表される、人間の相互不信に基づいた諸制度である。日本の優良企業は運さえよければ、資本主義に新しい共同体主義の手法を取り入れることで（賢慮の資本主義）[30]、企業を社会と調和させ、人間の相互信頼に基づいたものにすることができる。

それは理想論だと思う方もいるだろう。しかし企業は新しい未来を築かなくては、生き残れない。単なる過去の延長では新しい未来にならない。そこには思い切った挑戦が必要になる。リーダーは経験的なデータや演繹的な推論によって状況を分析するだけで安心してはならず、自分の理想と夢に基づいた帰納的な跳躍を求められる。そもそも理想主義でなければ、原理的に、新しい未来を築くことはできない。

とはいえ、理想を追い求めるだけでは不十分である。リーダーは同時にプラグマティックである必要がある。つまり現実と向き合い、状況の本質をつかみ、大局を見通さなくてはならない。そうすることで初めて、共通善の実現のために「いま・ここ」で何をするべきかがわかる。リーダーは理想主義的な現実主義者にならなくてはいけない。だから知識と実践知を二つながら追究することを自分の生き方にすることが、リーダーにとって大切になる。

「そこに感傷的な要素はない。それは純粋な戦略である。目的を持つことは、理想主義的だが、同時に実際的でもある。竹内はビジネス戦略の『インサイド・アウトのアプローチ』と呼ぶものを提唱している。竹内によれば、従来からある『アウトサイド・インのアプローチ』では、市場での最も有利な位置づけを見つけるため、外部環境や、産業構造や、競争分野を調べることから始めるという。ビジネススクールは長年、そのようなアプローチに重点を置いているが、それでは視野が狭すぎると竹内は指摘する。

インサイド・アウトの戦略に立脚する企業は、経営陣の信念と理想を自社の核に据えているというのが、竹内の主張である。(中略)戦略はビッグデータから生まれるとコンサルタントは言うが、実際には戦略は心から生まれている。冷笑家に鼻で笑われそうな説ではある。だが、竹内の説は間違いだと言い切っていいのだろうか。古いアウトサイド・インのアプローチに頼る企業より、インサイド・アウトの戦略を取る企業のほうが創造性に富み、強靭なのではないだろうか[31]」

企業にとって、日本で広く取り入れられているインサイド・アウトのアプローチの利点は、持続可能性や、強靭さや、寿命にある。日本企業一二四万社のうち、創業一〇〇年以上の企業は推定二万社、二〇〇年以上の企業は約一二〇〇社にのぼる。さらに創業三〇〇年以上の企業が約六〇〇社、五〇〇年以上の企業が約三〇社ある。そのうちの五社は、実に一〇〇〇年以上、存続している。(32)

シリウス・インスティテュートの設立者で、一橋大学大学院国際企業戦略研究科の元客員教授である舩橋《ふなばし》晴雄は、日本企業の長寿命の秘訣について、二〇〇九年の著書で次のように要約している。(33)

- 明確な価値体系、ビジョン、使命感
- 長期的な視点
- 人を大事にする人道主義的な経営
- 顧客第一の意識
- 社会意識
- 持続的なイノベーションと内部の改革
- 倹約と、天然資源の有効利用
- 文化や遺産を継承・創出しようとする努力

社会にとっては、「公正さ」(英『エコノミスト』誌が最近使っている言葉)が増し、社会の軋轢が減るという利点がある。米国の人々は、現代において「公正」な行為を成り立たせる要素は何かと問われ、一番大事なのは従業員の給与の公平さだと答えている。[34] 日本は貧富の格差(最富裕層二〇%と最貧困層二〇%の所得差)の順位で、全先進国中、最下位に位置する(つまり、最も格差が小さい)。一位はシンガポールで、米国はそれに次いで所得の不平等が大きい。

社会の軋轢は健康や社会の問題とつながっており、寿命、信頼度、心の病、殺人、一〇代の出産、幼児死亡率、収監率、肥満、識字率、社会的流動性に影響を及ぼす。所得不平等の指数と、健康・社会問題の指数を合わせた数字では、日本が先進国の中で最も成績がよく、米国が最も成績が悪い。[35] この違いを生んでいるのはワイズカンパニーである、というのがわれわれの考えである。

ワイズカンパニーとは、先に述べたとおり、ワイズリーダーに率いられた企業のことをいう。ワイズリーダーは、組織の中でメンバーの知恵を育もうとする取組みが絶え間なく続けられることで初めて生まれる。

ホンダの事例で見たように、それは偶然の産物ではない。藤野道格というワイズリーダーは、生まれるべくして生まれたものだった。知恵を育むダイナミクスが備わったワイズカンパニーには、知識を創造・実践し、イノベーションを起こすのは人間であるという認識がある。[36] ワイズカンパニーは社員の知恵を育むことで、持続的なイノベーションと長寿を成し遂げている。

4

本書の旅程

『知識創造企業』の続編である本書『ワイズカンパニー』では、前著でやり残した課題に取り組みたい。

第一の課題は、知識創造と知識実践の隔たりを埋めることである。これまでの二〇年で、知識創造だけでは企業は賢明な行動を起こせないことがわかってきた。そこに足りないのは知識実践ではないかとわれわれは考えている。

第2章で論じるように、知識実践とは、実践知という概念――二四〇〇年以上前、アリストテレスがフロネシスと呼んだ概念――から出てきたものである。この章では、知識実践について論じた哲学の文献（アリストテレス、現象学者、プラグマティスト、マイケル・ポランニーなど）とともに、脳科学や社会科学の最新の知見を検討する。アリストテレスからマイケル・ポーターまで、大思想家が知識実践に関して言っていることは同じだと、われわれは結論づけている。

第二の課題は、理論と実践の隔たりを埋めることである。西洋の学者にはプラトン以来、理論どおりにならないことは、現実の側に何らかの問題があるはずだと考える傾向が見られる。われわれの考えはそれとは真逆である。われわれはむしろ自分たちの理論的なフレームワークが不完全であるせいだと積極的に認めたい。

そこで第3章では、自分たちの理論に磨きをかけ、SECIスパイラルモデルという新しいモデルを提唱したい。この新しいモデルでは、ある次元で創造された知識がやがて高い次元にスパイラルに上昇するにつれ、知識ベースが広がっていき、意味が創造される。また同時に高次の目的を持った知識実践者のコミュニティが拡大する。フロネシスはこの上昇の動きを支え、持続的なイノベーションの連鎖(スパイラル)の推進力になる。

本書の第I部、第1章から第3章では、イノベーションから持続的なイノベーションへ、知識創造から知識実践へと至ったわれわれの道のりの要となる部分を描き出す。また理論と実践の隔たりも縮める。SECIモデルの総点検から誕生したSECIスパイラルモデルによって、われわれの論理をさらにダイナミックなものにする(第3章の図3－1と図3－5)。

知識創造だけでは、企業が賢明な行動を起こすのには不十分である。われわれの考えでは、そこには知識実践も加わらなくてはならない。知識創造とは、知識の獲得や、蓄積や、保存や、成文化や、アクセスや、研究であるのに対し、知識実践とは、知識を適用すること、活用すること、広く浸透させること、賢明な行動に結びつけることを意味する。

知識と行動の間に絶えざる往復――行動から知識が得られると、その知識からまた次の行動が生まれるという繰り返し――があることが、知識実践の一番重要な点である。そのような知識の創造と実践の相互作用を通じて、知識は繰り返し創造される。その繰り返しの結果が、ホンダ、シマノ、エーザイの事例で見るように、イノベーションの長期的な継続である。知識だけでも、適切な行動を取るのには不十分である。そこにはフロネシス、つまり実践知が加わらなくてはならない。フロネシスとは、時宜にかなった賢い判断や、価値観・原則・モラルに従った行動を可能にする経験的な知識である。第3章の図3-1では、それを縦方向に伸びる矢印によって視覚化した。SECIスパイラルの上昇運動を支える力となるのがフロネシスである。エーザイの事例で見るように、フロネシスはSECIのプロセスをより高い軌道へ打ち上げる推進力になる。

第三の課題は、SECI行き詰まり症候群——共同化から表出化、連結化、内面化へと続く水平方向の動きが滞るか、またはSECIの一つのサイクルから次のサイクルへと上昇する垂直方向の跳躍ができない——に陥っている企業に、有効な解決策を提供することである。第II部、第4章から第9章で、SECI行き詰まり症候群の克服を手助けするリーダーシップの六つの実践を紹介する。SECIを行き詰まらせないためには、企業は次のことを実践する必要がある。

①判断や決定を下す前に必ず、組織や社会の利益になることは何かを考える。
②状況や問題の本質を素早くつかみ、人やものや出来事の性質や意味を直観的に理解する。
③共有された文脈(「場」)を公式な形でも、非公式な形でも築いて、人と人との交流から絶え

ず新しい意味が生まれるようにする。

④メタファー（隠喩）や物語を使って、状況も経験もさまざまな個人が本質を直観的につかめるようにする。

⑤あらゆる手段（必要であれば、マキャベリズムの手段も）を使って、それぞれに目標の違う者たちを一つにまとめ、行動させる。

⑥社員の実践知を育む。とりわけ現場の社員には、実習や指導によって、実践知をしっかり身につけさせる。

第Ⅱ部の全六章で述べるのは、知識の創造と実践の言わば「何を」と「どのように」である。企業がＳＥＣＩ行き詰まり症候群を乗り越え、存在論的な次元をスパイラルに上昇していくためのリーダーシップの六つの実践について論じる。また、それらのリーダーシップの六つの実践をどのように組織的、有機的に育めば、やがて知識創造と知識実践を社内の文化や組織環境に組み入れられるかを紹介する。

最終章となるエピローグでは、「ゼロから一」「一から九」「九から一〇」の三段階に分けてイノベーションの未来を描く。どの段階でもアナログとデジタルの融合があり、人間と機械が力を合わせ、ともに進化していく。ただし、その進化は第一段階、第三段階では人間によって導かれ、第二段階では機械によって導かれる。

本書では二〇以上の企業や組織の事例を詳しく掘り下げる。その多くは日本に拠点を置く企業――ホンダ、JAL、シマノ、エーザイ、ファーストリテイリング、セブン-イレブン、トヨタ、KUMON、YKK、京セラ、ヤマト運輸、三井物産、ヤクルトなど――である。日本以外に拠点を置く企業では、アップル、グーグル、ディズニー、ウォルマート、米海兵隊、トレンドマイクロなどの事例を取り上げる。

次章からは、知識という領域へ分け入って、本当の知恵を探求する旅へと出発する。まずは知識実践の理論的な土台から見ていこう。(37)

◆補論　二種類の知識

前著のおさらいをしておこう。暗黙知と形式知という知識のタイプは、知識には二つの相反する面があることを表している。暗黙知は、個人的なものであり、特定の文脈に依存し、感情と密接に結びついている。

したがって明確に言葉にしたり、人に伝えたりするのが難しい。個人の行動や身体的な経験のほか、主観的な直観や直感、理想に深く根差した知識である。一方、形式知は、容易に文章化し、計量化し、一般化できる。言葉や、数字や、データや、絵や、公式や、マニュアルとして表現することも、定式化された言語で伝達することも可能な、客観的、合理的な知識である。

図1-1　2種類の知識の視覚化

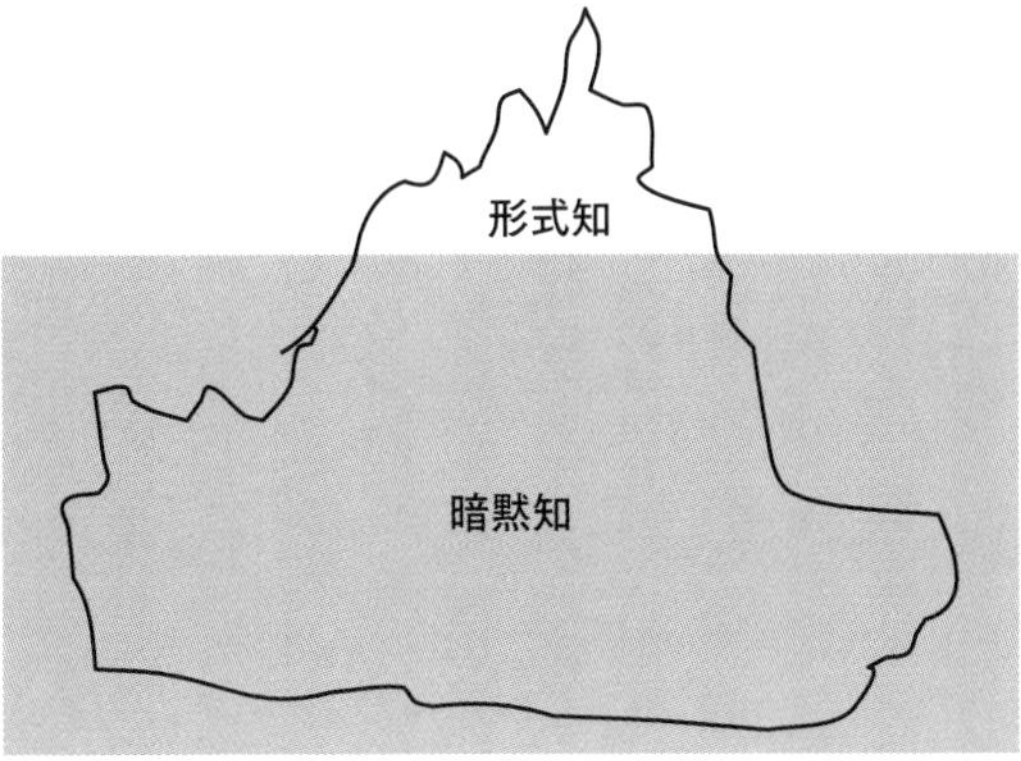

ここで注意してほしいのは、この二つの知識の違いは、あくまで程度の違いであり、両者は別個のものではないことである。二つの知識はそれぞれひとつながりのものの別の側面を表している。暗黙知という膨大な知識の氷山の一角として見えているのが、形式知である（図1-1）。マイケル・ポランニーが言うように、「知識はすべて暗黙知か、暗黙知に根差したものかのどちらかである[38]」。

第2章

知識実践の土台

The Foundations of Knowledge Practice

第1章では、前著『知識創造企業』と本書『ワイズカンパニー』の基本的な違いを素描した。知識創造に着目し、それによっていかにイノベーションを活性化させるかを伝えようとしたのが前著だった。本書では知識の創造と実践の両方に目を向けて、知識実践によっていかに企業が確実に生き残れるようになるかという話をしたい。

前著の第2章で、われわれは西洋と日本のマネジャーでは知識創造へのアプローチの仕方に基本的な違いがあることを指摘し、その違いは両文化の知的伝統に深く根差すという仮説を立てた。そして、違いを理解するため、「知識とは何か」（認識論……知識についての哲学的な考察）と、「知識はどのように生まれるか」（知識の源泉）について、西洋と日本の根本的な考え方を検証したうえで、次のように結論づけた。

- 西洋哲学には紀元前四世紀のプラトン（イデア論）にまでさかのぼる、長く、深く、そして豊かな認識論の伝統がある。しかし、日本にはこれといったものがほとんどない。唯一の例外は、二〇世紀の哲学者、西田幾多郎（「純粋経験による事実」）ぐらいである。
- 全体的に、西洋の認識論には抽象的な理論や仮説に最高の価値を認める傾向が見られる。そのことが科学の発展に寄与した（このような傾向の背景には、厳密で概念的な知識や体系的な科学を重んじる伝統がある。その伝統はルネ・デカルト［コギト・エルゴ・スム、〝我思う、故に我あり〟］にまでさかのぼれる）。

科学や西洋の経営における知識観は、デカルト的な分割、つまり主観と客観、心と体、精神と物質という二元論にいまだに支配されている。

日本の認識論では普通、直接的、個人的な体験に価値が置かれる。日本のマネジャーが「いま・ここ」の経験を重視するのは（たとえば、「実際に自分の目で見たか？」という意味で、「現地現物」ということがいわれる）、そのような傾向の表れである。

日本のマネジャーにとって、現実は、止むことなき流れの微妙に変わり続けている状態の中、目に見える具体的なものの中にある。現実を永遠不変の、目には見えない、抽象的なものと考える西洋の支配的な世界観とは異なる。日本のマネジャーは自然や他の人間との物理的または身体的な相互作用のうちに現実を見る。そういう現実の見方は、人間と自然は一つである（主客一体)、体と心は一つである(心身一如)、自己と他者は一つである(自他統一)と説いてきた日本の知的伝統とつながっている。

西洋と日本の知的伝統を比較するにあたって、われわれは両者をあれかこれかという二項対立の図式で描き出さないよう気をつけた。実際、前著『知識創造企業』では次のように繰り返し述べ、それらが相互補完的なものである点を強調している。[1]

- 日本の知的伝統を概観して、西洋哲学の伝統との違いを明らかにするが、二つの知的伝統は相補的な関係にあることを論じる。
- われわれはこのような(日本の知的)伝統を未発達だとは思わない。逆にそれは、西洋の哲学伝統に深く根づいている人間と自然のデカルト的分離を補完できると信じる。
- われわれは、日本の知的伝統に従って、このような(西洋と日本の知的伝統の)区別をあれかこれかの二項対立(ダイコトミー)ではなく、相補的と見る。

しかし、このように何度も述べておいたのだが、われわれの知識創造の理論はもっぱら日本の知的伝統、とりわけ西田幾多郎の哲学に基づくものだと受け止められた。J・C・スペンダーは『知識創造企業』の貢献について評価した最近の論文で、次のように書いている。「彼(野中)の立場は、日本の哲学、特に、二〇世紀の日本最大の哲学者、西田幾多郎(一八七〇－一九四五年）の哲学に根差している」

さらに、この指摘は次のように続く。「野中の知識創造や学習についての直観は、西田の行為に基づく認識論から出てきたものだ。西田の認識論は、知識は思惟のみによって創造されると考える西洋の見方とは対立する」(2)

前著の刊行から二五年の間に、われわれはさらに深く西洋の認識論を研究してきた。その結果わかったのは、知識創造に関しては、スペンダーの指摘は正しいが、知識実践に関しては、あれかこれかという二項対立の図式はやはり当てはまらないということである。実際、「知識実践とは何か」や「知識はどのように実践されるか」についての根本的な考え方には、東西の文化間にいくつもの共通点が見出される。

第1章でも触れたが、知識創造とは、知識の獲得であり、確立であり、アクセスであり、蓄積であり、成文化であり、保存である。言うなれば、知識の方程式の左辺に入るものである。なぜ知識創造が求められるのか。新しい製品や、新しい技術や、新しいシステムや、新しい手法や、新しい組織形態や、その他のさまざまなイノベーションという形になって現れるものだからである。

一方、知識実践とは、知識の適用であり、活用であり、浸透であり、実行である。知識の方程式のたとえで言うなら、右辺に入る。なぜ知識実践が求められるのか。人々の置かれた状況を改善する、世界の住み心地をよくする、同僚や顧客や競合企業、あるいは自然環境と正しく向き合う、企業やコミュニティや社会の持続可能性を高めるという、社会科学の諸課題の解決を推進するものだからである。

本章では、いくつかの側面から知識実践の知的な土台について吟味したい。

①哲学……古代ギリシャの哲学者アリストテレスまでさかのぼり、ヨーロッパの現象学者（フッサール、ハイデガー、メルロ＝ポンティ）の哲学を再検討し、さらに米国のプラグマティスト（パース、ジェイムズ、デューイ）にまで考察の範囲を広げる。

②マイケル・ポランニー……ポランニーは哲学から心理学、科学までの幅広い知見を踏まえ、人間と環境との間に、明確な目的意識に基づいた人間的でダイナミックな相互作用があることが重要だと説いている。

③科学……近年の神経科学の進歩によって、人間の知性は演繹的ではなく帰納的であることがわかってきた。また、脳は、脳と体と世界からなるダイナミックなシステムの一部であることも示されている。人間は本来的に社会的な生き物であり、他者と経験を分かち合おうとする性癖を生まれながらに持つ。

④社会科学とマネジメント……近年の思考、人間の習慣、組織記憶についての研究、動的能力、文脈判断、オープンイノベーションについての研究、企業の社会的責任（CSR）、共有価値の創造（CSV）についての研究では、それらが知識実践の多面的な性質――それぞ

れ人間的な側面、ダイナミックな側面、社会的な側面――に対応していることが示されている。

これらはどれも魅力的で、なおかつ大変野心的な企てでもある。そこでまずは原点へ戻ることから始めよう。

1

哲学における知識実践

知識実践という概念を理解するためには、二四〇〇年ほど過去にさかのぼって、古代ギリシャの哲学者にして科学者のアリストテレスを訪ねなくてはならない（前三八四－前三二二年）。知識創造について論じた前著では、アリストテレスにはごく簡単に触れただけだった。実際、わずか二段落しか割かなかった。アリストテレスは師であるプラトンと正反対の説を唱えた哲学者である。プラトンが合理主義の立場から、知識は論理的な思考の産物だと考えたのに対し、アリストテレスは経験主義の立場から、感覚的な経験のみが知識の源泉であると主張した。

前著ではそこで止まっていた。アリストテレスの『ニコマコス倫理学』第六巻第五章に書かれているフロネシスにまで踏み込まなかった。ここからはそのフロネシスについて論じていきたい。フロネシスという概念（実践的な知恵［実践知］、賢慮などと一般に訳される）は西洋哲学では事実上、一九世紀まで無視されてきた。

注目され始めたのは、現象学とプラグマティズムがヨーロッパと米国でそれぞれ盛んになってからである。われわれもアリストテレスによって築かれた知識実践の知的な土台についての理解を深めるうえで、現象学とプラグマティズムの知見に助けられた。

◆知識実践とアリストテレス

知識実践の起源は、アリストテレスによる知識の三分類の一つであるフロネシスにあると、われわれは考えている。『ニコマコス倫理学』第六巻第五章の定義によれば、フロネシス（実践知、賢慮）とは「人間にとってよいことか、悪いことかに基づいて行動できる、真に分別の備わった状態」とされる。

アリストテレスはこれに続けて、知恵には形而上的知と実践知の二種類があることを指摘している。一八世紀英国の詩人で哲学者のサミュエル＝テイラー・コールリッジはかつて、この実践知を「非凡なる常識」と風刺を効かせて呼んだ[(3)]。

フロネシスは、われわれの研究によれば、時宜にかなった賢明な判断を下させるとともに、価値観や原則やモラルに則した行動を取ることを可能にする経験的な知識である。これは日本語の徳（共通善や道徳的卓越性を究める生き方）に似ている。徳がある人は、信頼され、尊敬される。みんなにとってよいことを常に見出そうとし、道徳的に優れた人間になろうとする生き方をしているからである。

フロネシスはまた、正しさや適切さという意味を持つインドのユクタにも通じる。たとえば、世の中に貢献し、社会の豊かさの増進に努めることが企業の目的、ひいては利益追求の目的だと考える経営者は、ユクタの原則を守り、度を越したり、強欲に走ったりしない。

アリストテレスがフロネシスの他に挙げている二種類の知識は、エピステーメー（普遍的に通用する科学的な知識）とテクネー（スキルに基づいた技術的な知識）である。価値判断を含むフロネシスと違って、エピステーメーとテクネーは客観的で知的な徳（アレテー）となる。エピステーメーは事実に関する知識であり、普遍的な原則に基づくとともに、既存の知識に根差している。テクネーは「ものを生み出す」知識、あるいは別の言い方をするなら、自然には生じないものを生じさせようとする知識である。(4)

エピステーメーが「なぜを知る」知識、テクネーが「いかにを知る」知識だとすれば、フロネシスは「何をなすべきかを知る」知識といえる。フロネシスでは具体的な時と場合、社会にとってよいことや正しいことは何かが考慮される。

たとえば、よい自動車とは何かについての普遍的なルールはないので、エピステーメーでは

「よい自動車とは何か」という問いには答えられない。その問いの答えは、誰が自動車を利用するのか、その目的は何か、場所はどこかなどに左右されるだろうし、時とともに変化もするだろう。

テクネーがよい自動車をどう作ればよいかを知ることだとしたら、フロネシスはよい自動車とは何かと、それをどう作ればよいかの両方を知ることだといえる。したがって、フロネシスがあれば、マネジャーは具体的な時や、条件や、状況において何がよいことかを判断し、その場で最善の行動を起こし、共通善に貢献することができる。

もう一つ別の例として、あなたがレストランに入った場合のことを考えてみよう。そこではエピステーメーは、料理に使われている食材や、各食材の栄養価や、メニューに書かれている料理の値段についての知識であり、テクネーは料理の作り方や出し方、予想されるそれぞれの料理の味についての知識である。そしてフロネシスは、前日に食べたものや、体の調子や、財布の中身や、食事をともにする人や、その他その場における主観的な関心事がすべて考慮された、今、何を注文すればよいかについての知識である[5]。

もしメニューに、主な食材の産地は二〇一一年の東日本大震災で被害を受け、今も復興の途上にある東北地方の村であると書かれていたら、それもあなたが何を注文するかに影響を与えるだろう。フロネシスでは、その場の具体的な状況が考慮されるのに加え、社会のためになることは何かという大きな視点からの配慮もなされる。

本節の冒頭で、知識実践の起源はフロネシスにあると述べた。なぜそういえるのか。それは『ニコマコス倫理学』を注意深く読むと、アリストテレスがそのように考えていたと思える理由がいくつか見つかるからである。

第一には、フロネシスは、「行動」を起こすことにかかわるものであると言うこと。言うまでもなく、行動のない実践はない。

第二に、フロネシスはその場に固有の状況、言い換えるとその場の「文脈」にふさわしい最適の行動を取ることにかかわるものであるということ。やはり言うまでもないが、現実は時とともに変わるものである。

第三には、フロネシスは「善」の行動を起こすことにかかわるものであるということ。[6] 倫理的に優れた判断をするほうが劣った判断をするよりもよいことは明白である。

第四には、フロネシスは「目的」に合致した行動を起こすことにかかわるものであるということ。アリストテレスが指摘するように、目的は状況に応じて異なりうるが、高尚な目的ほど、社会のためになる。

以上から、フロネシスを理解するうえで鍵となる語は「行動」「文脈」「善」「目的」であることがわかる。ゆえに、われわれはアリストテレスのフロネシスという概念がわれわれの知識実践という考え方の土台になると確信したのである。第1章で述べたとおり、知識実践にはまさにこの四つの要素が入っている。

フロネシスは倫理と社会の両方に影響を及ぼしうる。しかし最初にフロネシスが用いられたのは、政治の分野においてだった。政治では普通、交渉と調整を通じて、未来が築かれる。政治的な判断におけるフロネシスとは、ロナルド・ベイナーの言葉を借りれば、互いに異なる状況にある人たちに、判断と確信を共有させることで目標と手段について合意に至らせ、その合意に基づいて未来を築いていこうという行動を起こさせる能力だといえる。(7) したがって、フロネシスは倫理や社会生活だけではなく、日々の政治的な営みにも関係してくる。

さらに、ジェイムズ・スピレインらが教育分野での研究に基づいて指摘するように、(8) メンバーの間でフロネシスが集団的に育まれている組織のリーダーは、組織の仕組みによって、メンバーに自分たちの問題を発見し、その解決策を講じるよう促すことができる。

その結果、フロネシスが集団的に育まれている組織では、メンバーが互いの経験を共有し合うことで、問題に気づいたり、取り組んだり、対策を考えたりできる。忘れてはならないのは、フロネシスは問題の発見と解決に役立つものであり、単なる知的なツールではないことだ。

第1章で論じたように、企業においては、トップにせよ、重役にせよ、マネジャーにせよ、上に立つ人間は全員、自社は何のためにあるのか(自社のビジョン、ミッション、目的)を理解している必要がある。そうでないと主体的に適切な判断を下すことができない。ところが、企業は往々にして、生き残るためにはまるで手段を選ばない、世界を破壊してもかまわないと思っているかのように振る舞う。

しかし、なすべきことは共通善を追求することである。そうするのが正しいからとか、時代の流れだからとかいう理由ではない。そのほうが企業の存続が確実になるからである。企業が生き残るためには、顧客に価値を提供する、他社には築けない未来を築く、道徳的な目的を持つ、社会と調和する、生き方として共通善を追求するということが絶対に欠かせない。

新しいタイプのリーダー、すなわちフロネシスを備えたリーダーが必要だと、われわれが考える理由もそこにある。われわれは二〇一一年に『ハーバード・ビジネス・レビュー』で「賢慮のリーダー」と題して、次のように論じた。「世界が必要としているのは、あらゆる物事には文脈があることを理解して判断し、すべてが変化することを知って意思決定し、すべてはタイムリーに実行できるかどうかにかかっていると知ったうえで行動を起こすリーダーである。彼らは、変化し続ける最前線の細部を踏まえながら、社会にとって何が善で、何が正当で、何が正義なのかを見きわめなければならない。つまりミクロマネジメントと、未来への大きな展望とを組み合わせる必要がある(9)」。この点については、のちほど改めて詳しく取り上げたい。

フロネシスの重要性については、少しずつ学者や経営幹部たちに認識されるようになってきた。しかしアリストテレスが概念化した知識の諸形態の中で、フロネシスはいまだに最も知られていない知識である。エピステーメーは科学と直接結びつき、テクネーは工学とのかかわりを持つが、フロネシスにはそのようなつながりが一切ない。

エピステーメーとテクネーには、「エピステモロジー(認識論)」や「テクノロジー」をはじめ、数多くの派生語があるが、フロネシスにはそれもない。実際、フロネシスが概念として文献に初めて登場したのは、筆者（野中）が最近刊行した書籍においてである。[10]また、マネジメントに関する論文で初めて言及されたのは、筆者たちが二〇一一年に『ハーバード・ビジネス・レビュー』に発表した前述の論文「賢慮のリーダー」[11]においてだった。西洋の哲学でこの概念が忘却されてきたのにはわけがある。では、次にそのわけを見ていこう。

◆ヨーロッパの哲学における知識実践――現象学

古代ギリシャ哲学にルーツを持つものでありながら、フロネシスつまり実践知は西洋哲学の伝統では長い間無視されてきた。一八世紀の啓蒙時代には取り上げられることはあった。しかし、合理的ないし論理的な思考を称える啓蒙主義では、フロネシスは精神的なもの、もっとひどい場合には謎めいた怪しげなものと見なされた。加えて、大半の学者が行動の重要性を否定し、エピステーメーの実践よりもエピステーメーの追求に関心を寄せた。

ヨーロッパの哲学がようやくフロネシスの重要性に気づき始めたのは、ヨーロッパで現象学（人間の経験の哲学的な探究）が誕生した一九世紀の末になってからである。

現象学の提唱者ドイツのエトムント・フッサールと、その後継者マルティン・ハイデガー、フランスのモーリス・メルロ＝ポンティは、人間が判断をしたり、行動を選択したりするときの根拠にできるのは、主観的な経験であると主張した。主観的な視点からしか人間は知識を用いることができないというのが彼らの考えだった。

これから見ていくように、ここでのキーワードは、周囲の環境とのその時々の（いま・ここ）、身体的（物理的）なかかわりによって得られる「主観的な経験」である。

エトムント・フッサール

ドイツの哲学者エトムント・フッサール（一八五九－一九三八年）は、人間が自己や事物を意識するときに、意味や価値がどのように生じてくるかを研究することで、現象学の基礎を据えた。[12] 知識を知識の利用と結びつけようとしたフッサールの最大の関心は、主観的な人間の経験にあった。人間が知識をどう使っているかを解き明かすには、人間の経験をできる限り厳密に分析し、記述しなければならないというのがフッサールの主張である。[13]

自分の取るべき行動について的確な判断を下すためには、客観的な経験ではなく、主観的な経験が必要だという。なぜなら主観的な経験を経ることで、人間は自分にとっての世界を理解できるようになるからである。つまり、自分の個人的な経験に即して、出来事なり、事物なりを理解することが、主観的な経験によって可能になる。

主観的な経験は、人間が必然的に何らかの対象に意識を向ける存在であることによって特徴づけられるとフッサールは言い、そのメカニズムを志向性という概念で説明している。[14] たとえば、志向される対象は、架空の存在であるドラゴンのこともあれば、現実の存在であるコーヒーカップのこともある。人間は想像上のドラゴンのことを考えるときには、ドラゴンを「志向」している。つまり、必然的にドラゴンに意識を向けている。

同じように、コーヒーカップのことを考えるときには、コーヒーカップを「志向」する。つまり考えるのと同時に、必然的にコーヒーカップに意識を向けている。この志向性は気分とか、感情の動きとか、落ち着きとか、いろいろな個人的な反応という形を取る。主観的な経験とは、そのような志向性が一つに統合されて、生み出されるものである。(15)

興味深いのは、主観的な経験が果たしている役割はあくまで中心的なものであって、支配的なものではないといわれていることである。また、それぞれが置かれた状況で適切な判断が下せるようになるためには、主観的な経験の「外部」にある客観的な知識も学び、分析し、活用し、主観的な経験に取り入れることが必要だと、フッサールは考えていた。

とはいえフッサールによれば、客観的な知識が人間の役に立つのは、主観的な経験を豊かにするかぎりにおいてのみだという。最終的には、知識を使う人自身が「知る人」なのであり、どういう知識を踏まえるべきかや、どういう行動を取るべきかは、本人が自分で決めなければならない。

マルティン・ハイデガー

フッサールの弟子、マルティン・ハイデガー(一八八九―一九七六年)は、「知る人」の主観的な経験と行動をつなぐという師の考えを受け継ぎながら、師とは違うアプローチを取った。主観的な経験がどのように生じるかを研究するのではなく、そのような経験が生じてくるそもそもの根っこを捉えようとした。つまり、主観性そのものの発生源を突き止めようとしたのである。

ハイデガーのねらいは、主観的な視点がどのように生まれるかと、人間がどのような行動を取るかを結びつけることにあった。言い換えると、何らかの知識に従ってどのように行動するかによって、どういう人間になるかや、物事をどのように経験するかが左右されるのではないかと、考えたのである。[16] ハイデガーによれば、経験をどのように解釈するかが、主観的な視点の形成に影響する一方、そのようにして形成された主観的な視点も、また別の経験をどのように解釈するかに影響を与えているとされる。

ハイデガーはそこからさらに、現在の行動が未来を形作ると推論を進めた。主観的な経験がどのように生じるかは時間に依存するというのがハイデガーの主張である。主観的な「存在」[17]の現在の状態は、過去の状態によって規定されている。過去の出来事によって、現在の可能性の幅には制約が課されている。これは逆にいえば、今、どういう行動を取るか次第で、どういう未来が生まれるかは決まるということである。ハイデガーの考えに従うなら、未来の可能性を最大限に高められるよう、「いま・ここ」を生きることこそ、知識実践の理想的な方法になる。

モーリス・メルロ＝ポンティ

その後、フランスの現象学者、モーリス・メルロ＝ポンティ（一九〇八－一九六一年）は、主観的な経験は身体から生まれることを強調した。このメルロ＝ポンティの考えからいえるのは、文脈に応じた適切な判断を下すためには、対象物との直接的、身体的なかかわりが欠かせない――自動車を運転する人や、白杖を使う目の見えない人の場合のように――ということである。身体は人間が物事を知るときの第一の手がかりになる。人間は身体を通じて、物事を知覚し、他者を理解していると、メルロ＝ポンティは感じていた。

一九四五年の『知覚の現象学』では、身体と知覚が分かちがたく結びつくことで、主観的な経験は生まれると論じられている。ただし知覚は背景であり、肝心なのは身体のほうだと暗に言ってもいる。「知覚は、世界についての科学ではない。行為でもない。態度を決めることでもない。そうではなく、あらゆる行為を浮かび上がらせる背景である」[18]

人間は主観的な経験に基づいて、自分の行動を選択するというのが、現象学者全般に共通する主張だった。特にメルロ＝ポンティの考えでは、その主観的な経験は感覚的な経験から生じるとされた。フッサールやハイデガー同様、メルロ＝ポンティも西洋哲学では思惟が過剰に重んじられてきたことを批判し、人間は自分たちで動かし、形作っているこの世界に、物理的に投げ込まれた存在であることを強調した。

したがって、現象学者は主観的な経験を重んじはしたが、それは偏狭な個人主義ではなかった。実際、フッサールは研究人生の後期に、主観性がどのように複数の個人間で共有されるか（「相互主観性」と呼ばれる）について、緻密な分析を行っている。[19] 相互主観的な経験は他者への共感から生まれ、そこでは「相手の身になって考える」ことによって、他の主体に対する意図的な行為が受け止められ、理解されるという。[20]

フッサールはこの共感の仕組みを「対化《ペアリング》」と呼んだ。ある二人が対化すると、二人を隔てるエゴイズムは消え、二人は互いに直接つながっているような感覚を抱く。[21] 組織の中で相互主観性の状態（「私」にとらわれず、「私たち」になる）を実現するためには、各メンバーに自己本位の考え方を捨てさせ、互いのことを心から配慮させ合う必要がある。[22]

◆米国哲学における知識実践——プラグマティズム

一八七〇年頃、米国でプラグマティズムと呼ばれる新しい哲学の動きが起こると、チャールズ・サンダース・パースなどの初期の提唱者も、ウィリアム・ジェイムズやジョン・デューイなどの、のちのプラグマティストも、知識実践の発展に寄与することになった。プラグマティストたちは、知識はすべて実践に根差すという主張を起点にしたからである。

プラグマティズムという言葉は、ギリシャ語のプラグマ（pragma、「行為」という意味）に由来する。英語の「practice（実践）」や「practical（実用的）」はその派生語である。プラグマティズムの創始者、チャールズ・パースは、「プラクティカルな影響」や「プラクティカルな意義」という用語を使って、実践の重要性を強調した。ヨーロッパにおける現象学同様、合理的な思考に偏った西洋哲学のパラダイムを疑問視し、主観的な経験が行動においていかに重要な役割を果たしているかに注目したのが、プラグマティズムである。

プラグマティズムは次のように説くことで、現象学以上にフロネシスの再興に多大な貢献をした。

知識はすべて、

- 必然的に行動を伴う（「『知る人』は『行動する人』である」[23]とウィリアム・ジェイムズは述べた）。
- 文脈に基づく（知識を使うためには、知識と行動を結びつける複雑な文脈を読み取らなくてはいけない）。
- 目的を必要とする（明確な目的がなければ、いかなる知識からも実際的な意味を引き出せないと、ジョン・デューイは指摘した）[24]。

ご覧のとおり、先にアリストテレスのフロネシスという概念に触れたときに紹介した四つのキーワードのうちの三つ（行動、文脈、目的）が、プラグマティストの主張を説明するのに使われているのである。

チャールズ・サンダース・パース

プラグマティズムの潮流と密接に結びついているのはジェイムズとデューイという名前だが、創始者は科学者にして、論理学者、哲学者でもあった米国のチャールズ・サンダース・パース（一八三九―一九一四年）である。[25]

生前は哲学者としてより科学者や論理学者として知られ、評価されていたが、『米国伝記辞典』（一九三四年）で「最も偉大な哲学者の一人」[26]と称えられた。経歴を反映し、パースはプラグマティズムを方法論的な姿勢として描き出そうとし、ジェイムズやデューイより合理主義的、現実主義的な哲学者と見なされた。

パースによれば、どんな知識もすべて、人間が行動している特定の文脈の中に深く埋め込まれている。したがって、決まりきったことと見なされうるような絶対的な真実はないという。知識はそれぞれの文脈の中で、必ず絶えざる知識実践を通じて生まれる。[27]

知識が生まれるさまざまな文脈を明らかにしようとしたパースは、「考えを明晰にする方法」と題した論文で、「プラグマティズムの格率」として知られるようになる格率を提唱した。[28]

その格率には次のようにある。「実際的な意味を持ちうるどのような効果が、思考の対象から得られると自分は考えて、その対象についての考察を行っているのかを考えよ。そうすれば、それらの効果について考えることと、その対象について考えることとが完全に一致する」[29]

これは言い換えるなら、考えることの意味は、その考えの効果から生まれる、つまり、その考えによってもたらされたと思われる現象や、行動や、結果などから生まれるということである。知識実践がどういう行動に結びついたかを確認することで、その知識自体の意味も明らかになり、ひいてはその行動がどういう未来につながるかも見えてくると、パースは言う。

そのようなことを通じてパースがめざしたのは、それぞれの特定の文脈を踏まえて、考えを明晰にすることで、考えから行動が導き出されるようにすることだった。そういう意味で、あらゆる知識の根源には文脈に即した実用的な意味があるのだと、パースは唱えた。

ウィリアム・ジェイムズ

ウィリアム・ジェイムズ(一八四二―一九一〇年)はパースのプラグマティズムの格率を引き継ぐとともに、知識を使う個人の主観的な視点という要素をそこに取り入れた。パースの格率では実用的な意味が客観的なものとして扱われていたが、ジェイムズは、ある考えからある行動がどの程度引き起こされるかは、個人の主観的な視点や判断に左右されることを捉えることで、格率を拡張した。[30]

ジェイムズによれば、知識はすべて主観の影響を受けており、知識が客観的に見えるのは、社会的な共通認識のような相互主観的プロセスのなせるわざだという。このジェイムズによる格率の拡張により、知識の意味と行動とを結びつけたパースのフレームワークに、行動する主体の視点がつけ加えられた。

ジェイムズはさらに、「知る人」は単にものを観察するだけではなく、知られるべきものを築きもすると主張した。「私自身について言えば、『知る人』がどこにも土台を据えずにふわふわと宙を漂っている鏡のようなものだとは、どうしても思えない。たまたま出くわしたものをただ映し出し、その存在をただ認めるだけの鏡のようなものとは思えない。『知る人』は『行動する人』である。一方では係数だが、一方では自ら真実の創造にもかかわってもいる[31]」

「知る人」がどういう行動を起こすか次第で、知識の内容は変わりうると、ジェイムズは言う。人間は目標を達成するためだけに知識を利用するわけではない。知識の利用によって知識は増え、洗練される。そうすると知識を利用できる範囲がさらに広がる。行動は知識を生む。そうするとその新たな知識からさらなる行動が生まれる。知識と行動とは分かちがたく結びついている。

ジョン・デューイ

パースとジェイムズの後に続いたジョン・デューイ（一八五九－一九五二年）が注目したのは、知識と実践の密接な関係だった。デューイは「思考」の中心に行動を置き、思考と行動とは、世界との相互作用があるかぎり、表裏一体の関係にあると主張した。思考は行動を起こすためのものであるだけではなく、それ自体、行動の一部でもあるのだ、と。[32]

ジェイムズ同様、デューイも主観的な視点によって知識は活用されていると考え、われわれが仮説を立てたり、それを現実の世界で行動を通じて検証したりするのを可能にしているのは、主観的な経験と目的だと主張した。仮説は経験に基づく予測と「理想」ないし「目的」に基づいて立てられる。言い換えるなら、われわれは現状を踏まえたうえで、目的を成し遂げるために仮説を立てるのである。

現状についての判断は、過去の経験を通じて積み重ねられた経験的な知識に基づいて行われる。ただし、ある過去の出来事がどのように受け止められるかは、それを経験した本人次第である。したがって、われわれは過去の経験に基づいて仮説を立てるが、その過去の経験がどういうものであるかは、自分がそれをどう感じたか、どう解釈したか、どう「経験」したかに左右される。このようにどんな仮説にも、主観的な経験に基づいた主観的な判断が含まれることになる。

デューイは目的そのものに主観的な性質があらわになっているといい、理想的な目的は「作業仮説」だと論じた。仮説の土台にされる目的もまた、実践を通じて検証されるべき一つの仮説であるという意味である。

一九一五年の「実践判断の論理」と題した論文では、知識をどのように利用するかが「価値」の判断に影響することが指摘されている。「価値判断はそれ自体で完結するものではない。

それは常に何をすべきかを決めるためのものである。（中略）価値判断を下すということが暗に物語っているのは、価値は前もって与えられているものではなく、未来の行動によって与えられるものだということである。その未来の行動自体は価値判断を前提としている」[33]

したがって、仮説が主観的なもの、目的意識や将来実現しようとする価値に基づくものである一方、今、どのように知識を実践するかがそれらの理想や価値に影響を与え、ひいては目的自体をも左右することになる。われわれがどういう人間であるか、どういう価値観を持っているかは、知識実践で決まるというのがデューイの考えだった。

このように米国のプラグマティズムの潮流の中で、知識と行動の密接な関係に光が当てられたことで、アリストテレス流のフロネシスの概念の重要性が再び注目されるようになった。知識が本質的には「知る人」の主観に依存したものであることに気づいたプラグマティストたちは、知識と行動の隔たりを克服することで、それぞれの知識の意味を豊かにでき、ひいてはその知識に基づいた行動も豊かなものにできると唱えた。

デューイによれば、目的意識と、行動に移される知識とは本来、切り離すことができないものだという。したがって、プラグマティズムでは、エピステーメーの客観性は否定された。知識はすべて、主観的な信念と行動の産物だからである。加えて、どのようにエピステーメーを使うべきかも、エピステーメーが人間の目的に応じて何を追求するべきかも、フロネシスによって決まると、論じられた。

2

知識実践とポランニー

一九九五年に刊行した『知識創造企業』は、何人かの知の巨人たちの肩の上に乗って書かれたが、中でもわれわれが最も多くを負ったのは、ハンガリー生まれの英国人科学者で哲学者のマイケル・ポランニー(一八九一－一九七六年)だった。二〇世紀初頭、ポランニーは暗黙知という概念を提唱した。暗黙知は人間の行動の要素として、社会科学ではこれまでおおむね見過ごされてきた概念である。

ポランニーは「われわれは語れる以上のことを知っている」という至言を残している。暗黙知という概念がなかったら、知識の組織論を立てることも、知識創造のSECIモデルを築くことも、日本企業の世界的成功の要因を説明することもできなかっただろう。ポランニーの言い方にならえば、われわれは語れる以上のことを彼に負っている。

しかし前著(第2章)で、認識論(知識についての哲学的な考察)の土台を築いた西洋の学者たちが知識創造にどのような貢献をしたかを吟味したとき、ポランニーには言及しなかった。それは手落ちだったかもしれない。われわれは当時、彼を物理科学の分野で名を成した独学の哲学者だと考えていた。

しかし、詳しく取り上げるのを本書まで持ち越したのは、幸運なめぐり合わせだった。理論面でのその最大の貢献は、知識創造よりも、知識実践の概念化にあるからである。ポランニーはアリストテレスと、現象学と、プラグマティズム、それにゲシュタルト心理学の知見を統合して[34]、すべての知識は実践に根差しているという前提を打ち立てた。ポランニーによれば、知識実践の大部分は主観的な経験に基づく直観的な判断によって成り立っているという。

ポランニーの大きな功績は、先述したように、形式知と暗黙知の違いを発見し、解明したことにある[35]。しかし、その著作をよく読んでみれば、知識と行動をダイナミックに結びつけ、「実践」を中心に据えた理論を構築しようとしていたことがわかる。

その理論は「tacit knowing（暗黙知）」と名づけられた。どうして「knowing」を術語に選んだのかは説明されていない。しかし、あえて進行形を使ったことには、知るという行為が、生き生きとした活動的なものであること、つまり動的な実践であることが示されている。

また、「knowing」は気づいている状態も意味しうる。術語の問題はどうであれ、ポランニーの暗黙知の理論で肝心なのは、環境との間に明確な目的意識に基づいた人間的でダイナミックな相互作用があると説かれていることである。その点では、ポランニーの立場は、「『知る人』は『行動する人』である」と考えたプラグマティストたちの立場とも一致する。

ポランニーによれば、知識実践のプロセスには無意識と意識とのダイナミックな相互作用が見られるという。無意識と意識の間に生じるそのダイナミックな相互作用は、次の四段階のプロセスとして描くことができる[36]。

①「行動する人」が自分の持っている知識に基づいて、無意識に、さまざまな現象や出来事との間に作用を及ぼし合う。
②すると、それらの無意識の相互作用によって、暗黙知が蓄積される。
③この段階で「知る人」になった「行動する人」が、どこに意識を「集中」させればよいかを判断する。
④この意識的な判断の結果として、蓄積された暗黙知が、集成された知識の総体と統合される[37]。

前半の二段階で、人間と環境との間の直接的な相互作用を通じて、暗黙知が蓄積される。デイビッド・ティースが指摘しているように[38]、暗黙知の獲得と伝達はもっぱら人間どうしのフィジカルな交流によってのみ可能になる。

後半の二段階では、何に意識を向ければ、集成された知識の総体の中で最適な知識を実践できるかを、意識的に判断する必要がある。このときに「行動する人」の判断を導くのは、どういう行動を取るべきかについて、はっきりとした指針を示す明確な目的意識である。第四段階で形成された集成された知識の総体は、第一段階で実行に移される。こうして暗黙知の相互作用のダイナミックなサイクルが一巡する。

では、コンサートでモーツァルトの曲を弾くピアニストを例に、具体的にこのサイクルを見てみよう。ピアノを演奏するためには、曲全体との関係を知る他に、指遣いに関するさまざまな暗黙知も求められる。しかし演奏中、細部にばかり意識を向けていたら、つまり楽譜に記された指遣いの指示ばかり気にしていたら、いい演奏はできないだろう。

ステージに上がったピアニストは、指遣いのことは考えずにできる限り正確に指を動かしながら、演奏する曲自体に集中しなければならない。各指の最適な暗黙知を「モーツァルトの曲を弾く」という知識実践につなげるには、どこに気をつければよいかを自分で意識的に判断しなくてはいけない。その判断は、明確な目的意識（モーツァルトの曲で聴衆を感動させる）に導かれることで可能になる。このように、知識実践では、絶えずどこに意識を向ければいいかを意識的に判断し続けることが欠かせない。

まとめると、ポランニーの暗黙知の理論は、明確な目的意識に基づいた環境との人間的でダイナミックな相互作用として理解するのが最もよいということである。「行動する人」はピアニストの例で見たように、環境との相互作用によって初めて、暗黙知を有効に使うことができる。

また、ピアニストがモーツァルトの曲を弾けるのは、指遣いの暗黙知がピアノの演奏に関する集成された知識の総体と統合されているからである。その際、ピアニストは明確な目的意識に基づいて、集成された知識の総体のどの部分と統合させるべきかを判断する。したがって、知識実践がどのように生じるかは、その判断に左右されることになる。[39]

3

脳科学における知識実践

哲学者たちが何世紀もフロネシスよりもエピステーメーの追究に関心を向けてきたように、ほとんどの神経科学者はもう何十年も、脳機能だけで知識創造を説明できると思っている。しかし近年の脳機能や認知の研究で、「身体」と「行動」も脳と同じぐらい重要であることがわかってきた。

現に、かつて現象学やプラグマティズムが西洋の知の伝統を変えたように、身体化された認知やエナクティビズムによって、脳科学の常識も塗り替えられつつある。神経科学でも、あらゆる知識が行動に根差していることを示す証拠が次々と現れている。その結果、アリストテレスからポランニーまで、われわれが検討を加えた知識実践の知の伝統が、科学的なデータの裏づけを得られるようになってきた。

それらの証拠は大きく三つに分けられる。第一は、近年、身体的な経験に関する脳や認知の研究が重視されていること。第二は、認知を正しく理解するためには、体と周囲の環境とのダイナミックな相互作用という文脈の中にそれを置いて考えなくてはならないという主張が、数々の発見によって支持されるようになったこと。第三は、脳には社会志向性があることである。では、以下で一つずつ見ていこう。

◆体と脳

脳科学の従来の説では、脳が思考や認知を司っている唯一の器官だとされる。体は単に外からの刺激を感じ取り、反応するだけの「センサーおよびエフェクター」のシステムと見なされる。[40] 一方、身体化された認知という考え方では、脳だけが認知を司る器官であるという見方は否定され、[41] その名から推察されるとおり、体の役割に力点が置かれる。[42]

マーガレット・ウィルソンは、身体化された認知を次のように要約している。「身体化された認知という名の下に、心は世界と相互作用している体との関係という文脈の中で理解すべきだという考えに、ますます関心が高まっている」[43]

これを最もよく体現しているのは、野球のイチローである。米国メジャーリーグのシアトル・マリナーズ、ニューヨーク・ヤンキース、マイアミ・マーリンズで活躍し、近頃引退したイチローは、現役時代、パワフルでありながらよくコントロールされたバッティング技術で知られた。まるで自分の体の一部であるかのようにバットを操るその巧みさに、監督も、コーチも、専門家も、ファンも舌を巻いた。イチローはバットに愛情をこめて、大切に扱っていただけではなく、普通の人には道具でしかないバットを内面化して、自分の感覚運動システムに取り入れていた。

その内面化は複数の方法で行われている。たとえば、イチローは四六時中、自分のバットに触れていた。夜もバットを抱いて寝るんだろうとチームメートからからかわれるほどだった。同時に、そうやって育んだ自分のバットとの感覚的なつながりを損なわないよう、他人のバットには触れないようにしていた。

バッターボックスに向かう前に毎回、必ず、脚でバットをこするというルーティンも行っていた。これにはバットを「自分の体の一部であるかのように」内面化する効果があると、イチローは語っている。暗黙知を活用する能力は、そのような体や環境との相互作用の繰り返しによって養われ、類いまれなパワーとコントロールを兼ね備えたバッティングの実践的な知識は、バットと直接触れ合う経験によってもたらされたのである。

イチローの行動はエナクティビズム（enactivsim）と呼ばれる新しい認知科学の知見とも一致している。エナクティビズムも身体化された認知の一種である。このエナクティビズムという語は、「enaction（実行）」に由来している。enactionはenとactionという二つの部分に分けられる語で、「外に向かって行動する」という意味合いを持つ。

人間の認知とは、「世界の中で演じられるさまざまな行動の歴史に基づいて、世界と心が自らを現すこと」(44)だと、エナクティビズムではいわれる。ここで特に重要なのは、環境の中にある「行動」が人間の認知の源としてばかりではなく、スキルや判断や目的意識などのような、人間の認知の現れでもあることが強調されている点である。

行動を重視するエナクティビズムの提唱者たちの考えは、本章で取り上げた哲学者たちの考えにもきわめて近い。たとえば、ポランニーの知識はすべて実践に根差しているという前提、ジェイムズの「知る人」は「行動する人」であるという主張、メルロ＝ポンティの身体と知覚は分かちがたく結びついているが、肝心なのは身体であり知覚は背景であるという議論と、エナクティビズムの立場は一致している。

ここには二つの異なる学問分野（かたや哲学、かたや脳科学）の研究が、同じ結論に到達していることが見て取れる。それは、身体は実は脳機能において中心的な役割を果たしているのだという結論である。

◆知識実践の動的なルーツ

先にわれわれはポランニーの暗黙知の理論は、ダイナミックな相互作用という観点から理解するのが最もよいと述べ、ピアニストを例に挙げて、人間と環境とのダイナミックな相互作用によっていかに暗黙知が有効に活用されるかを説明した。また、無意識と意識とのダイナミックな相互作用によって、何に注意を向けるべきかの判断が可能になるとも論じた。

近年の脳科学では、心と体と環境の間のダイナミックな相互作用が「志向」や「意識」の発生の鍵を握っているという考えが、支持されるようになってきた。これも哲学と脳科学の知見が一致している例である。

複雑系の学者アリシア・ジュアレロは、体と環境のダイナミックな相互作用によって知識実践が成り立つというポランニーの考えの正しさを裏づける研究を行っている[45]。意識の核をなす人間の志向性についての研究で、体と環境の相互作用という文脈の中で志向性は理解されるべきだという結論を下しているのである。

ジュアレロはポランニー（先述したとおり、ポランニーもやはり科学者だった）よりもさらに進んで、人間の志向性は複雑適応系の産物であると考えている。ピアニストの例を挙げたとき、われわれは指遣いの暗黙知と、ピアノ演奏の知識の総体を統合する必要があると述べた。

ジュアレロによれば、複雑適応系は次の点で単なる寄せ集めとは違うという。すなわち複雑適応系では、システム内の個々の構成物の性質はそのシステムの文脈に依存するが、システム全体の性質は、どの構成物からも個別には生じないまったく別の特徴を帯びている、という[46]。

同じように、神経科学者のクリストフ・コッホは、人間の意識の研究を続けてきて、人間の脳は複雑に統合されたシステムの一部であり、そのシステムの中で脳と、体と、世界はダイナミックにかかわり合っているという理解に達した[47]。

統合されたシステムとしての人間の意識の最大の強みといえるのは、意識に取り入れられた情報をさまざまな目的のために使えるということである。「(私たちの意識には)諸感覚器官から得たデータを組み合わせて、じっくり考え、将来の行動計画を立てる能力が備わっている。(中略)しかも、それは予期せぬ初めての状況にも対処できる[48]」

したがって、高度に統合された脳を持つ生き物は、神経細胞の数は同じでも統合の程度が低い脳を持つ生き物より、世界への適応能力が高いと、コッホは結論づけている。システムの統合のレベルが高いほど、システム全体の能力は高まる。しかし、統合のレベルを高めるためには、多様性のレベルもそれに応じて高めなくてはならない。もし人々の意識を構成している要素がすべて同じだったら、そこから生まれるのは決まりきった行動だけになるだろう。

コッホはそれを「ゾンビ・エージェント」と呼んでいる[49]。コッホによれば、人間の意識は脳や、身体的な感覚や、外の世界から多様な情報を得ようとしているという。それはつまり、われわれの意識は多様な情報を求めて、常に外を見ているということである。

◆脳の社会志向性

多くの新しい研究で、人間の脳には社会志向性があることが確かめられている。人間は脳によって、生存のために他者とつながろう、行動をともにしよう、協力しよう、他者を思いやろう、共通善を追求しようという気持ちにさせられていることが、数々の科学的な証拠によって明らかになってきている。

それらの発見は、アリストテレスのフロネシスやフッサールの相互主観性という概念の正しさを改めて裏づけてくれる。フロネシスは、人間に不可欠のものとして共通善を追求しようとする性質を持つものであり、相互主観性は他者を大事にし、「相手の身になって考える」ことから生じるものである。

他者とつながろうとする気持ちが人間に生物学的に備わっていることに関しては、近年、社会神経科学の研究[50]により、証拠がうずたかく積み上げられている。

マシュー・リーバーマンは『21世紀の脳科学——人生を豊かにする三つの「脳力」』で幼児を例に挙げ、次のように述べている。「食べ物や、水や、安全は、幼児にとっては一番重要な基本的欲求ではない。それらにもまして重要なのは、社会的につながって、世話してもらうことへの欲求だ。(中略)社会的なつながりは絶対に欠かせない。(中略)愛情とか、心の拠り所とかは、あれば便利だけれどなくても生きていけるもののように思われているが、人間は生まれながらにして、つながりを欲する。つながりは生存にかかわる最も基本的な欲求と深く結びついているからだ[51]」

ここでのリーバーマンの議論は、人間の生物学的な欲求という面に絞って行われている。それらの欲求の源は、突き詰めていけば、生存本能にあり、その欲求は純粋に、他者に依存することが有益であることに基づくものとされる。リーバーマンは進化論の視点から、脳は生物学的な進化を遂げ、他者とのつながりを生まれながらに求めるようになったと説明する。

そのような生物学的な欲求があることを示す証拠は、医療用のｆＭＲＩ（機能的核磁気共鳴画像法）を使った複数の研究で見つかっている。ｆＭＲＩを使うと、社会的な快不快の感情の変化――たとえば、承認されたときと拒否されたとき、公平に扱われたときと不公平に扱われたとき、敬われたときと軽んじられたとき――に伴って、どういう脳活動が起こるかを計測できる[52]。また、共感する、行動をともにする、協力する、他者を思いやるということも、神経科学の複数の領域で研究されている。

社会的な感情

最近の研究では純粋に合理的な思考でさえ、社会的な感情の影響を強く受けることが示されている[53]。一方、社会的な感情も、他者とかかわる感覚運動のプロセス（行動）によって形成されることが研究からわかっている[54]。これらの研究からいえるのは、社会的な状況における行動が共通の理解につながるということであり、したがって、行動をともにすることが相互主観性の実現の鍵となるということである。

人間の知覚

認知神経科学の複数の研究から、人間は他者をその外見的な特徴からだけではなく、「相手の身になって考える」ことでも理解しようとすることがわかっている。[55]

脳の内側前頭前皮質の活動を調べたそれらの研究では、他者の心を理解する人間の能力は、認知前の段階で生じる証拠が見つかっているという。つまり、意識的に相手を理解しようとする前に、人間は相手を理解しているということである。

共感

共感は一般に高次の認知活動から生まれるものと見なされているが、最近の研究では、基本的な脳機能によって生じることが示されている。たとえば、他者の痛みに対する共感では、前部島皮質と帯状皮質が活動する。同様に別の共感では、他の皮質が活動する。[56]

ミラーニューロン

近年のミラーニューロン・システムに関する発見は、他者を「まねる」行為が相互主観性を育むうえで、決定的な役割を果たす可能性があることを示している。相互主観性が育まれれば、他者が感じたことを感じる能力と定義される共感が引き出され、ひいては、他者を助けようという気持ちが芽生える。[57]

マカク（オナガザル科のサル）の運動野にミラーニューロンがあることがイタリアの神経科学者のグループによって発見されたのは、一九九二年である。その発見が一九九〇年代後半にさらなる発見を促し、やがて人間の脳にも同じようなミラーニューロン・システムがあることがわかった。[58]

ミラーニューロンとは、あるサルが何らかの行動をしているときだけでなく、他のサルがそれと似たようなことをするのをそのサルが見ているときにも反応する神経細胞である。「ミラー（鏡）」という名も、そこに由来する。その機能については、さらなる研究が必要だが、人間には他者の主観的な経験を理解する可能性があることをミラーニューロン・システムは具体的な形で明らかにしている。[59]

さらに、最近の研究では、共通善を追求する利他行動も、脳に由来することが示されている。たとえば、ある研究によると、脳は「あめ」（報酬信号）と、「むち」（否定的な反応）を使い分けて、人間に協調的な行動を取るよう促しているという。

また、脳には「公平」でありたいと欲する内在的な仕組みがあることを明らかにした研究もある。その研究によれば、資源の不公平な分配に対しては、島皮質が活動し、嫌悪感を生じさせるという。加えて、平等を重んじる行動や態度にも島皮質の活動は関係しているという。[60]これらの発見が示唆するのは、利他行動は高次の認知活動の結果というより、脳の内在的な仕組みに深く根差しているということである。

以上、増え続けている脳科学の文献の一部を紹介した。これらはアリストテレスのフロネシスが知識実践の起源であるというわれわれの考えが正しいことを裏づけてくれる。前述したように、フロネシスの本質は「行動」「文脈」「善」「目的」という四つのキーワードでまとめられると、われわれは考えている。また、近年の脳科学における発見は、前著で注目した心身一如、主客一体、自他統一を重んじる日本の知の伝統の知見とも一致する。

4 社会科学における知識実践

前著で、われわれは経済学、経営学、知識の組織論の文献を幅広く取り上げて、吟味した。著者はフレデリック・テイラーからゲイリー・ハメルまで、五〇人以上、研究の年代は一九一一年から一九九三年まで八〇年以上に及んだ。そして、最後に次のように指摘した。「知識の主観的、身体的、暗黙的側面は、ほとんど無視されたままである」と。[61]

本節ではその続きとして、われわれが知識実践(知識創造ではなく)についての理解を深めるうえで役立った文献を、最近の社会科学からいくつか選び出して、吟味したい。[62] 文献の数は絞り込んだ一方で、研究の領域は経済学、経営学、組織論から政治学、軍事戦略まで広がっている。

ではまず、リチャード・ネルソンとシドニー・G・ウィンターによって書かれた進化経済学の先駆的な名著から見ていこう。[63] 組織記憶を扱ったこの二人の著作を最初に取り上げるのは、二つの理由による。

第一には、二人が行動と文脈に基づいた知識に注目することで、経済学の分野でアリストテレスのフロネシスの徳をよみがえらせたから。第二には、二人が先述のプラグマティストたちとは一線を画し、個人の知識だけではなく、組織の知識にも重きを置いたからである。また、実際的なことでいうと、本節で社会科学のいくつかの文献をたどっていくうえで、二人の著作が出発点として、また道しるべとして打ってつけであるという理由もある。

ネルソンとウィンターは組織的知識を研究するにあたって、「ルーティン」と「サブルーティン」(二人の言い方では「知識的記憶」)の役割を重視していた。ここでいうルーティンとサブルーティンとは、いわゆる行動学習を通じて、同じ作業や似た作業を繰り返すことで培われる、従業員の習慣的な振る舞い(行動パターン)のことである。[64]

ダーウィンの進化論の影響を受けたネルソンとウィンターは、ルーティンとサブルーティンを組織の遺伝子と見なし、次世代に受け継がれるものと考えた。ルーティン化された習慣があると、個別の状況に応じた有用な知識を使うことができ、それぞれの組織に固有の組織的知識を活かすことができる。

ネルソンとウィンターがとりわけ強調したのは、「実習」の大切さである。二人は次のように書いている。「組織は『行動によって記憶する』。（中略）記憶するということは主に実習を通じて成し遂げられる。書かれたものをどれほど読んでも、完全に記憶することはできない」[65]

「実践によって記憶する」ためには、ルーティンとサブルーティンを絶えず繰り返すことで、学習を促進し、組織的知識を利用することが欠かせないと、二人は説く。行動によってのみ、組織は文脈に応じた知識を学び、記憶することができるという。そのような文脈に応じた習慣的な行動をすべて足し合わせたものが、ネルソンとウィンターのいう「組織的知識」、われわれの言葉でいえば「組織的知識実践」になる。

経済における人間の習慣についてのネルソンとウィンターの研究は最近、ロンドン・スクール・オブ・エコノミクス・アンド・ポリティカル・サイエンス（LSE）のクリス・ブラウンの政治学の研究に反映されている。[66]

ブラウンは国際関係論と呼ばれる政治学の研究分野で、「実践論的転回」という概念を提唱した。これは古くは古代ギリシャの歴史家トゥキディデス（前四六〇–前三九五年）の時代までさかのぼる概念である。もっと新しいところでは、リアリズムのニッコロ・マキャベリ（一四六九–一五二七年）とトーマス・ホッブズ（一五八八–一六七九年）、リベラリズムのジャン＝ジャック・ルソー（一七一二–一七七八年）とイマヌエル・カント（一七二四–一八〇四年）にも通ずる。

この概念のねらいは、「知覚や理解や行為を生み出す」[67]人間の習慣の役割を踏まえ、国際関係論の研究の対象を、実践的で常識的な知識によって生み出されている現実の国際関係に定め直すことにある。実践論的転回で重視されるのは、特定の文脈ないし状況に適した知識の利用である。したがって、エピステーメーを用いて、客観的な観点から特定の出来事や現象を分析することは否定される。ブラウンは実践論的転回の概念とフロネシスの徳の概念はどちらも「経験に重きを置くアプローチ、世の中を渡っていく知識を重んじるアプローチである」[68]と述べて、両概念を結びつけている。

個人レベルでの記憶を重視するネルソンとウィンターの研究と、先述した神経科学の研究を土台にして、経営についての著作を発表しているのは、コロンビア大学ウィリアム・ダガンである。軍事戦略が専門のダガンは、「何をなすべきか」に関して、本人の表現を使えば「戦略的直観」に関して、脳の学習と記憶のプロセスからどのように独創的なアイディアが生まれるかを研究した。[69]

その著作『戦略は直観に従う』では芸術や科学、ビジネスの事例を引きながら、人間の脳内でどのように経験と知識が結びついて、新しいアイディアがひらめくかが説かれている。ダガンによると、戦略的直観とは、「(論理的思考力と想像力の)両方の能力が、一人の知性の中で、大小のひらめきを通じて一つに組み合わさること」[70]という。

『成功の技法』では、戦略自体に良い悪いはなく、戦略の良し悪しは特定の文脈に最も適しているかどうかで決まるということが論じられている。[71] 行動の方針を決めたり、必要に応じてそれを修正したりするうえで、どのように現実にうまくいく方法といかない方法を見きわめればよいかについてのダガンの助言は、われわれが唱えている「フロネシスの実践」とも一致するものである。

文脈に応じた知識の活用は、デイビッド・ティース、ゲイリー・ピサノ、エイミー・シュエンによって提唱された経営理論「ダイナミック・ケイパビリティ」論の核をなしている。[72] 三人はネルソンとウィンターの組織的な知識実践に関する研究に基づき、長期的な成功の源になるのはダイナミック・ケイパビリティ——「内的、外的な競争力をすみやかに統合、構築、再構成することで、環境の急速な変化に対処する能力」と定義されている——であることを明らかにした。[73]

企業はビジネス環境のダイナミックな変化に合わせて、短期的な競争力を修正することで、競争優位を保てるというのが三人の主張である。短期的な変化に適応するためには、変化の兆しをいち早く「察知」して、変化に伴うチャンスを「把握」し、自社の資源をそれに合わせて「変革」することが求められる。[74]

この察知、把握、変革のステップを実行するために必要なのは、第一には、過去の事例と比べた場合、今の変化にはどういう特徴や意味があるかを理解すること、第二には、状況に適した自社資源の変革のために知識を活用すること、第三には、それらの変革された資源を使って、効果的な行動を起こすことである。これらのステップは、本章で先に見た知識実践のダイナミックな性質ともぴったり合致する。

軍事戦略史家ローレンス・フリードマンの最近の著作には、ネルソン、ウィンター、アリストテレス、それに現代の脳科学者の知見がすべて色濃く反映されている[75]。その著書『戦略の世界史――戦争・政治・ビジネス』を取り上げたある新聞の書評は、次のように知識実践と関係のあるキーワードに触れていた。「これは知識――有用な知識――についての本でもある。本書には、知識がいかにひとまとまりにされて、提供され、獲得ないし応用され、利用ないし悪用されるかが、描き出されている[76]」

言い換えると、同著で説かれているのは、理論と実践の関係について、実践の一形態としての理論についてである。フリードマン自身は次のように述べている。

「戦略はあらゆる言説に取り入れられている。合理的な行為とは何かについての抽象的な論述にも、（中略）原因についての命題や脳の働きについての洞察にも、戦闘で敵を捕らえる、選挙で対立候補を批判する、市場に新しい製品を投入するなどというときの最善策についての実際的なアドバイスにも、戦略は入っている。戦略家は、（中略）大規模な移民集団という組織にも、交渉術にも、よりよい社会の構想にも、倫理的な行為の基準にも取り組んできた[77]」

ティース同様、フリードマンは戦略のダイナミックさを重視しており、戦略に求められるのは、持てる資源と手段を用いて、時とともにどんどん変わる状況の「最善」の部分を捉えられるようにすることだと論じている。加えて、ダイナミックな環境で役に立つ優れた戦略には、何が善であるかについて、文脈に応じた判断が含まれていなくてはならないという。われわれの考えでは、それこそがフロネシスの役割である。

企業が社会にとっての善、すなわち共通善を追求することの重要性は、経営学の文献でも論じられることがますます増えてきた。そうした中、三つの著述によって知識実践は組織レベルから社会レベル——オープンイノベーション、企業の社会的責任（CSR）、共通価値の創造（CSV）——へと引き上げられた。

まずデイビッド・ティースのカリフォルニア大学バークレー校の同僚ヘンリー・〝ハンク〟・チェスブロウが先駆的な著作『オープンイノベーション』を二〇〇三年に発表し、組織間の協力によってイノベーションに取り組むことの利点と有効性を広く知らしめた。チェスブロウによれば、オープンイノベーションとは、次のように考えるパラダイムであるという。

「企業がテクノロジーの進歩を図るときには、社内だけではなく、社外からも新しいアイディアを集められるし、またそうするべきであり、社外にも市場化の道を探ることができるし、またそうするべきである」[78]

この「閉じられた」イノベーションから「開かれた」イノベーションへというパラダイムシフトによって、経営学者も経営者も、イノベーションをめざすときに社会的な価値を考慮できるようになった。

次に、同じくカリフォルニア大学バークレー校のデイビッド・ボーゲルが、企業の社会的責任(CSR)を提唱し、企業には「法律で義務づけられている以上に労働環境の改善に努め、社会に恩恵をもたらす」責任があると論じた。[79] CSRとは、企業の側が自主的に社会福祉の向上を図ったり、地域に価値を提供したりすることである。知識実践が行われる文脈の範囲は、この企業の社会的責任の導入によって、企業レベルをはるかに超え、社会レベルへと拡大されることになる。

そして、マイケル・ポーターとマーク・クラマーが、企業は共通価値の創造(CSV)によって再び社会から尊敬される存在になれると主張した。ポーターとクラマーによれば「共通価値という概念は企業の競争力を高めると同時に、地域の経済や社会状況をよりよくできる方針や運営と定義できる」という。[80]

二人はCSVは単なる社会的責任や慈善事業ではなく、「社会的な価値の創造によって経済的な価値を生み出す」[81]新しい手法であると主張し、「企業は慈善寄付者としてではなく、企業として」喫緊の社会の問題に取り組むとき、「最も大きな力を発揮する」[82]と指摘する。

さらにCSVは、企業活動の周辺ではなく、中心に据えるべきものだとも唱えている。「すべての企業がそれぞれの分野でCSVを追求すれば、おのずと社会全体の利にかなうことになるだろう」[83]という。その点でCSVは、知識実践を組織と社会の両方で具体的な形にしたものだといえる。

以上見てきたとおり、近年、社会科学者の間から知識実践の重要さを唱える声が上がり始めている。これは固定化された理論的知識の過度の重視から、ヒューリスティックな実践的な知識への回帰の動きといえる。

その考え方の核心をなしているのは、フロネシスつまり実践知である。ダイナミックに絶えず変わり続ける環境の中で、フロネシスは企業に有効なガイダンスや戦略的指針を与えてくれる。さらに、企業は自社にとっての善だけではなく、社会にとっての善の追求も求められる。オープンイノベーションや企業の社会的責任、共通価値の創造の文献に示されているとおり、共通善の追求自体が知識実践を推し進めるうえでの鍵となる。

しかし、以上のことはわれわれの知識創造の理論とどのようにつながるのか。フロネシスは知識実践でどういう役割を果たすのか。次章では、そのような点を深く掘り下げて、知識創造と知識実践の理論を打ち出したい。

5　第2章のまとめ

本章では本書で説く知識実践の土台となった哲学、心理学、神経科学、社会科学の各分野の知見を吟味した。以下に要点をまとめておこう。

- 知識実践は古代ギリシャ哲学の大きなテーマの一つだった。そのことはアリストテレスがエピステーメー（科学的な知識）やテクネー（技術的な知識）と対照的な概念として、フロネシス（実践知）という概念を用いていたことからわかる。
- 知識実践は以来、ほとんど無視されてきたと考えられているが、多くの哲学者の主要な関心事であり続けたこともまた事実である。そのことはエトムント・フッサール、マルティン・ハイデガー、モーリス・メルロ＝ポンティなどの現象学者、チャールズ・サンダース・パース、ウィリアム・ジェイムズ、ジョン・デューイなどの米国のプラグマティストの著作からうかがえる。それらの思想家たちは、われわれが世界についての「本当」の知識をどのように得るのかを解き明かそうとした。彼らの考えでは、世界とは、現在進行中の特定の状況と密接に結びついたものだった。また、そのような知識は本質的に主観的なものであるとされた。

- マイケル・ポランニーも独自の言葉でそれと似たようなフレームワークを考え、人間が物事をどう理解するかや、いかに実践的な知識を獲得するかを解き明かした。明確な目的意識が、人と環境との相互作用を導き、ひいては、われわれが何を知るか、何に基づいて行動するかを左右するという。
- ポランニーによれば、人間は身の回りの世界に関する暗黙知を蓄積するとともに、それをひとまとまりのものとして理解できるよう統合する。知識がどのように統合されるかは、目的に基づいた意識的な考えによって決まる。
- 近年の脳科学研究による発見では、人と人との直接的でダイナミックな交流があらゆる知識の源泉であるという考えが支持されている。
- 加えて、社会科学の研究では、実践的な知識が個人レベルだけではなく、組織レベルでも獲得され、活用されうることが示されている。
- 組織の共通の目的を保つためには、共通善の追求を組織の活動の中心に据えることが要になる。共通の目的を保つことで、環境と直に向き合おうとするメンバーの足並みを揃えることができ、メンバー全員に積極的に目的の実現に取り組ませることができる。

第3章 知識創造と知識実践のモデル

Toward a Model of Knowledge Creation and Practice

本章では、知識創造理論を拡大して、最初の現代的な知識創造・実践モデルを築いていきたい。土台にするのは、これまで共同化、表出化、連結化、内面化という四要素の二×二マトリックスで表してきたSECIプロセスに関する知見である。

最初の節で、知識創造・実践モデルの構築にもっと役立つようアップデートした新しいSECIのマトリックスを紹介する。新しいSECIマトリックスがどのような働きをするものであるかは、二〇一〇年から一二年にかけて目覚ましい業績回復を遂げた日本航空の事例に見て取れる。

その次の節では、SECIスパイラルというコンセプトを紹介する。知識実践がどのように促進され、維持され、拡大されるかを概念化したものである。SECIスパイラルでは、知識は絶えず創造され、拡大され、実践されるとともに、知識の創造と実践にかかわる人が次第に

図3-1　SECIスパイラルモデル

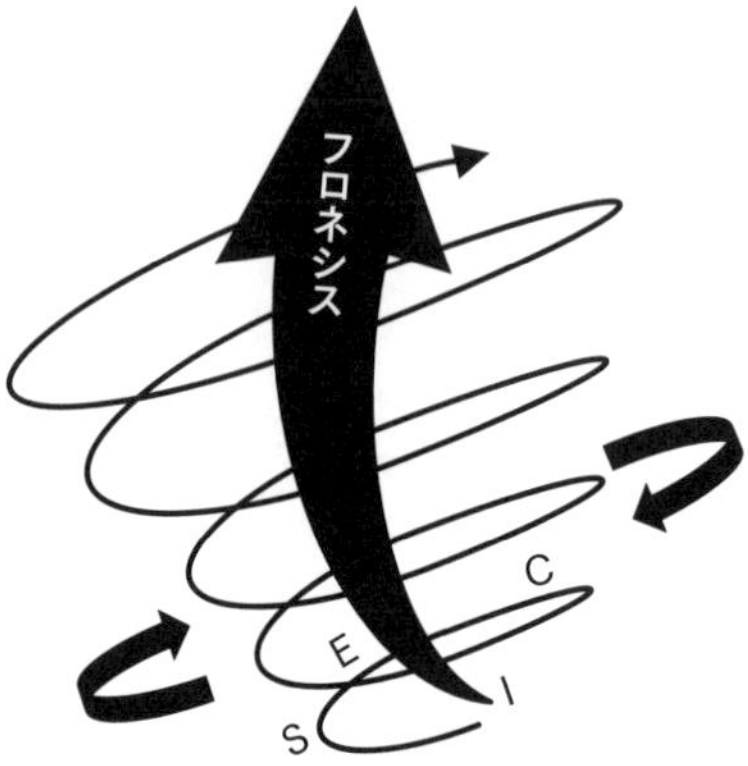

増え、知識創造・実践のコミュニティが拡大していく。

SECIスパイラルの働きは、自転車部品や釣具やボート用品を製造している日本の大手メーカー、シマノの事例に見ることができる。シマノではSECIスパイラルが六〇年以上にわたって、競争力の源になっている。

最後の節では、SECIスパイラルの原動力としてフロネシスに着目する。図3－1は、知識の創造と実践が絶え間なく繰り返されるSECIスパイラルモデルを視覚化したものである。詳しくはのちほど論じる。

SECIスパイラルでは、メンバーが高次の目的を共有している知識の創造・実践のコミュニティを育むことで、スパイラルが活性化される。日本の大手製薬会社エーザイの事例には、フロネシスと知識実践で肝心なのは共通善の追求――自社の儲けを追求するだけではなく――であることが示されている。

1　SECIモデルの再考

われわれは知識を次のように定義する。ある特定の状況や文脈において、他者や環境との相互作用を通じ、(1) 人々によって創造され、実践される、(2) 正当化された真なる信念。(3) したがって、知識の創造と実践は社会的な営みになる。(4) なぜなら、人は他者との相互作用を通じて、たいていは集団や社会の影響下で、知り、行動し、実践するからである。(5)

前著で提示したSECIモデルでは、知識は二つの相互作用のプロセスを通じて創造されるとされた。一つは、二種類の知識――暗黙知と形式知――の間で生じる認識論的な次元での相互作用のプロセス(図3-2)。もう一つは、知識を創造する人と他者――チーム内、組織内、または複数の組織の他者――との間で生じる存在論的な次元での相互作用のプロセスである(図3-3)。

前著を書いたときにも、認識論的な次元と存在論的な次元の両次元のことは、確かにわれわれの頭にあった。組織的な知識創造の新しい理論について述べた前著の第3章の最初のページに、次のように書かれていることからも、それははっきりとうかがえる。

図3-2 認識論的な次元

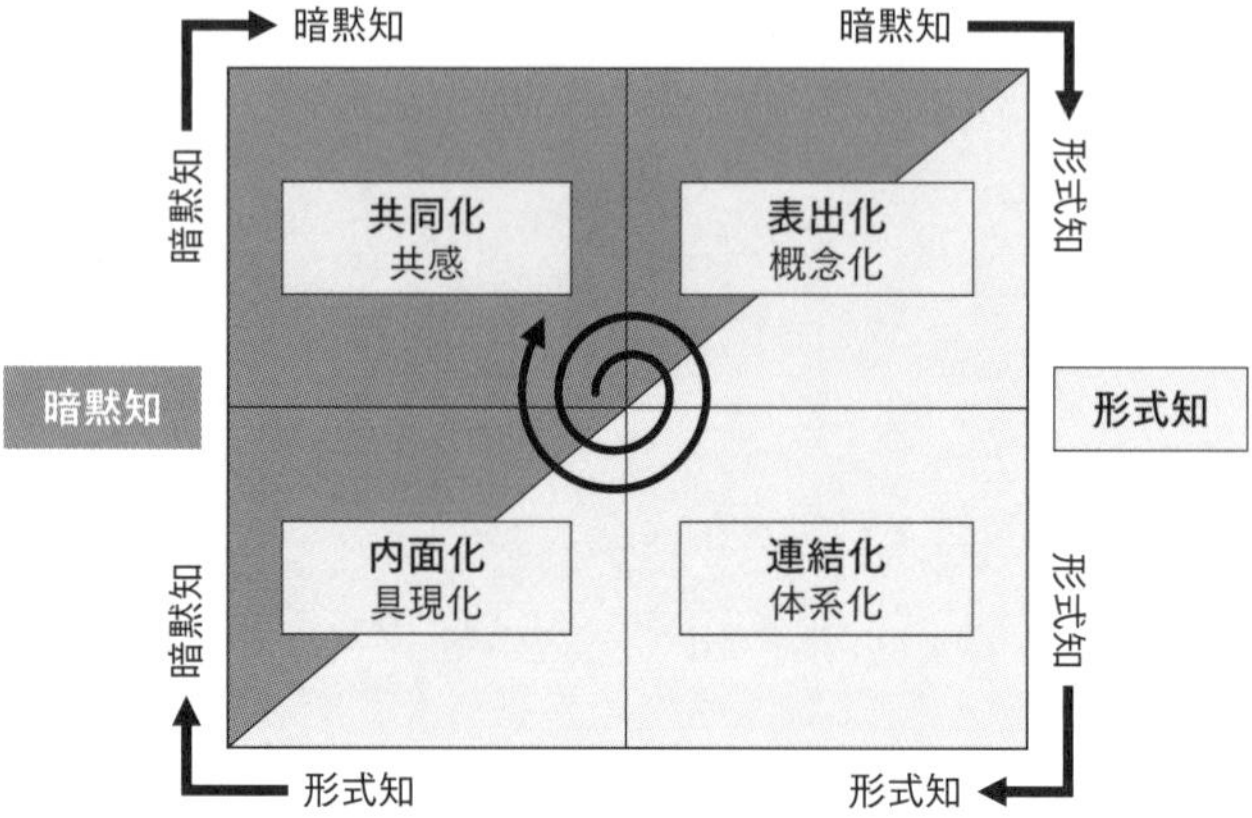

図3-3 存在論的な次元

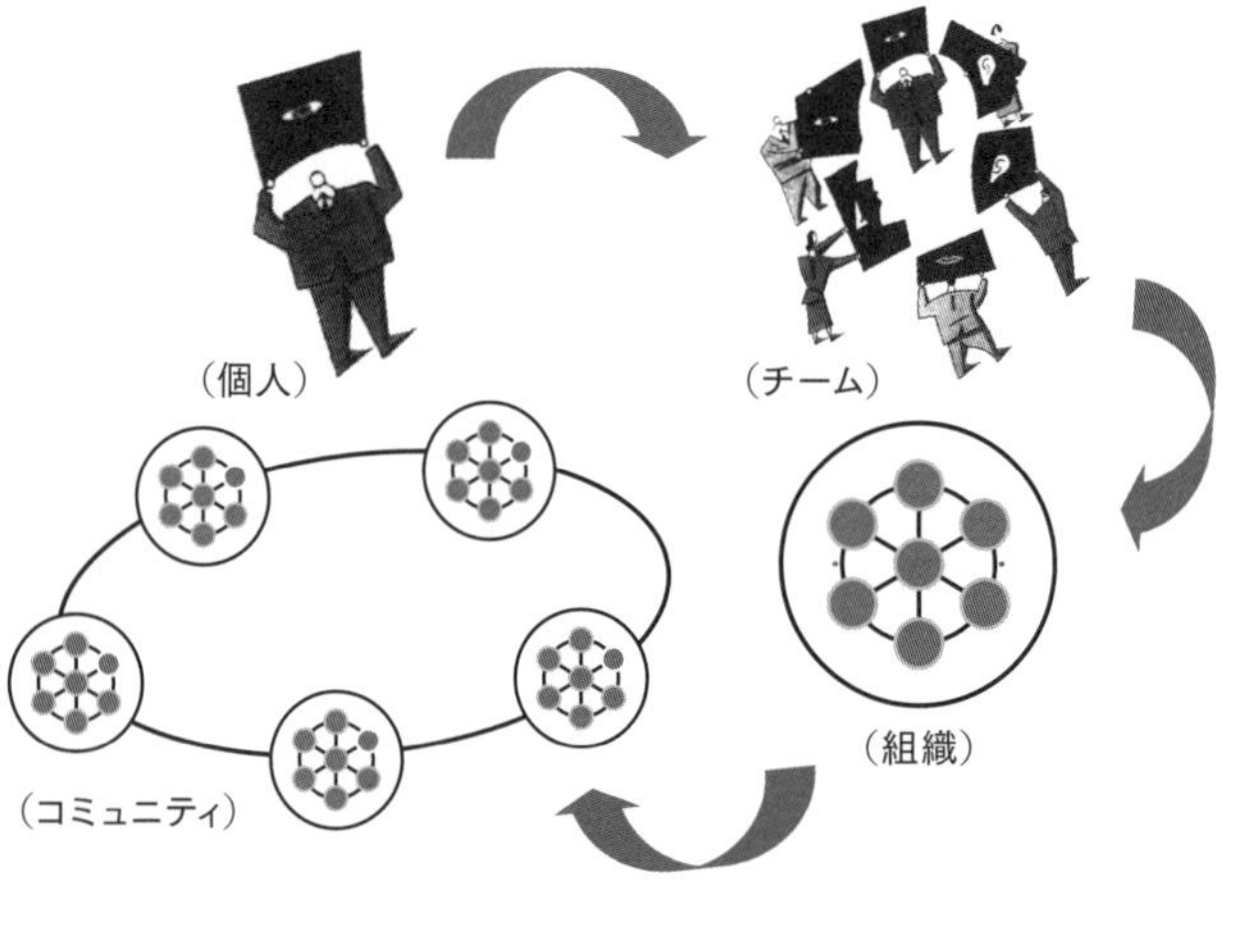

「いかなる知識の探究も、それなりの認識論（エピステモロジー）を持たなければならない、（中略）われわれの知識創造理論において最も重要なのは、暗黙知と形式知の区別である。（中略）またわれわれの理論は、個人による知識創造でなく組織による知識創造に焦点を当てているために、知識創造の主体（すなわち個人、グループ、組織、複数組織）に関する独自の「存在論」（オントロジー）も持っている。この章でわれわれは、この二つの次元すなわち認識論的次元と存在論的次元を常に念頭に置きながら、われわれの知識創造理論を提示する」

われわれは両次元を念頭に置いていた一方で、SECIモデルに存在論的な次元は組み込まなかった。SECIモデルでは認識論的な次元に重点を置いた。われわれが繰り返し強調したのは、新しい知識はあるタイプの知識を別のタイプの知識に変換することで創造されるということだった。また、当時、暗黙知は形式知に比べてあまり知られておらず、知識創造では暗黙知の活性化と変換が肝心であることも念入りに述べた。したがって、われわれはSECIのプロセスを次のようにまとめた。

①共同化……暗黙知から暗黙知へ
②表出化……暗黙知から形式知へ

図3-4 新しいSECIモデル

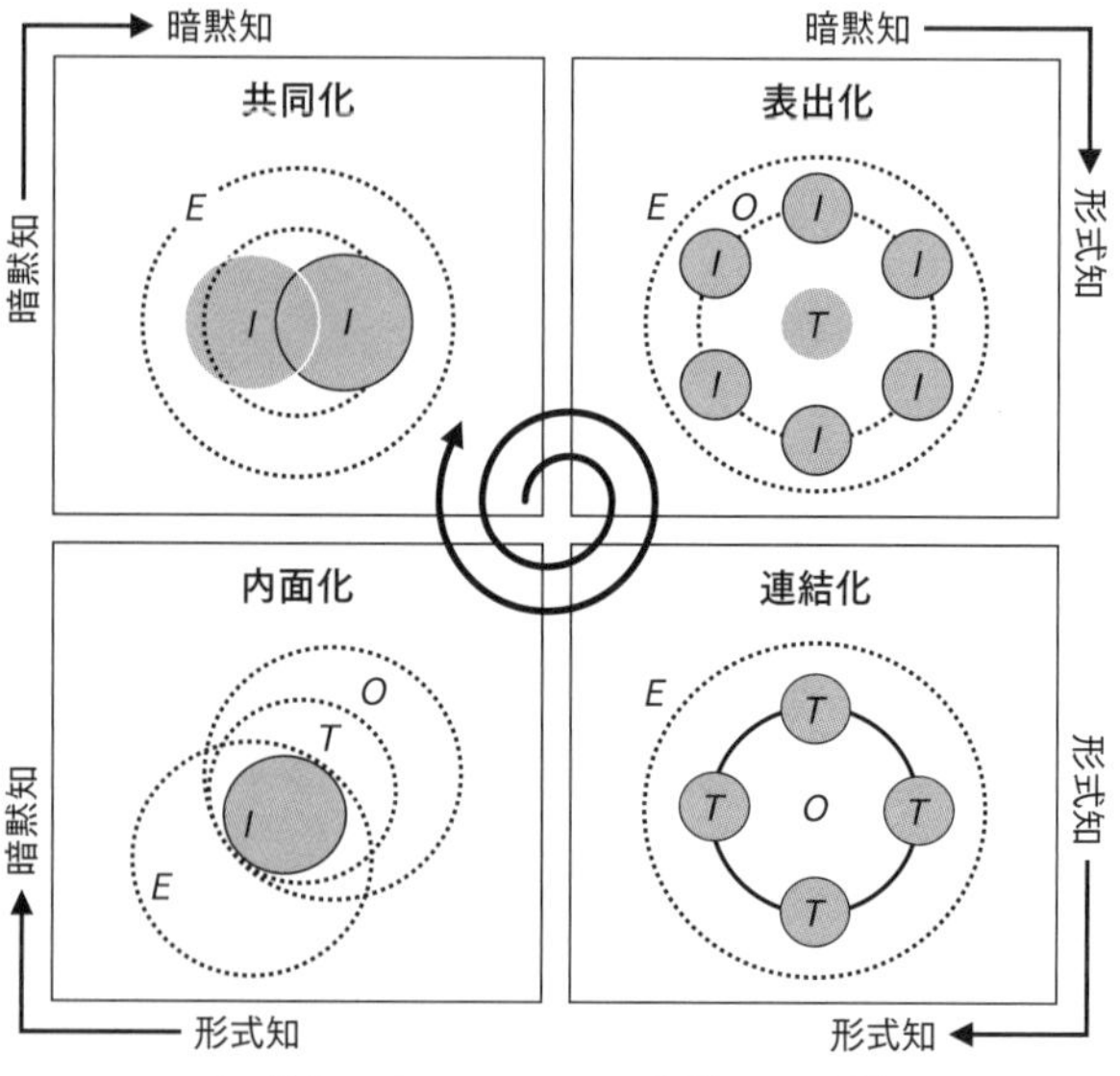

③連結化……形式知から形式知へ
④内面化……形式知から暗黙知へ

これらの定義から明らかなとおり、存在論的な次元は背後に隠れていた。知識を創造する個人間やチームのメンバー間、組織内のチーム間、複数の組織間、あるいは広く社会で生じる相互作用がいかに重要かについては、当時も十分気づいてはいた。しかし、それをSECIマトリックスで視覚的に表すことはなかった。今回はそれを行った。新しいSECIマトリックスでは、一つのモデルの中に認識論的な次元と存在論的な次元が組み込まれている(図3－4)。

新しいSECIモデルでも、認識

論的な次元に変更はないが、存在論的な次元で生じる相互作用が加わった。個人間（I）、チーム内（T）、組織内（O）、環境（E）における相互作用である。これらの両次元の相互作用が加わったことで、SECIのプロセスを今までよりバランスよく説明できるようになった。

①共同化……個人同士が直接的な相互作用により暗黙知を共有する。直接的な相互作用を通じて、組織の各メンバーが環境についての暗黙知を獲得する。この局面で、個人は知的にだけではなく、身体的、感情的にも、互いに理解を深め合う。その結果、互いの考えを共有し合うようになる。(6)

②表出化……個人がチームレベルで、共同化によって積み重ねられた暗黙知を弁証法的に統合する。この統合により、暗黙知のエッセンスが概念化され、暗黙知が言葉やイメージやモデルを用いた修辞やメタファー（隠喩）という形で形式知に変換される。

③連結化……形式知が組織の内外から集められ、組み合わされ、整理され、計算されることで、複合的で体系的な形式知が組織レベルで築かれる。

④内面化……連結化によって増幅した形式知が実行に移される。個人が組織や環境の文脈の中で行動を起こす。行動学習と同じように、実際に行動することで、最も関連のある実用的な暗黙知が豊かになるとともに、その個人の血肉となる。

2 JALの再建

前著では、一三の事例によってSECIスパイラルの四つの局面を描き出した。それぞれの局面につき、少なくとも三つの事例を紹介した。認識論的な次元で起こる相互作用のプロセス――暗黙知から暗黙知へ、暗黙知から形式知へ、形式知から形式知へ、形式知から暗黙知へ――を説明するうえで、それらは大変効果的だった。

しかし、それらの事例はどれも、SECIの一つの局面の、ある一つの時点のことだけを取り扱っていた。したがって知識がSECIの一サイクル（共同化に始まり内面化で終わる）を通じて、次第にどう拡大していくかは説明できなかった。また、存在論的な次元でどういう相互作用のプロセスが生じるかも、明らかにできなかった。

今回はそれらの相互作用を時間軸に沿っても説明できるよう、事例を一つに絞って、深く掘り下げることにした。日本航空（以下、JAL）の再建の事例には、知識創造のプロセスが共同化から表出化、連結化、内面化へと進む過程で、個人、チーム内、組織内、組織間レベルで、どういう相互作用が起こったかがよく示されている。

日本の著名な起業家、経営者、慈善活動家で、京セラの創業者である稲盛和夫の下で、JA

Lの再建は行われた。かつては国営の航空会社だったＪＡＬは、二〇一〇年一月一九日、会社更生法の適用を申請し、一カ月後には東京証券取引所における上場廃止に至った。

その上場廃止からちょうど三二カ月後の二〇一二年九月一九日、ＪＡＬはＩＰＯによって東京証券取引所への再上場を成し遂げた。これは日本の産業史上、最速の企業の再建となった。日本政府や政府主導の金融機関による財政支援に助けられたことは確かだが、筆者（竹内）が『ハーバード・ビジネス・レビュー』に書いたケーススタディに示されているとおり、決定的な役割を果たしたのは、会長稲盛和夫のリーダーシップだった。(7)

一九五九年に京都セラミック（現・京セラ）を創業し、その後、ＤＤＩ（日本の通信業界第二位の現・ＫＤＤＩ）の設立にも携わった稲盛は、ＪＡＬの経営破綻から一カ月後、同社の会長に就任した。

七九歳の稲盛が最初に行ったのは、国内の空港や、格納庫や、営業所を片っ端から回ることだった。加えて、最初の二週間で子会社の社長約一〇〇人全員と会った。各社長との面談にはそれぞれ一時間割き、毎日――週末も休まず――午前九時から午後六時まで、ぶっ通しで話を聞いた。

一カ月半後、稲盛は記者会見の場で、ＪＡＬには商売人の感覚を持った人があまりにも少なく、八百屋の経営すらできないだろうと嘆いた。二〇一〇年五月には、三〇人の役員との月一回の会議を始め、事業部長たちに厳しい質問を浴びせた。最初のうち、この会議は三日がかりになった。稲盛の鋭い問題点の指摘に対して、役員の誰ひとりとして満足のゆく返答ができなかったからである。

倒産していながら、JALはフライトを一便も減らしていなかった。これは利用者にとってはうれしいことだった。しかし稲盛にとっては、これでは幹部陣が官僚主義的な考えで経営を続けることになり、喜べるものではなかった。「あなたたちは一度、会社をつぶした。本当なら今頃、職業安定所に通っているはずだ」と、稲盛は幹部陣に容赦のない言葉をぶつけた。(8)

二〇一〇年六月、稲盛は京セラから連れてきた二人の腹心の部下の一人、大田嘉仁《よしひと》の助けを借りて、JALで「リーダー教育」の勉強会を立ち上げた。当時、社員教育担当の専務執行役員だった大田は五二人の執行役と取締役を選んで、午後六時から八時までの勉強会全一七回すべてに参加させた。

勉強会は、土曜日も含めた週四回のペースで、集中的に実施された。稲盛はそれらの役員たちに、「無私の心で、利他に努める」や「嘘をつかない、人をだまさない」などの格言を交えながら、自身の経営哲学を伝授した。稲盛の言葉には、子どもの頃に両親から教わったことや、(9)二七歳で京セラを創業して以来培ってきた哲学が盛り込まれていた。

勉強会後には毎回、稲盛が音頭を取って、缶ビールとつまみによる会費一〇〇〇円の「コンパ」がその場で開かれた。稲盛は京セラやKDDIでも同じような酒席を設けていたが、JALでは幹部の多くが誘いを拒み、午後八時以降も残って酒を飲もうとはしなかった。ある者は家に帰り、ある者は部下が残業を続けているオフィスへ戻った。ＪＡＬの幹部たちには、更生計画の提出を目前に控え、部下が追い込みの作業をしているときに、酒を飲むのは——しかも、取締役会が開かれる役員会議室でそんなことをするのは——不謹慎に感じられた。また、「製造業から来た老人」[10]の酒につき合っている暇はないという思いもあった。

勉強会の最終回は、川崎市の安いホテルで開かれた。大田はそのときのことを次のように述懐している。「どうしても畳の上でコンパをしたいという思いがありました。そこで、会議室の什器をすべて取り払い、そこに畳を借りてきて、敷いてコンパをしました。コンパはカリキュラムが夜八時に終了した後、始まりました。全員が車座になったその場は、とどまることのないエネルギーに満ちていました。そんな経営幹部の姿を見るにつけ、まったく意識が変わったなと思いました。あの、盛り上がりはすごかったです。翌朝四時まで残っていた方もいたようです。私は、夜中の二時頃に帰りましたが[11]」

ＪＡＬの幹部たちは稲盛と直に接するうちに次第に感化され、自分たちがどこで間違ったのかを省み始めていた。「リーダー教育」終盤のある勉強会で、経営破綻していなければＪＡＬの社長候補だった池田博が、立ち上がって言った。「私が間違っていました。稲盛さんのおっしゃるような経営をしていたら、ＪＡＬはこうなっていなかった[12]」

池田は長年、経営計画部門の仕事をしてきたが、経営破綻前のＪＡＬでは各事業部間で優先事項が共有されておらず、それぞれがバラバラなことをしていたことに気がついた。経営計画部門は計画の立案を手がけ、営業部門は売上げを増やすことをめざし、フライトに関することは、運航や、客室や、空港や、整備の人間に任されていた。誰も収支の責任は負ってはおらず、その結果が巨額の赤字への転落だった。

この状態を改善するため、稲盛は森田直行を副社長に就かせ、自身が編み出した部門別採算制度「アメーバ経営」を実行させた。森田は、京セラから連れてこられた稲盛のもう一人の腹心であり、アメーバ経営の「伝道師」だった。

その後、稲盛はアメーバ経営の原則に則り、JALを「アメーバ」と呼ばれる小集団に分けた。各集団は一〇人ほどのメンバーからなり、それぞれ収支の責任を負う。こうして三万人の従業員が三〇〇〇の小さな「チーム」に分けられ、各チームのリーダーがそれぞれ毎月、収益とコストの管理を担うことになった。

当時社長だった大西賢は、アメーバ経営を野球にたとえて、次のように説明している。「キミたち実は勝っていたよ、と二カ月後に試合結果を教えられても、ちっとも燃えない。三万人の団体戦では自分が貢献できたかどうかもわからない。しかし一〇人のチームで毎月、勝敗がわかると『やったあ』『残念だった』と社員が一喜一憂する。かつてJALは泣きも笑いもしない組織だったが、アメーバで生きている会社になった」(13)

稲盛がかつて京セラでアメーバ経営の手法を取り入れ始めたのは、自身が創業したスタートアップ企業から起業家精神が失われるのを懸念したからだった。自社を小さな集団に分割して、それぞれ独立採算制にした理由について、稲盛は次のように振り返っている。

「私は個人の能力を引き出し、みんなが生きがいを持って働けるようにするには、どうしたらよいかを考えていました。思案の末、創業時に戻ればよいと思い当たりました。全員が経営者になる。ならば、全体を工程別、製品群別にいくつかの小さな組織に分け、それぞれが一つの中小企業のように経営を任され、独立採算で運営するのです。

その小集団は、固定したものではなく、一つ一つが環境の変化に適応して、自己増殖していくため、アメーバと名づけられるようになりました。（中略）

アメーバ経営では、好業績を上げても、それがすぐに給与に反映される仕組みにはなっていません。素晴らしい業績を上げたアメーバに対して与えられるのは、名誉と誇りです。みんなのために貢献したという満足感と、信じ合える仲間から寄せられる感謝や称賛こそ、人間が得られる最高の報酬なのです。（中略）

私のアメーバの考えは、社内の全員が参加し、従業員の間に信頼関係がなければ、うまく機能しません。最も大切なのは、全員が考えを共有し、同じ方向を向いていることにあります」(14)

副社長の森田は、それまでに四五〇社で独立採算の経営システムを導入してきた経験があったが、ＪＡＬで導入してみて、ほとんどのアメーバが赤字であることがわかったときには愕然とした。それでもフラッグキャリアでアメーバ経営が始まると、従業員の行動に微妙な変化が見られるようになった。たとえば、パイロットたちが紙コップを使うのをやめて、水筒を持参し始めたり、整備士たちが、今まで使い捨てにしていた手袋を洗って、再利用し始めたりした。

各アメーバの利益は給料には影響しない。それでも自社の再建を助けていることを実感できた。二〇一〇年四月から二〇一一年三月までの一年間で、ＪＡＬの営業利益は更生計画の策定時に比べ、一二四〇億円も増えていた。あるアナリストの分析によると、アメーバのチームの小さな節約の努力によって、およそ四〇〇億円の経費節減が成し遂げられたという(15)。

稲盛が来る前のＪＡＬでは、従業員が長年の労使対立のせいで経営幹部を信頼していなかった。不信感は双方向のもので、経営幹部も、不当な要求をする「労働組合＝従業員」と見なしていて、自社を破産に追い込んだ責任を労働組合に帰していた。

稲盛はＪＡＬの経営幹部に対しては容赦なかったが、従業員に対しては厳しいことをひと言も口にしなかった。ＪＡＬの従業員たちは大勢の仲間の退職を目の当たりにしたり（退職者は一万五〇〇〇人にのぼった）、給与や年金を削られたりして、すでに十分つらい思いをしていると、感じていたからである。また、社の再生計画を実行できるかどうかは、従業員たちの努力にかかっていることもわかっていた。

稲盛が使った手段は、アメーバ経営以外にもあった。それは「ＪＡＬフィロソフィ」と呼ばれるものである。JALフィロソフィは、素晴らしい人生を送るための人としての心構え一五項目と、JALを再び素晴らしい企業にするための心構え二五項目の計四〇項目からなる。二〇一一年二月に完成し、小冊子の形で公表されたJALフィロソフィを策定したのは、第一回のリーダー教育を受けた一〇人だった。一〇人は四カ月の間に一一回、社長の大西と専務執行役員の大田のリーダーシップの下に集まって、検討を重ねた。(16)

JALフィロソフィの項目の九割は、京セラフィロソフィのものに似ている。たとえば、JALフィロソフィの最初の項目に掲げられた方程式、「人生・仕事の結果＝考え方×熱意×能力」は、元は京セラで考え出されたものだった。

この方程式で「能力」とは、個人に生まれつき備わっている先天的な才能や知能を指す。健康や運動神経もここに含まれる。「熱意」とは、自分のすることにどれだけ熱心に取り組めるか、仕事や人生にどれだけ全身全霊を注げるかということである。これは後天的なものであり、自分の意思でコントロールできる。

稲盛は「能力」と「熱意」をともに〇点から一〇〇点の尺度で評価した。「考え方」とは、心のあり方や生きる姿勢のことで、個人的な哲学や理念も含む。稲盛の考えでは、「考え方」が最も重要な要素であり、これはマイナス一〇〇点からプラス一〇〇点の尺度で評価される。

結果はこれら三要素の掛け算で生じるので、「能力と熱意に恵まれながらも考え方の方向が間違っていると、それだけでネガティブな成果を招いてしまう(17)」と稲盛は戒めている。この方程式は製造業だけではなく、サービス業でもまったく同じように通用するというのが稲盛の持論だった。

四〇項目の一割は、JALに合わせて定められた。次の四項目がそうである。

①一人ひとりがJAL。
②尊い命をお預かりする仕事。
③最高のバトンタッチ。
④スピード感をもって決断し行動する。

これらのうち「一人ひとりがJAL」は、「すばらしいJALとなるために」と題されたJALフィロソフィ第二部の劈頭に掲げられた項目である。

二〇一二年二月、社長に就任した元パイロット、植木義晴は、第二部の最初に「一人ひとりがJAL」が置かれたのには理由があると言い、われわれに次のように語った。「それが私たちの考え方の中でいちばん欠けていたものでした。かつて、JALが成長していた時代、私たちは『自分がどれだけ力を尽くしても、結果は変わらない』と考えるようになっていました。自分たちが会社を支えているという実感がなかったのです(18)」

稲盛はJALの全従業員にこのフィロソフィを内面化し、職場の仲間と共有し、次の世代に伝えてほしかった。そういう理由から、従業員に縦一三センチ、横八センチの白い小冊子を常に持ち歩くことを求めた(この小冊子はのちに数多くの言語に翻訳された)。

また、従業員は年に四回、「JALフィロソフィ教育」を受講することも義務づけられた。この講習には毎回、平均七〇~八〇人の従業員が出席した。受講者はさまざまな職位や職種の六人ないし七人で構成されるグループに分けられ、JALフィロソフィの各項目の実践状況を話し合ったり、最良の実践例を紹介し合ったりした。

三万人以上の従業員に小冊子を配布してから一年後、大田はフィロソフィが社内に浸透し始めた手応えをはっきりと感じた。以下に紹介する一般社員のコメントには、経営幹部だけではなく、従業員全体にJALフィロソフィが根づき始めたことが示されている。

「ただ普通のことをやりなさい。そう言われているようで。ここまで自分たちの会社は堕ちたのだと思いました」

「JALフィロソフィに国境はない。客室乗務員には言語や雇用形態の違いはあるが、JALフィロソフィの浸透度に差はない」

「なるほどとは思うが、正しく理解し、実行するのは難しいと感じた」

「フィロソフィによって、戻るべき原点ができたことは大きいと思います」

「今では、どんなに小さな部屋でも、何らかのフィロソフィの一節が掲げてあります。

こうした動きは本社が強制したことではありません。すべて自発的な動きで、ただただ驚くばかりです」

「フィロソフィのおかげで、勇気を持って意見を言うことができた」

「フィロソフィ教育を通じて、参加者一人一人が生きた現場を感じることができる。今の自分の会社の状況が身近にわかる」[19]

稲盛はJALでの三年二カ月を振り返って、次のように語っている。「人様からは『晩節を汚す』と言われたが、自分のような老人が、無給で、スルメをかじりながら必死に働く姿を見て、倒産という厳しい経験をしたJALの人たちが何かを感じてくれた」[20]

◆JALにおけるSECIプロセス

新しいSECIのプロセスの理解を深めるうえで、このJALの再建の事例は打ってつけである。この事例からは、SECIのプロセスがどういう段階を経て、一巡するかがよくわかる。また、SECIの各局面において、個人間やチーム内、チーム間、組織内、組織間で、相互作用がどのように行われるかも、そこには示されている。

共同化

稲盛はJALの会長に就任するとすぐ、社員と直に接する機会をいくつか設けた。①日本中の空港や、格納庫や、営業所を回って、社員と会い、話をした。②子会社一〇〇社の社長全員と個別に一時間の面談を行った。③月一回、役員会議を開いて、各事業部の役員三〇人とやり取りをし、厳しい質問を浴びせた。④第一回のリーダー教育を実施し、週四回、合計一七回の勉強会で、五二人の経営幹部とやり取りした。⑤勉強会後、それらの幹部をコンパに誘った。初めのうちは大半の幹部に断られたが、最後の勉強会後のコンパには幹部全員が参加した。

これらの相互交流を通じて、JALの社員は、自社の倒産の原因や、経営の極意、あるいは打ち解けた場で人の本音が引き出されることについて、暗黙知をたっぷりと吸収した。また相互交流のおかげで、それまでの自分たちの視点や考え方を振り返ることで、互いについての深い理解を共有できるようにもなった。

表出化

共同化によって個人レベルで蓄積された暗黙知が、アメーバ経営とJALフィロソフィを通じて、統合され、チームレベルの暗黙知に変換された。三万人の従業員を、一〇人ほどの小さい運営チームに分割したことで、それぞれのチームごとにどこで利益が生まれ、どこで損失が生じているかを正確に把握できるようになった。以前からも、社員たちはどこかがおかしいとは感じてはいたが、具体的にどこがおかしいのかを言葉にすることはできなかった。

独立採算制が新たに導入されると、結果は数字という形でたちどころに見ることができた。各チームは「アメーバ」や「野球」などのたとえを好んで使った。アメーバのたとえは、どのチームも自由に変われることを教え、野球のたとえは、今の試合に自分たちが勝ったのか、負けたのかを自覚させた。

稲盛と、京セラから引っ張られてきたその側近が長年蓄積してきた暗黙知のエッセンスは、すばらしい人生を送るための心構えとJALを素晴らしい会社にするための心構えを計四〇記したJALフィロソフィを通じて、形式知に変換された。

平易な言葉で表現されたそれらの心構えは、持ち歩ける小冊子にして全従業員に配布された他、年四回開かれるJALフィロソフィ教育でも、六、七人のグループで話し合うときに使われた。その後、世界中のJALのオフィスで、JALフィロソフィの勉強会が有志によって続々と立ち上げられた。その盛り上がりはJALフィロソフィの策定者たちをも驚かせるほどだった。

連結化

社内のアメーバチームと社外の両方からも集められた形式知が、組み合わされ、整理され、計算されて、組織レベルで利益がどこで生まれ、損失がどこで生じているかの全体像がくっきりと描き出された。社内では、アメーバ経営導入の一年目、全社レベルで経費節減に取り組んだ結果、コスト削減の総額は四〇〇億円にのぼった。

社外から得た形式知、とりわけ一九五九年の創業以来一度も赤字を出したことのない京セラからもたらされた形式知は、経営においていかに官僚主義や縦割りを避けるかを教えてくれるものだった。加えて、副社長の森田が過去に携わった四五〇社からも、貴重な形式知をもらった。

社内外の勉強会で得た形式知は、組み合わされ、整理され、積み重ねられて、組織レベルのより全体的で、体系的な形式知であるＪＡＬフィロソフィとして結実した。社内では、カスケード効果によって社内全体に形式知が広まっていった。

たとえば、ＪＡＬフィロソフィの原案を編纂したのは、第一回のリーダー教育に参加した一〇人だった。小冊子は日本語で作成され、のちに各国語版が作られた。最初のＪＡＬフィロソフィ教育は経営幹部を対象にしていたが、やがてその対象は組織の下の層にも広がっていった。社外から得た形式知については、その九割が京セラやＫＤＤＩなどの企業にすでにあった形式知だった。

内面化

アメーバ経営とＪＡＬフィロソフィを通じて連結化された暗黙知が、次の内面化の局面では実践された。すなわち、アメーバ経営で三万人の従業員を三〇〇〇の小さなチームに分けることと、三万人の従業員にＪＡＬフィロソフィの小冊子を常に持ち歩かせることにより、暗黙知は具体的な行動に移された。

内面化は従業員の具体的な行動の変化に見て取れた。たとえば、パイロットが紙コップを使うのをやめたり、整備士がそれまで捨てていた手袋を再利用し始めたりした。あるいは、ＪＡＬフィロソフィのおかげで、多くの従業員が勇気を持って、上司に自分の意見を言えるようにもなった。

内面化が個人レベルで達成されるのは、従業員がアメーバ経営なり、ＪＡＬフィロソフィなりを直に経験し、自分の日常生活に取り入れるときである。システムでも、哲学でも、頭で理解するだけでは足りない。それらが従業員の心の深いところに触れるとか、従業員が心底から納得するとかしたときに初めて、内面化は起こる。

たとえば、ある客室乗務員が社長の植木に次のように話したときがそうだった。「今日のフライトは満席だと、笑顔で他の乗務員に言えました。アメーバ経営以前は、満席だとそれだけ仕事も増えるので、つい不機嫌な顔になっていたのですが[21]」

あるいは、ある経営幹部は夜遅く、翌日の会議で使うスライドを準備していたとき、次のようにつぶやいた。「われわれはまだそこに達していない。(中略)いまだに土俵際で戦っている[22]」。その幹部には、自分たちがＪＡＬフィロソフィの心構えの一つ「土俵の真ん中で相撲をとる」

にまだ従っているとはいえないという自覚があった。この心構えは相撲のたとえを用いて、本当の問題に全力で取り組むよう従業員に求めるものだった。

ＳＥＣＩモデルに存在論的な次元をつけ加え、ＪＡＬの事例でＳＥＣＩの一サイクルをすべてたどってみることからは、知識創造についての貴重な洞察が得られる。もともとＳＥＣＩモデルは、新しい知識が組織の中でどのように創造されるかを説明するものとして提唱されたものだったが、知識創造から知識実践へ至る全過程を描くものにもなっていることにわれわれは気づいた。具体的な問題に取り組む中で知識が生み出されることをＪＡＬの事例は教えてくれる。言い換えるなら、知識は知識実践を通じて創造されることが、そこには示されている。

要するに、知識創造と知識実践はどちらもＳＥＣＩモデルに不可欠のものだということである。それらは同じコインの表裏をなしている。

3 SECIスパイラル

前節で取り上げた新しいＳＥＣＩモデルが、これから紹介する動態モデル、ＳＥＣＩスパイラルの土台になる。ＳＥＣＩスパイラルは、組織的な知識実践がどのように促進され、維持され、拡大されるかを概念化したものである。SECIスパイラルでは、その名のとおり、SECIプロセスがスパイラルに上昇する。SECIプロセスが水平方向にその過程をたどるのと並行して、SECIスパイルは存在論的な次元を垂直方向に昇っていく。SECIスパイラルが生じるのは、知識創造が時間をかけて繰り返されることによってである。

SECIスパイラルは以下の点で、SECIプロセスを拡大するものといえる。

- 知識が絶え間なく創造され、増幅され、実践される。
- 知識ベースが水平方向に広がる。
- より多くの知識が行動に移される。
- 知識実践の規模と質が増幅される。
- その増幅によって、イノベーションの促進につながる行動が増える。
- 知識の創造と実践にかかわる人が増える。
- 知識ベースが次第に垂直方向に広がる。
- ある次元で創造された知識が、より高次の存在論的な次元へとスパイラルに上昇する。
- そして、それにより知識創造・実践のコミュニティが大きくなる。

SECIスパイラルモデルの多次元性を表したのが、図3－5である。縦軸の基底部は、認

図3-5 SECIスパイラルの複数の次元

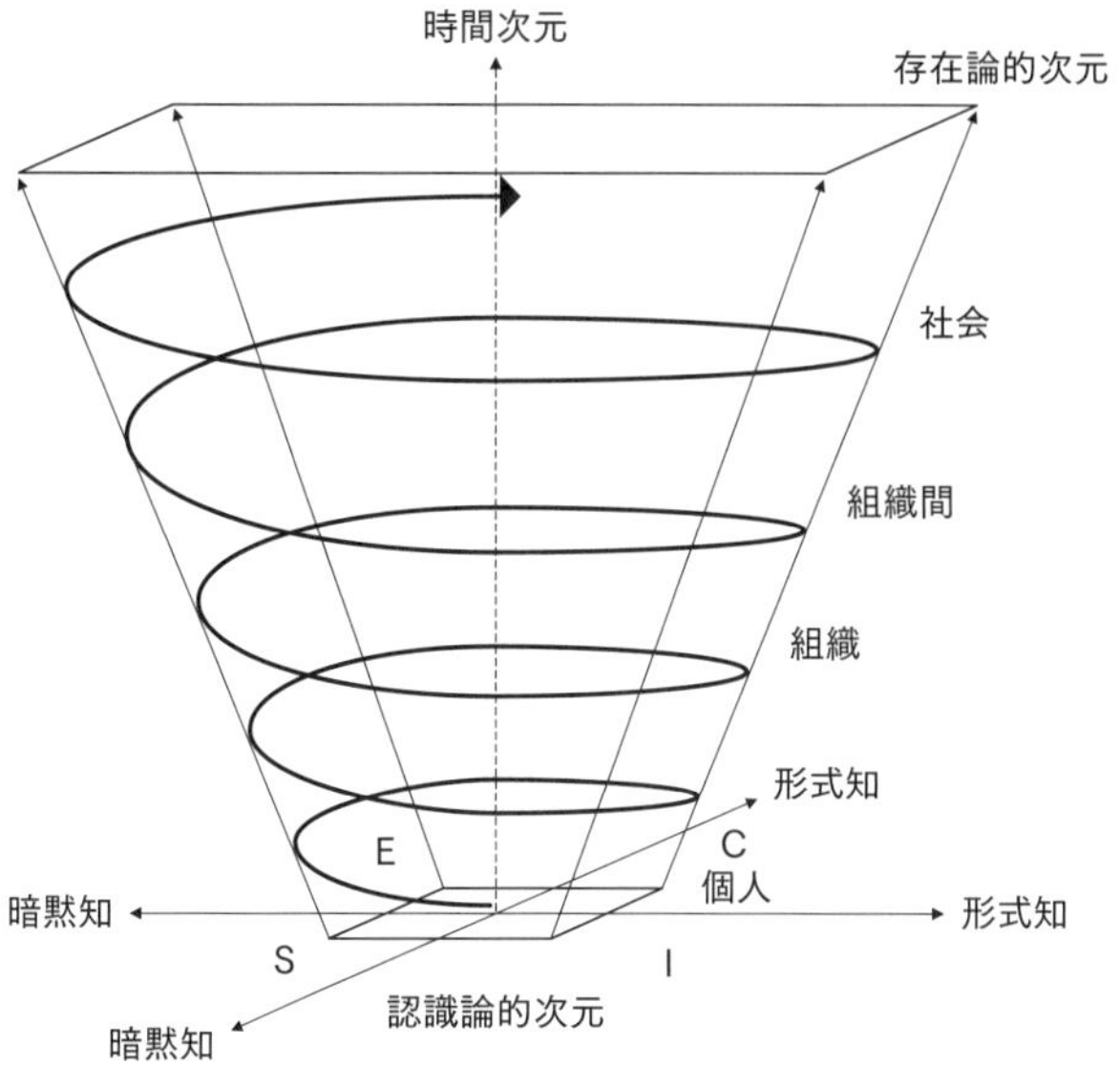

識論的な次元の二つの極をなす暗黙知と形式知からなる。存在論的な次元は縦軸で示されており、ＳＥＣＩのサイクルはこの縦軸に沿って、個人レベルから組織レベル、組織間レベル、コミュニティレベル、社会レベルまでに上昇していく。このモデルで描かれているとおり、ＳＥＣＩの水平方向のサイクルが一巡し、ＳＥＣＩが次第に存在論的な次元をスパイラルに上昇するにつれ、知識ベースは広がっていく。

この図では十分に示されていないのは第三の次元、つまり時間である。縦に伸びた点線は、存在論的な次元の上昇には時間がかかることを意味しているが、ＳＥＣＩの水平方向のサイクルにも時間は要する。このようにＳＥＣ

Iスパイラルは、認識論、存在論、時間の三次元を持つ動態モデルとなっている。

◆六〇年で六回SECIが行われたシマノ

われわれの研究によると、スポーツ自転車部品の最大手サプライヤー、シマノでは、SECIプロセスが繰り返され、図3-5のようなSECIスパイラルが形成されている。一九五〇年代半ば以来、約六〇年間で六回、シマノではSECIが行われた。そこにはSECIスパイラルのダイナミックな動きが見られる。SECIの水平方向のサイクルが一巡し、SECIが次第に存在論的な次元を垂直方向に上昇するにつれ、シマノの知識ベースは広がっていった。

会社の規模や事業の範囲はその間、以下のように急速に拡大した。

- 大阪の堺という地方都市から、米国やヨーロッパへ進出。
- 工場の数は町工場一つから、八カ国一四工場へ。
- 創業時に数人だった従業員は、二〇一六年には一万二〇〇〇人以上に。
- フリーホイールの生産から一体ギアシステムの製造へ。
- メカニカルからデジタルへ。
- 路上を走る自転車からオフロードを走る自転車へ。

●家庭向けからレース向けの製品へ。
●安かろう悪かろうから、マウンテンバイクやロードバイクの部品で世界トップの品質へ。

シマノは一九二一年、大阪の工業地区、堺市で鉄工所として創業された。堺は、かつては武士の刀を作る職人の町として有名だった。また一六世紀以来、包丁や銃の生産地としても栄えた。一九世紀、外国から日本に自転車が入ってくると、堺の鍛冶職人たちはその技能を活かして、自転車の修理業を興した。一九二〇年代までに、堺は日本を代表する自転車とその部品の一大生産地になっていた。堺には自転車関連の製造業者が一九一九年に六〇社、シマノが創業された一九二一年には一〇六社あった。

シマノの創業者、島野庄三郎は二六歳のとき、徒弟時代の仲間と一緒に、自家の姓を冠した会社を設立した。最初に生産したのは、フリーホイールだった。ペダルをこがなくても、後輪が回り、前に進めるようにする装置である。その後、手がける自転車部品の種類は徐々に増えていった。

一九五八年、創業者が他界すると、長男の尚三が後を継ぎ、三〇歳で社長職を任された。尚三の弟、敬三と喜三も社に加わり、のちにそれぞれ三代目と四代目の社長になる。

二〇〇一年、尚三の息子、容三が五代目の社長に就任した。当時、シマノはスノーボードのビンディングやブーツ、ゴルフのクラブやシャフトも生産していたが、容三はそれらの事業からは撤退した。それらよりも自転車部品のほうが利益が出ることに気づいたからである。

また、国内外の競合他社と比べ、自社の利益率が圧倒的に高いこともわかった。たとえば、一九九八年から二〇〇二年までの投下資本利益率の加重平均は、シマノが一六・六%であるのに対し、イタリアのカンパニョーロや米国のスラムなど、国外の競合他社は四・二%、国内の競合他社は〇・三%だった。同じように、同期間の売上利益率の加重平均も、シマノが一四・六%であるのに対し、国外と国内の競合他社はそれぞれ一・二%、〇・三%だった。[23]

シマノは次第に日本国外や社外でも知識を蓄積していき、やがて画期的な部品の開発に成功し、世界中で新しい市場を創出した。歴代の社長は全員、後で説明する六回のSECIのどれかを始めるなり、手がけるなりしている。その結果、一九五〇年代には無名だったシマノのブランドが、世界で知られる一流ブランドへと成長した。

国際的な知名度が高まったのは、一九九〇年半ばである。一九九六年のアトランタオリンピックで、男子自転車レースの上位一二人の自転車にシマノの部品が使われていたことがきっかけだった。以後、ツール・ド・フランスや世界選手権など、世界最高峰の自転車レースの優勝者のほとんどが、シマノのデュラエースというブランドの部品を使っている。

二〇一六年、シマノの総売上高は三七九〇億円だった。自転車部品の売上げがその八三%を占め、残りの一七%は釣り竿とリールからもたされた。[24] 同年、純利益は七六〇億円を記録している。シマノの自転車部品は日本よりも海外で圧倒的に多く売れ、売上げに占める割合はヨーロッパ三八％、アジア三七％、北米一一％、日本九％、その他の国々五％だった。

では、一九五〇年代から始まった六回のシマノのＳＥＣＩプロセスを一つずつ順に見ていこう。

ＳＥＣＩ① 冷間鍛造

一九五四年、創業者、島野庄三郎がまだ社長だった頃、松本周三という入社したての若手エンジニアが米国とヨーロッパに派遣され、二カ月半かけて、冷間鍛造と呼ばれる新技術を学んだ。鋼を熱さなくてはならない熱間鍛造と違って、冷間鍛造では、常温で金属をプレス成形できた。したがって熱による変形がなく、設計図に合わせて形を整える切削の工程を省くことができ、コストを節約できた。加えて、一台の鋳型で大量の鋳造ができるので、製品の均一性を保ちやすく、自動化や大量生産にも都合がよかった。

一九六〇年、松本は冷間鍛造の世界的権威、オットー・キーンツレ博士をドイツのハノーファー工科大学（現・ハノーファー大学）に訪ねた。キーンツレ博士は若いエンジニアを厚くもてなし、金属成形の工程や、冷間鍛造で作られた製品を見せてくれた（共同化）。冷間鍛造が熱間鍛造に優っている点をはっきりと理解した松本は、博士から冷間鍛造について学んだことをすべて紙に書き出すことで、暗黙知を形式知に変えた（表出化）。

組織レベルでは、島野尚三が八〇〇〇万円する新しいプレス機を購入するべきかどうかの判断を求められた。一九六〇年六月から一一月までの六カ月間の営業利益は、わずか四七〇〇万円だった。したがって、そのような判断を下すためには、社内のさまざまな部署や社外からたくさんの情報を集める（連結化）必要があった。

広さ一二万八〇〇〇平方メートルの下関工場に冷間鍛造の設備を導入するのに必要な五〇億円を調達できたシマノは、当時はまだ新興企業だったが、一躍、冷間鍛造の技術では一気にライバルを抜いて、国内で最先端を行く企業になった。父親の後を継いで社長になった島野尚三は、トヨタのチームが冷間鍛造について学ぶため、自社の工場に見学に訪れたときには、誇らしく感じた。堺の自転車部品のメーカーが、屈指の製造技術を誇る日本の代表的な自動車メーカーに最新の鍛造技術を教えたという事実に、従業員の誰もが鼓舞され、将来、自分たちも世界に広く貢献できるようになろうという決意を固めた（内面化）。

SECI─② 米国市場への参入

一九六五年、国内で技術力と生産力を高めたシマノは、米国市場への進出を決め、ニューヨークにシマノアメリカンコーポレーション（SAC）を設立した。

進出にあたって最初に行ったのは、日本からミドルマネジャーの「キャラバン」を現地に送り込んで、米国中の自転車店を回らせ、店主や店員にシマノ製品のメンテナンスや修理の仕方を教えることだった。自転車は数多くの部品からできているので、顧客からシマノ製品の整備や修理を依頼されたとき、店が対応できるよう、店主や店員にその取り外しや組み立てに慣れておいてもらう必要があった。

米国に送られた六人のミドルマネジャーは三チームに分けられて、それぞれ担当地域――米国の北部、中部、南部地域――を割り振られ、パンフレットと保守部品をトランクに積んだステーションワゴンを与えられた。三チームはそのステーションワゴンで西海岸から出発すると、しらみつぶしに市や町を回り、自転車店を見つけては、製品の実演をしてみせて、製品を売り込んだ。

ミドルマネジャーたちは片言の英語しかしゃべれなかった。しかし手を真っ黒にし、しばしば地面に膝をついて製品の説明をすることで、現地の自転車店の人たちと親しくなった（共同化）。

西海岸から東海岸までの米国横断には、六カ月かかった。三チームはその六カ月の間、シマノ製品が安かろう悪かろうの「日本製」――当時の日本製品は海外でそのように見られていた――とは一線を画することを米国人に納得してもらうため、役に立ったことと役に立たなかったことをノートに書き溜めていった（表出化）。三チームは最後にニューヨークのSACで合流し、それぞれのノウハウを一つにまとめたうえで、自分たちが発見したことを堺の本社に報告した。

一九六〇年代半ば、シマノの本社は一つの階に置かれていた。社長を含め、社内の全員が、同じフロアで仕事をしていた。財務部も、総務部も、生産部も、品質管理部も、その他の部門も全部、仕切りのないだだっ広い一つの部屋にあった。若い社員が試験部品を自転車に取りつけている横で、重役が国際電話をかけているという光景が日常的に見られた。この本社には情報交換の理想的な場が築かれていた（連結化）。

シマノが米国にキャラバンを送り込んだ当時、日本のサプライヤーと手を組みたいと考える米国の大手自転車メーカーは一社もなかった。そこでわかったのは、それらのメーカーにシマノから部品の供給を受けたいと思ってもらうためには、小売り店からメーカーにシマノのパーツを使った自転車が欲しいと言ってもらうことが必要だということだった。米国市場で求められるものは何かをキャラバンの現地調査ではっきりと理解したシマノは、さっそくシアーズなど、大手小売り業者への売り込みを始めた（内面化）。

シアーズブランドの自転車にシマノの部品を使ってもらえることになったのは、シアーズが開発した部品評価装置のおかげだった。その評価装置で、シマノの内装三段変速機は耐久性と性能で高いスコアを記録した。すると、シュウィンなどの大手自転車メーカーも、シマノの部品を信頼し始めた。

米国で最初にシマノと部品の供給契約を交わしたのはコロンビアである。コロンビアは一九六三年にシマノから内装三段変速機を一〇万個買った。シュウィンは一九七〇年代半ば、米国の大手自転車メーカー八社の中で最後にシマノに部品を発注した。

SECI③　レースを通じてヨーロッパに進出

シマノは世界戦略の一環として、最初に米国市場に参入することを選んだ。長い伝統があるヨーロッパの市場にいきなり参入するのは難しいと感じたからである。米国市場で足場が築けると、尚三は一九七二年、三二歳のミドルマネジャー、高岡修に「ヨーロッパへ行って、ゆくゆくはそこで結婚してほしい」と頼んだ。

高岡はヨーロッパ中を見て回り、自転車の利用のされ方が必ずしも米国と同じではないことに気づいた。ドイツ、オランダ、北欧ではほとんどの人が、米国同様、自転車を子どもや大人の街中の移動手段と見なしていたが、フランスでは自転車はレクリエーションの道具として使われ、イタリアでは自転車といえばレース用の乗り物だと思われていた（共同化）。

一九七三年には別のミドルマネジャー、中村博司がヨーロッパに派遣された。ベルギーのレーシングチームで、シマノがスポンサーを務めるチーム・フランドリアに同行するためである。ヨーロッパのプロレーシングチームに日本人が加わるのは、これが初めてだった。

中村は次期社長の島野敬三に次のように言われたのを覚えているという。「チームにわれわれの部品を使ってもらうだけでは駄目なんだ。製品をよりよいものにするには、実際のレースを知る必要がある。誰が、どう製品を使っているかを見てきてほしい。シマノ製品がどういう使われ方をしているか、どういうふうに故障するか。レースの現場で起こっていることを自分の目で観察してきてほしい」[25]（共同化）。

中村は毎週、日本の開発チームにそれらのことをすべて報告した他、気候や路面状態、競合ブランドについての評価、メカニックの仕事ぶりなど、関連のある情報もいろいろと伝えた(表出化)。中村からの報告が本社に郵便で届くたび、敬三はそれをデュラエースのスタッフ全員に読ませた(連結化)。中村のレポートのおかげで、社内の誰もがヨーロッパの自転車レースの本質を理解し始めた(内面化)。

SECI④　米国のマウンテンバイク市場への参入

一九八二年、かつての米国キャラバンの一員だったミドルマネジャー、角田正樹が、シマノアメリカンコーポレーションの子会社で、カリフォルニア州サンフェルナンド・バレーにあるシマノセールスコーポレーション(SSC)に送られた。

角田は滞在中のある日、ゲイリー・フィッシャーのガレージを訪ね、ジョー・ブリーズを紹介された。フィッシャーとブリーズの二人はマウンテンバイクの父と呼ばれる人物である。角田はこの二人と一緒に何度かマウンテンバイキングに出かけたが、いつも帰る頃には三人の自転車が壊れていた。毎回、ガレージに戻ると、自転車の修理と補強をしなくてはいけなかった(共同化)。

当時、営業企画部の部長だった島野容三は、叔父にあたる社長の敬三とともにサンフランシスコへ飛び、マウンテンバイクの発祥の地、タマルパイス山を訪れた。容三は自ら自転車に乗って、背広のズボンが泥だらけになるまで、タマルパイス山の凸凹して、滑りやすい道を走り下りた。容三と敬三はマウンテンバイクの部品の開発にゴーサインを出すとともに、泥と水に強い製品を作るよう指示した(連結化)。

シマノのマウンテンバイクへの参入が決まったことで、シマノの幹部や従業員の間では自転車に対する考え方の幅が広がった。自転車はもはやある場所からある場所へできるだけ安全かつ快適に移動するためだけの乗り物ではなく、エクストリームスポーツの愛好者や命知らずの人間が山頂から麓まで、危険を顧みずに走り下りるための乗り物でもあった(内面化)。

SECI⑤　シマノ・トータル・インテグレーション

ヨーロッパでロードレーシングチームのスポンサーを務めて、レースでは何が必要になるかを直に学んだり、米国で実際にマウンテンバイクに乗ったりしたことが(共同化)、STI(Shimano Total Integration)システムの開発に必要な技術的なノウハウをもたらした。

STIは自社の命運はもちろん、自転車産業をも変えることになる画期的なアイディアだった。ロードレースの誕生以来、自転車のギアレバーはフレームの下側のパイプに取りつけられてきた。したがって選手はギアを変えるたび、ハンドルから手を離さなくてはならなかった。坂道をのぼりながらギアを変えなくてはならないとき、片手でハンドルを握っている間は、ペダルを力強く踏めない。それゆえ、ギアを変えるときには座って漕ぐことになり、そのつど一、二秒、タイムをロスした。

STIはブレーキレバーとギアレバーを統合したシステムであり、そのアイディアはマウンテンバイクから得られたものだった。マウンテンバイクの場合、凸凹の滑りやすい道を上がったり下がったりしながら走らなくてはならないので、ハンドルを握ったままのほうがギアを変える操作がしやすいことが、乗ってみればすぐにわかった。

シマノはそのマウンテンバイクでの経験（共同化）を、ブレーキとギアシフトのメカニズムを統合したロードレース向けのシステムの開発へとつなげた（表出化）。STIシステムは一九八九年と一九九〇年のレースで繰り返しテストされ、一九九一年、デュラエース7410として発売された。さらにそれをアップグレードしたデュラエース7700は、一九九六年のアトランタオリンピックで使われた（連結化）。

デュラエースを使った選手は、アトランタオリンピックの男子ロードレース種目で金、銀、銅のメダルを総なめにしただけではなく、前に述べたように、一五種目のすべてで上位一二位を独占した。さらに一九九九年のツール・ド・フランスでも、デュラエースを使った選手が優勝を収めた。

シマノの社員たちは、新参の日本企業がついにヨーロッパで自転車部品の一流メーカーと認められ、自転車レースの世界でメジャーな存在になれたという手応えを感じた（内面化）。

SECI⑥ DI2システム

シマノでは一九九九年にはすでに、若手エンジニアたちが、自転車の乗り手が従来の機械的なシステムでギアを変えるときにどういうことをしているかを観察することによって、自転車の自動変速機というコンセプトの実験に取り組み始めていた（共同化）。

そこでわかったのは、乗り手が二つの動作を同時にしていることだった。ペダルを踏むことと、ハンドル上のレバーをひねることの二つである。ペダルを踏むことに集中し、他のことはコンピュータに任せたほうがもっと効率よく走れるのではないかと、エンジニアたちはそのときに感じた。

四年後、シマノはドイツで開かれた自転車の展示会で、SMOVER《スムーバー》（Smart Way of Moving）という斬新なコンセプトを発表した。シマノが開発したのは、自動車の自動変速機と同じように、走行速度に合わせてコンピュータ制御で自動的にギアを変えられる装置だった。この新しい装置には、自転車の速度がどれぐらい出ているかと、坂道をのぼっているか、下り坂を惰性走行しているかに基づいてギアを変えられるコンピュータが搭載されていた。

したがってハンドルにギアレバーはない。ギアチェンジは、フレームに取りつけられたプラスチックケース内のコンピュータチップと、前輪と後輪の小さな変速機からなるＤＩ２（Digital Integrated Intelligence）システムによって行われた。ＤＩ２は路面状態に応じてサスペンションの硬さを調節し、走りを滑らかで静かなものにもした（表出化）。

DI2はコンフォートバイク市場を念頭に置いて開発されたものだった。コンフォートバイク市場は大人向け自転車の主要四市場で最も小さかった。売上高で見ると、マウンテンバイク市場のおよそ半分、ロードバイクやハイブリッドバイクの市場と比べても、二〇%から三〇%小さかった。シマノは一九八〇年代にマウンテンバイク市場で成し遂げたことを、コンフォートバイクへの注目を高めるイノベーションによって、再現することを狙っていた。

二〇〇四年、メルセデス・ベンツやルイガノなどの自転車メーカーがドイツやオランダで、スムーパーコンセプトによるコンフォートバイクの販売を始めた。

しかし、DI2はコンフォートバイク市場には高価すぎた。そこで他の三種の自転車の開発を手がけるエンジニアチームの形式知が集められ、DI2のターゲットユーザーはコンフォートバイクに乗る人から、プロのレーサーへと切り替えられた。STIのときと同様、DI2のシステムも長い時間をかけてレースでのテストが繰り返された(連結化)。

DI2が初めて世界的に認知されたのは、二〇一二年、ツール・ド・フランスをはじめとする複数の国際大会で、DI2搭載の自転車に乗った選手が優勝したときである。

二〇一六年には、マウンテンバイクでも、ロードレースでも、トッププロのほとんどが、シマノかカンパニョーロ、またはスラムの自動変速機が使われた自転車に乗っていた。ただし、コンフォートバイクに脚光を浴びせるという当初の目論見は実現していなかった。シマノはそれもまだ、あきらめてはいなかった。

とはいえシマノのエンジニアたちは、DI2が約二〇年前のSTIと同じ効果をもたらすことは確信していた（内面化）。つまり、DI2によって自社が自転車レースの世界でさらに地歩を固めるだけでなく、自転車レースというスポーツそのものが発展するだろうという確信があった。

以上、シマノの六回のSECIを分析することにより、SECIスパイラルモデルについての理解は深まる。第一に、最も肝心なこととして、SECIスパイラルがSECIプロセスの持続的な繰り返しであることが確かめられる。シマノはこれまでに六回、SECIプロセスを繰り返してきた。先述のとおり、時間をかけて繰り返される知識創造の結果として、SECIスパイラルは生じる。シマノの場合には、六〇年かけて知識創造が繰り返された。

第二には、SECIの回を重ねるごとに、知識創造と知識実践にかかわる人が増えるということ。シマノの事例では、知識の創造・実践のコミュニティで中心的な役割を果たしたのは、ミドルマネジャーたちである。ミドルマネジャーたちが先頭に立ってプロジェクトを進めることで、社内のさまざまな開発プロジェクトに携わる人間を増やしていった。たとえば、角田がカリフォルニアでマウンテンバイクに関する知識創造の仕事をしたことで、社全体がSTIやDI2の開発にかかわることになった。

第三には、行動重視の姿勢が明確であること。シマノでは物事を進めるにあたって、「構え、狙え、撃て」という普通の順番ではなく、ときに「撃て」が「構え、狙え」の前に来ることがある。高岡修が尚三から「ヨーロッパへ行って、ゆくゆくはそこで結婚してほしい」と告げられたときや、片言の英語しかしゃべれない六人のミドルマネジャーが米国全土を回って、実演によって、シマノの製品を売り込んだときがそうだった。

第四には、行動重視の姿勢がシマノを持続的なイノベーターにしたということ。前述したように、シマノは地方都市で競い合う一〇六社の一社から世界一の企業へ、フリーホイールからインテグレーティド・システムへ、機械装置からデジタルシステムへ、オンロードからオフロード製品へ、家庭向けからプロレーサー向けへ、三段変速機から自動変速機へ、「安かろう悪かろう」から世界の名だたるレースを制覇した一流ブランドへと、発展を遂げた。

そして第五には、SECIスパイラルのダイナミックな性質がシマノの強靭さの源になってきたこと。シマノはその長い歴史の中で数々の難題や障害にぶつかっているが、そのつど乗り越えてきた。

たとえば、米国には当初、シマノから部品を買おうとする自転車メーカーは一社もなかった。中村博司はヨーロッパのプロレーシングチームに加わる初の日本人マネジャーとして、チーム、フランドリアに同行したとき、大きな衝撃を受けた。自動変速機によるコンフォートバイク市場の開拓は失敗に終わった。しかし持続的なイノベーションとたえざる自己革新の社内文化によって、シマノは生き延び、発展を続けてきた。

その一方で、シマノの事例では理解を深められないSECIスパイラルの要素が三つある。次の重要な三つの問いがほぼ答えられないままで残されているのだ。

知識ベースはどのように垂直方向に大きくなるのか。組織レベルで創造された知識は、どのようにより高次の存在論的なレベルへスパイラルに上昇するのか。知識の創造・実践のコミュニティは、より高次の存在論的なレベルでどのように大きくなるのか。

さらに根本的な問題として、肝心な次の点についてはまだ何も明らかになっていない。組織は何を原動力として、組織間レベルやコミュニティレベル、あるいは社会レベルで知識を創造し、実践しようとするのか。言い換えるなら、組織はどのように存在論的なレベルを上昇させるのか。

4 SECIスパイラルの上昇

それに答えるためには、われわれの概念的な土台であるフロネシスに立ち返る必要がある。大まかにいえば、フロネシスが原動力となって、SECIスパイラルは存在論的な次元を上昇する。もっと詳しくいうなら、知識創造・実践のコミュニティの中にいるフロネシスを備えたメンバーによって、SECIスパイラルの上昇はもたらされる。
この節では、そのような原動力としてのフロネシスに光を当てて、知識創造・実践のプロセスをもっと十全に描き出したうえで、上昇のスパイラルの具体例としてエーザイの事例を見ていきたい。

◆原動力としてのフロネシス

フロネシスは、第2章で論じたように、アリストテレスによって分類された知識の三形態のうちの一つで、実践知や賢慮などと訳される。経験的な知識であるフロネシスを育むことで、時宜にかなった賢い判断や、価値観や原則や道徳に則した行動が可能になる。われわれは前に自動車を例に引いて、「よい自動車とは何か」と「よい自動車をどう作るか」の両方を知るのがフロネシスであると指摘した。マネジャーはフロネシスを身につけることで、それぞれの時や条件、状況において何がよいことかを見きわめて、最善の行動を取り、共通善に資せるようになる。

なぜフロネシスがSECIの上昇の原動力になるのかは、フロネシスの三つの特徴に注目することでわかる。

フロネシスの第一の特徴は、「共通善」である。マネジャーも、幹部も、経営トップも自社の存在意義（ビジョン、ミッション、目的）について、正しい判断をしなくてはならない。顧客に価値を提供できない企業、未来を創造できない企業、道徳的な目的を持たない企業、社会との調和を保っていない企業、生き方として共通善を追求していない企業、そういう企業は長くは生き残れない。フロネシスとは、みんな（つまり、コミュニティや社会）のために共通善を追求することであり、自社の儲けだけを追求することではない。

第二の特徴は、「時宜」である。世界は流動的であり、企業は変化の激しい世界を生き抜いていかなくてはならない。明確なビジョンを持ち、なおかつ「いま・ここ」をベースにして、判断し、決定し、行動することが求められる。企業の最終的な目的は、単に環境の変化に対処するだけではなく、自分たちが思い描く未来を実現することにある。ビジョンとは、「どういう未来を創造したいか」を思い描いたものにほかならない。未来を創造するためには、自社のことだけを考えるわけにはいかない。顧客や、コミュニティや、社会の共通善を追求することで初めて、未来は創造できる。

第三の特徴は、「人」である。SECIがスパイラルに上昇するにつれ、知識の創造と実践の規模や質は増幅される。そうすると、組織の内外のより多くの人からより多くの行動が引き出され、知識のコミュニティが拡大する。知識の創造と実践は、開かれたコミュニティにおいて初めて可能になる。

つまり、それは誰もが自由に異なる視点や考え方を持ち込めるコミュニティである。知識の創造・実践のコミュニティは、気分や感情や思いを共有する「相互主観性」でつながった人々のグループからなる。企業のマネジャーや、幹部や、トップは従業員に対して、高次の目的を追求することを奨励するとともに、従業員が自分たちと同じように高次の目的を追求できるよう、その支えとなる文脈や価値観を共有し、創造し、導き、教育することを求められる。開かれた相互主観性のコミュニティにおいてのみ、高次の目的の下に、SECIの上昇は促進される。

本章の冒頭で紹介したSECIスパイラルモデル（図3－1）は、図3－5で示した知識の創造・実践プロセスの複数の次元とダイナミックな性質を踏まえて、考案されたものである。

図3－1では、次の四点が修正されている。①フロネシスが原動力であることがわかるよう、SECIスパイラルの中央に太い矢印を入れ、フロネシスを表した。②矢印の先端を大きくすることで、垂直方向の動きの速度を示した。③難題や打撃に対するSECIスパイラルモデルの回復力を示すため、スパイラルをいくらか傾けた。④SECIの水平方向の動きを、両脇の二本の矢印で表現した。

知識の創造・実践モデルのダイナミックな性質を理解するには、おもちゃの駒のたとえで考えるのがいい。駒は一定以上の速さで回転していれば、外部から衝撃が加わっても、重力に逆らってバランスを保っていられる。企業の場合、それは回復力を維持でき、持続可能であることを意味する。回転が止まれば、駒は倒れる。

それは企業にとっては、死を意味する。回転を続ける駒は、右や左に傾く。それは企業が

「いま・ここ」の文脈や状況の変化に適応することを示している。駒の回転とは、企業でいえば「行動」のことである。駒を回転させ続けるには、回転の原動力である垂直の矢印、つまりフロネシスが欠かせない。

◆エーザイにおけるSECIスパイラルモデルの働き

では、知識の創造・実践モデルをエーザイの事例で見てみよう。油溶性ビタミンの医療用途を調べる研究所として出発したエーザイは、一九四一年、日本衛材株式会社の名で法人化され、衛生材料および医療器具の製造と販売を始めた。もともと研究所であったことから、外国の薬を扱う問屋(当初は漢方、のちには西洋の薬)として発足した大半の他の製薬会社とは、来歴が違った。

またもう一つ、エーザイがユニークだったのは、一九六一年に上場してはいるが、常に創業家である内藤家によって経営されてきたことである。現在の内藤晴夫は、創業者の内藤豊次の孫にあたる。

エーザイは日本の製薬会社としては中規模の部類に入り、従業員数は一万人弱、二〇一六会計年度の売上高は約五四〇〇億円、純利益は五四〇億円である。一九九〇年代末に開発した二つの新薬――アルツハイマー病の治療薬「アリセプト」と胃酸の分泌を抑制する「パリエット」――が爆発的に売れ、二〇一〇年の売上高のピークに貢献した。実際、アリセプトの売上げは当時、エーザイの世界全体の売上高の四〇％を占めるほどだった[26]。二〇一六年の売上高の国別内訳を見ると、日本が売上げの半分以上を占め、米国は四分の一弱、中国などのアジア諸国は八分の一となっている。

アルツハイマー病の進行を遅らせるアリセプトの開発に着手した一九八〇年代初頭を手始めに、エーザイでは四回のＳＥＣＩスパイラルが行われた。

- 一回目のＳＥＣＩは、アリセプト研究プロジェクトのチームリーダー杉本八郎（薬学博士）が認知症の母を介護した経験から始まって（共同化）、杉本と内藤と一二人の研究開発チームのメンバーが、イノベーションをもたらした個人的な献身を内面化したことで、一サイクルを回した。
- 二回目のＳＥＣＩは、アリセプトの研究開発チームが認知症の患者や家族と会って、そのニーズや思いを理解しようとしたことに始まって（共同化）、チームの各メンバーが、内藤によって掲げられた企業理念「ヒューマン・ヘルスケア（ｈｈｃ）」を内面化したことで、一サイクルを回した。
- 三回目のＳＥＣＩは、四二人のリージョナル・アリセプト・マネジャー（ＲＡＭ）が認知症患者のいると思われる場所を可能な限りすべて訪れることから始まって（共同化）、ＲＡＭ、医療情報担当者、医師、それに認知症の患者団体のメンバーが、認知症患者とその家族を支える社会を本気で築いていくために求められることを内面化することで、一サイクルを回した。

● 四回目のSECIは、エーザイが地域の人々や行政の他、医療機関や薬局、介護士、学者と連携することから始まって（共同化）、内藤以下エーザイの全社員と協力相手全員が、アルツハイマー病を薬で防げるようにするという夢を内面化することで、一サイクルを回した。

SECI① 筑波研究所

エーザイのアリセプト開発チームのリーダー、杉本八郎の母親は、認知症で亡くなっていた。杉本は母親を見舞いに行ったときのことを次のように振り返っている。

「私が訪問するたびに、母は尋ねました。『あんたさん、どなたでした？』。私は、母が自分の子どもすら認識できないことに衝撃を受けました。『お母さん、私はあなたの子どもの八郎ですよ』。すると母はこう答えた。『ああ、そうですか。私にも八郎という息子がいるんですよ。あなたと同じ名前ですね』

これは、私にとって笑うことのできない悲しい体験でした。私は、母との対話を胸に秘め、この難病中の難病といわれているアルツハイマー型認知症に有効な新薬を開発することに、研究者としての使命感を鼓舞されていきました」[27]

母親の介護をしながら、杉本は認知症の治療薬の開発に一生を捧げようと決意し、一九八三年、そのためのプロジェクトに着手した。アルツハイマー病の症状を緩和する新薬の開発という困難なプロジェクトの推進力となったのは、母親が認知症を患っていたという個人的な経験を持つ杉本の献身的な取組みだった(共同化)。

一九八四年、現CEOの内藤晴夫がエーザイのR&D部門である筑波研究所の所長に就任した。当時、杉本は同研究所の第二研究室の主任研究員だった。内藤は主に営業畑を歩いてきた人間で、R&Dについては経験もなければ、教育も受けていなかった。内藤は夜も研究所に残って、六室ある研究室の研究員全員と話をした。杉本によれば「当時、筑波研究所では、研究所長だった内藤晴夫・現社長が毎晩、必ず激励に回ってくるのです」という。科学のことはわからなくても、人間として科学者を理解することはできるというのが、内藤の考えだった。その結果、研究員一人一人と個人的なよい関係を築くことができた(共同化)。

筑波研究所の研究員は、所内で過ごす時間が長いことで有名で、同研究所は「筑波は燃えている」といわれる不夜城の趣で突貫作業の創薬が行われていた。内藤は次のように述懐している。「いつも所内にいましたよ。二四時間、研究者たちと生活をともにしていたといってもよいぐらいです[28]」

杉本があきらめかけるほど、開発は何度も失敗に見舞われたが、チームはへこたれなかった。チーム内では数多くの議論や討論が重ねられた。そして、あるとき偶然、後にE2020と呼ばれることになる画期的な化合物が見つかった。「入社一年目の研究員が、世界的な化合物の合成に成功したのです。私は、彼の持っているセレンディピティというものを感じました」と杉本は言う[29]。この発見の結果、第二研究室は一九八七年、このプロジェクトをアルツハイマー病の探索研究のテーマとして登録し、開発の次の段階へ進んだ（表出化）。

内藤がイノベーションの成功に対する研究員たちの関心と献身の重要性に気づいたのは、所長に就任して四年経った頃だった。内藤は研究員たちの意欲を引き出すため、エーザイが市場で生き残れるかどうかが、いかに彼らの仕事にかかっているかを説いた他、R&Dのプロセスに中間目標を設ける研究成果の評価制度を考案し、それらの中間目標の達成を表彰した。一九八八年にCEOに就任したときには、すでに新薬の開発プロセスを体系化し、モデル化し、事業化していた（連結化）。

アリセプトは一九八九年、臨床試験段階に進んだ。筑波研究所で認知症の治療薬の開発プロジェクトが始まってから六年後、杉本のチームはようやくアルツハイマー病の進行を遅らせる薬の開発に成功した。この長いプロセスを見守ってきた内藤は、献身と目的意識が一つに合わさって、イノベーションが力強く推進されることを身をもって知った。

また、社内中から自分たちのプロジェクトが「冷たい眼」で見られていたとき、トップの経営陣から「温情」と陰の支援を受けられたことが大きかったことにも気づいた。それらは内藤と杉本、研究員ひとりひとりが実践の中で獲得した新たな暗黙知だった（内面化）。

SECI-② ミッションステートメントの効果

内藤はCEOに就任すると、変化が速く、競争が激化する一方の日本の医薬品市場では、従来と同じビジネスの仕方をしていてはエーザイは生き残れないと確信した。一九八九年の取締役会で、内藤は「エーザイ・イノベーション宣言」を行い、「世の中は変わります。あなたは変われますか」というシンプルなメッセージを発するとともに、企業理念を「ヒューマン・ヘルスケア（hhc）」[30]という言葉で要約した。

この言葉は、フローレンス・ナイチンゲール（一八二〇－一九一〇年）の生涯と重なり合うものだった。クリミア戦争で負傷兵を献身的に看護したナイチンゲールは、患者の視点でものを見ること、患者の声に耳を傾けることから看護は始まるという信念を持っていた。hhcのロゴにナイチンゲールの直筆サインが使われているのは、ナイチンゲールがそのような信念の持ち主だったからである。

製薬会社は従来、医師や病院に重点を置いていたが、hhcでは患者とその家族が医療の主役であるとされる。イノベーション宣言は、エーザイをヒューマン・ヘルスケア企業にする第一歩だった。

新しいミッションステートメントと企業理念は、すぐにアリセプトの研究開発チームを行動に駆り立てた。アリセプトのチームはさっそく認知症の患者や家族と会って、そのニーズや喜怒哀楽を理解しようとした。そのような直接的な経験をすることで、研究員たちはヒューマン・ヘルスケアの意味を頭で理解するだけではなく、心でも感じることができた（共同化）。

また、患者の満足に最大限の貢献をしているかどうかも、判断できるようになった。ある研究員は次のように認めている。「研究室にいると、薬を創ることが究極の目的であるかのような錯覚に陥りやすい。薬を創ったことで満足してしまうし、何かを成し遂げた気になってしまう。それはある意味では正しいのだが、やはり不完全である。薬はそれが使われる状況があって薬たりえるのである」(31)

アリセプトの研究開発チームは臨床試験の実施にあたって、患者の家族や介護者に日誌をつけ、日々の出来事や思いを記してほしいと頼んだ。それらの日誌はチームで共有されて、患者本人だけでなく、周りの家族や介護者がどういう経験をし、どういう思いを抱いているかを理解するのに使われた（表出化）。

また研究開発チームは、観察された症状の変化に基づいて薬の効果を計測する量的な基準も作った（連結化）。それらのデータはすべて、一九九六年に米国の食品医薬品局から新薬の承認を受けたときにも、欧米（一九九七年）と日本（一九九九年）で新薬を発売したときにも役立った。

アリセプトは重い副作用を伴わずにアルツハイマー病の進行を抑えられる初めての薬となった。内藤を喜ばせたのは、アリセプトのチームがイノベーションに献身してくれたことと、メンバーの一人一人が「他の人々の視点から物事を見ることを学んだ[32]」ことだった。アリセプトの開発プロジェクトは、エーザイの理念が日々の仕事でどう実行されるか、チームの全メンバーによって暗黙知としてどのように内面化されるかを示す模範的な事例になった(内面化)。

しかし、部門によって取組みの成果にばらつきがあった。内藤にはいくらかそれが不満に感じられた。各部門はヒューマン・ヘルスケアの実践方法を自分たちで決める権限を与えられており、ある部門での結果が他の部門に伝えられる仕組みがなかった。

内藤はそのような状態を改善するため、一九九七年、「知創部」という新しい部署を設立した。知創部のミッションは、「ｈｈｃ理念をエーザイグループ全体に浸透させ、実践させて、グローバルなｈｈｃ理念の実践を図っていく[33]」とされた。

興味深いことに、内藤はわれわれに一九九六年刊行の『知識創造企業』を読んだといい、そこに書かれていた知識創造のフレームワークは、まさに自分がやろうとしていたことだったと語っている。「知識創造理論には大いに刺激を受けました。そこに小さな希望の光を見出しました。エーザイの経営慣行は、かなり時代を先取りしていたのかもしれません[34]」と、内藤は筆者(野中)に話している(内面化)。

SECI③　アリセプトの発売後

内藤は知創部の前部長、高山千弘を、日本でのアリセプトのマーケティングと販売促進活動の責任者に任命した。同時に、四二人のリージョナル・アリセプト・マネジャー（RAM）からなるタスクフォースを作って、高山に直属させ、認知症の患者や家族を探させた。これらのRAMたちには、薬を売ることは考えなくていい、それよりも患者や家族の負担を減らすことや、認知症の人々を支えられる社会を築くことを考えよという指示が与えられていた。

RAMたちは、はっきりとした見通しを立てられないまま、まずは担当地域ごとに認知症患者がどこにいるのか、何人いるのかなどの情報を集めることから始めた。

当時、認知症患者の多くは治療を受けていないどころか、認知されてすらおらず、地方自治体もこの問題にほとんど関心を払っていなかったので、そのような情報を集めるためには、自分たちで考えついた場所をすべて訪ねて回らなくてはいけなかった。認知症患者を見つけ出す活動を四、五カ月続けると、RAMたちは認知症の問題を深く理解し始めた（共同化）。

RAMたちは、普段は医師の下に足繁く通って、商品を売り込むことを仕事にしている医療情報担当者（MR）とも連携して、認知症患者がどこにいるかを突き止め、自治体が認知症に苦しむ人のためにそれまでにどのような施策を講じているかを調べた。自分たちで行ったブレインストーミングでは、問題は行政の関心の薄さにだけではなく、医師たちが正確に認知症を診断できないことにもあることが見えてきた。認知症を患う人の中には、単なる物忘れと誤診され、早期治療のチャンスを逸する人が多くいた。

このような問題を解決し、患者が早い段階で正しい診断を受けられるようにするため、RAMとMRは販売予算の大半を注ぎ込んで、シンポジウムを開催し、社会や自治体の認知症に対する意識を高めることに努めた(表出化)。

エーザイは全社レベルの行動計画を二つ策定した。一つは、医師たちにどのように認知症かどうかを診断すればよいかを知ってもらうため、症例検討会を開催すること。この検討会では、俳優を雇って、さまざまなタイプの認知症の患者を演じさせ、医師たちに難しい診断のロールプレイもしてもらった。

もう一つは、認知症の患者団体に、エーザイが患者と家族を中心に据えたコミュニティを築きたいと考えていることを伝え、協力を呼びかけること。そのようなコミュニティでは、認知症の疑いがある人は、早い段階でそのことに気づけ、病院へ行って、正確な診断を受け、さまざまな機関で医療や医療以外の治療を受けることができ、なおかつコミュニティの中で偏見にさらされずに暮らせる(連結化)。

最初は医師も患者団体も、アリセプトを売り込むことがエーザイの狙いなのではないかと、強く疑った。しかしエーザイがシンポジウムの開催を続けたり、高齢者の健康診断に認知症の検査も含めるよう働きかけたり、病院に無償で画像技術を提供したり、日本中の医師や介護サービスや自治体との協力関係を深めたりするのを見るうち、エーザイに対する医師や患者団体の見方や感情は変化した。エーザイが認知症患者を支える社会を本気で築こうとしているという暗黙知が、エーザイの社員の取組みを通じて、医師や患者たちにも共有されることになった（内面化）。

高山は次のように述べている。「アリセプトではアルツハイマー病すべてに効果があるわけではありませんし、完治することはできません。症状の進行を遅らせるだけです。ですから、私たちに患者様やご家族を助けられることがあれば、何でも精一杯取り組まなければなりません」[35]

SECI④　次世代の治療

アリセプトの特許の期限は二〇一三年六月に切れたが[36]、エーザイは一九八三年以来、認知症に関して積み上げてきた知識と経験とノウハウを活かして、以後も認知症の問題に真剣に取り組んでおり、引き続き、地域のコミュニティや自治体、住民、医療機関、薬局、在宅介護施設、研究者と緊密に連携して、認知症介護のフランチャイズの設立に尽力していた（共同化）。

二〇一六年までに、エーザイが協力関係を結んだコミュニティの数は五二七、認知症患者やその家族の支援に関して契約を交わした自治体の数は五三にのぼった。地域の専門医療機関や支援施設を掲載した社会資源マップなど、各種の情報を患者や家族に提供する「e-65.net（イーローゴ・ネット）」というウェブサイトも立ち上げた。また、ホットラインも開設しており、一九九九年のアリセプトの発売以来、一三万件の問合せを受けた。

アリセプトの剤形には、患者が薬を服用しやすいよう、錠剤から、ゼリー剤、ドライシロップ剤、粉薬、フィルムコート錠、OD(口腔内崩壊)錠まで、さまざまなタイプを用意した。さらに、治療効果の評価指標「ADCOMS(アルツハイマー病コンポジットスコア)」と、MRI用の早期診断支援ソフト「VSRAD(アルツハイマー病ボクセル局部解析システム)」も開発している。医療の現場からは、アリセプトの市販後臨床データ約三万件、アリセプトの二重盲検試験のデータ六八〇四件を集めた。[37]

高齢化に関しては日本は最先端の市場だが、世界の高齢化も加速しており、世界の認知症患者数は二〇一三年の四四〇〇万人から二〇三〇年には七六〇〇万人、二〇五〇年には一億三五〇〇万人に膨らむことが予想されている。[38] 二〇一三年の四四〇〇万人の認知症患者のうち、六割前後はアルツハイマー型だというのが、内藤の推計である。[39]

アリセプトはアルツハイマー病の進行を抑えられるだけだが、やがては病気そのものを治せる次世代の薬も開発できると、内藤は固く信じている。「先制医療薬」を開発できるという内藤の確信は、筑波研究所で開発され、二〇一五年に発売された抗がん剤「レンビマ」の成功に裏打ちされたものである。内藤によれば、「この薬は最終段階の臨床試験で、完全治癒が四例あった。これは画期的なことであり、がんを薬で治す道筋が見えてきた」[40]という(連結化)。

内藤は、アルツハイマー病も同じような治療が可能になるはずだと期待している。エーザイはそれを実現するべく、二〇一四年、神経疾患分野の米国のトップ企業、バイオジェンと共同開発・共同販売の契約を結んだ。二〇一六年には、二社によって四件の臨床研究が進められた。そのうち二件は、二社による臨床第Ⅱ相試験、二件はエーザイがオプション権を持つバイオジェンのプロジェクトだった[41]。アルツハイマー病を完治させられる画期的な新薬の開発をもってそれらのプロジェクトが完了することが、内藤たちの夢である（内面化）。

二〇一六年四月、内藤は組織改編という具体的な行動を起こした。それは自社のこれからの針路について、明確なメッセージを発信するものだった。プロダクトクリエーションシステムズ部門は解体され、同部門の研究員一五〇〇人は認知症関連の疾患や神経疾患を扱うニューロロジービジネスグループか、がん関連の疾患を扱うオンコロジービジネスグループのどちらかに配属された。この組織改編により、エーザイが薬全般を手がけず、認知症とがんの二分野に特化した製薬会社になるという新しい暗黙知が、社内外のすべての人に共有された（内面化）。

二〇一六年のインタビューで、内藤は社会レベルで企業が貢献することがいかに重要かを強調している。

「原点は患者さんの喜怒哀楽を共同化すること。真のニーズは言葉になっていない暗黙知。患者さんと時間を過ごし、喜怒哀楽を知る。みんな、感動して泣く。そこで把握した真のニーズに何とか応えたいという思いが、モチベーションになる[42]」

このようなモチベーションが、やがてイノベーションを生み出すのだという確信が内藤にはある。だから、国内外の従業員一万人全員に一年に二日半は患者とともに過ごすように推奨している。「いくら口で言ってもわからないと思う。実際に患者さんのところに行ってみなければ……[43]」と内藤は言う。

エーザイがアルツハイマー病の次世代薬を開発できる公算について問われ、内藤は次のように答えている。「それまで何とか生きていたいと思う。いつも社員には、『薬を墓前に供えてもらっても仕方ない。生前に見せてくれ』と言っている[44]」。内藤にとって、それはできるかどうかの問題ではなく、いつできるかの問題なのである。

5 第3章のまとめ

本章では、知識の創造・実践モデルの事例として、JALの再建、シマノの六〇年に及ぶ実践、エーザイの認知症とアルツハイマー病への取組みの三例を紹介した。そこで描き出されたSECIの複数のサイクルによって、われわれが本章で提示した知識創造と知識実践の概念モデル、すなわちアップデートされた新しいSECIモデルとSECIスパイラルモデルについての理解を深めていただけたのではないかと思う。

知識の創造と実践に関して、三社の事例で観察されたのは、以下のようなことだった。

- 知識は時間をかけて、繰り返し絶え間なく創造され、増幅され、実践される。
- その結果、SECIのサイクルが一巡するたび、知識ベースが水平方向に広がる。
- 知識ベースが水平方向に広がると、部や課や室といった部署の垣根を超えて、知識の創造と実践に携わる個人が増える。
- 加えて、SECIが次のサイクルに進むたび、知識は存在論的次元でもスパイラルに上昇する。
- その結果、知識ベースは時間をかけて次第に垂直方向にも広がる。
- 知識ベースが垂直方向に広がるにつれ、個人によって創造・実践された知識は、「相互作用のコミュニティ」によって増幅される。相互作用のコミュニティは組織内、組織間の境界を超えて拡大し、コミュニティレベルないし社会レベルへと上昇する。
- ある存在論的な次元で創造された知識が一段高い存在論的な次元へ上昇する（たとえば、組織レベルからコミュニティレベルへ）につれ、知識実践の規模と質は増幅され、さらなる行動が引き出される。

- 知識のスパイラルな上昇のためには、新参者にいつも開かれている知識の実践者のコミュニティが組織内に必要になる。
- そのような開かれた知識の実践者のコミュニティでは、メンバーは「相互主観性の関係」でつながっている。相互主観性の関係にある者同士は、気分や、感情や、視点を共有しており、直観的に文脈を理解できる。
- 相互主観性の関係でつながった知識の実践者のコミュニティは、持続的にイノベーションを生み出し、組織の回復力を強くする。
- 知識創造・実践企業におけるリーダーの役割は、信念や、哲学や、価値観を掲げるとともに、従業員が率先して、また安心して、自分の知識を口にし、みんなと共有しようとする環境を築くことにある。
- 知識のスパイラルな上昇のためには、知識の実践者たちが「高次の目的」を持つことも求められる。
- そのような目的をもたらすフロネシスが、SECIスパイラルの原動力になる。
- フロネシスの要をなすのは、組織の利益だけを追い求めない、「共通善」の追求である。
- 多くの企業がSECIプロセスのスパイラルな上昇が滞ってしまう、「SECI行き詰まり症候群」に陥るのは、上昇の原動力であるフロネシスを欠くからである。
- SECIスパイラルのプロセスには、組織が単に環境の変化に対処するだけではなく、

「自分たちが思い描く未来を実現する」という目的の下、絶えず自己革新を繰り返すプロセスが描き出されている。

- たとえば、エーザイの場合、アリセプトの研究開発チームのリーダー、杉本八郎の母親が、見舞いに来た杉本を自分の息子だと認識できるようになるという未来が思い描かれている。

これで本書の第I部を締めくくる。第I部では、われわれの考えや研究が前著の刊行から約二五年の間にどのように発展し、進化したかを述べた。われわれの理論的な土台は、元のモデルに存在論的な次元を組み入れることで深まり、知識の上に知恵の層を足すことで広がった。知識だけでは、「よい行動」は起こせない。知識を「よい行動」に結びつけるためには、フロネシス、すなわち実践知が必要になる。

第II部では、理論から実践へと移り、リーダーシップの六つの実践について一つずつ論じる。われわれの考えでは、それらの実践こそがワイズリーダーの最大の特徴をなしている。

- 何が善かを判断する（第4章）
- 本質をつかむ（第5章）
- 「場」を創出する（第6章）
- 本質を伝える（第7章）

● 政治力を行使する（第8章）
● 社員の実践知を育む（第9章）

ここで大事なのは、これらの実践を習慣にすることである。習慣にすることで、より多くの人のフロネシスを豊かにし、知識の創造と実践をいっそう充実させられる。ただし、第Ⅱ部で見るように、フロネシス、つまり実践知によって組織を率いるのは、容易ではない。

米国の哲学者ウィル・デューラントによれば、イマヌエル・カントは科学と知恵に関して、「科学とは組織化された知識、知恵とは組織化された生の営みである」と考えていたという。[45]

第Ⅱ部では、この知恵を掘り下げていきたい。

第II部

ワイズカンパニーの六つのリーダーシップの実践

Six Leadership Practices of the Wise Company

第4章

何が善かを判断する

Judging Goodness

ワイズリーダーは、自社や社会にとって——株主にとってばかりではなく——何がよいことかを見極める。

リーダーは絶え間ない変化の中で判断を下し、行動を起こすことを求められる。判断を下すとき、広い視野に立って、社会にとっての善をなそうとするのが、われわれが考えるワイズリーダーである。

ワイズリーダーには道徳的な目的がある。その目的は、マックス・ウェーバーがプロテスタンティズムの精神と近代資本主義の興隆を結びつけたときに考えていたことにも通じるものである。(1) ビジネスリーダーは資本主義の担い手としては、自社にとってよいことをして、利益をあげ、株主価値の最大化を図らなくてはならない。しかし同時に、常に社会にとってよいこと、全人類にとってよいこともしなくてはならない。

ＪＡＬの元会長で、僧籍を持つ稲盛和夫によれば、初期の資本主義の担い手は、企業にとっての善と社会にとっての善の両方を追求した敬虔なプロテスタント、なかでもピューリタンだったという。ピューリタンは厳しい道徳律とプロテスタントの職業倫理を持っており、勤勉を尊びながら、産業活動で得た利益は社会の発展のために使おうとした。

「〔事業活動の〕最終目的はあくまで社会のために役立てることにありました。つまり、世のため人のためという利他の精神が――私益よりも公益を図る心が――初期の資本主義の倫理規範となっていたわけです[2]」と稲盛は述べている。

第2章で言及した「共通価値の創造（ＣＳＶ）」を提唱するハーバード・ビジネス・スクールのマイケル・ポーターとマーク・クラマーによれば、人々のニーズを満たすうえでも、効率を高めるうえでも、雇用を創出するうえでも、富を築くうえでも、いまだに資本主義に優る経済・社会システムは生まれていないという。しかし、近年、資本主義の視野の狭さが目立ち、企業の持つ力が社会の問題の解決のために十分発揮されていないのではないかと、懸念する声は多い[3]。

そのような懸念は間違ってはいないが、例外はいつでもある。ウェーバーが考えていたことは第1章で論じたように、ホンダジェットで実践されている。ホンダエアクラフトカンパニーを率いる藤野道格は、いつも高次の目的を念頭に置いて、絶えざる変化の中で判断を下し、行動を起こした。イノベーションを通じて人類の移動手段を発展させることで、自社の儲けだけでなく、共通善に貢献したいという思いが藤野にはあった。

藤野は明確なビジョンを持っていた。それは飛行機での移動時間を短くすることで、企業の重役たちがもっと長く家族と過ごせる未来を築くというものだった。それは世界をよくしようという壮大なビジョンだった。

藤野は米国で暮らし、米国人の文化とライフスタイルを直に経験する中で、米国のような広大な国には小型飛行機と地方空港が必要だと気づいた。重役たちの空の旅を変えることで、ライフスタイルを変えたいという思いが胸にわいた。速くて、燃費のいい小型ジェットを開発できれば、そういう未来をきっと築けるはずだと藤野は考えた。

藤野は自ら範を示し、社員たちを動かすことでも優れた手腕を発揮した。開発チームが高次の目的である社会や産業への貢献を追求しようという気持ちになるよう、熱心な努力を称え、ビジョン（藤野自身の言葉では「ビッグピクチャー」）を示し、絶えず導き、教え、かなりの裁量権を与えた。稲盛の言葉を借りるなら、藤野は利他の精神に徹した。実際、われわれが確信しているように、他者のフロネシスを育むことは本質的には道徳的な行為なのである。

ワイズリーダーは高次の目的の下に、知識の実践者のコミュニティを拡大することで、道徳的な判断力を発揮する。

第3章で見たように、エーザイの例がそうだった。それは母親を認知症で亡くした杉本八郎から始まった。杉本はアルツハイマー病の治療薬の開発に生涯を捧げようと決心し、一九八三年、アリセプトの研究開発プロジェクトに着手した。

一年後、エーザイの現CEO内藤晴夫が、杉本の所属する筑波研究所の所長に就任した。杉本は一〇人ほどの研究員からなる研究室の室長を務めていた。内藤が新しいミッションステートメント「イノベーション宣言」と、新しい経営理念「ヒューマン・ヘルスケア（hhc）」を発表すると、研究員たちは認知症の患者や家族のニーズや思いを理解するため、実際に会って話を聞く取組みを始めた。内藤は、さらに四二人のリージョナル・アリセプト・マネジャー（RAM）からなるタスクフォースを作って、日本全国で認知症患者を探させた。

アリセプトの特許は二〇一〇年一一月で期限切れを迎えたが、エーザイは以後も、「イノベーション宣言」以来の認知症との闘いにいっそう力を入れた。引き続き、知識の実践者のコミュニティの拡大に努めながら、診断ツールを開発し、認知症とがんの治療薬に特化する組織改編を行い、米国のバイオジェンと共同開発・共同販売の契約を結んだ。

内藤はいつかアルツハイマー病を完全に治せる薬を開発するという高次の目的を胸に刻んでいる。それは壮大な挑戦だが、追求する価値のある道徳的な行為である。

1　生き方として共通善を追求する

ワイズリーダーシップの六つの実践を組織に習慣として根づかせるのは、容易ではない。まずは創業者が範を示すことが大切である。とりわけ何が善であるかを判断することに関しては、創業者の率先垂範の効果が大きい。ワイズリーダーシップのこの実践の手本として、ここでは巨大企業の創業者二人を紹介しよう。二人とも、生き方として共通善を追求することで――一人は二〇世紀に、もう一人は二一世紀に――世界的な企業を築き上げた。

一人は世界一のファスナーメーカー、YKKの創業者、吉田忠雄。もう一人は、日本で最も急速な成長を遂げたアパレルブランド、ユニクロの運営会社ファーストリテイリングの創業者、柳井正である。(4)

吉田は一九三四年、YKKを創業後に間もなく、「善の巡環」という経営哲学を打ち立てた。吉田は二〇歳のとき、陶磁器の会社で働き始めたが、一九三三年に会社が倒産し、その会社から商品の在庫の他、ファスナーを作る小さな子会社を譲り受け、それをきっかけに二五歳でファスナーを売る商売を始めることになった。この経験から学んだのは、企業は社会とともに繁栄することによってのみ生き残れるということだった。

「善の巡環」の哲学は、「他人の利益を図らずして自らの繁栄はない」という吉田の考えと密接に結びついている。消費者と、供給業者や流通業者を含む関連産業と、社員の三者に利益が分配される「成果の三分配」が果たされるとき、企業の存在価値を社会に認めてもらえるというのが吉田の持論だった。

吉田によれば、「善の巡環」の哲学は、顧客に価値の高い製品を提供し、供給業者や流通業者を繁栄させ、社員に高給をもたらすという。利益は最終的な目標ではなく、あくまで副産物であり、それを稼ぐのに貢献した人たちに還元されるべきものと見なされる。

「巡環」という言葉は、池に石を投げ入れたときに生じる波紋も連想させる。「善の巡環」は株主から始まる。ただしYKKは公開会社ではなく、社員が株の大半を持ち、ビジネスパートナーと顧客がその残りの株を持っている。[5] 吉田は株主について「企業に協力してくれる人を指すのであり、一緒になって喜んだり、苦しんだりする事業協力者である」[6] と考えていたという。株主にも、ビジネスパートナーや顧客と同様、経営陣と思いを同じくし、YKKの未来を気にかけてほしいという期待が吉田にはあった。だから、利益をあげたときは、三者すべてが利益の分配にあずかれるようにした。

吉田はもっぱら勤勉さを尊ぶことで知られ、社員に対して厳しかった。語録の一つに次がある。「何しろ、私は理屈抜きにして働かない人を好きじゃないですね、どれだけ頭がよくてもね」[7]

とはいえ、トップダウンの階層制は信じておらず、みんながともに成長する森林のようなタイプの組織を理想としていた。「森林」は、吉田が自分の考えを伝えるのに使ったたとえだった。「YKKの基盤に立って私も新入社員も誰も彼もみんなで森林をつくっている。全員が共同経営者であり、労働者であり、同じ位置に立つ仲間です(8)」

吉田の考えでは、「巡環」の要をなすのは社員であり、社員は給料と賞与の一部を自社株の購入にあてるべきだとされた。その投資から利益が出れば、社員は配当という形で恩恵を受けられ、会社と社員間のお金の流れに好循環が生まれる。その好循環は顧客とビジネスパートナーを含んだより大きな流れの一部になる。

つまり、社員が努力して、よりよいものをより低いコストで作ることで、顧客とビジネスパートナーに価値がもたらされ、需要と収益が増大する。この好循環が生まれれば、顧客とビジネスパートナーは株主として恩恵に浴せる。「巡環」はそこで終わらない。税収も増えるので、地域の行政サービスを支えることにもつながる。繁栄のサイクルはやがてYKKに増収増益という形で返ってくる。そうなれば株主はそこでさらに恩恵を受けられる。

それは理想論であって、現実にはそううまくいかないと思う人もいるかもしれない。しかし、本書でこれまで何度も繰り返してきたように、企業が理想主義的にならなければ、新しい未来は決して築けない。

YKKは創業間もない頃、新しい未来を築くことで生き延び、以降、社会との共栄の道を歩んできた実績を持つ。ファスナーはアパレル産業では、従来、単なる服の一部品――ありふれた製品、ボタンの代わり、動かない「モノ」――と見なされていた。しかし吉田は開けたり、閉めたりできるものとして、ファスナーを捉え直した。ファスナーがそのように名詞的なものから動詞的なものへと変えられたことで、ファスナーによる「開け閉め」に新しい未来が切り拓かれることになった。

もう一人の手本である柳井正も、理想主義や、未来や、共通善について同じようなメッセージを発している。近著『経営者になるためのノート』は、もともと自社の社員向けに書いたものを、一般に向けて刊行した著作である。柳井はその中で次のように述べている。

「経営者となる人には全員、理想や未来への希望を強く持って経営をしてほしいということです。小さくまとまらないで、大きな理想を掲げ、理想企業をめざして経営に携わってほしいと思います。一人ひとりが、理想企業をめざして追求し、人生と対決するように生きていく。そうした経営を実行していけば、きっと社会は良い方向に変わっていくはずです(9)」

ファーストリテイリングの企業理念に謳われている「服を変え、常識を変え、世界を変える」ことによって、よりよい世界を築きたいという思いが柳井にはある。

二〇一六年、柳井は四〇〇〇人の社員を前に登壇して、[10]「われわれの存在意義は何か」と問いかけ、「服の民主化」という壮大な理想を明らかにした。以下はそのときのスピーチの要旨である。

「私たちは『服の民主化』という目的を持って働いています。これを追求し、服を変え、常識を変え、世界を変えていくのです。

なぜ日本でユニクロが生まれたのでしょうか。服の歴史を振り返ってみると、欧米社会は歴史的に階級社会でした。この階級の人はこんな服、この仕事の人はこんな服、このぐらいの収入の人はこんな服、そういう固定観念がありました。階級ごとに購入するブランドや店舗がセグメント化している傾向が強かったのです。そして、次第に西洋化した世界は、それを半ば当然のこととして受け入れてきました。

一方、日本はそうした階級意識が薄い社会です。ほとんどの人が中産階級で貴族階級もいないし、極端なお金持ちも、逆に極端に貧しい人も少ない。そういう真ん中が厚い社会です。そのため、『誰にとっても良い服』が成立する土壌がありました。日本には服の着方にルールや固定観念がなく、西洋社会の既成概念にとらわれない服の着方をすることができました。それが、ユニクロが日本で生まれた理由なのです。

それを日本発の最高の技術で、誰でも手に入れられる価格で、提供したのがユニクロです。これが『服の民主主義』です。

しかも、それを『高機能で良い製品だから高く売る』のではなく、あらゆる人のための服『ライフウェア』、そして、『メイドフォーオール』というコンセプトで、大量に、リーズナブルな価格で、圧倒的なスピードで世界中に供給してきました。そうして服の世界の常識を一歩ずつ変えてきました。こんな仕事を私たち以外の誰ができるでしょうか。このことをもう一度、深く胸に刻んでいただきたい。私たち以外に誰もやる人はいないのです[11]」

柳井は『経営者になるためのノート』で次のように論じている。「使命が、社会をよくする方向に持っていく使命であるほど、それを具体化した商品やサービス、商売に対して、社会は共感してくれるのです。待ってました、素晴らしい、と拍手喝采で迎えてくれるのです。結果的に数値もついてくるというわけです[12]」

柳井は、企業は利益をあげなくてはならないが、社会に貢献する企業だけが生き残れるということをはっきり述べている。つまり儲けることがすべてであるとか、儲けるためだったら何をやってもかまわないとか、すべてはお金のために経営するとかいう考えは、きっぱりと否定している。

「こういう会社は、すぐに駄目になります。やはり会社というのは、社会に貢献できて初めて、社会から存在が許される、認められるものだと思います。会社は、生まれた瞬間から社会の公器です。ですから、社会に貢献できる会社だけが、時代を超えて、『社会にいていいよ』と言われるようになっていると思います。それだけ社会は厳しい、お客様は厳しいということです。会社にとって儲けることは重要なことですが、それ自体は手段にすぎません。会社の最終目的は『人間を幸せにするために存在している』という使命の実現にあるべきなのです。（中略）お金だけを追いかけるとお金に逃げられるのです[13]」

(a) ユニクロ UNIQLO LifeWear

(b) ユニクロ UNIQLO MADE FOR ALL

ライフウェアとメイドフォーオールのロゴ
提供：ファーストリテイリング

「社会との調和」を進めるべく、ファーストリテイリングは次々と社会貢献事業を始めている[14]。その一つである全商品リサイクル活動は、フリースのリサイクルから始まったが、二〇〇一年には、国内の全店舗でユニクロの全商品を回収する活動に発展した。二〇一一年、海外のユニクロ店舗にもこの活動が拡大され、二〇一〇年には、ファストファッションを展開する子会社ジーユーも加わった。二〇一五年までに、一五カ国で一〇〇〇万着の服が回収され、五三カ国の難民や避難民のもとに届けられている。

二〇一五年九月には、国連難民高等弁務官事務所(UNHCR)に毎年一〇〇〇万着の古着を提供する「一〇〇〇万着のHELP」プロジェクト――全商品リサイクル活動をさらに拡大した取組み――も立ち上げられた。「まだまだです。世界には六〇〇〇万人の難民や避難民の方がいます」[15]と柳井は言う。

また、障害者を雇用する取組みも二〇〇一年に始め、全店舗でそれぞれ一人以上の障害者を雇用することを目標に掲げている。[16]二〇一六年現在、国内八〇〇店舗の約九割で障害者が雇用されており、全従業員に占める障害者の割合は八%を超える。これは法定雇用率の二・二%を大きく上回っている。

さらに三つ目は、バングラデシュのノーベル賞受賞者ムハマド・ユヌスと組んで始めたソーシャルビジネスである。この取組みでは、貧困ライン以下の生活をするバングラデシュの人々に、手頃な価格で品質の保たれた服を販売することが目標にされている。「一ドルTシャツ」を作るというのが、柳井とユヌスが用いているそのメタファー(隠喩)である。

ユヌスとの合弁事業は、マイクロファイナンスの融資を受ける人々に、服の訪問販売を通じて仕事のスキルを身につけ、生活の向上を図ってもらいたいという意図の下、立ち上げられた。

ユヌスは二〇一〇年、合弁事業の契約締結のため、来日した際、服とは第一には人を「守る」ためのものであること、バングラデシュの人々が医療衛生問題の解決のためにまず必要としているのは服のその機能であることを、柳井に思い出させた。「その機能を満たしてからでないと、服を自己表現の手段として使うことはできない」とユヌスは言う[17]。

ファーストリテイリングの四つ目のCSRの活動は、米国の大学への進学を支援する、日本の高校生を対象にした奨学金制度の創設である。二〇一七年、柳井正財団は米国の大学に合格した三七人の高校生（二〇一八年は二九人）に留学費用の援助を行った。支給額は一人につき年間七万ドル、四年間の合計で二八万ドルという大変気前のよいものだった。

この奨学金を始めたきっかけは、ハーバード大学に入学した日本人が二年連続で一人しかいないことを柳井が耳にし、驚いたことだった。日本の若者が内向きになっていることも一因だが、親の所得額が米国の奨学金制度の所得制限に引っかかってしまうことが、留学する日本人が少ない理由の一つになっている。日本の若者に日本の高等教育から失われた伝統的なリベラルアーツの教育を米国で受けてほしいという願いが柳井にはある。

応募者を選考する面接はすべて自身で行い、奨学金の使途に制約はつけないとも、柳井は約束している。柳井のこの寄付後、米国の大学へ留学するための奨学金の数はたちまち三倍に増えた。米国で学びたいと思い始めた日本の優秀な学生たちは活気にあふれている。そのような学生たちが、日本の時代遅れの高等教育制度にも必要な変化を強いることになるだろう[18]。

◆「いま・ここ」で賢明な判断を下し、行動を起こす

二〇一一年三月一一日、東北地方を襲った三重の大災害（地震、津波、原発事故）は、近年では類例のない大混乱をもたらした。この三・一一の三重の大災害後、東北地方で、時宜を得た素晴らしい「いま・ここ」での判断と行動を見せた企業が、外国企業を含めて数社あった。[19]

前章で、知識の創造・実践のスパイラルな上昇の原動力となるのは、フロネシスであることを指摘した。フロネシスは前にも述べたとおり、共通善を追求する価値観や、原則や、道徳に則した行動と、時宜にかなった判断を可能にする。ここではそのことを背景にして、二人のワイズリーダーがどのように時宜にかなった判断を下し、行動を起こしたかを見ていきたい。

一人は、一九三五年からプロバイオティクス飲料を製造・販売する非上場企業ヤクルト本社傘下の地域販売会社、福島ヤクルト販売のCEO、渡辺博美である。

三三カ国で販売されているヤクルトのプロバイオティクス飲料の消費量は、一日平均四〇〇〇万本に達する。「悪玉菌」の増殖を抑え、腸内環境を整える生きた「善玉菌」[20]が何十億個も含まれているその飲料は、愛飲者からは手頃な値段で買える病気の予防薬――健腸長寿――と見なされている。

日本では、ヤクルト製品の五六％は「ヤクルトレディ」と呼ばれる独自の宅配システムで販売され、残りの四四％が小売店で売られている（福島では、ヤクルトレディによる販売の割合がさらに

高く、七三％にのぼる）。

ヤクルトレディシステムでは、フルタイムまたはパートタイムで雇われた女性――大半が小さい子どもを持つ母親――が、配達用の車両で担当地域を回って、各家庭に飲料を届ける。ヤクルトレディは朝、子どもと一緒に宅配センターに出勤し、宅配センター内の保育所に子どもを預けて、配達に出発する。昼には宅配センターに戻ってきて、ランチミーティングを行い、顧客や地域についての体験や情報を報告し合う。昼食を終えると、再び配達に出る。パートタイムであれば二時ないし三時まで、フルタイムであれば五時まで働く。

東日本大震災が東北地方を見舞ったとき、福島ヤクルト販売では約一五〇人の社員と四〇〇人のヤクルトレディが二二の宅配センターに勤務していた。悲嘆にくれる従業員たちはCEOの渡辺博美に、福島は壊滅した、この地域はもうおしまいだ、全員避難しなくてはならない、顧客をすべて失うことになる、東北地方の従業員はみんな仕事を失う、水も電気も食料もなくては、誰もが身も心も病気になってしまう、などと思いを吐露した。

それらの声を聞いた渡辺は、三・一一の直後でありながら、次のように言って従業員を励ました。「福島ヤクルトはなんとしても皆さんの雇用を守り、被災者の方々に健康と心を届け、現金と留保金を使い切ってでも地域の復興に力を尽くします」

三・一一から二週間で、渡辺は四つの試練と向き合うことになった。(21) 最初は三月一二日、つまり震災の翌日、「どこまで社員とヤクルトレディを守るべきか」という問題に直面した。

CFOからは次のように戒められていた。「市場の三割が失われたのです。販売員を減らすのはやむをえません。一週間ほどで、社員は政府の緊急援助物資を受け取れるはずです[22]」

また、法令遵守の責任者からも言われた。「宅配センターが食品衛生法の厳しい決まりに違反することにならないかどうか、少し様子を見ましょう」

これらの忠告にもかかわらず、渡辺はただちに次の三つの決断を下した。

①社員とヤクルトレディ全員に一人につき三万円を支給する。銀行は閉まっているので、現金は会社の金庫から出す。

②宅配センターを社員やヤクルトレディの家族の一時的な避難所として使う。

③自宅からの避難を余儀なくされたヤクルトレディが仕事を失うことがないよう、どの宅配センターでも働けるようにする。

三月一四日には、また別の問題に直面した。「何を配達すればよいか」という問題である。ヤクルト製品の在庫は日に日に減り、ヤクルトレディが配達するプロバイオティクス飲料は底をつきかけていた。とうとう配達できる製品がなくなると、一部のヤクルトレディは顧客たちに次のように言って、水とインスタント麺を届け始めた。「これは無料です。私も家族を失いましたから、お気持ちはわかります。しかし、これを無料で配るのは、会社には無断で行っているのです」

渡辺はこのことを耳にすると、次のように言った。「ヤクルトレディさん、皆さんはわが社の理念（「世界の人々の健康で楽しい生活づくりに貢献します」）を実践してくれました。正しいことをしてくれました。水とラーメンと温かい心をお客様に届けましょう。今はそれが一番健康につながる商品であり、サービスです。避難所にいる被災者の方々にも同じものを届けましょう。全部無料で配ってください」

一週間後、渡辺は会社の営業を再開するべきか、製品の生産再開を待つべきかの判断を迫られた。生産が再開されるのは、三月の末から四月の初めになりそうだった。CFOからは、すでに深刻な現金不足の状態にある中で、営業を再開したら、赤字に陥ることになると言われた。ひとまず営業を停止して、社員や販売員が政府から補償金を受け取れるようにしようというのが、経営幹部陣の提案だった。

渡辺はそれらの意見を容れず、営業を再開する決定を下した。できる限りのことをしようという覚悟だった。当時を振り返って、渡辺は次のように述べている。「社員やヤクルトレディに出勤を強制はしませんでした。家族の世話を最優先にするべきでしたから。それでも、お客様に水と情報を届けたいと思っている従業員のために、オフィスも宅配センターもすべて開けました。金銭的な損失は三年で取り戻せます。ですが、緊急時にお客様のニーズに応えられなかったら、その信頼は何年も取り戻せないでしょう」

そして最後、三月二五日に渡辺が直面した四つ目の難題は、「ヤクルトレディに報酬を支払うべきか」だった。会社の金庫はほとんど空になっており、融資を受けられる公算も低かった。しかしCFOでさえ、顧客のために労苦を厭わないで働いたヤクルトレディは、報酬を受け取ってしかるべきだと考えていた。渡辺も同意した。

二〇一一年三月、福島ヤクルトはヤクルトレディに二月分の給料の八割を支払って、銀行に融資を申し込むとともに、地域と顧客に奉仕するためにはヤクルトレディの雇用を維持することが欠かせないことを経営委員会の場で確認した。

ヤクルト製品の配達は三月末までに再開できたが、三月の売上げは前年より著しく減った。それでもわずか五カ月後には、福島ヤクルトの売上げは前年同月と同レベルまで回復した。

二〇一一年、福島ヤクルトはヤクルト本社から優秀販売会社賞を授与された。渡辺はヤクルトレディに最大の賛辞を贈り、ヤクルトレディたちが上からの指示を待たずに行動し、顧客のことを第一に考え、そして何より、仕事を辞めなかったことを褒め称えた。

販売員の一人はあるとき、渡辺に次のように話したという。「今、退職すれば、かなりの額の失業保険をもらえます。でもそうしたら、私たちの手伝いを藁にもすがる思いで必要としているお客様のもとを訪ねられなくなります」。ヤクルトレディは間違いなくワイズリーダーだった。

同じような事例は、次に紹介するワイズリーダーの事例である、宅配最大手、ヤマト運輸（以下、ヤマト）にも見られる。ヤマトの宅配サービスは、ほとんど一般名詞と化した「宅急便」の名で知られ、日本の社会生活の一部になっている。生鮮食品からゴルフクラブやスキーの板まで、何でも戸別に届けるサービスである。

ヤマトは一九一九年に創業され、ブランドシンボルのキャラクターには子猫を大事に口にくわえて運ぶクロネコ（黒猫）を使っている。長年成長を続け、現在では従業員一七万人を擁する日本最大の宅配業者へと発展した。最前線で活躍するセールスドライバーの採用は、トラック運転手や物流経験者の人材プールからではなく、接客が得意な人物の中から行われる。ヤマトのセールスドライバーたちは、担当の地域のことを時間をかけてよく学び、どうすれば一番顧客のニーズを満たせるかを自分で判断する。

東日本大震災が発生したとき、ヤマトの石巻東支店は数日間、本社と連絡が取れなかった。ようやく本社とつながると、当時のＣＥＯ、木川眞から東北地区の約一万人の全従業員へ向けた簡潔なメッセージが伝えられた。「助けを必要とされたら、助けてあげてください。利益のことは考えなくてかまいません」。こういう度量の大きい賢明なことを言えるＣＥＯはなかなかいない。

木川の考えでは、流通サービスを一刻も早く復旧させることはヤマトの社会的な使命だった。三月一一日に防波堤が決壊したせいで、集配センターは壊れ、道路は冠水し、配達は危険だっ

東日本大震災後、瓦礫の中を走るヤマト運輸のトラック
提供：朝日新聞社

たが、ヤマトは地震の一〇日後、営業を再開させた。自らも津波の被害に遭ったセールスドライバーたちは石巻東支店長の横山正直に、食料や衣服などの重要な救援物資を石巻の津波の被災者に届けたいと願い出た。それは被災者の命にかかわることだった。

セールスドライバーたちは、横山が三月一一日に経験したことも知っていた。横山はその日、二〇人のセールスドライバーの最後の一人がなかなか会社に戻ってこないので、心配になり、車で探しに出たところ、津波にさらわれたのだった。幸い、泳いで岸に戻ることができ、命は助かった。

しかし翌日、水位が下がってから、会社に戻って行方不明のドライバーを探したが、見つからず、のちに津波の犠牲になったことを知った。生き残ったセールスドライバーたちの熱意に心を揺さぶられた横山は、一台のトラックに二人のセールスドライバーが乗る方式で、配達を行うことを決めた。本社との通信回線がまだ復旧していなかったので、横山の自己判断だった。

地震から一〇日後、石巻東支店は営業を再開した。これは市内の運送会社で一番早かった。三月二三日には、ヤマトの「救援物資輸送協力隊」が正式に発足した。二〇〇台のトラックと五〇〇人の人員からなる同隊は、地域に届き始めた救援物資を自主的に配達する組織として結成された。自らも被災者である東北地方のセールスドライバーたちが率先して、避難所に救援物資を届けた。

この取組みは当初、二週間で終える予定だったが、結局、すべての避難者が別の場所へ移り、自治体からヤマトの協力はもう不要になったと言われるまで、八カ月間続いた。

CEOの木川は東北地方の現場の社員たちの行動を誇らしく思うと同時に、創業者、小倉康臣によって一九三一年に制定された社訓が今も生き続けていることに感動した。ヤマトでは毎朝、全国の本社・支社でも支店でも、社員が次の三つの社訓を唱和している。

- ヤマトは我なり
- 運送行為は委託者の意思の延長と知るべし

●思想を堅実に礼節を重んずべし

四月七日、木川は宅配一個につき一〇円寄付するという大胆な寄付計画も発表した。総寄付金額は年間の純利益の四〇%に相当する一三〇億円から一四〇億円になるだろうと、ヤマトは見積もった。上場企業にとって、これはかなり思い切った寄付の額だった。

しかし木川は、それを至極当然の行為だと考えた。そのような寄付に対して株主から了承を得るためには、木川も理解していたとおり、免税の対象になるようにすること、透明性を確保すること、共通善のために使われるものにすること(たとえば、インフラの再建や地域産業の復興支援など)が必要だった。

日本の法律では、ヤマトが免税の対象になる寄付を行うためには、赤十字か、自治体に寄付するしかなかったが、そうすると木川が求める透明性は確保されなかった。もしそれ以外の機関に寄付を行ったら、二二億まではは税金がかからないが、それを超過した分には五〇%の税金がかかる。それはつまり一四〇億円の寄付のために、約五〇億円の税金を支払わなくてはならないことを意味する。

木川はそれを避けるため、財務省に直談判した。困難な交渉は一カ月半に及んだが、最後には税金の免除を許可してもらえた。(23) 許可が降りたのは、二〇一一年六月の年次株主総会のわずか三日前というぎりぎりのタイミングだった。

木川は株主――機関投資家（六〇％）、外国の投資家（三〇％）、個人投資家（一〇％）――から反発があることは覚悟していた。株主総会に先立って、ＩＲ部門が国内外の機関投資家と行った数回の会合では、理解と了承を得ることができた。木川が心配したのは、個人投資家からどういう声が上がるかだった。個人投資家たちと意見を交換できる場は、株主総会以外にはなかなかなかった。

二〇一一年六月二七日、その年の年次株主総会は開かれた。木川は何百人もの個人投資家を前に演壇に上がって、東北地方の復興支援のための寄付について説明し、会場の人々に意見を求めた。すると、わずかな間があったのち、願っていた反応が返ってきた。長い拍手が沸き起こったのである。

最終的に、ヤマトのこの一年間のキャンペーンでは一四〇億円以上のお金が集まり、東北地方の復興を支援する取組みのいくつかに寄付された。木川はこの寄付活動によっていくらかは復興に貢献できたと感じるとともに、一九三一年に創業者によって定められた三つの社訓を実践できたという思いを抱いた。

ヤマトの従業員一七万人全員が――本社・支社レベルでも、支店レベルでも――この活動を通じて、東北地方の人々の「意思」に寄り添い、顧客に真の「礼節」を尽くすことができた。東日本大震災は悲惨を極めた出来事だったが、ヤマトの取組みは、企業がいかに社会のために善をなせるかを明らかにした。

2

善についての判断力を育む

ワイズリーダーが善についての判断力を養う方法はいくつかある。一つは、経験を通じて、とりわけ逆境や失敗を通じてである。前に述べたように、本田宗一郎が引退を決意したのは、エンジニアたちから排出ガスの少ないCVCCを開発した理由（子どもたちを有害な排出ガスから守るため）を聞かされて、恥じ入ったのがきっかけだった。宗一郎はそのとき、その場で、自分の目的（競合企業に勝つ）が間違いであり、エンジニアたちの目的（社会のために善をなす）が正しいことを悟った。

本田宗一郎を尊敬するファーストリテイリングの柳井正は、自分が成功をつかむまでに数え切れないほど多くの困難を乗り越えてきたことを、絶えず自身で振り返りもすれば、周りに聞かせてもいる。社長に就任後、七人の社員のうち六人に社を去られ、一店舗だけの会社を片田舎で営み、銀行に融資を拒まれ、有力な卸売業者から排除され、東京への出店までに三〇年かかり、青果物の販売から三年で撤退し、たびたび倒産の危機に追い込まれ、後継者の指名後、二度にわたって引退の撤回を余儀なくされた。

柳井は失敗の数々を自らの誇りとし、自著に『一勝九敗』というタイトルをつけている。このタイトルは宗一郎の口癖だった「成功は九九％の失敗に支えられた一％だ」を踏まえたものである。

　忘れられがちだが、ウォルト・ディズニーも若い頃に同じような経験をしている。[24]一九二二年、ウォルトはラフォグラムというアニメ会社を共同で設立するも、一年ほどで倒産の憂き目を見た。一九二三年に兄ロイとともに立ち上げたディズニー・ブラザーズ・カートゥン・スタジオでは、オズワルド・ザ・ラッキー・ラビットというアニメ・キャラクターが人気を博したが、すぐにその所有権を失った。

　一九二九年、ミッキー・マウスを使った最初のキャラクター商品である落書き帳がライセンス契約の下で販売されたときには、資金不足のせいで、ホテルのロビーで会った男から提示された三〇〇ドルというライセンス料で手を打たざるをえなかった。ディズニー映画のサウンドトラックからは「ハイ・ホー」など、世界的な大ヒット曲が生まれたが、それらの曲の権利は一九三〇年代後半、音楽会社に映画の配給と引き換えに譲り渡されていた。

　一九五五年に開園したディズニーランドでは、儲けの大きい飲食物や商品を販売する権利が提携業者に与えられ、ディズニー映画の配給については国内外ともにＲＫＯと契約を交わしていた。

　のちにディズニーはそれらの権利を買い戻して、ビジネスをもっと思いどおりにコントロールできるようになり、収入を増やせたが、ウォルトはこのときの経験を通じて、顧客を喜ばすという目標のためには絶対にビジネスのコントロールを失ってはいけないことを学んだ。

ウォルマートの創業者サム・ウォルトンも、やはり数多くの失敗を乗り越えている。[25] ウォルトンはウォルマートを始める前、アーカンソー州ニューポートでベン・フランクリンという雑貨店を立ち上げ、成功を収めていたが、創業から五年後、地権者から賃貸契約の更新を拒まれたうえ、地権者の息子に店を売らなくてはいけなくなった。

一九六二年、アーカンソー州ハリソンにウォルマートの二号店をオープンさせたときには、自身の後継者候補であるデイビッド・グラスを店に招いたが、グラスから仕事を変えたほうがいいと言われる始末だった。グラスは次のように述べている。


「こんなにお粗末な小売店は見たことがありませんでした。サムはトラック数台分のスイカを買い入れて、それを道端に積み上げていました。脇の駐車場ではロバ乗りの体験イベントも開いていました。四六度にもなる暑い日でしたから、そのうちスイカが破裂し始めたんです。ロバは驚いて、パニックを起こし、駐車場内をめちゃくちゃに走り回り始めました。それから店内に入ってみたら、店内も外と同じぐらいめちゃくちゃでした。サムは好感の持てる人物でしたが、見込みはないと思いましたよ。それぐらいひどかったんです」

ウォルトンはこのとき、次のＣＥＯにふさわしいのはグラスをおいて他にいない、「エブリデー・ロープライス」とオペレーショナル・エクセレンス（卓越した業務遂行力）を両立させられるグラスのような人物がウォルマートには必要だと、確信した。

功成り名を遂げた晩年、どのような人物として記憶されたいかと尋ねられたウォルトンは、次のように答えている。「私たちは顧客と取引業者のそれぞれの生活水準を向上させました。顧客には何十億ドルという節約をもたらすことによって、取引業者には利益をもたらすことによってです」[26]。それからほどなくウォルトンは他界したが、米国の人々と取引業者の繁栄に貢献できたという安らかな気持ちで旅立ったに違いない。

善についての判断力を養う方法にはその他に、人生経験に裏打ちされた価値観や倫理観の原則を書き出して、共有するという方法がある。その例として思い出していただきたいのは、日本航空の稲盛和夫がＪＡＬフィロソフィとして打ち出した四〇項目の心構えである。それらの心構えは、京セラで育まれた道徳や倫理のガイドラインに基づくものだった。

稲盛はＪＡＬでは、それらの心構えを小冊子に印刷して、社員に配布し、常に持ち歩かせた。また社員は年に四回、ＪＡＬフィロソフィ教育という講習会の受講も義務づけられた。その講習会では、部署の違う社員どうしで、ＪＡＬフィロソフィが現場で実践されているかどうかや、部署間でどのように成功例を共有できるかを話し合った。

稲盛が京セラ時代に気づいたのは、正しいか正しくないか、よいことか悪いことか、やってよいことかいけないことかを判断する道徳や倫理の基準を知りたければ、自分が親や先生から教わった人間として守るべき当然のルールを思い出せばいいということだった。「子どものときに親から教わった、ごく当たり前の道徳心——嘘をつくな、正直であれ、人をだましてはいけない、欲張るな——そういうシンプルな規範の意味をあらためて考え直し、それをきちんと遵守することが今こそ必要なのです」(27)

稲盛はそれと同じ原則、「母の知恵」とも呼べるものを経営の指針にした。「人生も経営も、同じ原理や原則に則して行われるべきだし、また、その原理原則に従ったものであれば、大きな間違いはしなくてすむだろう——そうシンプルに考えたのです」(28)

ファーストリテイリングの柳井も稲盛と同じように、自身の経験に基づいた「経営理念二三カ条」を書き出している。最初の七カ条は二七歳のときに考えられ、残りはその後、年々つけ加えられていったものである。この経営理念は会社の「志」だという。「当社の最も重要な基礎であり、判断基準であり、精神です。志は私たちが人生において持っている中で最も貴重なものです。志がなければ、会社や人はただの抜け殻にすぎません」(29)

「経営理念二三カ条」の第一条、「顧客の要望に応え、顧客を創造する経営」は、一九八〇年代に一店舗だけの会社を経営していたときの経験から得られたものである。「少しずつファンを増やしていく必要があります。そのためには、競争相手よりも少しうまく顧客の要望に応えることです」と、「経営理念二三カ条」を踏まえたリーダーシップの研修会で柳井は述べている。[30]

第二条では、善が正面から取り上げられている。「良いアイデアを実行し、世の中を動かし、社会を変革し、社会に貢献する経営」。企業は社会に仕えるためにあるという柳井の信念は揺らいだことがない。この他にも善をなすことを説いた条項はいくつかある。[31]

第一〇条　公明正大、信賞必罰、完全実力主義の経営
第一九条　自社の事業、自分の仕事について最高レベルの倫理を要求する経営
第二一条　人種、国籍、年齢、男女等あらゆる差別をなくす経営

将来の世代のために原則を書き出すときには、創業者が残した名言を用いるという手が有効である。トヨタもホンダも創業者の言葉を編纂して、それぞれ『トヨタウェイ二〇〇一』、『日々のことば　本田宗一郎』という文書にまとめ、社員だけに配布している。われわれはそれらの文書を読ませてもらったが、内容を公開しない約束だった。そこで、ここでは企業自身の言葉で、それらの文書がどういうものかを紹介しよう。トヨタによれば、それは次のような文書だという。

「社内で『グリーンブック』と呼ばれる『トヨタウェイ二〇〇一』は、当時トヨタの社

長を務めていた張富士夫によって編纂された。同書には豊田佐吉、豊田喜一郎といった創業者の他、豊田英二、豊田章一郎、大野耐一、神谷正太郎、奥田碩など、のちのリーダーたちの七九の『歴史的な言葉』が収められている。どれも一言一句、手を加えられていない生の言葉である。言葉によっては、いつ、どこで、誰に向かって言われたものであるか、説明が加えられている[32]」

同じように、『日々のことば　本田宗一郎』は、創業者と直接一緒に仕事をした最後の世代になる第六代社長、福井威夫によって編纂された。福井は本田宗一郎の言葉が自分よりあとの世代にも知られ、共有される必要があると感じ、宗一郎の言葉を三一選んで、日めくりのカレンダー形式にまとめた。それを毎日めくれば、それぞれの言葉を一年で一二回、目にすることになる。言葉によっては、宗一郎の発言の意図について、福井が自身の解釈も記した。

善についての判断力を養う三つ目の方法は、飽くなき卓越の追求である。そうすることでそれぞれの状況において価値があることは何か――欲する価値のあること、努力する価値のあることは何か――が見えてくる。

自転車部品メーカー、シマノの事例を思い出していただきたい。シマノはフリーホイールに始まって、冷間鍛造、内装三段変速機、マウンテンバイク用のＳＴＩシステム、ロードバイク用のデュラエースシステム、マウンテンバイクとロードバイクの両方に使われるＤＩ２システムまで、さまざまな場面でどこまでも卓越を追求した。シマノが堺の自転車部品メーカーの中で唯一生き残ることができたのは、そのような追求の結果だった。

シマノは生き残っただけではなく、世界のトップブランドにまで、のし上がった。シマノの飽くなき卓越の追求によって、世界の自転車市場自体が大きく成長したことは、自社にとってよいことだったのはもちろん、メーカーや、店や、選手や、消費者など、自転車コミュニティ全体にとってもよいことだった。

それはまさに一九五一年に本田宗一郎が掲げた「三つの喜び」──「作って喜び、売って喜び、買って喜ぶ」──をもたらすものだった。「変化し続ける世の中の需要に、三つの喜びを通じて、誠実に応じようとすれば、社会に喜びを与えることができ、社会に認められる企業、存続してほしいと思われる企業になれるはずだ[33]」と、ホンダの社内冊子『ホンダフィロソフィー』には述べられている。

日本には他にも飽くなき卓越の追求をトレードマークにする自動車メーカーがある。言うまでもなく、トヨタである。一九五七年、トヨタは米国市場への進出を図って、挫折を味わっている。日本国内でトヨペット・クラウンとして販売されていた自動車を二種、プロトタイプとして米国に送ったが、二種とも高速道路での長距離走行に耐えられなかったのである。車体が重すぎたのと、高速走行ではエンジンのパワーが足りなかったのが原因だった。

一九六七年に社長に就任した豊田英二は、米国市場への最初の挑戦を次のように振り返っている。「最初に苦い経験があったからこそ、かえってアメリカで売れる車を作ろうという決意が固まったのだ。まともな車がなければ、TMS（米国トヨタ自動車販売）がつぶれるのもわかっていた。そこで難題に再度挑戦し、前の二倍努力し、そして今度は成功した。結局、リスクには挑戦する価値はあったのだ[34]」。一〇年後、米国はトヨタ車（主にコロナ）の最大の輸出先になっていた[35]。

トヨタはハイブリッドカーへの挑戦でもやはり何度も壁にぶつかった。まず、プリウスの最初のプロトタイプは、エンジンがかからなかった。ようやくエンジンがかかるようになっても、テストコースを数百メートルしか走れなかった。走れるようになると、バッテリーが過度に高温や低温になるたび壊れてしまった。

それでも、未完成の技術を推し進め、自社だけで開発を成功させるという決意は揺るがなかった。「改善に次ぐ改善」が重ねられ、一〇〇〇人以上の人員と約一〇〇〇億円の資金が開発に投入された。そして一九九七年、ついに初代プリウスが日本で発売された[36]。プリウスは今や日本でも海外でも、最も高い人気を誇るハイブリッドカーになっている。

「改善（カイゼン）」とは、持続的に無駄を省き、効率を高めることで、毎日、少しずつよくしていくという習慣である。言い換えるなら、絶対に現状に満足しないという姿勢である。「カイゼン」によって、トヨタは一九八九年、トヨペット・クラウンをレクサスへと進化させることができた。それは習慣や姿勢だけではなく、トヨタの全社員に染みついている健全な危機感でもある。

プリウスの事例では、「カイゼン」の危機感が原動力となって、SECIプロセスが存在論的な次元でスパイラルに上昇した。「環境問題を解決しない限り、自動車に未来はありません」[37]。現CEO、豊田章男が水素燃料電池車「MIRAI」の開発に資金を投じたのも、それと同じ危機感からだった。

リベラルアーツ[38]――とりわけ哲学、歴史、文学、芸術などの人文科学や社会科学――を学ぶことも、善についての判断力を養うことにつながる。リベラルアーツの造詣を深めると、さまざまなものの見方を理解して、統合することで、創造的かつ実際的な問題の解決策を見出せるようになり、全体像もつかめるようになる[39]。

ピーター・ドラッカーが述べているように、マネジメントはリベラルアーツである。「『リベラル(自由)』であるのは、マネジメントでは知識や、自己認識や、知恵や、リーダーシップの土台が問われるからであり、〝アーツ(技芸)〟であるのは、マネジメントでは実践と応用が問われるからである[40]」

われわれは自分たちが説いていることを実践するべく、アリストテレスやマキャヴェリやハイデガーなどの哲学者についての講座を核とする経営幹部向けの講習会を東京で立ち上げた。二〇〇八年からは、実践知を活用できるリーダーの育成プログラムも始めた。「ナレッジ・フォーラム」と名づけられたそのプログラムは一橋大学のキャンパスで開講し、最近では隣接する野中インスティテュート・オブ・ナレッジで開かれている。そこは経営幹部たちが人格や品位を養うことができる「場」でもある。

プログラムの初回は、三〇人の受講者に都心から車で九〇分のところにある高尾山に集まってもらい、チームワークを築くことから始める。一五カ月間の集中プログラムの間に、経営幹部たちは仕事や私生活で最も印象に残っている人生経験や、人生を決定づけた失敗や成功を語り合う。そうすることで互いに共感を育んでもらう。

講座では哲学や歴史、文学、政治学、軍事戦略、経済学、科学などの学者との交流を通じて、リベラルアーツの理解を深める。ピーター・ドラッカーの考えについて意見を交わしたり、カリフォルニア州クレアモントへ飛んで、ドラッカーが二〇〇五年に亡くなるまで住んでいた質素な住まいを訪ねたりもする（ドラッカー夫人がご存命のときにはお目にかかることができた）。

ナレッジ・フォーラムは受講者である経営幹部たちにも、講師を務める大学の教授たちにも、かなりの時間を割くことを求める。後半の九カ月間、受講者たちは頻繁に会って、議論をしたり、お酒やゴルフやカラオケで親交を深めたりする。毎月一回は一日がかりのセッションがあり、その日の最後には居酒屋のような雰囲気の中でさらに議論したり、討論したりする。

さらにオフサイトで開催される三日間のワークショップもある。そこで行われる研修には、『ハーバード・ビジネス・レビュー』に投稿するという名目で、世界に影響を与える日本の経営慣行というテーマで論文を書くことも含まれる。同誌に実際に投稿された論文はないが、それらの論文は二〇一八年に一冊にまとめられ、日本で出版された。(41)

受講者の一人、飯島彰己は二〇〇九年、ナレッジ・フォーラムのプログラムを修了後、ほどなく三井物産の社長兼CEOに任命された。飯島は二〇一二年、自社や戦略パートナーのミドルマネジャーを対象にした研修プログラム「三井HBSグローバル・マネジメント・アカデミー」を立ち上げた。マネジャーたちにリベラルアーツの理解を深めてもらいたいというのがねらいだと言い、われわれも、彼自身がナレッジ・フォーラムで特に興味を引かれた「七人の哲学者」の授業を提供してほしいと依頼された。

「七人の哲学者」の授業では受講者たちは、プラトン、アリストテレス、ルネ・デカルト、マルティン・ハイデガー、ウィリアム・ジェイムズ、西田幾多郎、毛沢東の著作を前もって読んでくる。(42) 各哲学者の考えのエッセンスを一行で書くという宿題も課される。授業の当日、各自一行の要約を用意してきた受講者たちは六チームに分かれて、円形の教室内で互いに離れたところに集まり、話し合い、ホワイトボードにチームとしての結論を書き出す。それからプラトンから順に一人の哲学者ごとに、各チームがそれぞれの一行要約について、全員の前で発表する。

授業のインストラクター(われわれ二人)は六チームの発表を聞いて、コメントし、どのチームが一番その哲学者の思想の核心を突いているかを告げる(一行要約の例は補論を見ていただきたい)。

そこから、さらにまた議論や討論をして、理解を深め合う。

われわれ二人は過去二五年にわたって、日本でそのようなプログラムの企画や講義を手がけてきた。たとえば、富士ゼロックスの元CEO、故・小林陽太郎が一九九〇年代初めに始めたキャンプ・ニドムで、講師を務めたことがある。小林はかつてコロラド州アスペンで開かれたアスペン研究所[43]の経営幹部セミナーに参加した折、哲学者モーティマー・アドラーのグレート・ブックス・プログラムに感銘を受け、北海道のスキーリゾート、ニドムで同じことを行いたいと考えた[44]。

年に一回、日本の有力なCEO約二〇人が夫人同伴で集まるキャンプ・ニドムは、経営研究とリベラルアーツを組み合わせた勉強会である。三日間行われるその勉強会で、CEOたちはどうすればよりよい社会を築けるかを考えながら、知識を深め、視野を広げ、直面する経営上の問題の解決力を磨く。

三日間のキャンプ・ニドム滞在中、われわれは空いた時間には、温泉に浸かったり、クラシック音楽の演奏を聴いたり、カラオケなどのさまざまな娯楽に興じたり、酒食を堪能したりした。それらのCEOたちと個人的なつきあいを長く続けるうちにわかったのは、彼らが芸術に大変造詣が深いことだった。西洋の絵画や彫刻の目利きもいれば、俳句や短歌、書道、陶器、茶道、華道など、日本の伝統的な芸術に凝っている人もいた。そういう芸術の素養がワイズリーダーたちの「美」の感受性を高めていることは間違いない。リベラルアーツと芸術に没頭することで、ワイズリーダーたちの真、善、美の判断力が育まれる。

3　第4章のまとめ

本章では、広い範囲のさまざまなCEOやリーダーを取り上げた。東洋(本田宗一郎、吉田忠雄)と西洋(サム・ウォルトン、ウォルト・ディズニー)、起業家(柳井正)と九代目のCEO(木川眞)、親会社(福井威夫)と子会社(渡辺博美)、長老(稲盛和夫)と若手(横山正直)、単一事業(藤野道格)と多角化経営(飯島彰己)、米国での合弁事業(内藤晴夫)と日本での合弁事業(小林陽太郎)。

これらのリーダーに共通するのは、自社や社会にとって何がよいことかを判断する能力に秀でていることである。彼らの優れた判断の拠り所となる目的と価値観(45)が、組織内を言わば「下降」して隅々に行き渡ることで、組織はスパイラルに「上昇」する。これらのワイズリーダーたちが認識しているように、ミドルマネジャーと現場の社員もまた、組織内での善についての判断を支えている、その会社のワイズリーダーなのである。

◆補論　七人の大哲学者の思想のエッセンスを一行で要約した例

- プラトン……現実はものの純粋な本質の中にある。
- アリストテレス……よい人生を送るためには、目的を持って行動する。
- ルネ・デカルト……「私」は体ではなく、心である。
- ウィリアム・ジェイムズ……真理とは、役に立つもののことである。
- 毛沢東……真理は反省を伴う実践である。
- 西田幾多郎……私たちは一つである。私はあなたと環境の一部である。
- マルティン・ハイデガー……未来が私たちに自分が何者になるかを選ぶのを可能にしてくれる。

第5章

本質をつかむ

Grasping the Essence

ワイズリーダーは本質を素早くつかみ、出来事や人の真の性質を見抜く。

われわれの研究では、ワイズリーダーは現状や難題や危機の背後に何が潜んでいるかを素早くつかんで、将来、私的にも公的にも、どういう結果がもたらされうるかを思い描き、それをはっきりと言葉にできる。さらに決断を下す前に、その未来を実現するため、あるいは避けるためにどういう行動が必要になるかも見極められる。

ワイズリーダーたちが本質をつかんで、瞬時に出来事や、ものや、人の真の性質や意味を探り当てられるのは、実践知(フロネシス)のなせるわざだというのが、われわれの考えである。

1

本質をつかむとはどういうことか

本質を理解するのは簡単ではない。本章でこれから述べるように、そのためには身体的経験や、顧客に対する共感や、細部への注意や、普遍的な真理についての理解や、精神の集中や、自発的な対応や、変化への適応を、高度なレベルで要求される。まずは家電メーカー、バルミューダの事例から見ていこう。この事例は、本質をつかむとはどういうことかを理解するうえでの一助になる。

元ミュージシャンの寺尾玄が二〇〇三年、家電ガジェットを作る会社としてバルミューダを立ち上げた。バルミューダは二〇〇八年、米国の金融危機の煽りを受けて、一時、倒産しかかったが、二〇一〇年、三万円以上もする扇風機がよく売れ、倒産を免れた。二〇一五年には、大ヒット商品が生まれた。二万円を超える高価なトースター「バルミューダ ザ・トースター」を発売したところ、これが爆発的に売れたのである。

寺尾がわれわれに語ってくれた話では、自身の二つの忘れがたい経験――一つは一〇代のとき、もう一つは二〇一四年五月――が、入荷二カ月待ちという大人気を博したこのトースターの開発につながったという。

一つは、スペインでの経験である。当時一七歳だった寺尾は、日本の高校を中退して、一年間、ヨーロッパを放浪していた。バスで移動を続ける旅に疲れ、腹が減り、孤独さを感じていたとき、アンダルシア地方のロンダという町でたまたま見かけたパン屋に入り、パンを一個買った。そのパンがあまりにおいしく感じられ、涙が頬を伝って流れ落ち始めた。「これが命の源なんだ」と、寺尾は胸の中でつぶやいた。「心と体で感じ取った」という。

次に寺尾が啓示を受ける経験をしたのは、それからだいぶ後、東京のオフィス近くの公園で社員たちとバーベキューをしていたときだった。社員から渡されたトーストを頬張ったとたん、ロンダで食べたパンの記憶がふいによみがえった。このときには、パンはバーベキューコンロの炭火でトーストされていて、表面はカリッと焼け、内側はしっとりしていた。そのおいしさに感動した寺尾は、それをできるだけ多くの社員に食べさせて、宣言した。「この味を再現できれば、バルミューダのトースターができる。これはやるしかない」。五〇人の社員は全員、その場で、世界一のトースター開発に挑もうと意気投合した。

寺尾のスローガンは単純明快だった。「トースターではなく、『世界一のトースト』をみんなに食べてもらおう」である。それは自身がロンダで味わった体と心の体験を顧客に提供するというコンセプトだった。「最高のトーストは、五感すべてに訴える」と、寺尾は高らかに言った。

最高のトーストの探求は、炭火とバーベキューコンロを使って、バーベキューのトーストを再現することから始まった。何度も失敗が続いた後、誰かが半ば冗談のように、そう言えばあの日は雨が降っていたと口にした。それが開発チームにとって最初の大きなヒントになった。そこで水分を加えたところ、確かに味に改善が見られた。

しかしまだ、「味の最終審査員」寺尾を満足させるレベルではなかった。寺尾は二週間に一度、開発チームが作ったトーストを試食したが、そのつど何らかの不満を感じ、OKを出さなかった。

第二の大きなヒントは、六カ月後に得られた。それまでに、焼く温度や湿り具合、焼き時間、熱源の種類、オーブンの大きさなど、いろいろと条件を変えて、一〇〇〇枚のパンが焼かれ（却下され）ていた。そのときにわかったのは、ほどよくカリッとした焼き上がりにする秘訣は、オーブンの温度を一五℃、七〇℃、一〇〇℃と段階的に上げていくホップ・ステップ・ジャンプ方式にあるということだった。少なくとも、開発者たちはそう考えた。しかし、それでもまだ寺尾からOKは出なかった。

その後、バルミューダのエンジニア陣は、自分たちの実験がすべて二階で行われているのに、試食は寺尾の部屋がある三階で行われていたことに気づいた。すると二階と三階では電圧が違うという指摘が出た。これが第三の、そして決定的なヒントになった。

さらに六カ月が過ぎ、四〇〇〇枚のトーストが焼かれた。ついに開発チームは完璧な条件設定――パンの種類、スライスの大きさと厚さ、電圧、室温、湿り具合、焼き時間など――を見出し、完璧なトーストを焼けるトースターの試作品を完成させた。このとき、寺尾はトースターにゴーサインを出すとともに、自分が追求していること、つまり顧客に「喜び」を提供するということについて、自分の考えを社員たちに語った。

寺尾によれば、焼き上がりを伝える音も、つい覗き込みたくなる小窓も、トースターに水を注ぐためのおしゃれな計量カップも、シンプルなデザインも、そしてブランド名の「バルミューダ ザ・トースター」すらも、すべて顧客の生活に喜びをもたらすために慎重に選ばれたものだという。チームの妥協のない努力によって初めて、本質を見抜けるようになることが、この事例には示されている。(1)

◆身体的な経験を通じて本質をつかむ

本質をつかむ力は、経験によって育まれる。米国ミシガン州ディアボーンにある自動車の殿堂には、「本質を理解する」とはどういうことかをドラマチックに捉えた有名な写真が展示されている。本田宗一郎がレーストラックで低くしゃがんで、目の前を走るホンダのバイクのライダーと同じ目線の高さから見ようとしている姿を捉えた写真である。写真の奥には、この新しいバイクを設計した技術者や製造部門の人間が十数人立っているのが見える。

伝えられた話では、宗一郎はドライバーにフルスピードでトラックを三〇周し、毎回、でき

ミシガン州ディアボーンの自動車の殿堂に展示されている
本田宗一郎の写真
提供：本田技研工業

る限り自分の近くを通り過ぎるよう指示していたという。バイクが自分の前を走るたび、宗一郎の目はバイクとその動きにピッタリと据えられ、耳はエンジンの音に澄まされ、手はバイクの振動を感じ取るために地面につけられた。バイクが量産に入る段階に達しているかどうかの「本質」を、宗一郎はそのようにしてつかんだのである。

三〇周の試験走行が終わると、宗一郎は大きな声で「これでいこう」、または「やり直し」と、不安な気持ちで待つ開発チームに告げた。実際、この写真でも開発チームの緊張した様子がうかがえる。両手を膝に置いて、前かがみになり、宗一郎の判定を聞こうとしているメンバーの姿が見える。

驚かされるのは、宗一郎の判断がほとんどいつも正しかったことである。「おやじさん〔宗一郎のこと〕が『やり直し』と言うときは、九分九厘、テスト中のバイクに何かしら問題が見つかりました。それは見事でした。でも、どうしてわかったのか。正規の教育のおかげではありません。おやじさんは今で言えば中卒で、われわれのほとんどは大卒か、大学院卒だったのですから[2]」と、ホンダのある幹部社員はわれわれに語っている。

宗一郎が一般の人と比べ、バイクの中にはるかに多くのことを見て取れたのは、確かなようである。宗一郎は次のように述べている。「マシンを見てると、いろんなことがわかります。あのカーブを切るには、ああやれば、こうすればと……。そして、次のマシンのことを考える。こう考えてやれば、もっととばしてくれる、などと。次の製作過程へ自然に入っているんです[3]」

この宗一郎の場合のように、経験を通じて、普遍的なものが見出されることがある。われわれはそのような経験を「フロネティックな経験」と呼ぶ。宗一郎には一般の人に見えないものが見えた、言い換えるなら、本質を見抜けたのは、フロネシスのなせるわざだった。

経験は暗黙知である。この写真に収められた場面で、宗一郎は暗黙知を使って、判断を下している。地面に手を置くことで、振動を感じ取り、目の前を走り過ぎるバイクのエンジン音にじっと耳を澄ます。宗一郎にバイクの状態がわかったのは、感覚で捉えた地面の振動やエンジン音の意味がわかったからにほかならない。宗一郎は身体的な感覚によって得られた暗黙知をすべて統合することで、バイクの状態を見抜いたのである。それが長年の経験に基づいて、直観的に判断するということである。

◆顧客に対する共感

本田宗一郎によれば、本質を理解するためには心が大切だという。宗一郎はホンダを引退後、ホンダインターナショナルテクニカルスクール(HITS)の校長に就任した。その校長としての最後のスピーチの中で、自動車の修理という至って単純な事柄の本質を説くことを通じて、自身の哲学と、他者の心に寄り添うことの大切さを語っている。

「私が十代の頃、自動車の修理をやっていて初めてわかったのは、自動車の修理という仕事は、単に自動車を直すだけでは駄目なのだということだった。そこに心理的要素がなければならぬことに気がついたのである。

車を壊したお客さんは、修理工場へ来たり、電話で連絡してきたりするまで、さんざん苦労し、憤慨し、動揺しているのが普通である。機械も壊れているが、お客の心も壊れている。(中略)

だから、修理を終えて、『これで、直りました』と言っても、なかなか素直には通じない。(中略)

直りました、だけでは、車は直ってもお客の心までは治せない。いかに相手に納得してもらい、安心してもらうかが問題である。いったいに仕事上の親切というのは、相手を納

得させることに尽きるのではないだろうか。（中略）

もう、今日では、車を直す技術に、そんな大きな違いはない。悪いところを取り替えればよい時代である。それなのに、お客に信頼される人とそうでない人がいる、カネとモノのやり取りで、そこに人間が存在しないような、心さびしい世の中になっていけばいくほど、そういう親切が重みを持ってくるのである。

私が校長をしているＨＩＴＳの若い学生諸君にも話すことである。君たちは、相手の人の心を理解する人間になってくれ。それが哲学だ。哲学というのは、小難しい理屈でも何でもない。机上の空論ではないのである。

たとえば、自動車修理の仕事に従事して、お客さんと接したとき、車を直したうえで、その人の不安や怒りを取り除いてやることができたら、それは素晴らしいことである。親切という形で、そういう生きた哲学を使える人になってほしい」(4)

宗一郎に言わせれば、優秀なエンジニアと凡庸なエンジニアの違いは、顧客の心に寄り添えるかどうか、顧客に対して共感できるかどうかにある。人の気持ちを理解できるエンジニアは、修理の背後にあるものを見抜け、ひいては顧客の信頼を獲得できる。

◆細部への注意と根気強さ

本質を見抜く力は、ＪＡＬの元会長、稲盛和夫の大きな強みの一つでもあった。他の者に見えないものが見えるその能力には、社内の誰もが舌を巻いた。

たとえば、月一回、三〇人もの役員がスケジュールや、業績や、業績予想や、翌月の見通しなどを報告する会議では、毎回、会議に先立って、Ａ3サイズで八〇枚から一〇〇枚の報告書が稲盛に提出された。稲盛は数字で埋め尽くされたその報告書を一枚一枚、じっくり読んでは――周囲の者によれば、その集中力の高さは年齢からは想像できないほど高かった――経営幹部や執行幹部ですら見逃しているような小さな問題を見つけた。

「それにしても、なんであんな細かい数字を見つけられるのですか」と、植木義晴は社長に就任後、稲盛に尋ねた。返ってきた答えは、驚くべきものだった。(5)

「おかしなところはな、向こうから数字が飛び込んでくるんや」と稲盛は植木に言った。植木には、パイロットとして三四年間、空を飛んできた自身の経験から、その言葉の意味がすぐにわかった。パイロットもベテランになると、コックピット内のたくさんの計器類の中から、意識しなくても、異常なデータを見つけられるからである。とはいえ、社長としては新米だった植木には、数字が勝手に目に飛び込んでくることはなかった。それでも、数字を見ることで問題を発見する稲盛の姿からは、「これが経営か」と教わった。

経営においては、本質を理解するためには細部への注意が欠かせない。やるからには徹底的にやることをファーストリテイリングのCEO柳井正は信条にしている。「本当の意味で儲けるために必要なことは、地道で泥臭いことなのです。目の前の一人ひとりのお客様を大切にして、一日一日を大切に積み上げていく。この努力を飽きもせず、手抜きもせず、重ねられる。そういうことなのです」と柳井は言い、さらに次のようにつけ足している。「経営というのは、あたり前のことを本当にあたり前に毎日実行する。そしてチェックをし、次の方法を考える、計画を変える。このことの繰り返しです。（中略）非常に地道なことですが、あたり前のことをしつこく継続的に実行できる会社だけが、成長し続けることができるのです。（中略）それぞれの仕事の原理原則で記しているようなことをコツコツと毎日あたり前に実行し、問題があったらその都度解決をして、徹底的に積み上げていく。このことが欠かせないのです。これは、能力の問題ではなく、習慣の問題です[6]」

JALのマネジャーとの会合（2011年2月）
提供：日本航空

細部への配慮は、アップルのスティーブ・ジョブズの際立った特徴の一つでもあった。ジョブズは美しさの追求では一切妥協を許さなかった。開発チームに対しても、パソコン内のプリント基板が醜いとか、配線の間隔が狭すぎるという不満をしばしば述べた。エンジニアの一人から、プリント基板は人の目に触れない部品ではないかと指摘されると、次のように答えたという。

「箱の中もできる限り美しくしたいんだ。一流の職人は飾り棚の背面の板に、誰の目にも触れない部分だからといって、粗末な木材を利用したりはしない。（中略）職人が美しいたんすを作ろうとするとき、壁に面した部分だから、どうせ誰も見ない部分だからといって、背面にベニヤ板を使うだろうか。自分は背面も知っているのだから、そこにも美しい木材を使うだろう。夜、ぐっすり眠りたければ、美的センスや細部をおろそかにしてはいけない(7)」

細部にとことんこだわるジョブズは、カリフォルニア州フリーモントのマッキントッシュの工場へ足を運んでは、白い手袋をはめて、埃をチェックし、ありとあらゆるところ――機械類やら、棚の上やら、床やら――で埃を見つけた。床に落としたものでも拾って食べられるぐらい、隅々まで工場内をきれいにするよう指示して、工場長をうんざりさせもした。ジョブズはのちに日本で学んだことを次のように振り返っている。

「工場長には、なぜそんなことをしなくてはいけないのかが、理解できなかった。私も当時はその理由をうまく説明できなかった。後から思うと、私は日本で見た光景に影響を受けていたんだ。日本で素晴らしいと感じたもの——そして自分たちの工場になかったもの——の一つは、チームワークと規律だった。工場内をきれいに保てるだけの規律がなかったら、あれだけの機械をちゃんと動かせる規律など望むべくもなかった(8)」

柳井正も、ある経営幹部がファーストリテイリングに入社間もない頃、トイレ掃除をさせられたことに対して不満を言ってきたという、似たようなエピソードを紹介している。「『どうして、大学を優秀な成績で卒業した自分がこんなことをするのか、自分は経営者になるためにこの会社に入ったのであって、トイレ掃除をするためではない』というのが彼の理屈です。私はそれに対して厳しく叱りました。『目の前の一人のお客様を大切にできない人が、何が経営者ですか。そんな人が、世界中の人を喜ばせることなんてできるわけがありません』」。この人物は柳井に言われたことを胸に刻み、以来、いつもそれを心がけたおかげで、やがて信頼される経験幹部になれたのだという。

◆個別的なことの中に普遍的な真理を見出す

本質を捉えるワイズリーダーは、細部から普遍的な真理をつかみ取る。個別的なことを普遍的な真理へと拡大するためには、主観的な直観と客観的な知識の絶えざる相互作用が必要になる。この相互作用を誰よりも深く理解している人物といえば、アップルとピクサーで辣腕を振るったジョブズをおいて他にいないだろう。ジョブズは直観と規律を組み合わせることが成功の秘訣であることを心得ていた。

「ピクサーに行ったとき、大きな断絶に気づかされた。テクノロジー企業は直観的な思考がどういうものか、まるで理解していない。クリエイティブな人間は一日中ソファーに座って、のんびり過ごしているだけと思っている。一方、音楽会社もテクノロジーのことが、まったくわかっていない。技術者なんて、必要なら、すぐにそのあたりで二、三人雇ってこられると考えている。でもそれはアップルが音楽制作のために人を雇うようなものだ。（中略）技術を生み出すためには直観と創造性が求められるし、芸術的なものを作るためには規律が必要になる。そういうことを理解している人間は私ぐらいなもので、ほとんどいない(9)」

ジョブズの伝記の決定版を書いたウォルター・アイザックソンによれば、ジョブズは主観的な直観と客観的な知識を組み合わせる天才だったという。「彼の想像力の飛躍は、本能的で予想のつかないもの、ときに魔法のようなものだった。数学者マーク・カッツが言う『魔法使いのような天才』とは、まさに彼のことを指していた。つまり単なる知的な処理能力以上の直観によって、思いもよらぬことをひらめく人間だ。ジョブズは探検家のように、状況を読み、風の匂いを嗅ぎ、行く手にあるものを感じ取れた(10)」

◆シンプルさと精神の集中を深める

ジョブズは製品の本質を理解するということを、若い頃の日本とインドでの体験から学んだ。製品の本質は不要な部品を取り除くことで見出せるというのが、ジョブズの考えだった。ただし、単純に取り除けばよいわけではない。ジョブズから「心の友」として信頼されたアップルのデザイナー、ジョナサン・アイブは次のように述べている。

「シンプルさとは、単なる見た目の問題ではない。ミニマリズムでもないし、ごちゃごちゃしていないということでもない。複雑さを深く掘り下げることもシンプルさには含まれる。本当にシンプルなものを作るためには、ほんとうに深いところまで掘り下げなくてはいけない。たとえば、ただ製品からねじをなくそうとしたら、かえって複雑に入り組んだ製品ができてしまう。そうではなく、もっと深いシンプルさを実現しなくてはいけない。製品のあらゆる面を理解し、製品がどう作られるかを理解する必要がある[11]」

ジョブズがシンプルさを好むようになったのは、禅の体験と京都の庭園鑑賞がきっかけだという。ジョブズはアイザックソンに、一時期、永平寺の修行僧になろうと考えていたことがあると語っている。結局、僧になりはしなかったが、禅の体験を通じて、直観と集中力を磨き、気を散らすものや不要なものを意識から締め出す方法を学んだ[12]。

一九歳のときには、七カ月間、インドを放浪したこともある。インドでは精神統一によって直観的に獲得される知恵である「プラジュニャー（般若）」に触れた。後年、インドの旅で受けた大きな影響について次のように振り返っている。

「インドの田舎に暮らす人たちは、私たちのように頭であれこれ考えず、直観で物事を理解する。世界のどこを探しても、あんなに直観が鋭い人たちはいない。直観はとてもパワフルだ。知性よりよっぽどパワフルだと私は思う[13]」

ジョブズによれば、精神の集中は次のように深まっていくという。

「じっと座って、心を観察していると、心がいかにあちこちさまよいがちなものであるかが、よくわかる。落ち着かせようとすれば、かえって乱れるが、焦らないで、じっとしていれば、やがて落ち着いてくる。そして落ち着いてくると、言葉では捉えがたいものを捉える心の余裕が生まれる。このとき直観が働き始め、物事がくっきりと見え、今を深く味わうことができるようになる。心はゆったりとし、今という瞬間にとてつもない豊かさが感じられる。今まで見えなかったものがたくさん見えるようになる。これは自分を律することで得られる境地であり、そのためには修行をしなくてはいけない」(14)

◆利他の本質を知る

本質がわかるようになるフロネティックな経験には、リーダーの年齢は関係ないようである。スティーブ・ジョブズの場合には一九歳だったが、稲盛和夫が忘れがたい経験をしたのは、六五歳のときだった。稲盛は実際に京都の円福寺で得度して、在俗の僧侶になり、それによって利他の本質や意味が理解できるようになった。得度の直前、胃にがんが見つかったせいで、寺での修行は当初より数カ月遅れて始まったという。稲盛はその修行での体験を次のように綴っている。

「病み上がりのこともあって、修行はかなり厳しいものでしたが、そこで私は生涯忘れることのできない体験をすることができました。

初冬の肌寒い時期、丸めた頭に網代笠を被り、紺木綿の衣、素足にわらじという姿で、家々の戸口に立ってお経を上げて、施しを請う。いわゆる托鉢の行は慣れない身にはひどくつらく、わらじからはみ出した足の指がアスファルトですり切れて血がにじみ、その痛みをこらえて半日も歩けば、体は使い古しの雑巾のようにくたびれてしまいます。

それでも先輩の修行僧といっしょに、何時間も托鉢を続けました。夕暮れどきになってようやく、疲れきった体を引きずり、重い足どりで寺へ戻る途上、とある公園にさしかかったときのことです。公園を清掃していた作業服姿の年配のご婦人が、私たち一行に気づくと、片手に箒を持ったまま小走りに私のところにやってきて、いかにも当然の行為であるかのように、そっと五百円玉を私の頭陀袋に入れてくださったのです。

その瞬間、私はそれまで感じたことのない感動に全身を貫かれ、名伏しがたい至福感に満たされました。

それは、その女性が決して豊かな暮らしをしているようには見えないにもかかわらず、一介の修行僧に五百円を喜捨することに、何のためらいも見せず、またいっぺんの驕りも感じさせなかったからです。その美しい心は、私がそれまでの六五年間で感じたことがないくらい、新鮮で純粋なものでした。私は、その女性の自然な慈悲の行を通じて、たしかに神仏の愛にふれえたと実感できたのです。

おのれのことは脇に置いて、まず他人を思いやる、あたたかな心の発露――あのご婦人の行為はささやかなものではありましたが、それだけに人間の思いと行いのうちの最善のものを示していたように思えます。その自然の徳行が、私に『利他の心』の真髄を教えてくれたのです[15]」

◆本質を素早くつかむ

状況の背後に潜んでいるものに素早く気づけるのが、ワイズリーダーの特徴の一つである。ここで少しこの「素早く」ということについて考えてみたい。素早く応じることは、本質をつかむうえで要のステップになるからである。フリードリヒ・ハイエクはかつて、経済現象を形成している日々の小さな変化が重要だと指摘した[16]。日々の変化に気づく鋭い感受性と、その変化が大局にどういう影響を及ぼすかを見抜く能力が、フロネシスには欠かせない。

その格好の手本となる著名なCEOが米国と日本に一人ずついる。偶然どちらも小売業の人間で、サム・ウォルトンと鈴木敏文である。サム・ウォルトンは――ミドルネームを「チェンジ（変化）」にしたほうがいいとからかわれるほど――方針の変更をまったくいとわない性格で、そこが人から一番敬愛されてもいた。

ある古い友人の回顧談によると、ウォルトンはしばしば成功の秘訣を教えてほしいと頼まれ、そのつど、違う秘訣を教えていたという。その友人は、「彼と一緒に旅行するのは、大変でしたよ。次にどこへ行くのかまったくわからないんですから」とも話している。[17]

ウォルトンにはさまざまな呼称が与えられたが、その中には「父はいつも柔軟であれと言ってい
た」というのもあった。息子ジム・ウォルトンはそのレッテルに異を唱えている。「父はいつも柔軟であれと言っていた。家族旅行でも、仕事の出張でも、出発してから旅程が変わらなかったためしは一度もない。父が直感的に緻密な計画を立てて、それを確実に遂行した大戦略家だったと評している文章を読んだときには、私たちはみんな失笑した。父は変化を避けず、どんな決定にも固執しなかった」[18]

大手小売店ＪＣペニーの一従業員だった若い頃から、ウォルトンの行動は常に素早かった。「われわれは利口ではありませんが、変われることは確かです。われわれには柔軟さがあります」と、ウォルトンは語っている。「おおかたの人々が思っているよりも、はるかに素早く、大きな船の向きを変えられます。わが社の社員はいつでも変わることを躊躇しないからです」[19]。成功すると、惰性に流されやすくなる。そうならないための唯一の方法は変化を強制することだと、ウォルトンは考えていた。

「あるやり方を取り入れ、それが最善の方法だと強く信じると、いつもその方法でやらなくてはならないというこだわりが生じやすくなる。だから私は、絶えざる変化がウォルマートの文化の核であり続けるようにすることを、自分の個人的な使命にしている。会社が成長を続ける中で、私は常に変化を強いてきた。ときにそれは変化のための変化であることもあった。実際、ウォルマートの企業文化の最大の強みは、いつでもすべてを捨てて、急に方向転換できることではないかと、私は思っている[20]」

◆変化に適応する

セブン&アイ・ホールディングスの元CEO、鈴木敏文は、セブン-イレブン・ジャパンをコンビニエンスストア業界の盟主に育て上げた立役者だと広く認められている。

セブン-イレブン・ジャパンは米国のサウスランド・アイス社（現・セブン-イレブン社）からライセンスを取得して、一九七四年に事業を開始した会社だったが、やがて親会社イトーヨーカ堂の売上げが霞むほどの成長を遂げ、日本最大の小売業者になった。二〇〇五年にはセブン-イレブン社と、イトーヨーカ堂やセブン-イレブン・ジャパンをはじめとする複数の事業体の持株会社としてセブン&アイ・ホールディングスを設立した。

鈴木がセブン-イレブン・ジャパンの成長のために掲げた理念は二つあった。第一の理念は、クリンリネス（店内の清潔さや整理整頓）、フレンドリーサービス（感じのよい接客）、品揃え、商品の鮮度管理の四項からなる「基本の徹底」である。

顧客サービスの重要性については、ファーストリテイリングの事例で論じたので、ここでは第二の理念である「変化への対応」に的を絞ろう。鈴木によれば、「変化への対応」とは、顧客行動や市場の変化にスピーディーに、なおかつ、それらの変化の本質的な意味を理解したうえで対応することを促すものだという。

コンビニ事業では、コンビニを毎日のように利用する常連客をいかに獲得するかが、成功の鍵を握る。需要が多岐にわたり、顧客のニーズが目まぐるしく変わる業界には、一つの定まった方法というものはありえない。鈴木の考えでは、すべては移り変わる。だからセブン‐イレブン・ジャパンには長期のビジネスプランはないし、それを立てようという意思もない。

鈴木に言わせると、短期的な変化が繰り返されている状況で、長期的な計画に従うのはナンセンスである。鈴木はそれよりも柔軟な思考を大切にし、社員に対して、過去の成功にとらわれてはいけない、新しい考え方をしないと見過ごしてしまうチャンスがあると戒めている。これは過去を無視せよという意味ではない。そうではなく、過去の経験を材料にして、新しい仮説を立てようということである。

二〇一一年、筆者はハーバード・ビジネス・スクールの教材として、「セブン‐イレブン・ジャパン――知識の創造と共有」と題するケーススタディを執筆した。[21] 表5‐1に、鈴木が当

表5-1 鈴木敏文の変革の事例

変革前	変革後
●長期的な計画	●短期的な変化
●過去の経験	●「いま・ここ」での変化
●周到な戦略	●緊急の戦略
●本部が主導	●店員が主導
●死に筋の心配	●売れ筋に注目
●1人のカリスマリーダー	●リーダーシップの分散
●リーダーの2つの目	●たくさんの目
●真実の一部に目を向ける	●真実の全体に目を向ける
●地域一般のことを考える	●個々の店のことを考える
●文書化されたマニュアル	●人間の直観
●顧客のために考える	●顧客として考える
●先入観で判断する	●顧客の立場でものを見る
●現実を観察する	●観察したことを徹底的に問う
●所定の手順	●想像する、深く考える
●事実を見る	●物語を創造する
●間接的なコミュニケーション	●直に接するコミュニケーション
●知的な理解	●勘
●上下の意思の疎通	●同僚間の意思の疎通
●閉じられた知識の共有	●開かれた知識の共有
●幹部は会議を開く	●幹部も商品を見て、感じて、味わう
●**もの**	●**こと**

時実行した変革の数々を事例研究に出てくる順に列挙しよう。

これらの変革のほとんどは読んで字のごとしだが、「もの」から「こと」への変革だけは例外で、重要な説明が要る。この「もの」と「こと」の違いについては、鈴木自身が引き合いに出している例がとてもわかりやすいので、ここでもそれを紹介しよう。

船着き場の近くのセブン-イレブンで働いていたパートタイムの従業員があるとき、常連客(船着き場に毎日来る人たち）が昼食にどういうものを食べたいかについて、仮説を立てた。釣り人はおそらく魚釣りをしながら食事をするだろうから、食べやすいもの（たとえば、おにぎりなど）を欲するのではないか、と彼女は考えた。暑い日であれば、おにぎりの中身は、腐敗を防ぐ効果もある梅干しが最適だろう。

仮説を立てずに発注するのであれば、おにぎりは単なる「もの」でしかない。「もの」に意味や文脈がつけ加わるとき、それは「こと」になる。この例で言えば、「船釣りをする人が暑い日でも安全に食事ができるよう、おにぎりを作り、売る」ことで、単なる「もの」であるおにぎりが「こと」に変わる。これが「もの」から「こと」への変革である。

この例に示されているように、個人が周りの環境との相互作用を通じ、文脈や状況に応じて価値判断をすることで、知識は実際に創造される。ハーバード・ビジネス・スクールの教材用に書いたケーススタディでは、われわれは論述の締めくくりにあたり、米国のセブン‐イレブンのオーナーや店員が「変化への対応」という理念の本質をつかめるか、また、もっと重要なこととして、それを実践できるかにあるのではないか、と問いかけた。

顧客の立場で考える店の人間だけが、店に対してどういう需要があるのかについて、また「いま・ここ」におけるその需要の変化について、一番必要とされる知識を創造できるということが、われわれの考えでは、「変化への対応」の本質である。「変化への対応」での力点は、個々の状況、個々の環境、個々の店に置かれている。自分の周りの世界をわれわれがどう認識するかは、状況次第で変わること、世界もわれわれ自身も一定不変のものではないことを忘れてはならない。

◆科学ではなくアート

西洋では、経営がまぎれもない科学であることを示すため、多くの学者が企業の資源や事業環境を分析することで、普遍的な法則を打ち立てようとしてきた。企業が個々の状況で直面する問題は、戦略立案の公式に組み込まれるべき「初期条件」と見なされる。正しい法則から正しい答えが導き出され、ひいてはパフォーマンスの最適化がもたらされるという考え方である。しかし、経営幹部が日々直面する個々の状況は、単なる初期条件ではない。それは日々変化する現実の問題であり、「いま・ここ」で対処しなくてはいけないものである。企業が生き残るためには、実際に絶えざる変化に適応しなくてはいけない。綿密な計画を立てることにこだわってはいられない。われわれの経験では、経営とは、直観や、ビジョン、経験（自分の経験）にも基づくものであり、科学というよりアートに近い[22]。

経営のアートと科学の違いを理解することで発展を遂げた企業としては、自学自習の学習法で世界的に知られる公文教育研究会（以下、KUMON）が挙げられる。KUMONの教え方の特徴は、一律ではないことにある。その指導法では、個々の生徒が中心に置かれ、一人一人に合

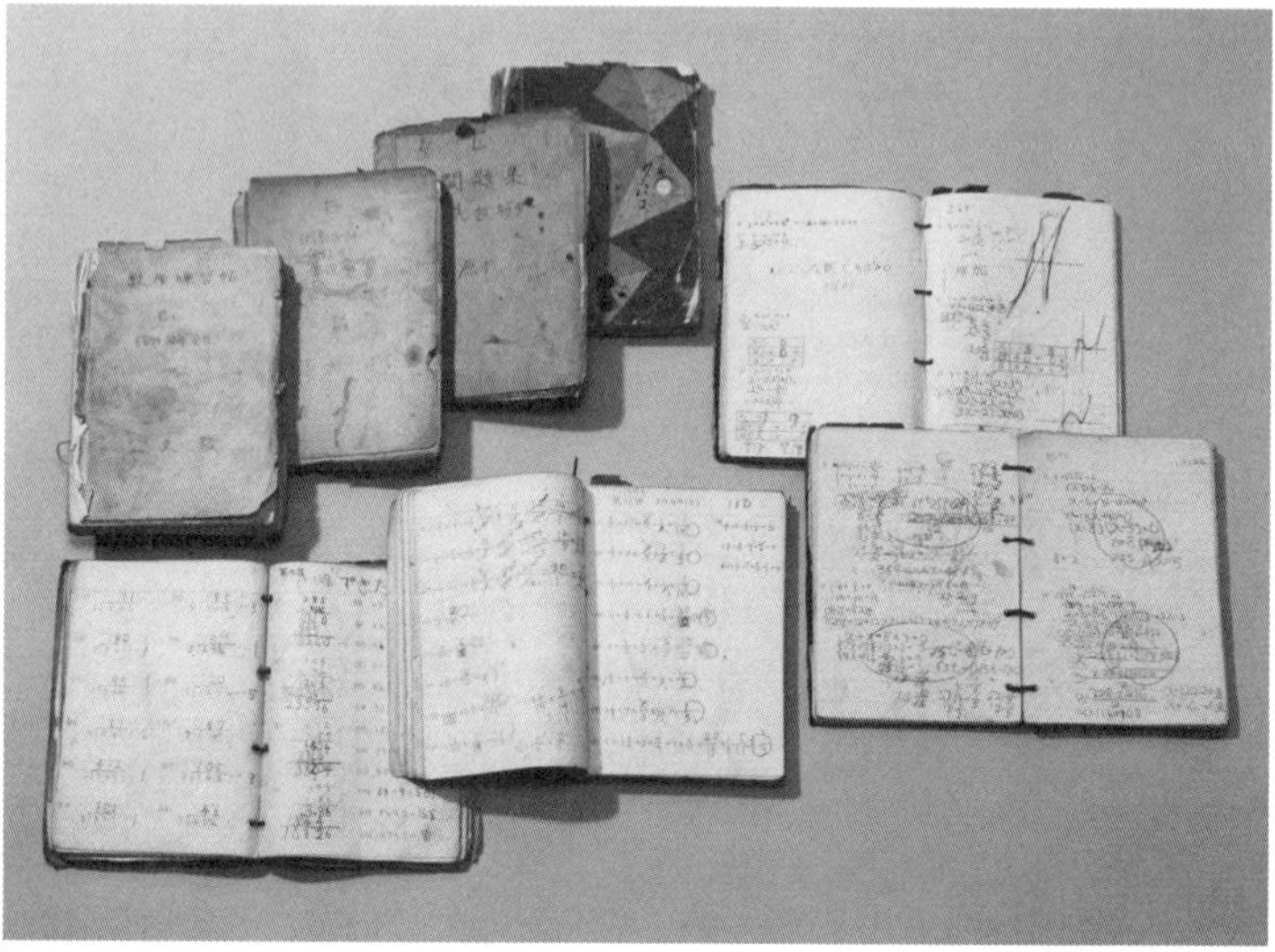

公文公が息子のために作った最初の計算問題
提供：公文教育研究会

わせた学習法が提供される。

　KUMONの始まりは、創業者、公《く》文《もん》公《とおる》が高校の数学教師をしていたとき、小学生の息子の算数の力を伸ばそうとして、自分で計算問題を作ったことに遡る。公文は毎日、学校から帰ってきた息子にその計算問題をやらせては採点した。しばらくすると、好奇心旺盛な妻が同じ計算問題を解き始めた。

　妻までこの学習法に夢中になっているのを見て、公文は自信を持ち、一九五六年、最初の算数教室を立ち上げた。この算数教室が二年後、法人化され、KUMONの前身である大阪数学研究会になった。

　公文式の算数の指導は、のちに加わった他の教科の指導同様、グループではなく、個人単位で行われる。生徒は所定の目標を達成するまで、徐々に難易度が上がっていく計算問題を解く。最終的な目標は、高校数学レベルの計算能力を身につけることだが、生徒たちはそれぞれの方法で、それぞれのペースで、それぞれに都合のいい時間を使って、そこへの到達をめざす。

「足に靴を合わせる」というのが、公文が好んで口にしたたとえだった。「同一年齢ならば同一内容を教えるという現在の学校のやり方というのは、言い換えれば『靴に足を合わせる教育』ではないでしょうか。公文式というのは、子どもに〝ちょうど〟のことをする『足に靴を合わせる』教育です(23)」と公文は述べている。

個々の生徒を中心に置く教育の姿勢は、KUMONの企業理念や、一九九〇年代末に公文の後継者の手で作成された「The Kumon Way」にも謳われている。KUMONの企業理念には次のようにある。「われわれは個々の人間に与えられている可能性を発見し、その能力を最大限に伸ばすことにより、健全にして有能な人材の育成をはかり、地球社会に貢献する」

一ページにまとめられた文書「The Kumon Way」は次の一文から始まる。「わたしたちが一番大切にするもの、それは〝子どもたち一人ひとり〟です(24)」

高校の数学教師だった公文には、教室の指導者がKUMONの要になることは考えるまでもなくわかった。公文式では生徒たちが自主的、自発的に勉強するので、各教室の運営がうまくいくかどうかは、指導者が生徒一人一人の学習の仕方をよく観察し、よく生徒の話を聞いて、それぞれに合った学習計画を立てられるかどうかにかかっている。指導者には絶えず直観的な理解と判断が求められる。

実際、KUMONに指導マニュアルはない。代わりに全指導者に配布されているのは、「指導についての留意事項[25]」という冊子である。その冊子にはいくつかの基本的な原則は書かれているが、各生徒の性格やニーズにどう応じるかは、教室の指導者の経験に基づいた判断に大きく委ねられている。生徒一人一人に合わせた教え方をするのは、科学ではなくアートである。それと同じように、KUMONでは指導者の管理も、科学ではなくアートとして行われている。

公文公が六〇年以上前、教育の本質や意味に関して深く考え抜いたことが、今や、世界五〇カ国の二万四七〇〇の教室で、生徒と指導者たちによって実践されている。事業規模がこれほどまでに拡大しても、一人一人の生徒の「足に靴を合わせる」というKUMONの姿勢は変わっていない。

2 本質をつかむ能力を育む

問題や状況の本質をつかむ能力を育むには、次の三つの方法のどれかによって、知性を鍛えるのが一番の早道である。①問題や状況の根底に何があるかを徹底的に問う。②「木」と「森」を同時に見る。③仮説を立てて、検証する。

では、以下に一つずつ詳しく見ていこう。その後で、身体的なエクササイズも紹介したい。個々の状況の背後にあるものを感じ取って、素早く状況の変化に対処できるようになり、なおかつ最高の気分を味わえるエクササイズである。

◆徹底的に問う

ホンダの社員は問題を掘り下げて、その本質を理解するため、A、A0、A00という三段階の問いを立てる。

Aは普通、仕様に関する問いである。たとえば、「このエンジンの馬力はどれぐらいにするべきか」など。A0は、コンセプトに関する問いである。たとえば、「このエンジンにはどういう設計思想があるか」など。A00は、プロジェクトの目的に関する問い、つまり、「何のためにこのエンジンを開発するのか」という問いである。

このように徹底的に問いを繰り返すことが、ホンダの特徴になっている。とりわけ製品開発に携わる技術者たちの間ではそうである。これにより製品開発チームのメンバーはおのずと理解を深め、「真、善、美」を追求することになる。これは妥協しないことを意味する。前述のように、たとえ創業者本田宗一郎と意見が衝突することになっても、である。実際、臆せずに何でも問うことは宗一郎のトレードマークであり、彼自身とホンダのDNAの核をなしている。宗一郎は一九五九年五月の社報に書いた「ざっくばらん人生」という題の文章の中で、問うことについて触れている。

「結局、僕の特徴は、ざっくばらんに聞くことができるということではないかと思う。つまり、学校にいっていないということをハッキリ看板にしているから、知らなくても不思議はない。だから、こだわらずに誰にでも聞ける。これがなまじっか学校にいっていると、こんなことも知らないんでは誰かに笑われると思うから、裸になって人に聞けない」

同じようにトヨタでも、「なぜ」という問いを五回繰り返すことで、問題の根本的な原因を突き止めることが慣例になっている。販売部門であれ、工場であれ、トラブルが生じると、トヨタの社員は必ず、自分で問題の所在を探って、根本的な原因を見つけるまで「なぜ」を繰り返すよう、教育されている。

「トヨタ生産方式」の生みの親で、「五回のなぜ」による分析を有名にした大野耐一は、生産部門の全員に、先入観を持たず、ありのままに現場を観察させた。そして問題が見つかった場合には、「なぜ」と五回問わせた。例として、溶接ロボットが作業中に突然止まってしまったとき、どのように「なぜ」を五回繰り返すことで、根本的な原因を突き止められるかを大野は紹介している。

①「なぜロボットは止まったか」

オーバーロードがかかって、ヒューズが切れたからだ。

②「なぜオーバーロードがかかったのか」

軸受部の潤滑油が十分ではないからだ。

③「なぜ潤滑油が十分ではないのか」

ポンプが潤滑油を十分汲み上げていないからだ。

④「なぜポンプが潤滑油を十分汲み上げていないのか」

ポンプの吸入口が鉄の切粉で詰まっているからだ。

⑤「なぜポンプの吸入口が鉄の切粉で詰まっているのか」

ポンプに濾過器がついていないからだ。

A、A0、A00や「五回のなぜ」のように徹底的に問いを繰り返すことで、現場でも、経営幹部の間でも、問題の本質をつかむことが可能になる。また、同じような洞察の問いを毎日続けることで、不測の事態の本質をつかむ方法が見えてくる。

不測の事態とは、米国の元国防長官ドナルド・ラムズフェルドの二〇〇二年の発言で有名になった（悪名をはせた）「知らないことを知らない」ことである。ラムズフェルドは次のように言った。「世の中には『知っていることを知っている』ことがあります。つまり、われわれが知っていることを自覚しているものごとです。それから『知らないことを知っている』こともあります。これは自分が知らないことを自覚している物事です。ですが、『知らないことを知らない』ことというのもある。つまり、自分が知らないことすら自覚していない事柄です。そういうカテゴリーに入る物事は、たいてい対処が難しいものです[26]」

ラムズフェルドがここで述べているのは、いつどこから現れるかわからない軍事的な脅威のことだが、「知らないことを知らない」ことはビジネスの世界にもある。自分の家を持っている人（エアビーアンドビー）や自動車を持っている人（ウーバー）に顧客を奪われたホテル業界やタクシー業界の幹部に尋ねてみればいい。そのような「知らないことを知らない」領域ですら、洞察の問いを普段から繰り返し、習慣にしていれば、予期せぬリスクに対処する方法を見出せる。

ファーストリテイリングの柳井正も、そのような問いの繰り返し――本人の表現では「長い集中的な内省のプロセス」――を徹底的に行っている経営者である。柳井によれば、人や、ものや、出来事の意味を瞬時に理解できる人は、日常的に自問自答を行っている人だという。

『優れた勘』や『いいアイデア』、『斬新な考え方』こういったことができる人は、天才なのか。天才でない限り無理なのかということです。私はそうではないと思います。

私が知る限り、こういったことができる人は全て、自問自答を日常的に行っている人です。

優れた勘やアイデアは、ドアに頭をぶつけた時などのふとした瞬間にひらめくようなイメージを持たれがちですが、本当はそうではないと思います。その前のプロセスに重要性があるのです。

つまり、そこに行きつくまでの間に、どれだけいろいろなことを考えて、いろいろな人と話をして、そしていろいろやってみて、そこで真剣に自問自答するか。これが大事なのです。勘が働く人やアイデアが出る人というのは、これをやっているのです。

自問自答を通じて、いろいろな考えを練り上げたうえで自分のものとして蓄積しているのです。それがあるからこそ、何か情報に触れた時に、そこまでのプロセスの結晶として、勘やアイデアという形となって出てくるのです。

人から見たら出てきた場面は一瞬ですから、なんとなくその場の思いつき、ひらめきで出てくるように見えますが、実は真剣な自問自答のプロセスがあってこそのものなのです。

エジソンの有名な言葉に、『天才とは一％のひらめきと、九九％の汗である』というのがあります。何百、何千といろいろなことを汗水たらして考えた人にしか、ひらめきは訪れず、優れたアイデアという結晶には至らないのです[27]」

◆木と森を見る

木と森を同時に見ようとすることも、本質をつかむ訓練になる。神(または悪魔)は細部に宿ると言うが、リーダーは全体像を忘れてはならない。たとえば、「単品管理」という有名な手法を編み出したセブン‐イレブン・ジャパンの場合を考えてみよう。単品管理とは、簡単に言えば、一品ごとに商品の販売数や在庫数を管理する手法である。

しかし、そのような簡単な説明では、実際のプロセスの複雑さは伝わらない。日本の平均的なセブン‐イレブンの店舗は、米国の同様の小売店のほぼ半分の広さしかなく、せいぜい三〇〇〇品目しか店頭に並べられない。したがって、各店ごとに、季節や時間帯別に何が売れるかを具体的に把握しておく必要がある。そこではタイミングがすべてであり、一品ごとの在庫管理が欠かせない。

セブン‐イレブン・ジャパンは公式には単品管理を次のように定義している。「店舗単位の在庫管理によって顧客の需要を満たすことに重点を置いた小売りの商品管理方法。特定の条件が各商品の需要にどういう影響を与えるかを正しく見きわめるとともに、需要に見合った商品の仕入れ・製造・開発・配送のサイクルを追求するため、店舗レベルで有している商品の知識や情報を活用する(28)」

この定義では、プロセスの「木」の部分に重点が置かれているが、全体像も同じぐらい重要である。鈴木敏文が指摘するように、専門家は単品管理とは一品目を管理することだと誤解し、どの商品も店全体の中で位置づけられなくてはならないことを忘れやすい。言い換えるなら、一本一本の「木」は、生きた「森」の欠かせない一部でもあるということである。どういう「木」を植えるかは、店員の判断で決められるが、どういう「森」(全体像)を育てるかは、本社の経営陣が決めなくてはならない。

本田宗一郎は「木」を見ることと「森」を見ることの違いを説明するとき、よく若い農夫と画家の話を引き合いに出していた。一九六六年四月の社内報に掲載された「正しいものの見方」と題する文章では、自身の経験に基づいて次のように書いている。

「ある農村へ行って、『牛の耳はどこにあるのか?』と青年に聞いてみた。ところが答えられない。

君たちの中で牛の耳のあり場所を正確に言える人がいるか?

実は、角《つの》の後ろにある。角でちゃんと耳を保護してくれている。その青年は、『そう言えば、そうだった』なんて言っている。毎日、牛を見て暮らしている人間がそうなんだからね。

それで、東京へ出てきて、友人のある画家に、同じ質問をしてみたら、『ああ、それは角の後ろだよ』と、見事に答えた。

年に一回も牛を見ない東京の画家にすぐわかって、毎日牛を飼っているお百姓さんが、わからない。お百姓さんには牛の耳がどこにあろうが、要はよく働いてくれて、高く売れればいいんです。だから、耳なんか、ない方がいいくらいに思っている。

ところが、画家の方は、常にものを見る眼ができている。ただ、表面を見るだけでなく、観察をしている。動物の生態を苦労して、観察している」

全体像を見る方法はいくつもあるが、一番よいのは高い目標を持つことである。一九七〇年代末から八〇年代にかけて、米国のユナイテッド・テクノロジーズが毎週、『ウォール・ストリート・ジャーナル』紙の最終面に経営の心得を一つ記した広告を出していた。それらの心得は同社のCEOハリー・グレイによって書かれたもので、のちに『グレイ・マター』という一冊の本にまとめられて出版されている。一九八一年六月に掲載されたその六五番目の心得が、「退屈しないぐらいの高い目標を持て」だった。グレイはマネジャーたちに自分にできないことをいつも探し出して、それに挑戦するよう、アドバイスした。低い目標には退屈が、高い目標には飛躍が待っていると言って。

世界には高い目標を持つことで偉業を成し遂げた反逆児がたくさんいる。柳井正は著書『経営者になるためのノート』の中で、ウォルト・ディズニー・カンパニーとウォルト・ディズニーが『白雪姫』で高い目標を掲げたことにより、まったく新しい産業が生まれたことを紹介している。

「ディズニーは、一九三四年、世界初の長編アニメを作るという高い目標を掲げ挑戦しました。高い目標と言いましたが、むしろ非常識な目標と言った方が当時の状況にはピッタリです。

『そんな長時間のアニメーションなんか、誰が見るんだ』

これが世間の反応です。

しかし、ディズニーは、そんな風評などおかまいなしに、長編アニメの開発・製作に乗り出しました。当時のディズニーの資産をなげうつくらいの投資だったそうです。

それを見て世間は、『ディズニーは気が狂った』『ディズニーはもうおしまいだ』などと言って批判したそうです。そうした批判を尻目に一九三七年に完成したのが『白雪姫』です。

結果は、ご存じのように、大ヒットです。すでに完成後約八十年も経つのに、今でもDVDなどになって世界中で販売されています。まさにディズニーはエンターテインメントの世界に『長編アニメという新しい商売』を創造したわけです。

これが、その後のディズニーにどれだけの顧客と利益をもたらしたかということ、そして、『白雪姫』を完成させるプロセスで、どれだけ技術的な、そして販促的な、その他もろもろの内部的なイノベーションをもたらしたかということを想像してみてください。やはり、高い目標を掲げ、それに挑戦する。このことからイノベーションは起き、顧客は創造されるものだと、つくづく感じます[29]」

全体像を見るには、未来のことを考えるという方法もある。今の産業界は危険な短期的思考に支配されているが、ワイズカンパニーでは長期的な考えの人物がビジネスの舵を取っている。二〇一六年のインタビューで、トヨタ自動車のCEO、豊田章男は「どれぐらいのタイムスパンで経営を考えているか」と尋ねられて、三〇年と答えている。以下がその理由である[30]。

「創業者・喜一郎がこの会社を作ってくれた。そのときは先見の明があるとかいう言われ方じゃなくて、この道楽息子が、と言われた。あのとき、喜一郎がトヨタグループ全体のモデルチェンジをしてくれなかったらこの町はどうなっただろう、このトヨタグループはどうなっただろうか。そう考えると本当に悔やまれる形で亡くなっていると思う。その悔しさみたいなものを、僕は、生意気なんですが、晴らしたい。

逆に自分の孫の代に『じいちゃんのときにめちゃくちゃにされた』というのは絶対言わ

れたくない。そのくらいの代の人たちで、あのときの悔しさに俺が報いてやりたいと思う孫が欲しい。それは別に血のつながった孫とかじゃなくて。そういう意味でいくと何年先を考えているんでしょうね。三〇年先くらいですか。（中略）

僕がよく言うのは一輪挿しの花と、根をはわせた花のたとえです。一輪挿しの花を求めているなら、一週間のタイムスパンで考えればいい。しかし、根を張った花を求めるなら、もっと長い時間が必要になる。

七十数年前にリーダーズたちがやってきたおかげで、自分が何代目かの社長をやっている。たすきをもらった以上、やっぱりそういう形でたすきを渡したい。だから三〇年とかそういうタームで見ているんじゃないですかね」

未来像に関して言うと、豊田章男の頭の中ではすでに、自動車が単なる「乗り物」から乗る人の「友人」に変わるという青写真が描かれている。三〇年後、自動車は犬に代わる「人間の最良の友」になっているかもしれない。近年のトヨタによるロボットや人工知能、ソーシャル・ネットワーキング・サービスへの進出はそれを予感させる。

ここまで、もっぱらCEOの事例ばかり紹介してきたが、誤解しないでいただきたい。「森」を見ることとは、SECIのスパイラルな上昇のために社内の全員に求められることである。現場に近い社員ほど、日頃、「木」を見ており、「森」より「木」に目を向ける癖がついている。

したがって、「森」にも目が向くようにするための何らかの工夫が必要である。

トヨタではそのような工夫として「型」が取り入れられている。全社員――特に組織の下位の社員――に全体像を見るよう促すために使われている「型」は、「二階級上の立場で考える」と呼ばれる。新入社員であれば、それは課長になったつもりで考えることを、課長であれば、事業部長になったつもりで考えることを意味する。

そうすることで社員に狭い範囲の考えから抜け出させ、広い視野を持たせられる。山登りをするとき、山頂に近づくにつれ、視界が変化するように、この「型」では、二階級上に登った地点からは、どういう景色が見えるかを社員に想像させる。トヨタの社員で「二階級上の立場で考える」の「型」を知らない者はいない。しかも誰もがそれを習慣にしている。[31]「型」については、第9章で改めて詳しく論じたい。

◆仮説を立て、試し、検証する

状況や問題の本質をつかむ能力を高めるのには、仮説を立てて、試し、検証することも有効である。たとえば、セブン-イレブンでは、すべての店舗で従業員――高校生や主婦などのパートタイマーも含め――が発注する商品を決めている。店舗によって顧客も異なれば、その日、その週、その月の時間帯別の状況も異なるので、本社が一律のルールを定めてもうまくいかない。あるいは、毎日、機械的に同じ補充を繰り返すわけにもいかない。
店員が商品を発注するときには毎回、最初に、顧客が何を欲しているかについての仮説を立てることが求められる。たとえば、飲料品を発注するならば、地元の顧客のニーズに関して自分が知っていることを踏まえ、天候や、近隣の学校の行事や、地域の催しや、停電などの要素を考慮しなくてはならない。さらに仮説を立てるうえでは、顧客のためにではなく、顧客の立場に立って考えることも求められる。

実際、セブン－イレブンの従業員は、次の三つの異なる顧客の視点で考えるよう言われている。平均的な顧客、平均的な顧客の家族、自分の親しい友人である。そうすることで先入観や自分の経験だけで判断するのを避けられる。よりよい仮説を立てるため、自分の観察が正しいかどうかや、自分の解釈がどういう思い込みや背景から生まれているかについて、徹底的に問うことも求められる。

また、同僚や、定期的に店舗を訪問するオペレーション・フィールド・カウンセラー（店舗経営相談員）と相談することも勧められている。そのようにして立てられた仮説は、発注されることで試され、ＰＯＳシステムの売上データによって結果が検証される。

仮説を立て、試し、検証するというサイクルが具体的にどういうものであるか、ビジネス街（東京、日本橋兜町）の中心に位置する繁盛店のサラダの販売を例に見てみよう。

あるとき店員の一人が、ランチタイムにサラダを買う女性客が増えていることに気づいた。

POSデータを調べてみたところ、確かにそのような傾向が見られた。しかし同時に、POSデータは別の新しい傾向も示していた。朝と夜にもサラダの売上げが増えており、とりわけ朝には大きく増えていたのである。

その店員はもともと「女性会社員は残業を好まず、朝もとても早く出社する。だから、女性会社員は夜や朝にはサラダを買わず、昼にだけ買う」という仮説を立てていた。しかし、夜と朝の売上げが増えていたことで、仮説を見直さなくてはいけなくなった。店員は新しい仮説を試すことにし、発注のパターンを変えた。すなわち、夜に仕入れるサラダの数量を増やし、それを翌日の早朝に陳列することにしたのである。

店長や本部のマーケティング担当者にそのことを話したところ、サラダの仕入れを増やす許可が得られたのに加え、特別な宣伝もしてもらうことになった。

その結果、サラダの売上げは飛躍的に伸びた。これにより、サラダの主な購買層である女性会社員が昼の混雑を避けるため、朝のうちにサラダを買っていくという新しい仮説の正しさが証明された。東京のビジネス街では、大企業が正午に一斉に昼休みに入るので、ランチどきには食べたいものが店頭からすぐに消えてしまうことを、店員は自身の経験から知っていた。

研究者であるわれわれも、仮説を立て、試し、検証するというプロセスにはとても馴染みがある。学術論文を発表する際は、毎回、仮説を立てて、データと突き合わせ、検証するという同じ手続きを経る。コンサルティングの仕事でも、やはり同じプロセスを踏む。

筆者（竹内）がかつてマッキンゼー・アンド・カンパニーの東京支社でサマーインターンとして雇われたとき、最初に学んだのは「もし～だったら」という分析を行うことだった。それはこんな具合である。今、われわれはクライアントにXという提案をしようとしているが、もしYという事態が生じたら、どうするか。その場合には、新たな仮説Zを立てて、必要な計算をし、その結果が何を意味するかを検討しなくてはならない。

しかし研究でも、コンサルティングでも、われわれが行ったのは知的な営みだった。セブン－イレブン・ジャパンの仮説と検証は、われわれのものとは二つの点で違う。第一には、仮説が知的に試され、検証されたのではなく、現場で実践されたということ。第二には、仮説が本社の幹部によって、「頭」で立てられ、試され、検証されたのではなく、現場の人間によって、「頭」と「手」の両方を使って、そうされたということ。その違いは成否を分けるぐらい大きい。

3 第5章のまとめ

本書の第Ⅱ部の冒頭で指摘したように、実践知によって人を率いるのは容易ではない。われわれわれが本書で一貫して述べているのは、自社と社会の両方にとっての善をなせ、ということである。本章では、本質をつかむためにはAとBを二つながら、めざさなくてはいけないことを論じた。何が善であるかを判断するためには、企業と社会の利益が重なる部分を見出すことが求められるが、本質をつかむためには二つ以上の根本的に相反することをしなくてはならない。

- 「頭」と「手」を使う。
- 「細部への注意」と「全体像」の両方を大事にする。
- 「粘り強く」なおかつ「素早く」動く。
- 「普遍」と「個別」の両方を追求する。
- 「主観的な直観」と「客観的な知識」を組み合わせる。
- 「シンプルさ」と「複雑な状況」の両方に対処する。
- 「基本」に忠実であると同時に、「変化に適応」する。
- 「ひらめき」と「努力」のどちらもおろそかにしない。
- 「知らないことを知っている」ことと「知らないことを知らない」ことの両方の解決策を探る。
- 「木」と「森」の両方を見る。

わかりにくい話に感じられるかもしれないが、ワイズリーダーには、本質をつかむため、深い根を張って、高みをめざすことが求められるのは間違いない。SECIスパイラル（第3章の図3－5を参照）の上昇を図りたいのであれば、下へ降りていき、組織の全員をかかわらせる必要がある。

最後に助言を一つ述べて、本章を締めくくりたい。それはAとBの両方を追求して、本質をつかむためには、デカルト的な心身の分裂に別れを告げたほうがよいということである。スキーをこよなく愛する筆者は、スキーの体験と本章の内容に驚くほどの類似点があると感じている。

以下に紹介するのは、ボスニア・ヘルツェゴビナ出身の米国の作家アレクサンダル・ヘモンが、『フォーチュン』誌に寄せた「スキー」という題のエッセイの一節である[32]。ここには、その類似点が見事に描き出されている。

「私がスキーを愛するのは、瞬間的な即興のみで成り立っているスポーツだからだ。猛烈なスピード（たとえば、時速八〇キロとか）で滑りながら、刻々と状況が変わる中（雪の形状と感触とか、こちらに迫ってくる木々とか、アイスバーンとか、微妙な傾斜の変化とか）、次々と正しい判断を下していかなくてはならない。しかも一度下した判断に訂正のチャンスはない。（中略）前もっていくつかのことは決めておける。しかし、絶えずその場での変更に備えていなくてはならない。あらゆることがどんどん変わるからだ。そういう流れの中にあっては、思案したり、分析したりしているひまはない。体と心の働きを完璧に一致させなくてはならない。そうなれば、デカルト的な心身の分裂にも別れを告げられる」

第6章

「場」を創出する

Creating *Ba*

ワイズリーダーは交流を通じて新しい意味を生み出す。

ワイズリーダーは絶えず、経営幹部や社員が互いに学び合い、新しい知識を共同で創造できるよう、そのための相互交流の機会を作っている。(1) 同じ組織に属する者同士でも、アイディアや、経験や、感性や、考え方はそれぞれに違うこと、そして、そのような知識の多様性こそがイノベーションの源泉であることを、ワイズリーダーは心得ている。さまざまなバックグラウンドや能力が一つに合わさることで、新しいアイディアが引き出され、ひいては新しいものが生み出される。

知識や技能を学ぶ機会は一般には、学校や、親や、本や、インターネットからもたらされる。しかし、ワイズカンパニーではその先を行き、行動学習(learning by doing)に重点を置く。日本の企業では普通、その行動学習が行われるのは、「場」における知識の創造と実践を通じてである。

「場」とは、英語ではplaceとも、spaceとも、fieldとも訳せる概念であり、人と人との関係が築かれ、相互交流が生じる環境のことをいう。「場」に加わった人々は情報を共有して、「いま・ここ」の関係を築き、相互交流する中で、新しい意味を一緒に創造する。

たとえば、非公式の「場」は、居酒屋などで生まれる。そこでは見知らぬ者同士がその日の出来事や、心配や、問題について語らい、互いに意見を述べ合う。そんな会話からは、時に思わぬ発見があったり、解決策が見つかったりする。あるいは、社内のもっと公式な「場」では、重役たちが共通の目的意識の下で、相互交流を深めることが可能になる。

「場」においては、各自が自分を互いの関係の中に置き、相手の視点や価値観を主観的に理解しようとする。「場」への参加は常に自発的なものである。その意味で、「場」とは共有された動的文脈といえる。そこでは絶えず参加者が出入りし、そのつど人間関係が変わり、状況が変わる。(2)

「場」の中で知識を創造するのは人間だが、知識は「場」に埋め込まれてもいる。(3) 状況(物理的なものであれ、バーチャルなものであれ、認知的なものであれ)と、タイミングと、参加者のコミットメントがすべて揃って、知識の創造は可能になる。他者の知識と自分の知識を総合しようとするところに、「場」の本質はある。どういう「場」が築かれるかは、誰が参加するか、一人一人のコミットメントがどれほど強いか、いつどこで参加者同士がかかわり合うかで決まる。

エーザイの認知症の研究の事例には、そのことがよく示されている。認知症患者についての暗黙知は、病院へ足を運んで、患者とともに時間を過ごすだけで得られたのである。そういう意味で、「場」は知識の容れ物であると同時に、孵化器でもあるといえる。

1

「場」を築くとはどういうことか

実は前章までにすでに、「場」という言葉こそ使わなかったが、企業の公式の「場」をいくつも紹介している。ファーストリテイリングが半年に一度、横浜で開催している二日間の会合は、世界から四〇〇〇人もの社員が集まる大規模な「場」の例である。この会合では毎回、CEOである柳井正が最初に登壇し、そのときどきに関心があるテーマで話をする。

たとえば、二〇一六年春には「服の民主化」にスポットライトが当てられた。会合の最後は、柳井による二時間の質疑応答で締めくくられる。このセッションでは、聴衆席の誰もが柳井に質問できる。通訳も八人いて、それぞれ英語、中国語、フランス語、スペイン語、タイ語、ベトナム語、ロシア語、インドネシア語の質問を日本語に翻訳し、柳井の答えをそれぞれの言葉にまた翻訳する。このときに会合は双方向のものとなり、柳井も相手の視点や価値観を個人的に理解しようとして、しばしば質問者に経歴などを尋ねる。(4)

一方、小規模な「場」の事例といえるのは、社員五〇人のバルミューダが公園で開いたバーベキューだろう。CEOの寺尾玄がバーベキューコンロで焼かれたパンの味や食感に感動して、その場で「トースターではなく、『世界一のトースト』をみんなに食べてもらおう」と宣言し、社員全員が意気投合したことを思い出していただきたい。その瞬間、バーベキューが「場」になった。社員たちが最高のトーストを再現するにはどうすればよいかを考え始め、無意識のうちに、その実現方法という知識を実践し始めた瞬間である。バーベキューという「場」によって、知識の保持者たちが一つの共通の目的の下にまとまった。

◆JALにおける「場」の創出

JALの再建の事例には、知識創造のプロセスが共同化、表出化、連結化、内面化へと進むにつれ、個人、チーム、組織のそれぞれのレベルでどのように相互作用が生じたかが、描き出されていた。(5) 改めて今、その事例を振り返ると、SECIプロセスの各局面での相互作用は、それぞれ一つの「場」になっていたことがわかるだろう。

たとえば、共同化の局面では、CEOの稲盛和夫がいくつもの「場」にかかわった。稲盛は日本中の空港や、格納庫や、営業所を回って、ＪＡＬの社員と直に会い、子会社の約一〇〇人の社長全員とそれぞれ一時間、面談し、三〇人の事業部長との月一回の事業報告の会議で、事業部長を質問攻めにし、さらにその会議後には経営幹部も含め、みんなを誘って、役員会議室でコンパを開いた。それらの「場」に参加することで、稲盛は現場、子会社、マネジャー層、経営幹部層のそれぞれの現状を熟知した。

表出化の局面では、稲盛は三万人の社員を「アメーバ」と呼ばれる一〇人程度のチームに分割した。それらのチームのミーティングで築かれた「場」では、社内の誰もがうすうす感じていたことがはっきりと言葉にされた。それはこの会社には損益の責任者がいないということだった。各チームに独立採算制が導入されたことにより、どこで利益が生まれ、どこで損失が生じているかがようやく把握できるようになった。

連結化のステージでは、一〇人からなる委員会によってＪＡＬフィロソフィの四〇項目が策定され、年四回のＪＡＬフィロソフィ教育の受講が全社員に義務づけられた。毎回七、八〇人が参加するその講習会は、それぞれの部署でのＪＡＬフィロソフィの成功例を紹介し合う「場」になった。それらの「場」では、社内改革がどの程度進んでいるかが確認でき、誰もがＪＡＬは復活できるという手応えを得た。

内面化の局面では、ＪＡＬの置かれた状況そのものが、社員に倒産前には決してしなかった行動を取らせる「場」となった。たとえば、パイロットが紙コップの使用を止め、整備士が使い捨ての手袋を洗ってふたたび使った。また、危機的な状況に追い込まれたことで、客室乗務員の意識も変わった。業務が増える満席のフライトでも、イライラせず、笑顔で仕事に励むようになった。つまり、会社が消滅するかもしれないという状況が、JALの全社員に共有される文脈になったのである。

◆シマノにおける「場」の創出

「場」はSECIの水平方向のサイクルで知識の創造と実践を促進するだけではない。存在論的な次元の上昇も助ける。存在論的な次元の上昇、つまりSECIスパイラルでは、コミュニティや社会一般の人々を引き入れることにより、知識ベースが拡大する。SECIのサイクルが一巡するたび、前のサイクルでの知識の創造と実践が次のSECIのサイクルに影響を与えるというのが、本書の中心的な主張の一つである。

図6-1に示したように、シマノでは知識ベースを拡大するさまざまな「場」が創出された。SECIプロセスが個人レベルから組織レベル、組織間レベル、コミュニティレベルへと上昇するにつれ、知識の創造と実践に携わる人は増える。シマノが自転車への愛や自転車レースへの情熱でつながった知識の実践者のコミュニティを築けたのは、「場」を創出したからである。

シマノが築いた「場」の大半は、社外にある。シマノの社員はそれらの「場」で、相互交流

図6-1 シマノが創出したさまざまな外部の「場」

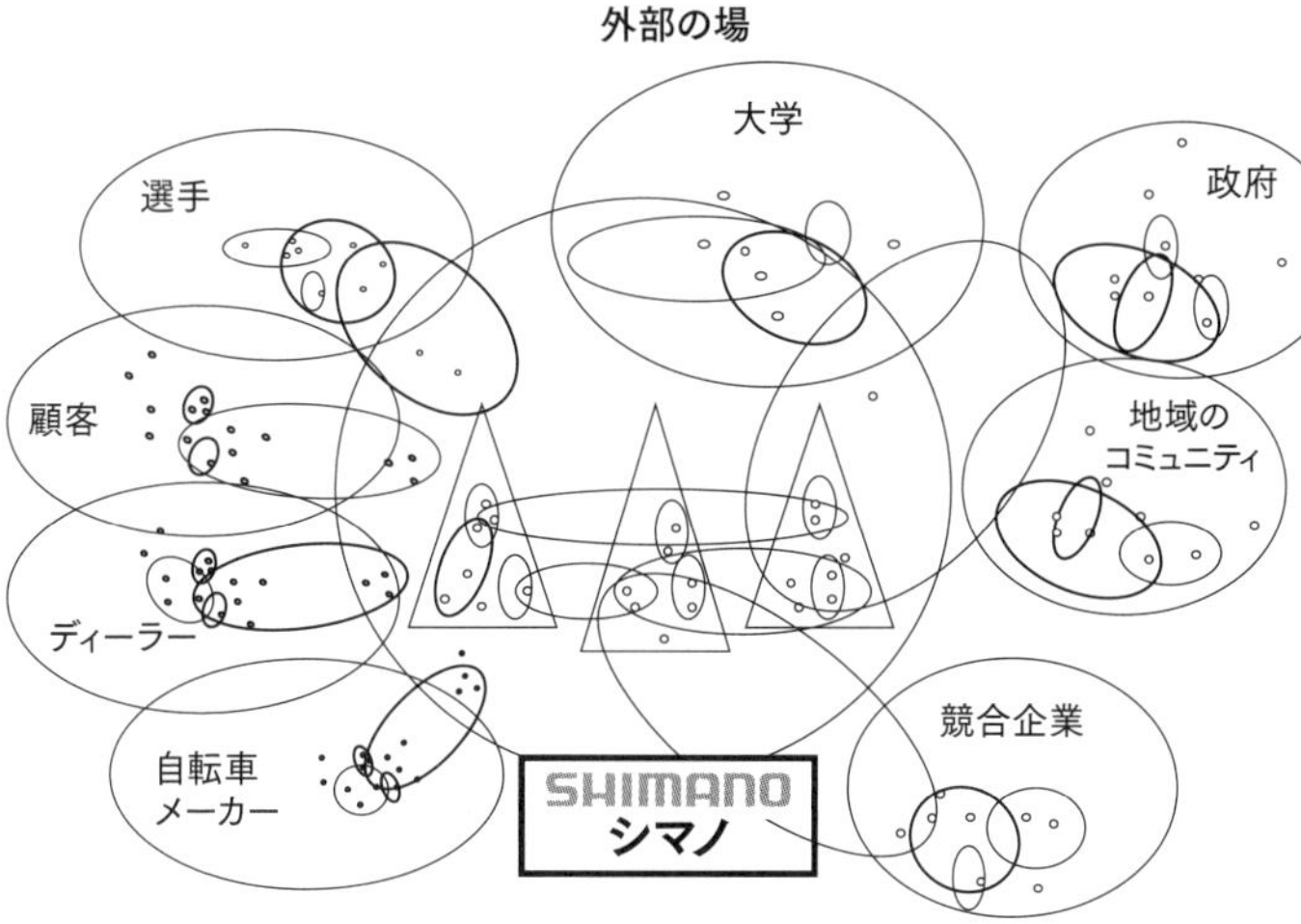

出所：竹内弘高

を通じて、自転車レースとはいかなるものかや、世界で勝利を収めるためには何が必要かを理解した。

シマノが初めて「場」を築いたのは、前述のとおり、ドイツのハノーファー工科大学（現・ハノーファー大学）においてだった。シマノから派遣された若手エンジニアがそこに二年半滞在して、オットー・キーンツレ博士と交流し、冷間鍛造を学んだ。

二番目の「場」は、米国の自転車店の店主たちとの間に築かれた。米国に送られた六人のマネジャーが自転車店に「実演」で製品を売り込んだときである。六人のマネジャーは二人一組で、全米中の都市を回って、自転車店の店主や店員と交流し、シマノ製の自転車部品の組立て方や取外し方を教えていった。

三番目の「場」は、シマノがスポンサーを務めるベルギーの自転車レースチームであるフランドリアとの間に築かれた。シマノのミドルマネジャーがヨーロッパ各地を転戦するチームに同行して、ロードレースの現場を体験し、レース中、自転車にどういう故障が起こるかを学んだ。それは驚きの連続の体験だった。

月一回、国際郵便で送られた報告書には次のようなことが書かれていた。「クランクが一本変形し、三本に亀裂。リアディレイラーのプーリーに著しい摩耗。フロントディレイラーのチェーンガイドがチェーンから脱落。ブレーキが破損し、クイックリリースが分解」(6)

実際、ヨーロッパのミドルマネジャーから報告が届くたび、シマノ本社の社内で「場」が創出された。当時、シマノ本社の部署はすべて同じ一つの階にあった。報告書は製品開発チームで回読され、解決策が話し合われた。シマノ本社は、情報の共有と解決策の考案には理想的な「場」だった。

シマノの四番目の「場」が築かれたのは、サンフランシスコの北にあるマウンテンバイク誕生の地、タマルパイス山においてだった。米国の販売子会社に出向していたミドルマネジャーが、マウンテンバイクの父と呼ばれるゲイリー・フィッシャーとジョー・ブリーズとともにテストバイクに乗ったのがきっかけである。ミドルマネジャーは島野家の新旧二代、敬三と容三をタマルパイス山に呼び寄せて、若い代の島野容三に、凸凹して滑りやすい山道をマウンテンバイクで走り下りさせた。

容三はズボンを泥だらけにしながらも、その「場」から新しい着想を得た。「楽しくて危険な」自転車というコンセプトは世界中で大人気を博すに違いないと感じたのである。容三はその場でマウンテンバイクの部品開発にゴーサインを出した。

五番目の「場」は、いくらかそれまでとは性質を異にし、物理的なものではなく、認知的なものだった。この「場」が現れたのは一九九六年、アトランタオリンピックの男子自転車競技で、シマノのデュラエース七七〇〇を使った選手がメダルを独占したときである。それらの勝利や、一九九九年のツール・ド・フランスでの優勝により、シマノの社員の間には自分たちが自転車レースの世界で有力企業の仲間入りを果たせたのだという共通の思いや理解が広がった。そのような「場」の中で、社内の誰もがもはや自分たちは追う立場ではないと気づいた。これからは世界の自転車業界を引っ張っていくのだという新しい目的意識が社員の間に芽生えた。

六番目の「場」は、メルセデス・ベンツやルイガノなど、ハイエンド自転車メーカーとの間に築かれた関係の中で生まれた。きっかけとなったのは、自動でギアを変えられる新技術、SMOVER《スムーバー》(Smart Way of Moving)の開発である。コンフォートバイク市場をターゲットにしていたスムーバーは、完全な空振りに終わった。しかしシマノとヨーロッパの自転車メーカーの間には相互理解が生まれ、世の中にまだこの製品にふさわしい環境が整っていなかったのだという認識で一致した。

ハイエンド自転車メーカーとのこのほろ苦い経験からは、新たな発見ももたらされた。スムーバーのために開発されたDI2システムが、マウンテンバイクとロードレースの両方のプロレーサーに必要とされる技術であることがわかったのである。

◆エーザイにおける「場」の創出

SECIプロセスのスパイラルな上昇につれて、知識創造と知識実践の規模と質は増幅され、さらなる行動が引き出され、社内外からさらに多くの人が知識のコミュニティに加わる。「場」には、そういう存在論的な次元の上昇を促進して、社員に高次の目的を追求しようという気持ちを起こさせることで、企業に社会と積極的にかかわらせる力がある。

たとえば、一九八三年、エーザイの筑波研究所で十数人の研究者によって築かれた「場」は、二〇一六年には、一万人のエーザイの社員、何百万人もの患者、何百もの病院や薬局や在宅介護サービスやコミュニティ、それに五〇以上の自治体を含むものへと発展した。

エーザイの最初の「場」がアリセプト開発のために築かれたのは、杉本八郎が母親をアルツハイマー病で亡くした後だった。杉本は認知症の治療薬の開発に一生を捧げる決心を固め、十数人の研究者たちとともに「不夜城」と呼ばれた筑波研究所で研究に打ち込んだ。運命の巡り合わせというべきか、翌年、現CEO内藤晴夫が筑波研究所の所長に就任し、その後ろ盾を得ることができた。杉本と内藤の「偶然の」出会いから、アリセプト開発プロジェクトは始動することになった。

二番目の「場」が築かれたのは、内藤がCEOに就任し、一九八九年にエーザイを「ヒューマン・ヘルスケア」企業と位置づけ直し、医師や病院ではなく患者とその家族をヘルスケア活動の中心に据える姿勢を打ち出したときである。その結果、認知症の患者やその家族を訪問する取組みが、アリセプトの研究開発チームによって始められた。

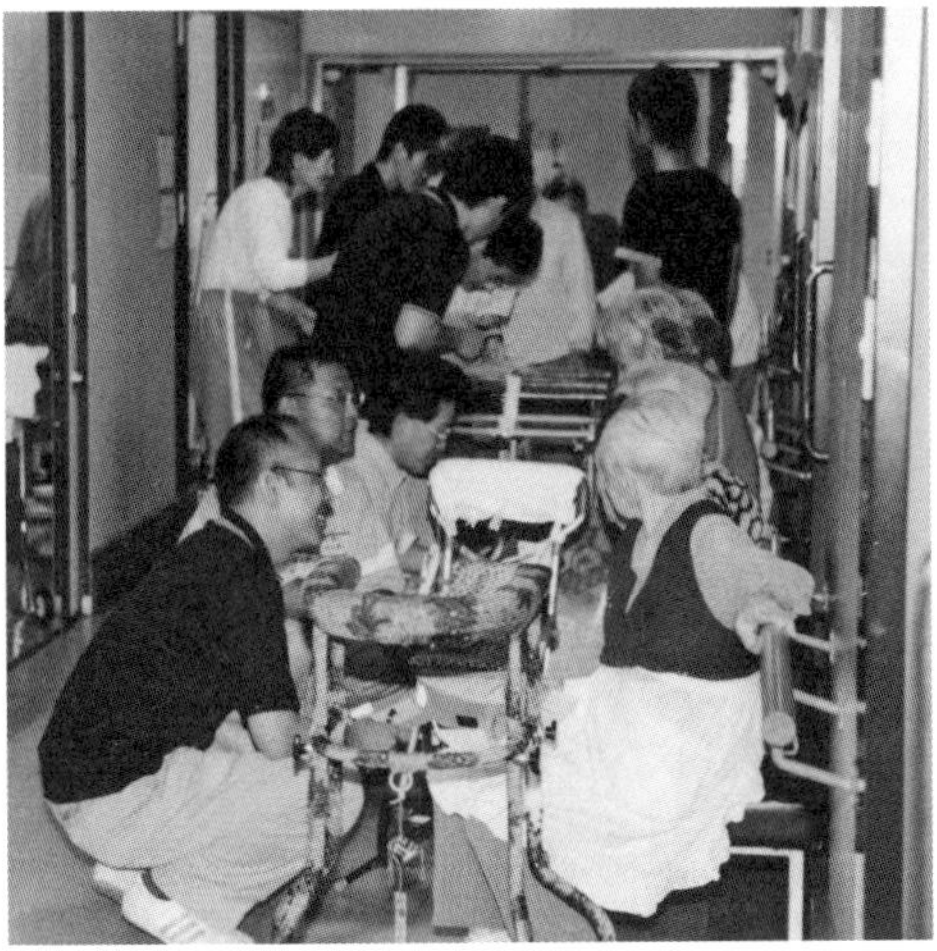

患者と交流するエーザイの研究員
提供：エーザイ

エーザイの三番目の「場」は、アリセプトのマーケティングと販売促進活動を担う四二人のリージョナル・アリセプト・マネジャー（RAM）と医療情報担当者（MR）によるブレインストーミングのセッションという形を取った。RAMやMRたちは、直に顔を合わせて行ったそれらのセッションを通じて、認知症を正しく診断できない医師が多いこと、誤診のせいで早期の治療を受けられない認知症患者が大勢存在することを発見した。

エーザイは認知症に関する啓発活動を始

め、それが四番目の「場」の創出につながった。シンポジウムや医師向けの症例検討会など、「場」の形はさまざまだった。先述のとおり、二〇一六年までにエーザイが連携したコミュニティの数は五二七、認知症患者やその家族を支援することで合意した自治体数は五三に達した。

エーザイは物理的な「場」の他に、バーチャルな「場」も二つ築いた。それらのバーチャルな「場」には、知識実践のコミュニティを急速に拡大する効果があった。一つは、認知症の支援を行っている医療機関や地域サポートセンターの情報を提供する「e-65.net」というウェブサイト。もう一つは「hhcホットライン」。このホットラインでは、一九九九年のアリセプトの発売以来、一三万件以上の問合せを受けている。

ここまで日本の企業による「場」の創出に重点を置いてきたのには、「場」という概念がそもそも日本で生まれたものであることも関係している。「場」という概念は日本の哲学者、西田幾多郎によって打ち立てられ、[7] のちに清水博によって洗練された。[8]

実際、日本の経営では「場」がしばしば利用されている。しかし、「場」は決して日本に固有の考え方ではない。西洋の哲学でも、古くはプラトンの「コーラ(創生の場所)」やアリストテレスの「トポス(物理的な存在の場)」、現代ではハイデガーの「ダー(人間存在の場所)」など、人間の認知や行動において場所が重要であることは指摘されている。

◆ウォルマートにおける「場」の創出

西洋での見事な「場」の創出の事例として、真っ先にあげられるのは、数多くの場面で「場」を活用してきたウォルマートの事例である。創業者サム・ウォルトンは自ら、顧客や店員、メディア、供給業者、競合企業との相互交流や、店舗でのミーティングやコンテストを通じて「場」が創出されることを示してみせた。ウォルトンが主に一九八〇年代に築いた「場」には次のようなものがある。

- ウォルマート全店で、案内係（たいていは年配の退職者）が満面の笑みで客に歩み寄って、握手の手を差し出し、店内に案内することで、客と親しくなるための「場」を築く。
- 土曜日の午前七時三〇分から始まる定例会議では、店員全員が右手を上げて、次のように宣誓する。「今日から先、私の三メートル以内にいらっしゃるお客様全員に微笑みかけ、目を見て挨拶することを約束します。サムにかけて誓います」。これは店員に顧客第一の姿勢を身につけさせるための「場」である。
- 土曜の定例会議の際や、ウォルトンが視察に訪れる店舗では、次のような唱和が行われた。これは店員たちに、自社の存在理由である「顧客に仕えること」を改めて思い出させる「場」になった。

ギブミー・ア・W！
ギブミー・アン・A！
ギブミー・アン・L！
ギブミー・ア・スクウィグリー（ここで全員で少しツイストを踊る）
ギブミー・ア・M！
ギブミー・アン・A！
ギブミー・アン・R！
ギブミー・ア・T！
何の綴り？（全員で大きな声で）「ウォルマート！」
何の綴り？（全員でさらに大きな声で）「ウォルマート！」
一番大切なのは？（全員で大きな声で）「お客様！　いついかなるときも！」

●ウォルマートの土曜の定例会議では、突飛なことが行われる。たとえば、歌を歌う、美容体操をする、他社のCEOやコメディアン、著名なスポーツ選手を講演者として招く、プロボクシングの往年の名選手シュガー・レイ・レナードとボクシングごっこをする、物笑いの種にされる、柿の種吹き飛ばしコンテストの的にされる、などである。これらはすべて、楽しくやろうという社内文化を浸透させる「場」になっている。

- 楽しくやろうという文化がウォルマートに根づいているのは、サム・ウォルトンが率先して範を示したからでもある。ウォルトンはデイビッド・グラスに賭けで負けたとき、罰ゲームとして、ウォール街のメリルリンチの玄関口で、腰蓑姿でフラダンスを踊ったことがあった。ウォルトンがフラダンスをする様子は写真や映像に収められ、広く報じられたので、これは宣伝の「場」になった。
- サム・ウォルトンは、社員たちにも同じような常識外れのこと（宣伝の「場」になること）をするよう勧めた。「重役がベントンビル市の広場で、ピンクのタイツにブロンドの長髪のかつらをかぶって、白い馬に乗るなんて、普通はあまりしないことだが、チャールズ・セルフは一九八七年にそれをした。土曜の朝の会議で、一二月の売上げが一三億ドルに達さないことに賭けて、負けた結果だ。（中略）社長を驚かせようとして、生きた豚を贈るなんて、冗談のように聞こえる話だが、サムズ・クラブのメンバーはある会議で実際にデイビッド・グラスにそうした」(9)
- 従業員の意欲を引き出す「場」として、録画も活用されている。ウォルトンは他界する一年前、『フォーチュン』誌の記者を伴って、メンフィスの店舗を訪れ、店員との会話を録画した。

「やあ、ジョージ。この一・五四ドルのイクエート・ベビーオイルはいいね。きっと売れるぞ」

「ええ、私のイチ押しなんです」とジョージ。

サムは自分のテープレコーダーをさっと取り出して、吹き込んだ。「今、メンフィスの第九五〇店にいる。ジョージのイクエート・ベビーオイルのエンド陳列が最高だ。他の店舗でもぜひ試してみたい」。ジョージは誇らしそうに顔を赤らめた。(10)

- ウォルトンは頻繁にライバル店に足を運んでは新しいアイディアを見つけようとした。ライバル店の駐車場で車の数を数えていて、衝突事故を起こしたこともあった。一九七〇年代に一番好きだったライバルはKマートである(「場」をライバル店にまで拡大)。「しょっちゅう敵情視察をしていた。敵の店舗はわれわれにとっては、言わば実験の場だったし、敵はわれわれより上手《うわて》だったからだ。私は敵の店内をべらぼうに長い時間歩き回って、店員に話しかけ、商売の仕方を探った。私よりKマートの店内で長い時間を過ごしている人間は、たぶん全米に一人もいないだろう」(11)
- デイビッド・グラスによれば、ウォルトンはコンピュータを好まず、コンピュータが経費になるとも考えていなかった。それでもウォルトンの周りには、ウォルマートの爆発的な成長を管理するのにはそういうテクノロジーが必要であることを理解する人間がいた。おかげで、ウォルマートは一九八〇年代に、全チェーン店を衛星通信で結ぶ最先端のシステムを導入した。そのシステムによって、ベントンビル市の本社からテレビメッセージを送ることや、各店舗のデータを集めることや、平均五秒でクレジットカードを認証することや、複雑な物流を把握することや、社内の全従業員が商品情報を共有することが可能になった。[12] 衛星通信システムそのものは「場」ではないが、従業員同士が特定の目的のためのプラットフォーム上で相互交流するところに「場」は生じた。

- ウォルマートには電子データ交換(EDI)システムも一九八〇年代に導入され、供給業者との連絡に使われた。一九九〇年代初頭には、EDIシステムは予測や、企画や、補充や、出荷も手がけられるものに発展した。それとほぼときを同じくして、ウォルマートはリテールリンクという独自の情報システムによって、供給業者に過去二年間のPOSデータや、店舗ごとの在庫情報を提供し始めた。これは供給業者と文脈を共有するバーチャルな「場」だった。[13]

ここで注意しなくてはいけないことが一つある。オンラインのデータ共有プラットフォームがバーチャルな「場」になりうるのは、あくまで人々が積極的にかかわり、目的の実現のために協力し合うときだということである。

そういう相互交流がなければ、オンラインのプラットフォームは「場」ではなく、単なる情報提供の手段にしかならない。社員たちの目的意識を強める社内のミーティングや、社員同士の個人的な結びつきを深める親睦イベントも、「場」だといえる。人と人の交流を通じて、新しい知識や意味が創造されることこそ、「場」の「場」たるゆえんである。

ウォルマートとエーザイの事例で簡単に触れた二、三例以外、本章でここまでに紹介した「場」は、すべて物理的ないし認知的な性質のものだった。しかし今日のネットワーク化された世界では、オンライン上に活気に満ちたコミュニティが無数にあって、それぞれに「場」を形成している。それらのバーチャルな「場」が果たしている役割はきわめて大きい。バーチャルな「場」の力は、現実世界の「場」の力に引けを取らない。

以下では、二〇一一年三月、福島での原発事故の発生直後に生まれた素晴らしいバーチャルな「場」の事例を紹介しよう。

◆バーチャルな「場」の創出

巨大な地震と津波が東北地方を襲い、福島第一原子力発電所がメルトダウン（炉心溶融）に陥ったとき、MITメディアラボの元所長、伊藤穰一は所長になるための面接を受けるため、マサチューセッツ州ケンブリッジに滞在していた。

伊藤はそのニュースを知るとただちに、二人の親しい知り合いに連絡を取った。一人は、ロサンゼルス在住の起業家で、東京のデジタルガレージの会合で仕事をともにしたことがあるショーン・ボナー、もう一人は、東京のマネックス証券の執行役員ピーテル・フランケンだった。
三人はネットで連絡を取り合い、日本の被災地で正確な放射線量の計測ができるよう、可能な限り多くのガイガーカウンター（放射線測定器）を、譲り受けるなり、借りるなり、買うなりして、入手しようとした。津波の発生から二四時間後には、世界中でガイガーカウンターが売り切れていた。米国の西海岸まで放射能汚染が達するのではないかという不安が、カリフォルニアとワシントンで広がったこともその一因だった。[14]
三人は放射線量のデータも探し始めたが、ほとんど見つからなかった。やがてデータが見つからないのは、そもそもデータがないためであることがわかった。どうやら日本各地の放射線量のデータを集めることに誰も関心を払っていないようだった。「そこでこれはもう自分たちでお金を出し合って、日本にいる人たちに測定器を配布し、データを集め、発表するしかないと考えたのです」とボナーは後に語っている。[15]
一週間もしないうち、三人が解決策を話し合うために立ち上げたチャットルームには、二〇から二五人がボランティアで参加していた。正確な放射線量のデータを集めるためには、高精度で、なおかつ安価なガイガーカウンターを自分たちで作る以外に方法はないというのが、最終的に達した結論だった。
ボランティアの一人レイ・オジー（ロータスノーツの開発者で、マイクロソフトの元チーフソフトウェア設計者）からは、ガイガーカウンターを手で持ち歩くより、車に取りつけたほうがデータを素早く、多く集められると助言された。しかしボランティアグループには、そうするための器材がなかった。その問題を解決するためには東京に行って、そのような取りつけができる人間を見つけるしかなかった。

東京に到着してからわずか六日後、ボランティアグループは活動の態勢を整えた。一方、日本政府は、原発から半径二〇キロ圏内の全住民に対して避難指示を出していた。それで安全は十分確保できるというのが日本政府の立場だったが、米国政府は自国民に対して、八〇キロ圏内からの避難を勧告した。データが開示されないことに加え、国からの避難の指示がそのように一致しないせいで、東北をはじめ、日本中で不安と苛立ちが強まった。空港では外国人の出国者数が三・一一からの数週間で四万人近くにのぼった。(16)

このような混乱の中、セーフキャスト——放射線計測活動の先頭に立ったこのボランティア団体の正式名称——のメンバーは福島へ行き、計測を始めた。すぐにわかったのは、道路を横断するだけで線量が大きく変わることだった。したがって、計測はきわめてきめ細かく——通りごとに、五秒おきに——行う必要があった。また、その頃、公的機関から発表されていた線量データは市全体の平均値だったが、一軒一軒の家単位でデータを提供できるようにしなくてもいけなかった。

数カ月後、ガイガーカウンターはできる限り小型化したほうがよいことがわかった。そこでセーフキャストのチームは弁当箱大の箱に入れられ、GPS受信機もついた「bGeigie」を開発した。二〇一六年三月の時点で、セーフキャストのプロジェクトで集計され、パブリックドメインとして発表されたデータポイントは五〇〇〇万を超えた。伊藤はこの経験で学んだことをジェフ・ハウとの共書『9プリンシプルズ』で次のように述べている。

「セーフキャストのプロジェクトで明らかになったのは、オープンソース運動の精神に導かれた熱心なボランティアグループは、刻々と変化する状況の中で、政府から提供されるツールより正確で便利なツールを開発できるということだ。彼らは被災地の人々に現実に役立つデータを提供することで、自分たちで支え合って困難を乗り越えていく力を与えるとともに、次は自分たちが世界中の人々を助けるための土台を築こうという気持ちを起こさせた。セーフキャストのチームがあれほど素早く動けた理由の一つは、ソーシャルメディアなどのオンラインツールを使いこなせたことにある。それらのツールのおかげで、似た考えを持つイノベーターたちの力を借りられやすくなり、知識や、励ましや、そのほかの無形の資源を得られた[17]」

伊藤によれば、成功の鍵はオープンさにあるという。福島では、正式な専門家はあまり役に立たなかった。それよりも伊藤が「市民科学」と呼ぶもののほうが、実際に人々の助けになっ

図6-2　2011年、福島で原発事故が発生したとき、伊藤穰一たちが直ちに築いたバーチャルな「場」

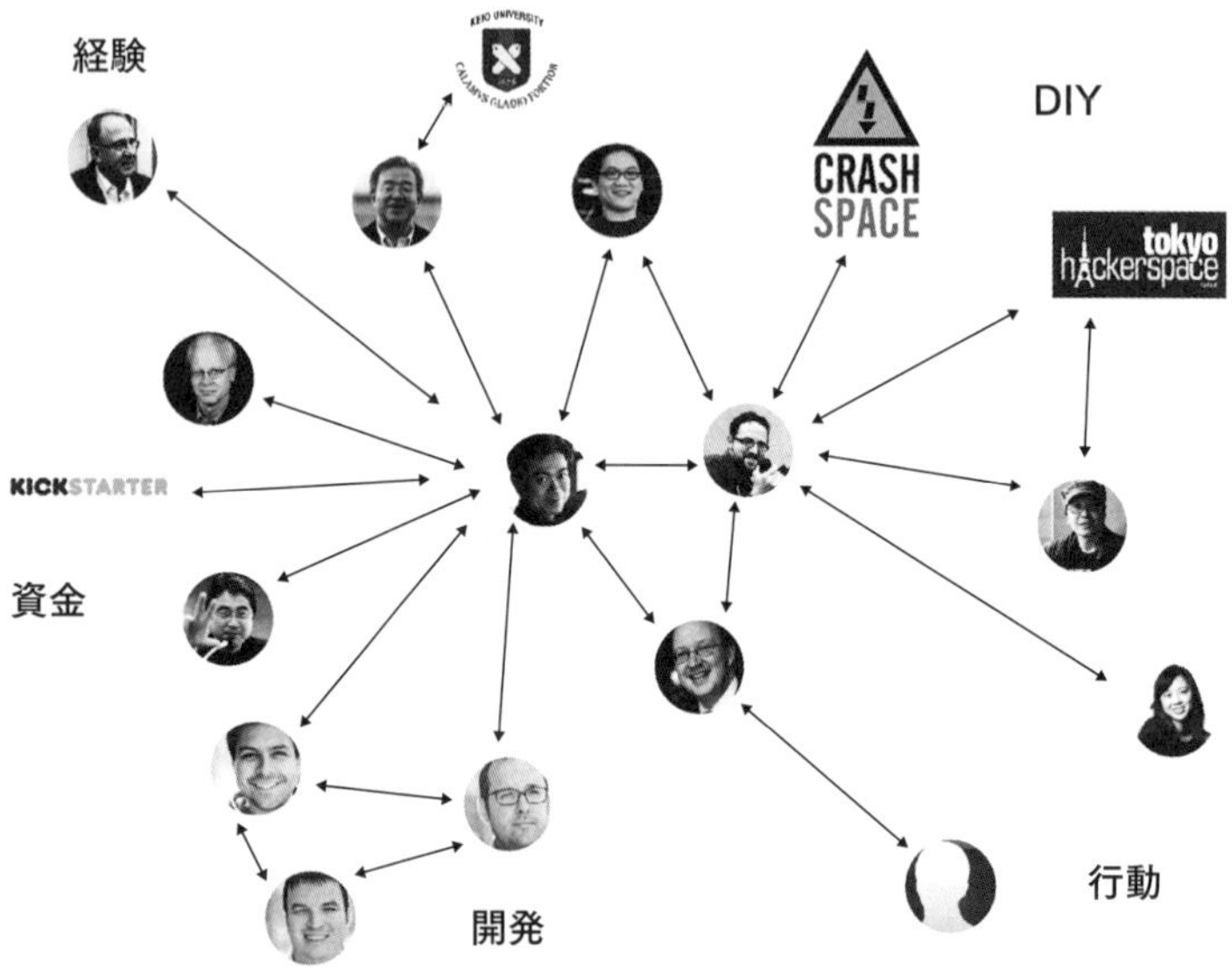

提供：CC BY、ショーン・ボナー［セーフキャスト］、伊藤穰一

た。政府によって事前に大規模な対策が講じられ、巨額の資金が注ぎ込まれていながら、放射線量のデータを得ることはできなかった。

その原因は、迅速に対応できる柔軟なシステムがなかったことにある。セーフキャストがわずか数週間で世界の専門家たちを集結させ、問題の解決策を見出せたのは、インターネットと、チームの機敏さと、オープンさのおかげだと、伊藤は言う（図6-2）。「ふさわしい人材と必要な資源、それに機敏さが揃えば、政府によって事前に用意されたいかなるありきたりのシステムよりもいいものができる[18]」。これが現代のバーチャルな「場」の力である。

2

「場」を創出する能力を育む

世界のどこの企業であっても、「場」を築く方法はいくらでもある。喫煙室、社員食堂、カフェ、娯楽室、会社主催による家族やスポーツのイベント、企画会議、研修、勉強会、非公式の趣味の集まり、バーチャルな会議、イントラネット、ブログなどである。

とはいえ、社内のすべてのイベントや相互交流が「場」になるわけではない。それらが「場」になるためには、何らかの形で知識を創造する相互交流がなくてはならない。また、目的と文脈が社員の間で共有されている必要もある。さらに、その相互交流から新しい洞察が得られたり、新しい意味が創出されたりするのでなければ、「場」とはいえない。加えて、「場」である限りは、知識の実践者のコミュニティを拡大させる原動力にもならなくてはいけない。

ワイズリーダーたちは「場」の創出を組織に根づかせるため、次のようなことを実践していることが、われわれの研究では示されている。

- 垣根を作らない。
- タイミングを見計らう。

- セレンディピティを引き出す。
- 本音で話す。
- 共通の目的意識を育む。
- コミットメントの範を示す。

◆垣根を作らない

セーフキャストの伊藤穰一は、福島の原発事故後、短期間で携帯型の放射線測定器の開発に成功した要因の第一にオープンさを挙げている。開発に取り組んだグループの人数は、数日で三人から二五人に増えた。またグループはオープンソースのソフトウェアを使って、刻々と変わる環境の中で、政府から提供されているものより正確な計測ができるツールを作った。さらに集めたデータは無料で公開して、誰でも自由に閲覧し、利用できるようにした。その結果、セーフキャストは日本国内はもとより、世界中で頼りにされる放射線の情報源になった。

稲盛和夫が倒産後のＪＡＬで開いたコンパには、垣根を作らないことが社内改革に役立つことが示されている。当初、ＪＡＬの幹部の多くは稲盛からの誘いを断って、コンパ（「場」）に参加しようとしなかったが、川崎の安いホテルで開かれた最後の回では、五二人の幹部全員が参加し、中には午前四時まで帰らなかった者までいた。稲盛の教えが心に届き、幹部たちが自分たちの間違いを受け入れ始めたからだった。

　同じように、二〇〇二年、槍田松瑩《うつだしょうえい》は三井物産の社長に就任してから五カ月後、月に一、二回、昼食時や終業後に社員たちと話をする「車座集会」を始めた。この集会は全社員に開かれていて、社員や自社や社会にとって「よい仕事」とは何かについて話し合いたい社員は誰でも、事前にイントラネットで申し込んでおけば、参加できた。六年間で合計一一七回開催され、参加者は二〇〇〇人にのぼった。参加者は物議をかもしている問題も含め、三井物産の国際事業や自社の未来の目標について話し合った。

　アジアでは、会社主催の家族やスポーツのイベントが「場」になっていることがよくある。われわれ二人も二〇一三年に台北で、セキュリティソフトメーカー、トレンドマイクロの社内イベントに丸一日参加した。それは世界各地の幹部が一堂に会する三日間のイベントで、毎年一回、台北、東京（本社所在地・上場地）、シリコンバレー、ヨーロッパのいずれかの場所で開かれている。イベントの二日目は「スポーツの日」になっていて、三人の創業者――スティーブ・チャンと、その妻ジェニー・チャン、ジェニーの妹で現CEOのエバ・チェン――と世界各地の幹部約二〇〇人、それに地元の社員一〇〇〇人ほどとその家族が、チームスポーツに興じる。

　「スポーツの日」はオリンピックのような「開会式」から始まる。参加者たちはこの開会式で二度、入場行進する。一度目は一人一人自国の旗を掲げて行進し、二度目はチームごとに揃いのユニフォームで行進する。この日は終日スポーツ三昧で、六チームに分かれて、サッカーや、バレーボールや、テニスや、五〇メートル走などで勝敗を競う。また水風船合戦、二人三脚、障害物競走、綱引きなどの楽しい競技もある。白黒の縦縞の服を着たレフェリーがいて、どの競技でもしっかり判定をするほか、記録係が試合の記録をつけて、二、三〇分おきに各チームの点数を発表したりもする。

このイベントには、最高幹部たちがいろいろな競技に正々堂々と参加して、負けたり、小さい子どもたちが親にチアリーダーと一緒に声援を送ったりするのを見られるという楽しさもある。また、試合に参加した社員たちは、トロフィーやメダルなど、この日の記念品ももらえる。そして、誰もが屋台でおいしい地元の料理を食べられる。

このように社員やその家族との間に垣根を作らないことが、創業者たちによって築かれた「楽しく、素晴らしく」という社内文化の維持に大きく役立っている。二〇〇六年、現在では引退している元会長スティーブ・チャンは、何を成し遂げたいかと尋ねられ、次のように答えた。「楽しく働ける会社を築きたいのです。誰でも私生活では、のびのびしたい、面白いことをしたい、ちょっと羽目を外したい、人生を楽しみたいと願っています。トレンドマイクロでは、職場でもそういうことができるようにしたいのです(19)」

トレンドマイクロは世界で五〇〇〇人の従業員を擁する会社だが、われわれが言葉を交わした「トレンダー」たちはほぼみんな、「楽しく働ける会社」というスティーブ・チャンのビジョンは実現していると感じていた。実際、CEOエバ・チェンは、そのための「場」の創出を担う最高文化責任者、姉ジェニー・チャンに全幅の信頼を寄せている。(20)

◆タイミングを見計らう

「場」の創出では、タイミングが重要な役割を果たす。セーフキャストとJALはどちらも緊急事態で「場」を築いた。東京電力の福島第一原発が三月一二日に爆発してから一週間も経たないうちに、伊藤穰一、ショーン・ボナー、ピーテル・フランケンの三人は、のちにセーフキャストと呼ばれることになるチームを結成して、ガイガーカウンターの開発に乗り出した。被災地の人々が放射線量の計測のため、ガイガーカウンターを必要としていたからである。

チームはすぐ、ガイガーカウンターの作り方を知っている者が大勢いる東京へ飛び、わずか六日で、活動の態勢を整えた。数カ月後には、弁当箱ほどの大きさの高性能な放射線計測器の開発に成功した。セーフキャストのチームがこれほど迅速に成果を上げられたのは、正しい場所で、正しい人材によって、正しいときに「場」を築いたからである。時宜にかなった「場」を彼らが創出したおかげで、日本の一般の人々がそれまでよりもはるかに正確な放射線量のデータを入手できるようになった。

同じように、二〇一〇年に倒産したJALの会長に就任した稲盛和夫も、社員を一つにまとめ、アメーバ経営とJALフィロソフィによって社内の悪弊を断ち切るため、すぐに「場」を築いた。会長として社に加わってわかったのは、JALが復活できるかどうかは、社員自身が変われるかどうかにかかっているということだった。

JALでの稲盛がそうだったように、ワイズリーダーは共感の能力に富み、他者の気持ちを想像することで「場」をうまく導ける。文脈の変化に対処するうえで、この共感と想像は重要である。ワイズリーダーはすみやかに、状況を読み取って、何を求められているかを理解し、それに適応しなくてはいけない。タイミングがすべてである。

本田宗一郎がかつて次のように言っている。「ジョークというのは実に難しい。そのときの雰囲気とチャンスをつかまなければならない。ふっとそこにだけ存在するもので、他には存在しない。そのタイミングを外したらジョークは成り立たない。(中略)ジョークというのはアイディアであり、人情の機微を察することである」[21]。「場」の創出も同じことである――もちろん、冗談ではなく。

◆セレンディピティを引き出す

「セレンディピティ」という言葉は、元は英国の貴族ホレス・ウォルポールが一七五四年の書簡で用いた造語で、以来、幸運な偶然の発見という意味で長く使われてきた[22]。最近は、創造性と密接につながったもの——新しいアイディアをもたらすミステリアスな手段——と見なされている。

シリコンバレーには、意図的にセレンディピティを引き出そうと試みている企業もある。たとえば、グーグルのカリフォルニア本社には、「従業員同士の思いもよらぬ出会い」を最大限に増やす大学のキャンパスのような空間が築かれている。実際、グーグルの不動産責任者によれば、本社の施設内では、従業員はどこにいても歩いて二分半以内に他の従業員と顔を合わせるという。

セレンディピティによって仕事の創造性が高まり、ひいてはイノベーションが促進されることに企業は気づきつつある。マサチューセッツ工科大学(MIT)の研究では、席が一・八メートル離れている人同士は、席が一八メートル離れている人同士に比べ、コミュニケーションが四倍増える——階や建物が違えば、ほとんどコミュニケーションがない——ことが明らかになっている。

また、別のMITの研究によると、一二人がけのテーブルで食事をする従業員のほうが、四人がけのテーブルで食事をする従業員よりも、会話を交わしたり、交友関係が広がったりしやすいおかげで、生産性が高いという[23]。

ファーストリテイリングはこれらの発見に触発され、二〇一七年二月に稼働を始めた有明の新オフィス「ユニクロ・シティ・トウキョウ」には、セレンディピティを念頭に置いたデザインを取り入れた。広さ一万六五〇〇平方メートルのワンフロアに置かれたこの新オフィスは、メインストリートでつながれた三つのエリア（「アップタウン」「ミッドタウン」「ダウンタウン」）からなり、フロアの端から端までの距離は二四〇メートルにも及ぶ。(24)

ユニクロ・シティ・トウキョウには、「場」が生まれやすい次のような場所が備わっている。①すれ違った社員の間で何気ない会話が交わされるメインストリートやそこから横に延びた通路。②昼食や夕食時に、偶然、会話が始まる「デイリースペシャル」（社員食堂）と「有明カフェ」。③静かな時間を過ごせる「リーディングルーム」。④ブレインストーミングが行われる「ジ・アンサー・ラボ」。⑤部門間の非公式の話し合いや会話に使われる、フロアのあちこちにあるラウンジ。⑥社内やコミュニティの大きなイベントが開かれる「ザ・グレート・ホール」

◆本音で話す

これは言うまでもないことのように思えるが、組織に属する者たちに互いに本音で話し合わせるのは、容易ではない。世の大半の会社員は、本当のことを言っても、失うものばかり多くて、得るものは少ないと思っているのではないだろうか。実際、世界のほとんどの企業で、政治的な正しさが改革の最大の妨げになっている。だからこそ、一部のワイズカンパニーは、思っていることを何でも話させる特別な「場」を設けている。たとえば、ホンダには「ワイガヤ」と呼ばれる「場」がある。

「ワイガヤ」(「ワイワイガヤガヤ」を短く縮めた名称)は、問題の解決を最終的な目的とするものだが、問題の解決に至るまでには予期せぬ紆余曲折を経る。「ワイガヤ」では普通、三〇人ほどのプロジェクトチームのメンバーが集まって、三日間、温泉つきの旅館で合宿が行われる。夜には、みんなで酒を飲んで、温泉に浸かる。

決まった手順はないが、たいていは参加者同士で上司の悪口を言い合い、日頃の不満を吐き出すことから始まる。酒が回り、本音が飛び出すようになると、口論や殴り合いのけんかが起こることも珍しくない。それでも二日目には、打ち解け始め、互いの動機や気持ちを理解し始める。もっと相手の言葉に耳を傾け、相手の思いを理解しようという姿勢が芽生える。三日目には、しばしば帰納的飛躍が生じ、個人的な事柄を克服して、チームとしての視点で問題の解決方法を探れるようになる。

「ワイガヤ」の生みの親は、長年、本田宗一郎の参謀を務めた藤沢武夫である。藤沢は「ワイガヤ」について次のように話している。「宗一郎は天才です。ですから、凡人には真似ができません。われわれのような凡人は、みんなで集まって、一緒に過ごし、自分たち(つまり、会社や私)の根本的な存在理由は何なのかを論じ合うことによってのみ、宗一郎と張り合うことができます。『ワイガヤ』とはそのための場にほかなりません」

ある社員は冗談めかして、次のように言ったという。「『ワイガヤ』を二〇回やれば、やっと白帯。四〇回やれば、黒帯がもらえる」[25]。そのためには、肝がよほど据わっていなくてはいけない。

◆共通の目的意識を育む

「場」の参加者は共通の目的意識を持っていなくてはならない。先述したように、ファーストリテイリングのCEO、柳井正は四〇〇〇人の社員の前で「服の民主化」をめざしたいと宣言し、共通の目的意識を醸成しようとした。

どういう服を着るべきかについての西洋のルールを変えられるのは、日本の企業であるというのが柳井の持論である。近代以降の日本には貴族階級もなければ、強い階級意識もないので、日本生まれのブランドは、「メイドフォーオール」や「ライフウェア」というコンセプトを掲げることで、世界中の服を民主化できるはずだと柳井は演壇から語りかけた。CEOの話を初めて聴いた社員たちにとって、このコンベンションはユニクロの理念について、新しい意味を共有する機会になった。

エーザイは研究員たちに患者を訪問させることで共通の目的意識を育んだ。前に述べたとおり、エーザイでは患者がどんな行動をし、どう薬を服用し、どう介護者と意思の疎通を図っているかを社員たちが学んだ。それにより患者とその家族のニーズについて、また社長、内藤晴夫によって掲げられた「ヒューマン・ヘルスケア（hhc）」という企業理念についての理解が深まった。

ある社員は、われわれに次のように語っている。「研究所にいると、薬を創ることが究極の目的であるかのような錯覚に陥りやすい。病院では、薬は単なる道具にすぎないのだ。薬はそれが使われる状況があって薬たるのである。今回の研修を通じて、医療という枠組みの中においての薬のあり方を再認識し、創薬には何が必要なのかを学ぶことができた(26)」

◆コミットメントの範を示す

「場」には参加者のコミットメントが欠かせない。伊藤穰一は数週間で、インターネットを通じて世界で最高の人材を揃えて、それまで計測されていなかったデータを集め、初めて明らかになったことを発表し、さらに人体への放射線の影響を調べるため、放射線データと医療データを突き合わせた。そこでは参加者全員が「場」の目的に積極的にかかわり、自分の時間と労力を共通善のために惜しみなく捧げた。一年後には、既存の入手可能な放射線データの総量を上回る量のデータが集まり、セーフキャストは放射線モニタリングの草分けとなった。

幹部がコミットメントの範を示そうとするのであれば、現場に出ていくことが重要である。シマノの例では、ヨーロッパでレースの「場」を築いたのは、一九七〇年代初頭、会社の経営陣から「ヨーロッパへ行って、そこで結婚せよ」とか、「チーム、フランドリアに同行し、レースの現場で起こっていることを自分の目で見てこい」とか言われ、ヨーロッパへ送り込まれたミドルマネジャーたちだった。

シマノは戦略的に米国市場で足場を固めることから始めたが、やがてはヨーロッパの自転車レース界で有力企業の仲間入りをしなければ、自社に未来はないと誰もが理解していた。ヨーロッパで暮らしたこともなければ、現地の言葉も話せないミドルマネジャーたちにとってそれは楽な任務ではなかった。しかし、彼らは任務を成し遂げるのに必要な、相互理解、共通の認識、積極的な共感、信頼という土台をシマノから与えられていた。

トヨタも自社の新しい未来を築く「場」としてレースとヨーロッパを選んだ。先頭に立ってそれを推し進めたのは、現ＣＥＯで創業家の一員でもある豊田章男である。豊田はドイツのニュルブルクリンク二四時間レースに目をつけると、それをトヨタと自身を変える効果的な「場」にするため、積極的に時間と労力を注いだ。

二〇〇二年、当時北米の子会社で副社長を務めていた豊田は、豊田市に戻った際、トヨタのチーフテストドライバーで、のちに豊田とともにレーシングチーム「ＧＡＺＯＯレーシング」を立ち上げることになる成瀬弘《ひろむ》と初めて会った。トヨタのＦ１のレーシングチームを一軍とすれば、ＧＡＺＯＯレーシングは開発段階のセダンやＳＵＶでレースに参戦する二軍のチームだった。

成瀬は初対面の豊田に次のように告げた。「このトヨタには、俺たちみたいに命をかけてクルマをつくっている人間がいる。そのことを忘れないでほしい。月に一度でもいい、もしその気があるなら、俺が運転を教えるよ」。豊田はこの申し出を受け入れて、国内のテストコースやサーキットで他のドライバーたちとともに成瀬から運転を教わった。

指導の初日に言われたことは、今も胸に刻まれているという。「クルマと会話をするんだ。クルマは生き物だから、計算だけではできない。対話をせずに計算だけで作るから、家電になってしまうんだ(27)」

それからほどなく、ニュルブルクリンク二四時間レースがトヨタの車と人を鍛えるブートキャンプになった。豊田は次のように述べている。

「ここはごまかしが利かない場所。決して嘘をつけない場所。ちょっとクルマが好きだから、運転がうまいからというだけでは、ニュルの神様にとーんとやられていたと思う。クルマの基本性能も他の道ではごまかせても、ここではダメでしょ。だからここで鍛える。鍛えるとクルマが壊れる。壊れるから人も鍛えられる(28)」

ニュルブルクリンクは豊田にとって個人的な鍛錬の機会でもあった。豊田は二〇一六年五月二六日、レクサスRCでサーキットを二周走行後、次のようにコメントしている。

「僕は自分が社長として適格なのか、とずっと不安を抱いてきた。その意味でこのごまかしの利かない場所で走ることは、僕にとって常に自分を確かめる場所であり続けてきたんだと思う。そういう意味ではね、今はもう平常心のままコースに入れるようになった。昨日だって1周目はクルマと語り合って、2周目は気持ちよく走らせてもらえたんだから(29)」

不幸にも、成瀬弘は二〇一〇年六月二三日、ニュルブルクリンク近郊をトヨタの試作車で走行中、悲劇的な事故死を遂げた。豊田は二〇一六年、事故現場を訪れた際、ひざまずいて、手を合わせ、成瀬の霊に向かって、一〇年かかったが、ニュルブルクリンクの二四時間レースに「トヨタGAZOOレーシング」として参戦できることになったと報告した。

「要するに僕は昨日、初めて『TOYOTA』という名前を付けたチームで、ニュルを走ったことになるんだ。気づいたときは、ちょっと何ともいえない興奮を感じた。ニュルでの活動を10年続けてきて、やっと『トヨタのクルマ』に乗せてもらえたんだ。なんだか泣けてきたよね(30)」と、豊田は告白している。

GAZOOレーシングがトヨタ社内で一軍のレーシングチームと認められるまでには、一〇年に及ぶ豊田のコミットメントが必要だった。豊田と試験走行チームの全員によるGAZOO

レーシングへの長期的なコミットメントがあって初めて、ニュル——成瀬はニュルブルクリンクのレースをよくそう呼んでいたという——をトヨタの「場」にすることができた。

3 第6章のまとめ

本章では、いろいろな「場」があることを明らかにした。それらの「場」は、次のように大きく二つに分けることができる。

- 非公式の「場」(酒席など)と社内の公式の「場」
- 大きな「場」と小さな「場」
- 社内の「場」と社外の「場」
- 物理的な「場」と認知的な「場」
- 直接顔を合わせる「場」とバーチャルな「場」

これらの「場」すべてに共通するのは、参加者が文脈を共有し、「いま・ここ」の人間関係を築き、相互交流を通じて新しい意味と洞察を獲得するということである。新しい意味と洞察が引き出されるためには、参加者同士の相互交流が適切な文脈で、適切な時に、適切な環境で行われなくてはならない。

「場」は知識の方程式の両辺、すなわち創造と実践のどちら側でも重要な役割を果たしている。創造の側についていうと、知識は真空からは生まれない。知識の創造には文脈、つまり、「場」が欠かせない。情報は文脈の中に置かれて初めて、解釈され、意味を持ち、知識になる。知識創造のプロセスは、時と場所、それに他者との関係という文脈と切り離せない。

したがって「場」とは、共有された文脈のことだといえる。「場」の参加者たちは、その共有された文脈の中で、互いの主観的な視点や価値観を理解し、「いま・ここ」の関係を築き、相互作用によって新しい意味と洞察を生み出そうとする。

また、「場」は動的なものともいえる。そこには絶えざる変化があるからである。参加者が常に出入りして、各自の文脈を「場」に持ち込み、他の参加者や環境と作用し合うことで、各自の文脈が変わり、「場」そのものの文脈が変わり、各自と環境や他者との関係が変わる。

方程式の右辺の知識実践についていうと、「場」は、知識を実践する人々のコミュニティを拡大させる原動力になる。知識の創造と実践が時間をかけて繰り返され、SECIスパイラルの存在論的な次元が上昇するとき、その上昇は「場」によって促進される。シマノやエーザイの事例で見たように、SECIスパイラルが上昇するほど、社内からも、他社からも、コミュニティからもＳＥＣＩのプロセスにかかわる人が増える。

だから、個人にとっても、企業にとっても、そしてもちろん、社会にとっても有益な知識の実践が、ＳＥＣＩスパイラルによって可能になるのである。

第7章 本質を伝える

Communicating the Essence

ワイズリーダーはメタファーや物語や歴史的構想力を使う。

リーダーが素早く本質をつかめたとしても――つまり状況や、ものや、現象の背後に何があるかを素早く理解できたとしても――人々にその本質を伝えられないのなら、宝の持ち腐れである。リーダーには誰にでもわかる普遍的な言語で本質を伝える能力が求められる。ただし状況の本質はたいてい言葉では言い表しづらい。

そこでワイズリーダーはメタファー（隠喩）や、物語や、その他の比喩表現を使って、幅広い事柄について、効果的に人々との意思の疎通を図ろうとする。(1) そうすることで、今の状況も過去の経験もそれぞれに異なる個人や集団に、素早く直観的に本質を理解させられる。

リーダーは、レトリックにも熟達しなくてはいけない。野望やビジョンという形で表現され

1

レトリックの力

るレトリックには、人々の心を奮い立たせる力がある。レトリックは伝統的にはもっぱら政治の領域に限定されてきたが、意図的ないし戦略的な誘導を含め、人間のコミュニケーション全般にかかわるものである。本書においては、個々の状況で効果的に伝え、説得し、意欲を引き出す方法を意味する。知識実践には相手に行動を促すこのレトリックが欠かせない。

レトリックが効果を発揮するのは、自分の言葉が相手にどう受け止められるかがわかったうえで、レトリックを使うときである。そのためには深い感情レベルで、相手の反応を感じ取れる能力が求められる。(2) 相手がどのように言葉を受け止め、どのように反応するかがわかれば、それをもとに、どのように話したらよいかを考えられる。(3)

相手にこちらの言いたいことが伝わるようにするためには、自分の視点ばかりだけではなく、相手の視点にも立つことが重要になる。本質をつかむうえでは、ものや、現象や、経験の本質を感じ取る能力が何より肝心だとしたら、その本質を他者に伝えるということは、他者の本質的なダイナミクスをつかむことだといえる。

レトリックの力をとても見事に示している例として、一九一三年一二月、探検家アーネスト・シャクルトンが新聞に出したわずか数行の小さな募集広告を見てみよう。エンデュアランス号で南極点をめざす遠征隊の隊員を募集する広告で、次のような文章だった。[4]

「過酷な旅行の同行者募集。低報酬で酷寒、数カ月続く完全な闇夜、絶えざる危険。安全な帰還は保証されない。成功の暁には、名誉と称賛が与えられる」

この広告が新聞に掲載されると、およそ五〇〇〇人から応募があった。シャクルトンはほぼ勘で応募者の性格を見きわめて、三三人を選んだ。このような募集広告に興味を引かれた三三人はみんな、自分たちがこれから経験することを十分覚悟していた。二年に及ぶ過酷な旅に耐えられたのは、一つにはそういう覚悟があったおかげだった。船を捨てて、救命ボートで氷の海を漂ったりするなど、並大抵ではない苦難を味わったが、最後まで一人の脱落者も出ず、全員が試練を乗り越えた。

◆ロゴス、パトス、エトス

アリストテレスは説得の技法について論じた『弁論術』(前四世紀)の中で、レトリックとは、個々の状況に適した説得の仕方を見きわめる能力だと指摘している。アリストテレスによれば、説得にはロゴス、パトス、エトスという三つの手段があるという(5)。

興味深いことに、シャクルトンの募集広告ではそれらの三つの手段がすべて用いられている。論理的な訴え(ロゴス)、感情的な訴え(パトス)、倫理的ないし人格的な訴え(エトス)である。

ロゴスでは、論理的な議論や証拠を使って、相手を説得しようとする。シャクルトンの短いながらも、力強い言葉で率直に綴られた文章からは、南極大陸への旅が危険をきわめ、生きて帰れる保証がないものであることがはっきりと伝わってくる。五〇〇〇人の応募者は全員、南極探検には大きなリスクが伴うことを承知していた。実際、一九一四年七月にロンドンを出発したエンデュアランス号以前に、スウェーデン、オーストラリア、カナダのチームがそれぞれ南極遠征に挑んで、多数の死者を出す結果に終わっていた。

シャクルトンの広告で、パトスつまり感情的な訴えが強調されているのは、締めくくりの飾りのない一文である。「成功の暁には、名誉と称賛が与えられる」。英国人の多くがこの言葉に胸を揺さぶられた。当時、英国を含む多くの国々が、南極点への一番乗り(とその領有権)をめぐって、熾烈な競争を演じていた。

上述のスウェーデン、オーストラリア、カナダの他に、ドイツ、ベルギー、フランスなども、科学的な関心と愛国心から、南極遠征をなんとしても世界に先駆けて成功させようと躍起になっていた。加えて、当時の政治情勢にも、感情的な訴えを強める要素があった。英国とドイツの間で今にも戦争の火蓋が切られようとしていたのである。シャクルトン自身、隊員たちとともに「凍った大陸の雪と、氷と、寒さに戦争を仕掛ける」ということを言っている。(6)

エトスでは、相手にこの人なら信頼できると思わせることで、相手を説得しようとする。話し手や書き手の人格や経歴によって形作られるのがエトスである。したがって、発言がなされるよりも前、ここでの例でいえば募集広告が掲載されるよりも前に、人々からどう思われていたかが重要になる。

一六歳で船乗りになり、デッキの掃除やら、真鍮の手すり磨きやらの下積みを経て、弱冠二四歳で船長の資格を取得したシャクルトンには、人格的な訴えの力が豊富に備わっていた。早々と昇進しても、偉ぶることはまったくなかったという。

ある船員はシャクルトンを次のように称賛している。「よくいる若い船長のタイプとはかけ離れていました。(中略)気取ったところが全然なくて、下っ端の船員たちと同じように話し好きで、よく議論しました。(中略)人間味にあふれ、とても理解のある船長でした」(7)

重要なのは、エンデュアランス号の航海がシャクルトンの三回目の南極遠征になること、船長としても二回目になることを誰もが知っていたことである。

◆本田宗一郎の宣言

アーネスト・シャクルトンが西洋におけるレトリックの達人の代表だとすれば、東洋でそれに伍する人物といえば、本田宗一郎だろう。宗一郎は本田技研工業（以下、ホンダ）の創業からわずか五年後、社報に「宣言」(8)と題する文章を寄せて、世界最高峰のオートバイレース、マン島TT（ツーリスト・トロフィー）レースへの参戦を誓った。

ここで注目すべきは、宗一郎がなぜそうしたいのか、すなわち、なぜホンダを世界的な企業にするという夢を実現したいのか、なぜ日本の産業界に明るい未来をもたらすという個人的な使命を追求したいのかについて、本質的なことが語られている点である。

では、ロゴス、パトス、エトスの三つを使ったその文章のレトリックの力をご覧に入れるため、長文だがあえて以下に全文を引こう（表7－1）。

このレトリックでも説得の三つの手段がすべて用いられている。論理的な訴え（ロゴス）になっているのは、ホンダがすでに飛行機のエンジンの二倍のパワーを持つオートバイを開発していることによって。従業員に対する感情的な訴え（パトス）になっているのは、無名の日本企業が世界の檜舞台に打って出ようとしていることによって。また、同胞に対して感情的な訴えになっているのは、第二次世界大戦で敗戦した日本が世界に産業力の高さを誇示できることによって。さらに、人格的な訴え（エトス）になっているのは、世界各地のオートバイのレースに出

表7-1　本田宗一郎の宣言

宣言

吾が本田技研創立以来ここに五年有余、劃期的飛躍を遂げ得た事は、全従業員**努力の結晶**として誠に同慶にたえない。

私の幼き頃よりの夢は、自分で製作した自動車で全世界の自動車競争の覇者となることであつた。然し、**全世界の覇者**となる前には、まず企業の安定、精密なる設備、優秀なる設計を要する事は勿論で、此の点を主眼として専ら**優秀な實用車**を国内の需要者に提供することに努めて来たため、オートバイレースには全然力を注ぐ暇もなく今日に及んでいる。

然し今回サンパウロ市に於ける国際オートレースの帰朝報告により、欧米諸国の実状をつぶさに知る事ができた。私はかなり現実に拘泥せずに世界を見つめていたつもりであるが、やはり日本の現状に心をとらわれすぎていた事に気がついた。今や世界はものすごいスピードで進歩しているのである。

然し逆に、私年来の**着想**をもつてすれば必ず勝てるという**自信**が昂然と湧き起り、持前の**斗志**がこのままでは許さなくなつた。

絶対の自信を持てる生産態勢も完備した今、**まさに好機到る！**　明年こそは**T・Tレース**に出場せんとの決意をここに固めたのである。

此のレースには未だ會つて**国産車**を以て**日本人**が出場した事はないが、**レースの覇者は勿論、車が無事故で完走できればそれだけで優秀車として全世界に喧傳される。**従つて此の名声により、輸出量が決定すると云われる位で、独・英・伊・仏の各大メーカー共、その準備に全力を集中するのである。

私は此のレースに**250cc（中級車）のレーサー**を製作し、吾が本田技研の代表として全世界の檜舞台へ出場させる。此の車なら**時速180km以上**は出せる自信がある。

優秀なる**飛行機**の発動機でも１立当たり55馬力程度だが、此のレーサーは１立当たり100馬力であるから丁度その倍に当る。吾が社の**獨創**に基く此のエンジンが完成すれば、**全世界最高峰**の技術水準をゆくものと云つても決して過言ではない。

近代重工業の花形、オートバイは綜合企業であるからエンジンは勿論、タイヤ、チェーン、気化器等に至るまで、**最高の技術**を要するが、その裏付けとして**綿密な注意力**と**眞摯な努力**がなければならない。

全従業員諸君！

本田技研の全力を結集して**栄冠**を勝ちとろう、本田技研の**將來**は一にかかつて**諸君の双肩**にある。ほとばしる情熱を傾けて如何なる困苦にも耐え、緻密な作業研究に諸君自らの道を貫徹して欲しい。本田技研の飛躍は諸君の人間的成長であり、諸君の成長は吾が本田技研の將来を約束するものである。

ビス一本しめるに拂う細心の注意力、紙一枚無駄にせぬ心がけこそ、諸君の道を開き、吾が本田技研の道を拓り開くものである。

幸いにして絶大なる協力を寄せられる各外註工場、代理店、関係銀行、更には愛乗車の方々と全力を此の一点に集中すべく極めて恵まれた環境にある。

同じ敗戦国でありながらドイツのあの隆々たる産業の復興の姿を見るにつけ、吾が本田技研は此の**難事業**を是非完遂しなければならない。

日本の機械工業の**眞價**を問い、此れを全世界に**誇示**するまでにしなければならない。**吾が本田技研の使命は日本産業の啓蒙にある。**

ここに私の**決意**を披歴し、Ｔ・Ｔレースに出場、優勝するために、精魂を傾けて創意工夫に努力することを諸君と共に誓う。

右宣言する。

昭和29年３月20日

本田技研工業株式会社　社長　本田宗一郎

提供：本田技研工業

場することが宗一郎の子どもの頃からの夢であることによって。また、それらのレースに勝つことに宗一郎が闘争心を燃やしていることによって。宗一郎はすぐにでもマン島レースに参戦したかったが、その実現には五年かかった。それでも一九六一年の大会では、三回目の出場にして、一位から五位までを独占した。(9)

2 メタファーを使って本質を伝える

前に述べたとおり、ワイズリーダーには誰にでもわかる普遍的な言語で、個々の状況の本質を伝えることが求められる。ワイズリーダーは個別と普遍の両方に目を向けながら、メタファー(隠喩)や物語やその他の比喩表現を効果的に用いて、わかりやすい実用的な言葉で自分の主観的・直観的な考えを概念化しなくてはいけない。

メタファーとは、あることを他のことになぞらえて理解しようとする手法である。(10)

本田宗一郎は話の要点をわかりやすくするために、しばしばメタファーを用いた。木を見ることと森を見ることの違いを説明するのに、農夫と画家のメタファーを使ったことは第5章ですでに紹介したとおりである。一九五四年、「宣言」を書いたすぐ後、社内での自分の役割を言い表すのにもメタファーを使っている。のちの多くのリーダーたちと同様、宗一郎も自分の役割を「オーケストラの指揮者」にたとえた。

「私の置かれている立場は、オーケストラでいえば指揮者に相当する。諸君もよくご存じのとおり、オーケストラに最も必要なのは階調である。それなくしては、美しい旋律は決して生まれてこないのである。会社もまったくこれと同一といえる。仕事の能率の遅い人がいれば、他もそれに歩調を合わせなければならなくなってしまう」[11]

◆メタファーとしての「フェラガモ」と「次の電柱まで走ろう」

ホンダエアクラフトカンパニーの藤野道格も創業者のメタファー好きを受け継いでいて、ノースカロライナ州グリーンズボロで進められていたホンダジェットの開発においても、重要な局面でメタファーを使った。中でも抜きん出たメタファーが二つある。一つには、デザインの美しさと機能性の両方を追求するメタファーとして、イタリアの靴メーカー、フェラガモのハイヒールが用いられた。藤野によれば、そのメタファーは次のような経緯で思いついたという。[12]

「どういう先端形状が一番美しいのか、いかにしたら抵抗を下げられるのかということを、ずっと考え続けていた頃に、たまたまハワイに行きました。そのとき、免税店に飾られていた高級ブランドのフェラガモのハイヒールが目に留まって、『これをヒントにしよう』と思いついた。まずはイメージに任せて大まかなスケッチを描きました。

若い頃は理詰めで形を決めていったが、だんだん経験を積んでくると、最初にこういう形がいいんじゃないかとインスピレーションがわいて、逆にその後に、理論でそれを証明していくようになってきました。（中略）

なぜブランド靴をヒントにしたかといえば、長年にわたり靴をつくり続けてきたフェラガモは、いろいろな経験に基づきデザインして、機能と美しさをあわせ持つ形をつくってきたのじゃないかと思ったからです」

もう一つのメタファーは、思いどおりに物事が進まないとき――ホンダエアクラフトでの二九年間はその連続だった――に使われた。それは「次の電柱まで走ろう」というメタファーである。藤野はたまたま顔を合わせた元マラソン選手から次のような話を聞いたのがきっかけだったという。(13)

「疲れて苦しくなり、もう駄目だと思い始めたとき、四二・一九五キロを走り切ることはもう考えないことにした。代わりに、次の電柱まで走ろうと自分に言い聞かせた。そうやって、次の電柱まで走るのを繰り返したおかげで、最終的には完走を果たせた」

「次の電柱まで走ろう」と自らを励ますことで、藤野はいくつもの障害を乗り越えた。さまざまな難題――科学的な妥当性から、新技術の開発、米国での民間航空事業に必要な認可の取得、それに費用対効果分析や人間関係まで――を克服できたのは、いつも「次の電柱まで走ろう」と念じてきたからだった。そうやって走り続けた結果、最後にはゴールにたどり着けた。

◆トヨタの「モリゾウ」と野球のメタファー

ホンダエアクラフトの藤野と同様、トヨタ自動車の豊田章男も社の先輩たちからメタファーを使う習慣を受け継いだ。豊田が学んだのは、相手の心にメッセージが深く刻み込まれるようなメタファーの使い方だった。たとえば、トヨタの先輩たちはいつも自動車産業――ひいては自社――を緑のトマトにたとえていた。いつまでも成熟せず、成長の途上にあるという意味である。

北米トヨタの元社長は次のように話している。「緑色のトマトは、まだ先があることを知っていますが、赤いトマトは成長を止めてしまっています」(14)

トヨタの先輩たちは、自動車産業や自社の前途には素晴らしいチャンスが待ち受けていることを、蝶が蛹から羽化する時期にたとえることもあった。そのメタファーは、昇進を逃したマネジャーが意欲を失うのを防ぐのにも使われた。

トヨタの元人事部長は次のように話している。「昇進できなかった人には、人間性のせいではなく、人数の制限のせいでやむをえずそうなったことを伝えます」[15]。悪い結果を知らせるときには、相手をいたわり、希望を持たせることが大事だという。一方、昇進した社員に対しては「紙一重で落ちた」候補者がたくさんいることを告げる。これは驕りを戒めるためのメタファーである。[16]

このような環境で育てられたトヨタのCEO、豊田章男は話の要点をわかりやすくするとともに相手の心をつかめるよう、好んでメタファーを使う。

豊田がしばしば口にするメタファーは二つある。一つは「モリゾウ」である。これはGAZOOレーシングチームの自身の選手名として最初は使っていたもので、二〇〇七年に「モリゾウのドライバー挑戦記」というブログを開設している。ブログの開設の二年前、生まれ故郷、名古屋市で開催された愛知万博の公式キャラクター「モリゾー」のもじりだという。豊田は周りの人間に生まれや肩書きではなく、一人の人間として理解してもらいたいと望み、このニックネームをメタファーとして使っている。豊田はインタビューで次のように話している。[17]

「チョイスは自分にはなかった。（中略）僕は生まれたときからこの名前を得た『お坊ちゃま』なんですよ。お坊ちゃまであるがゆえに、イエスマン的に寄ってくる人が幼年時代からいっぱいいいた。会社で味方をしてくる人もいたが、ほとんどはね、割と抵抗、いやアンタッチャブルですよ、私に対しては。私に近づきすぎると『何おべっか使ってんの』というふうに言われる。『がちゃがちゃいじめると、（父親の）社長に言いつけられちゃうよ』とかね。（中略）

一度、〔豊田という名前を〕捨てたいなと思ったときがある。もう会社も辞めて、他の名前で、と本気で考えた。（中略）でもそのときにもう一つ考えたのが、じゃあ他の人生でいいのかと。もう一回他の人生を今からやり直しますかと言われたときに、やっぱり車好きだよな、トヨタのこと好きだよな、と思ったら、まあいいやと。（中略）

〔「他の名前」として考えついたのが〕レーシングドライバー名『モリゾウ』じゃないですか。逃げていたんですよ。そう思う、僕は。ただ、今となってはその名前がものすごく役に立っている。

そう思ったのは、日本自動車工業会会長になってから。『会長としてこの車どう思いますか』と聞かれたときに、『モリゾウとしては大好きです』と言える強みね。

トヨタの社長としては発言が制限される。パブリックに言っていいことと言って悪いことがある。そうしたときに、モリゾウという一車好き、カーガイ（車好き）としての発言ができる。それは世の中も認めていますから。

最初は逃げでつけたかもしれないけど、今はもう一つの役割があることは、本当にありがたいし、よかったなと思っている。東京オートサロンやNAGOYAオートトレンドのような場で『サインしてください』と言われる。『どっちがいいの?』と聞くと、一〇〇%『モリゾウで』。

愛知県なんかトヨタの関係者が多いから豊田章男のサインのほうが価値があるんじゃないかなと思いますけど、実際はモリゾウです」

レーシングスーツに身を包んだ豊田章男
提供：プレジデント社・星野貴彦氏による撮影

豊田章男は公式の肩書きである社長ではなく、非公式の名前である「モリゾウ」を使うときには、いつもとはまったく違う一面を見せる。「モリゾウ」のときは、社長のときのスーツにネクタイ姿とは打って変わって、トヨタGAZOOレーシングのロゴが入ったレーシングスーツを身にまとう。

しかも、「モリゾウ」として公の場に姿を現すときは、メガネまで変える。社長のときにはフォーマルなデザインのメガネをかけているが、もっとスポーティで派手なデザインのものをかける。二〇〇七年、「モリゾウ」の名でブログを始めたときには、社内から待ったの声は一切かからなかったが、二〇〇九年の社長就任後、もし本名でブログを始めようとしたら、おそらく社の許可を得なければならなかっただろう。

「モリゾウ」は豊田にとってもう一人の自分である。レーシングコースで豊田にインタビューしたことがあるジャーナリストたちによれば、「モリゾウ」としての豊田はのびのびとしていて、気さくで、よくジョークを飛ばし、よく大声で笑うという。また、自分の人生についてきわめて率直に話す――自分のことを「お坊ちゃま」とか、「アンタッチャブル」とかいうなど――ことにも、驚かされるという。[18]

自分が中途採用であることも隠さない。豊田がトヨタに加わったのは、ボストンのバブソン大学でMBA取得後、米国の投資銀行A・G・ベッカーに二年勤めてからだった。豊田は周りの人間――従業員や顧客、供給業者の他、一般の人々やメディアも含め――に、レースドライバー「モリゾウ」を見ることを通じて、日本最大の自動車メーカーの社長の素顔を知ってほしいと願っている。自分はクルマが好きだという理由だけでトヨタに入った「カーガイ」なのだ、と。[19]

豊田が好んで使うもう一つのメタファーは、「バッターボックスに立つ」である。豊田は二〇一五年、東京モーターショーにメジャーリーグのスター選手、イチローを招いて、「ライブ」で対談を行った。その模様はトヨタの公式ホームページで今も見られる。[20]

「バッターボックスに立つ」というメタファーが初めて公の場で口にされたのは、強靭さと長続きの重要性について、その体現者であるイチローと語り合ったこの対談においてだった。イチローは二〇一九年春、四六歳で現役を退いた。二八年間に打ったヒットの数は四三六七本（日本で一二七八本、米国で三〇八九本）に達する。打席数も安打数に劣らず驚異的で、一万四八〇〇回を超える。逆にいえば、凡退も九〇〇〇回しているのである。[21]

このメタファーのポイントは、バッターボックスに立つ前の準備が大切だという点にある。イチローは二〇一七年のシーズンでは控えに回ったが、あの有名になったウォームアップのルーティンを欠かすことはなかった。毎日、何時間もかけて、持続的かつ即興的な方法で心身を統一するクリエイティブ・ルーティンをこなした（これは前に「型」の例として紹介したが、第9章で改めて詳しく論じたい）。

豊田がこのメタファーを気に入っているのは、イチローが毎日行っているような準備が何事にも必要だと考えているからである。企業の幹部もあらかじめ準備をしておけば、いざというときに迷わず、即座に行動を起こせる。豊田はイチローのように成功を長続きさせるためには、バッターボックスに立つ前の創造的なクリエイティブ・ルーティンを欠かしてはならないということを、このメタファーを通じて伝えようとしている。[22]

自分が言いたいことのエッセンスを伝えるのに野球のメタファーを使っているCEOは他にもいる。豊田より一〇年前、GEのジャック・ウェルチは「まず打席に立って、バットを振れ。ヒットを打つのはそれからだ」というメタファーを用いて、ただちに行動を起こすことがいかに肝心かを強調した。

ファーストリテイリングの柳井正も、野球のメタファーを好む。中でもよく口にするのは、「野球では、盗塁数の多いチームは盗塁死も多い。アウトにならないことばかり考えていたら走れない。経営でも同じだ」などである。(23)

◆スポーツのメタファー

柳井は野球以外のスポーツ――水泳、ゴルフ、オリンピック、サッカー、陸上など――もしばしば引き合いに出して、経営の原則を説いている。柳井が長年かけてまとめた経営の原則は、「経営理念二三カ条」として知られる(表7-2)。

柳井がそれらの原則を考え始めたのは、父親の会社に入社した二七歳のときだった。当時、会社の売り上げは一億円にも満たなかった。自身の重要な人生経験が反映されている「経営理念二三カ条」は、自社の「志」だという。社内の会合で、幹部にそれらの原則のエッセンスを説明するとき、柳井はスポーツのメタファーを使うことがある。以下にそのいくつかを紹介し

表7-2 ‖ 柳井正の「経営理念23カ条」

第１条	顧客の要望に応え、顧客を創造する経営
第２条	良いアイデアを実行し、世の中を動かし、社会を変革し、社会に貢献する経営
第３条	いかなる企業の傘の中にも入らない自主独立の経営
第４条	現実を直視し、時代に適応し、自ら能動的に変化する経営
第５条	社員ひとりひとりが自活し、自省し、柔軟な組織の中で個人ひとりひとりの尊重とチームワークを最重視する経営
第６条	世界中の才能を活用し、自社独自のIDを確立し、若者支持率No.1の商品、業態を開発する、真に国際化できる経営
第７条	唯一、顧客との直接接点が商品と売場であることを徹底確認した、商品・売場中心の経営
第８条	全社最適、全社員一致協力、全部門連動体制の経営
第９条	スピード、やる気、革新、実行力の経営
第10条	公明正大、信賞必罰、完全実力主義の経営
第11条	管理能力の質的アップをし、無駄を徹底排除し、採算を常に考えた、高効率・高配分の経営
第12条	成功・失敗の情報を具体的に徹底分析し、記憶し、次の実行の参考にする経営
第13条	積極的にチャレンジし、困難を、競争を回避しない経営
第14条	プロ意識に徹して、実績で勝負して勝つ経営
第15条	一貫性のある長期ビジョンを全員で共有し、正しいこと、小さいこと、基本を確実に行い、正しい方向で忍耐強く最後まで努力する経営
第16条	商品そのものよりも企業姿勢を買ってもらう、感受性の鋭い、物事の表面よりも本質を追求する経営
第17条	いつもプラス発想し、先行投資し、未来に希望を持ち、活性化する経営
第18条	明確な目標、目的、コンセプトを全社、チーム、個人が持つ経営
第19条	自社の事業、自分の仕事について最高レベルの倫理を要求する経営

第20条	自分が自分に対して最大の批判者になり、自分の行動と姿勢を改革する自己革新力のある経営
第21条	人種、国籍、年齢、男女等あらゆる差別をなくす経営
第22条	相乗効果のある新規事業を開発し、その分野でNo.1になる経営
第23条	仕事をするために組織があり、顧客の要望に応えるために社員、取引先があることを徹底認識した壁のないプロジェクト主義の経営

提供：ファーストリテイリング

よう。(24)

「経営はスポーツに似ています。実際に身体を動かさなければ始まりません。考えているだけではうまくいかないのです。マットの上でクロールの練習をしても、泳げるようにはなりません。実際にプールに入らなければならないのです」（第四条「現実を直視し、時代に適応し、自ら能動的に変化する経営」の説明のため）

「ゴルフでは、普通のアマチュアはうまく打てたショットしか覚えていません。しかし、プロは違います。失敗したときのこと……あの日あの時、あのコースのあのホールで、あのショットがうまくいかなかったことを覚えているのです」（第一二条「成功・失敗の情報を具体的に徹底分析し、記憶し、次の実行の参考にする経営」を詳しく論じるため）

「プロである以上、成果が重要です。成果とはすなわち結果です。野球でいえば、打率三割で、ピッチャーであれば一五勝を上げなければ一流選手とはいえません」（第一四条「プロ意識に徹して、実績で勝負して勝つ経営」を深く理解させるため）

◆子どものメタファー

ワイズリーダーは要点をわかりやすくしたり、相手の心をつかんだりしようとするとき、スポーツの他に「子ども」もよく使う。子どもの話で人々の心を動かした有名な演説といえば、一九六三年、マーティン・ルーサー・キング・ジュニアがワシントンDCのリンカーン記念堂前で行った「私には夢がある」の演説だろう。

キング牧師は子どもの話をすることで、すべての神の子どもたち――黒人も白人も、プロテスタントもカトリックも、ユダヤ人も異邦人も――のために、もっといい社会を築こうという希望を人々の心に芽生えさせた。以下はその力強い演説の中で、子どものことに触れた一節である。

「私には夢があります。それはいつの日か、私の四人の子どもたちが肌の色ではなく、人格によって判断される国に暮らせるようになるという夢です。

私には夢があります。それはいつの日か、かつての奴隷の息子たちがかつての主人の息子たちと、兄弟として、同じ食卓を囲めるようになるという夢です。

私には夢があります。それはいつの日か、黒人の小さな男の子と女の子が白人の小さな男の子と女の子と、兄弟姉妹として、手をつなぎ合えるようになるという夢です」

なぜワイズリーダーはスポーツや子どものメタファーを使うのか。第一には、どちらもとても日常的なものだからである。スポーツや子育ての経験なら、ほとんどの人が持っている。したがって想像がしやすい。子どもやスポーツの話は鮮明に思い描ける。加えて、そのようなメタファーは心に触れやすい。スポーツと子どもはわれわれの楽しみであり、希望の源である。それらには感情に訴える力があり、聞き手は自分を重ね合わせたり、共感を覚えたりできる。以上のような理由から、スポーツと子どもはメタファーには理想的といえる。

3 物語を使って本質を伝える

物語を使うと、他者の視点（感じ方や考え方）から、人間を理解できる。重役たちに他者の経験を通じて自己理解を深めさせられるのが物語である。メタファーと物語のどちらの場合も、本質を伝えること、あるいは他者の視点で世界を眺めることが土台になる。論理的に考えるだけではなかなかつかめない個人や集団の行為の本質も、物語を使うことでつかめるようになる。

ゲイリー・モーソンとモートン・シャピロが指摘しているように、「人生の成り行きは火星の公転軌道のように予測できるものではない。人生には偶然とか、個性とか、選択とか、定まっていないものが、不可欠の要素として含まれている(25)」。

◆スティーブ・ジョブズの三つの物語

二〇〇五年のスタンフォード大学の卒業生たちは、ものを学ぶうえで一番大切なことを、ワイズリーダーから物語を通じて教わった。

二〇〇五年六月一二日、当時アップルとピクサーのCEOだったスティーブ・ジョブズは、全身を耳にして聴き入る学生たちに、自分の人生から三つの物語を紹介した。それらはまさに偶然と、個性と、選択が詰まった物語だった。「今日は、私がこれまで生きてきた経験から三つの話をしたいと思います。それだけです。たいしたことではありません。ただの三つの話です(26)」と、ジョブズは話し始めた。それらの話は人生とは何かについての本質を伝えるものだった。学生たちは心の声に従うことをやめてはならない、いつまでも「ハングリーであれ、愚直であれ」というメッセージを受け取った。

一つ目の物語は、リード大学を半年で退学した経験についてだった。ジョブズはいったんは大学に入ったものの、自分を養子として引き取り、育ててくれた裕福ではない親に貯金を切り崩させてまで、大学に通う意味が見出せなかった。しかし退学後も一年半ほどは、大学に居座って、興味を引かれた講義を受けた。

その一つがカリグラフィーの講義だった。もしジョブズが大学を退学せず、カリグラフィーの講義に潜り込んでいなかったら、パソコンに現在のような美しいフォントは備わっていなかっただろう。ジョブズは学生たちに次のように語った。

「あらかじめ将来を見据えて、点と点をつなぎ合わせることはできません。できるのは、後からつなぎ合わせることだけです。ですから、今は、点と点がいつか必ずつながると信じることしかできません。直感でも、運命でも、命でも、カルマでも、なんでもいいでしょう。とにかく信じることが大切です。私はこのやり方でこれまで後悔したことはありません。むしろ、今の私があるのはそのおかげだと思っています[27]」

二つ目の物語は、自分が興した会社であるアップルから解雇された経験についてである。それは「ひどく苦い薬」だった。ジョブズは打ちひしがれた。先輩の起業家たちの期待を裏切ってしまったとも感じた。シリコンバレーから逃げ出そうとまで思った。しかし数カ月後、自分が打ち込んできた仕事が自分は心から好きだったことに気づいた。すると、もう一度、やり直そうという意欲が湧いてきた。

ジョブズはそれから五年の間にネクストとピクサーを相次いで設立し、やがてアップルにCEOとして華々しい凱旋を果たした。ジョブズはこの話をすることで、卒業生たちに好きなものを見つけよ、見つかるまでそれを探し続けよと励ました。

「人生では、つらい目にも遭うときもあります。信念を失わないでください。私が今まで頑張ってこられたのは、好きなことをしてきたからだと断言できます。心から好きなことを見つけてください。（中略）まだ見つかっていない人は、探し続けてください。妥協してはいけません。恋愛と同じです。本当に好きなことが見つかったときには、自分が探していたのはこれだとすぐにわかります[28]」

三つ目の物語は、手術で治療できる珍しいタイプの膵臓がんだと診断されたことについてだった。死にたい人間はいないと、ジョブズは認めたうえで、死はおそらく生命の最高の発明だろうと語った。死は変化の担い手であり、古いものを取り除くことで、新しいものが生まれてこられるようにしているのだ、と。学生たちは、この物語から次のような生きる知恵を授けられた。

「今、その『新しいもの』とは、まさに皆さんのことですが、皆さんもそれほど遠くない将来、次第に『古いもの』になり、この世界から取り除かれます。（中略）時間は限られています。ですから、不本意なことをして、自分の人生を無駄にしないでください。ドグマに縛られてはいけません。それは他人の考えに従って生きることです。周りから聞こえてくるノイズのせいで、自分の内なる声がかき消されないようにしてください。人生で一番大事なのは、勇気を出して、自分の心と直感に従うことです」

◆本田宗一郎一代記

物語は人を理解するうえでも役に立つ。モーソンとシャピロの言葉を借りれば、われわれは物語を通じて、「複雑な生き物である人間をありのままに理解する知恵を得られる」[29]。

人間の複雑さというものが人一倍際立っていたのは、数々の伝説を残した本田宗一郎だろう。発明の天才であり、細かいことにうるさい人間であり、ホンダの創業者でもあった宗一郎には、二階の窓から芸者を放り投げたとか、アリタリア航空のチェックインカウンターで手荷物の重量超過料金を払うのを拒んだあげく、自分の手荷物（マン島TTレースで使うオートバイのパーツが詰まっていた）と体重を合わせたより、肥満女性とその手荷物のほうが重いと言い立てて、大騒ぎを起こしたとか、レンチで工員の頭を殴ったとか、エンジニアたちの前で素っ裸になって、エンジンを組み立てたとかいう武勇伝がいくつもある。(30)

そんな数ある派手な話の中で、宗一郎の性格を最もよく表しているのは、宗一郎の参謀を長年務めた藤沢武夫が語っているエピソードである。それは肥溜めに飛び込んで、大切な取引相手の入れ歯を見つけ出し、それを自分の口にはめてみせたという話である。この逸話は社内で代々語り継がれ、社員たちに本当の宗一郎がどういう人物であるかをありのままに伝えている。藤沢によれば、詳しい経緯は次のようだったという。(31)

「創業間もない頃、ある外国人バイヤーが浜松まで商談にやってきた。夜は接待となり、宗一郎はその外国人バイヤーを料亭に招待し、一緒に酒を飲んだ。酒に酔ったバイヤーが先に寝てしまうが、夜中に気分を悪くし、仲居が用意した洗面器に嘔吐してしまう。その際に入れ歯が外れ、洗面器の中に落ちてしまうが、仲居は気づかず、その洗面器の中身ごと汲み取り便所に捨ててしまった。夜中になって酔いから醒めたバイヤーが『入れ歯がない』と騒ぎ出し、仲居が便所に捨ててしまったことが明らかになった。

事情を知らされた宗一郎は『俺が拾ってやる』と言うなり、仲居に風呂を沸かすことを命じると、真っ裸になり、棒を片手に溜まっている糞尿に足を踏み入れ、ほどなく探し当てた。今度は風呂に入り自分の身体とともに入れ歯を石鹸で洗い、消毒した。しかも臭いがついていないか、入れ歯を自分の口にはめてみて、ライオンの真似をして踊った」

翌朝、藤沢は仲居からこの話を聞いた。仲居は目に涙を浮かべるほど大笑いしたという。担がれているとしか思えなかったが、本当だった。藤沢は会う人会う人にこの話をし、悪臭芬々たる汚物の中にとっさの判断で入るなんて、自分にとうてい真似のできないことだと言った。宗一郎は何より「『金をやるから取ってこい』と誰にも命令しなかった」。藤沢にとってはこれが、自分が見込んだ本田宗一郎という人物の本当の性格を知った瞬間だった。仲居からこの話を聞いたときには、感動のあまり身が震えた。

藤沢はこの話を社内報に書くことで、ホンダの社内文書としても記録に残した。将来の社員もそれを読めば、本田宗一郎がどういう人間であったかを知り、そこから刺激を受けられるからである。

◆物語形式で述べる三井物産

物語は歴史的な文脈（「どのようにそれは起こったのか」）を説明し、未来のシナリオ（「それはどういう展開を見せるか」）を描くと同時に、他者をよりよく理解するのを助ける。三井物産では、二〇〇二年に槍田松瑩が社長に就任して以来、物語形式で述べることが検討プロセスの重要な一部になっている。

槍田が社長の職を引き継いだのは、二件の不祥事が相次いだ後だった。一件は、三井の社員二人が二〇〇〇年三月に行われた国後島のディーゼル発電施設の競争入札において、外務省の職員と結託して入札を妨害したという容疑で起訴された事件。もう一件は二〇〇二年二月、別の社員二人と子会社の幹部が東京都に虚偽の試験データを提出して、ディーゼル微粒子除去装置の認可を受けようとして、有罪になった事件である。

槍田の考えでは、この問題の背後には過度の利益の追求があった。そこで槍田は、二度とそのような不祥事で会社が傷つくことのないよう、業績評価の基準を見直して、量より質の成果に重点(八〇%)を置くことにした。その結果、収益や利益よりも、成果を達成するプロセスが重視されることになった。

槍田はすべての社員に年次評価の席で、なぜその目標が自分や社にとって重要なのか、どのように自分や社の価値観と一致するのか、将来、自分や社にどういう善をもたらすのかについて、物語形式で述べるよう求めた。物語を考え、伝え、共有するという営みを、三井の文化を変える手段にしたのである。これにより自分の考えを相手に伝え、説得する力が磨かれると同時に、利益を考える前に仕事の質を考える習慣が育まれた。

◆柳井正の物語

物語は聞き手に、理論では説明し切れない個別の事柄を理解させるのにも役立つ。第4章で指摘したとおり、優れた判断は理論や原則には還元できない。モーソンとシャピロが述べているように、「道徳的に優れた判断のために必要なのは、理論的な思考（アリストテレスの「エピステーメー」）ではなく実践的な思考（「フロネシス」）である。実践的な思考は、数多くの経験についての繊細な熟慮と、予測もできなければ、繰り返されもしないさまざまな個々のケースの特殊性に対する細心の注意から生まれる[32]」。

柳井正は個別の事柄の大切さを強く意識している。だから半年に一度のFRコンベンションでも、四五分間の開幕の挨拶でいくつもの物語を語る。山口県宇部市で生まれ、父親の衣料品店を引き継いだことから、最近ピクサーのジョン・ラセターと会ったことやロンドンのテート・モダンを訪れたこと、さらには西洋のドレスコードの歴史まで、物語を披露することで、みんなに自分の言いたいことが伝わるように話す。

二〇一七年のFRコンベンションでは、開幕の挨拶のほとんどを二つの物語を紹介するのに費やした。一つは、ピーター・ドラッカーの本に出てくる三人の石工の話[33]。もう一つは、七大陸最高峰登頂を達成した若い日本人女性の話である。

「以前、皆さんにご紹介したピーター・ドラッカーの『プロフェッショナルの条件』の中に、西洋の有名な寓話があります。

2016年のFRコンベンションで演壇に立つ柳井正
提供：ファーストリテイリング

ある建築現場で、三人の石工に『今、何をしているの？』と尋ねた。一人目の石工は『石を切っているんだ。見ればわかるだろう』と答えた。二人目は『お金を稼いでいるんだ。生活があるんでね』と答えた。三人目は『みんなで神様にお祈りするために、教会を建てているんだ』と答えた。

私は皆さんに三人目の人になっていただきたい。この違いは明らかです。やっている作業は同じでも、仕事の目的や意義をハッキリと意識し、『何のために』『誰のために』という使命感を持って働くことで、大きな違いが出るのです。

企業には社会的責任があります。それは事業を通じて社会をより良い方向に変えていくことです。そして、人が働くうえで最も大切なのは、使命感を持つことです。自分はこの時代に生まれてきて、何のために生きるのか。人生の意味、自分のゴールを考えることです。

この写真の女性は、早稲田大学の学生の南谷真鈴さんです。今年五月、一九歳で世界最高峰・エベレストの登頂に成功し、世界七大陸の最高峰をすべて登頂した日本人最年少の記録を作りました。

彼女はお父様の仕事の都合で香港で育ち、小学校の頃から山が好きで、お父様と一緒に海外の高い山に登っていました。高校生のとき、「絶対に最年少でエベレストに登ってやる」と決意しました。私たちはある人からその話を聞き、服などの提供を通じて、彼女の活動を応援してきました。

彼女は毎日二〇キロの荷物を背負って六時間走ると聞きました。長く厳しいトレーニングを積み、一九歳で夢を実現したのです。まず自分の目標を決める。そして、行動する。そうやって彼女は夢を実現しました。

彼女のように、皆さんには大きな夢を持って、行動していただきたいと思います。すべての出発点になるのは『熱』です。あなたに『熱』があれば、周囲がそれをエンパワーしてくれるのです」

柳井が聴衆に紹介したこれらの二つの物語を通じて、四〇〇〇人の社員は社会のために大聖堂を建設するという目的を持つ三番目の石工と、決意と努力によって夢を実現した若い女性に共感することができた。他者の体験を内面的に追体験することで、われわれの共感の能力は高まる。「共感が世界を動かす時代に私たちは生きている」(34)と柳井は言う。共感の実践を習慣にすれば、誰でも世界を変えられるというのが、柳井の持論である。

4 本質を伝える能力を育む

メタファーや物語を効果的に使いこなすためには、ものとものとの関係や、自分と他者との関係、あるいは現在と過去や未来との関係がわからなくてはいけない。この節では、本質を伝える能力を磨く四つの方法を紹介したい。

一つ目は、小説をたくさん読むという方法。ロマンスや風刺、喜劇、悲劇も含め、あらゆるジャンルのものを読むのがいい。二つ目は人を感動させるスピーチにたくさん触れるという方法。三つ目は、経歴や境遇の異なるさまざまな人と率直な会話を交わすという方法。四つ目は、想像力を使って、未来の新しいコンセプトを築くという方法である。

◆小説を読む

ピーター・ドラッカーが亡くなってから数年後、カリフォルニア州クレアモントのドラッカーの家を訪れたわれわれは、当時すでに九〇歳を超えていたドリス夫人に驚かされた。ちょうどテニスから帰ってきたところだといい、しかもテニスコートから自宅まで自分で車を運転してきたというのである。

驚かされたことはもう一つあった。広々としたリビングルームの壁がすべて本で埋め尽くされていたのである。それらはドラッカーの私的な本のコレクションだった。仕事で使った本のコレクションはドラッカー経営大学院[35]の図書室に展示されている。リビングルームの書棚には、哲学から日本美術、戦争まで、さまざまな分野の本が並んでいた。われわれはドラッカーが好きだった作家を探そうとして、書棚を眺め渡し、ジェイン・オースティンの本が際立って多いことに気づいた。

なぜジェイン・オースティンなのか。経営学の第一人者であると同時に、レトリックとストーリーテリングの達人でもあったジャーナリスト出身のドラッカーは、おそらく、他者の内面に入り込む技術を用いた最初の小説家として、オースティンを敬愛していたのではないだろうか。それは言い換えるなら、「第三人称を使って、第一人称の内面で起こっていることを描き出す[36]」技術である。オースティンとその後の写実主義の小説家たちが発達させたのは、次のような技術だった。

「(前略)読者に場面場面での登場人物の考えや思いを盗み聞きさせる技術だ。作者は彼や彼女の心のうちを描き出す、しかも、その人物自身の声を使ってそうする。読者は彼女が心の中でどんなことをつぶやき、どんなことを考え、自分の行為を正当化するためにどんな判断を下しているかを知る。あるいは、彼女が過ちを犯そうとするとき、自分にどんな言葉をかけているのかを盗み聞きする。したがって結果を目にするだけではなく、そこに至るまでの一連の思いをも知ることになる。人間はどのように道徳的な判断を下すのかを理解するうえで、また、どうすればよりよい道徳的な判断を下せるのかを考えるうえで、それ以上に役立つ知識はないだろう[37]」

優れた小説には、読者を登場人物に感情移入させる力がある。読者は登場人物の身になって考え、その苦境を自分の心で感じ、その判断の誤りを悔やむ。まるで、自分が判断を誤ったかのように。[38]

小説を理解し、そこで学んだことを実生活に活かすためには、他者の気持ちや他者の道徳上の悩みの複雑さをわがことのように体験することが必要である。それは理論的に行うのではなく――哲学者や社会学者がしがちなように、個別のことを観念化するのではなく――道徳的な判断は理論に還元できないことを忘れず、実践的に行わなくてはいけない。[39]

そう考えるなら、ジェイン・オースティンの作品ぐらい、ピーター・ドラッカーの愛読書に似つかわしい小説はない。ドラッカーは理論よりも実践の重要性を強調することで、経営学の泰斗になったのだから。他者の思いを追体験することで、共感の能力が育まれるというのは、ドラッカーの著作で力説されていることでもある。

経済学をはじめ、いろいろな学問分野で共感の大切さは論じられているが、「共感を実践させてくれるのは文学だけだ[40]」というモーソンとシャピロの指摘に、ドラッカーは同意するだろう。モーソンとシャピロは、小説はわれわれに共感を学ばせてくれるといい、次のように述べている。

「ジェイン・オースティンの最高傑作(『高慢と偏見』と『エマ』)は、読者自身にヒロインと同じ判断の誤りを犯させ、そのうえで、ヒロインと同じように、どういう考え方のせいで自分が判断を誤ったかを学ばせる。誰しも現行犯で捕まったら、自分がそういう過ちを犯しやすいことを認めないわけにはいかないだろう。読者は登場人物に感情移入することで、自分の中にある高慢と偏見に嫌でも気づかされる」[41]

繰り返し他者の経験を追体験し、それを習慣化することで、共感の能力は磨かれる。小説から得られる一番大切な倫理的な教えはそこにある。重要なのは、事実を知ることではなく、小説を読むことを通じて、共感の能力や習慣を身につけることである。[42]

他者の立場で感じたり、考えたりすることが習慣づくと、世の中のことを別の文化や時代、階級、ジェンダー、宗教、性、道徳観など、あらゆる自分とは違う視点から眺められるようになる。モーソンとシャピロが指摘するように、共感こそが小説から得られる一番大切な倫理的な教えだとするなら、ジェイン・オースティンなどの小説家たちは、個別の事例を通じて物事を考えるよう教えてくれているといえる。

それと対照的なのは哲学であり、ほとんどの哲学者は倫理原則から演繹的な推理を進めるというスタイルで考える。ただしアリストテレスは、一般的な原則から出発するのではなく、個別の事例から理論を組み立てているので、ジェイン・オースティンに似たタイプといえる。

絶え間ない変化と断絶にさらされている今の世界でリーダーに求められるのは、これまで何度も述べてきたように、すべてに文脈があることをふまえて賢明な判断を下すこと、すべてが変化することをふまえて物事を決定すること、すべての成否がタイミングに左右されることをふまえて行動を起こすことである。

個別の事柄を知ること――とりわけどの個別の事柄に注意を向けるべきかを見きわめること(43)――は、世界のグローバル化や複雑化に伴って、ますます重要になってくる。そういう意味で、本質を伝える能力を磨くことを習慣化するのに役立つ小説は、現代の世界において特別な価値を持っているといえる。

◆心に残るスピーチからレトリックを学ぶ

レトリックの力は、心に残るスピーチを読んだり、聴いたり、見たりすることでも学べる。それが本質を伝える能力を磨く二つ目の方法になる。レトリックで物事は大きく変わる。レトリックとは、相手の心を動かす効果的な表現手法のことである。

本章で紹介した二つのスピーチは、どちらもそのようなレトリックの力を備えたものだった。どちらのスピーチも個人的な経験に基づき、物語とメタファーを効果的に使い、導入部と中間部と結末を持ち、中心のメッセージを何度も繰り返している。

マーティン・ルーサー・キング・ジュニアは一七分の演説の最後の五分で「私には夢があります」を八回、「自由の鐘を鳴り響かせましょう」を一〇回繰り返し、ジョブズは「ハングリーであれ、愚直であれ」というフレーズを、一五分の祝辞の最後の二〇秒で三回繰り返した。

振り返ってみると、筆者たちもこれまでに数多くのスピーチに心を動かされてきた。そこにはわれわれの生きた時代や場所、生き方、経歴が反映している。読者の皆さんも、これまでに感動したスピーチを思い出して、最も心に残っているものを一〇選び、他の人たちと披露し合ってみるとよいだろう。ちなみに、われわれの一〇選は次のとおりである。

①ウィンストン・チャーチル「われわれは浜辺で戦う(We Shall Fight on the Beaches)」(一九四〇年六月四日)
②アルベルト・アインシュタイン「戦争には勝利したが、平和まで勝ち取ったわけではない(The War Is Won, but the Peace Is Not)」(一九四五年一二月一〇日)
③ジョン・F・ケネディー「大統領就任演説(Inauguration Address)」(一九六一年一月二〇日)
④マーティン・ルーサー・キング・ジュニア「私には夢がある(I Have a Dream)」(一九六三年八月二八日)
⑤ネルソン・マンデラ「死ぬ覚悟はできている(I Am Prepared to Die)」(一九六四年四月二〇日)
⑥ロナルド・レーガン「ブランデンブルク門での演説(Remarks at the Brandenburg Gate)」(一九八七年六月一二日)
⑦アウンサンスーチー「恐怖からの自由(Freedom from Fear)」(一九九〇年一月一日)
⑧スティーブ・ジョブズ「ハングリーであれ、愚直であれ(Stay Hungry, Stay Foolish)」(二〇〇五年六月一二日)

⑨バラク・オバマ「為せば成る（Yes, We Can）」（二〇〇八年一一月五日）
⑩マララ・ユスフザイ「ノーベル平和賞受賞スピーチ（Nobel Peace Prize Acceptance Speech）」（二〇一四年一二月一〇日）

もちろん、われわれが生まれる前のスピーチにも心に残るものはある。たとえば、筆者たちは米国の建国期に関心があり、一七七五年のパトリック・ヘンリーの「われに自由を与えよ、しからずば死を与えよ」や、一八六三年のエイブラハム・リンカーンの「ゲティスバーグ演説」をはじめ、数多くの米国の昔の名演説に接している。現代では、科学や文化への関心から、一八分間のＴＥＤトークをよく観る。ＴＥＤトークのオールタイム・トップファイブに選ばれているのは、以下の五つである。(44)

①ケン・ロビンソン「学校教育は創造性を殺してしまっている（How Schools Kill Creativity）」
②エイミー・カディ「ボディーランゲージが人を作る（Your Body Language May Shapes Who You Are）」
③サイモン・シネック「優れたリーダーは行動を促すか（How Great Leaders Inspire Action）」
④ブレネー・ブラウン「傷つく心の力（The Power of Vulnerability）」
⑤ジル・ボルト・テイラー「パワフルな洞察の発作（My Stroke of Insight）」

その他に劇場（蜷川《にながわ》幸雄演出の『マクベス』など）や、映画（チャールズ・チャップリンの『独裁者』など）や、ダボスの世界経済フォーラム（ネルソン・マンデラの「私のヒーロー」など）などでも、数々のスピーチに感動させられた。もちろん、最近はインターネットが発達しており、動画サイトでいたって簡単に古今のスピーチを視聴できる。リーダーたちはそのような新しいメディアも利用して、普段からレトリックの力を磨くとよい。

◆率直な会話を交わす

本質を伝える能力を磨く三つ目の方法になるのは、できるだけ多くのさまざまな人と積極的に交流し、率直な会話を交わすことである。(45)

ファーストリテイリングの柳井正は二〇〇九年一月、二〇二〇年までにGAPやZARA、H&Mを抜いて、アパレル小売業界で世界一の売上げと収益性を達成するという夢を語った。一九八四年に広島でユニクロ一号店を開き（当初の店名は「ユニーク・クロージング・ウェアハウス」）、一九九八年に東京に初めて出店した企業にとって、これは大それた夢だった。

柳井はこの宣言から三カ月間、毎週、東京で十数人の経営幹部とミーティングを開いて、九〇分間、夢の実現のために必要な人材や組織やシステムについて検討を重ねた。同時に上海やソウル、パリ、ロンドン、ニューヨークの幹部たちとも同じだけの時間、同じ話し合いを行った。

二〇〇九年初頭には、社内教育機関としてファーストリテイリング・マネジメント・アンド・イノベーションセンター（FR-MIC）も立ち上げて、自ら学長に就任した。二〇一〇年初頭、FR-MICの第一期の受講生として一〇〇人の未来のグローバルリーダーを選んだ際は、次のような目標を念頭に置いたという。

「二〇二〇年にナンバーワンのアパレル小売店になるには、グローバルに事業を経営できる経営者が二〇〇人必要です。その二〇〇人は、おそらく社内と社外から半分ずつ集まるでしょう。最終的に、半分は日本人になるでしょうが、残りの半分は全世界から選びます。半分は天才、残り半分は凡才の人たちです。FR-MICではメンバーを固定しません。肩書きや年齢、国籍、性別、所属に関係なく、定期的に入れ替えるからです(46)」

FR-MICの受講生は一日半、講師でありメンターである柳井とともに過ごした。一日目は「経営理念二三カ条」の体得に費やされ、個々の理念について、その意味や、日常の場面でどのように実行すればよいかを学んだ。柳井はそれぞれの経営理念がどのような文脈から生まれたものかを全員に理解させるため、しばしば自身の経験を引き合いに出した。また、話の要点をわかりやすく伝えると同時に、受講生たちの心をつかめるよう、メタファーをいくつも使った。

残りの半日では、柳井が夢の実現のために欠かせないと考えている経営のコンセプトについて、みんなで話し合った。それは「グローバルワン・全員経営」と呼ばれるコンセプトである。柳井は次のように説明している。

「『グローバルワン』の意味するところは、世界の市場で『ONE&ONLY』の存在とお客様に思っていただけるようになるということです。お客様に『ユニクロやファーストリテイリングを応援しよう。この会社はきっと世界を変えてくれる』と思ってもらえるようになりましょう。

『全員経営』とは、ファーストリテイリンググループ(47)が一つとなって、全員が世界中で一番良い方法を持ち寄って、事に取り組むということです。そして、すべての社員が経営者の意識を持って、日々の業務に携わり、それぞれの力を存分に発揮しなくてはなりません(48)」

それらの講義に加え、FR‐MICの受講生は全員、柳井の夢を実現するために取り組まなくてはいけない実世界の問題を取り上げて、解決策と予測されるその結果を考え、「プロジェクト」の形で柳井に示すことが求められる。「問題解決と事業開発」の機会が与えられるそれらのプロジェクトは、選抜された将来の幹部候補たちにとって、オーナーやCEOのように考え、行動する理想的な実験の場になる。受講生たちはそこで実世界の問題に取り組むことで、「経営理念二三カ条」を当てはめて、実践することもできる。

さらに柳井は年四回、「未来のグローバルリーダー」と呼ばれる上級グループと「MIRAIプロジェクト」と呼ばれる若手グループのそれぞれのために半日を割いて、フィードバックを与えてもいる。

東京とニューヨークでのFRコンベンションでは、二〇一七年以来、毎回、ファーストリテイリングの壮大な夢——ZARAやH&Mだけではなく、ギャップをも追い抜くという夢——を実現させる方法について、柳井が社員たちから直接意見を聞く場が設けられている。

しかし年二回、東京で四〇〇〇人、ニューヨークで三〇〇〇人の社員とやり取りするだけでは、足りないと考えているのだろう。柳井はそのような場を他の都市にも広げて、世界各地の社員と直接話をする機会を作ろうと計画している。夢の実現のためには間違いなくコミュニケーションが欠かせない。

◆歴史的構想力を効果的に使う

多くのリーダーが気づいていないが、人々の意欲を掻き立てる野望やビジョンという形で本質を伝えるために必要なのは、豊かな想像力、とりわけ豊かな歴史的構想力と、未来のビジョンを創造し、伝える能力の二つである。したがって、歴史的構想力を効果的に使って、新しい未来のコンセプトを創造することも、本質を伝える能力を磨くことにつながる。

歴史とは人間の営みが織りなす物語である。その物語はものとものの関係、現在と過去のつながり、未来と過去の結びつきによってできている。(49)

ワイズリーダーは現在から過去の出来事を振り返って、過去を解釈し、再構築することを通じて、新しい未来のコンセプトを創造する。また、そのように歴史的構想力を働かせて、新しい未来のコンセプトを創造すると同時に、セレンディピティ(幸運な発見を偶然すること)と洞察(深い意味を読み取ること)も得ようと努める。

歴史は、過去と現在の間の因果関係を示すとともに、どのように出来事が生じたかを描き出すことで、物語同様、「なぜ」と「どのように」の両方を明らかにする。歴史的構想力が最も役に立つのは、危機に直面したときである。リーダーは歴史的構想力を巡らせて、目の前の現象の背後にあるものを広く、深く洞察することによって、表面的には難局に見える状況を、新しい未来を切り拓くチャンスに変えられる。

では、歴史的構想力は具体的にはどのように発揮されるのか。東日本大震災の際の事例でそれを見てみよう。二〇一一年三月一一日の地震後に発生した史上最大の津波の高さは、四〇・

一メートルにも達した。東北地方の沿岸部はおよそ五三〇キロにわたって、高さ一〇メートルの津波に呑み込まれることになった。[50]被害が最も大きかった宮城県女川町では、家屋の七〇%が倒壊し、人口の九%が死亡するか、行方不明になった。

震災後、女川町の若き町長、須田善明――地元出身で、震災後の町長選で当選[51]――が、ボランティアの人々と民間企業と協力して、町の復興に取り組んだ。須田たちは復興に取り組むにあたり、歴史的構想力を働かせて、町の未来のビジョンを描き出した。そのビジョンはやがて他の東北の町の復興事業でも手本とされた。須田は次のように述べている。

「歴史的に見ても、この町はこれまで繰り返し津波に見舞われてきました。それによって町民の間に『ネバー・ギブアップ』の精神が培われました。防波堤は過去に築かれたものがありましたが、今回、それは役に立ちませんでした。そこで、私たちは町の土地を一〇メートルかさ上げしました。それぐらい高い津波が来ることがわかったからです。復興にはさらに長い時間がかかるでしょう。ですが、次の世代の人々が安心して暮らせるよう、私たちは課題と正面から向き合わなくてはなりません。

かつてこの町の復興を担ったのは、お年寄りたちでした。しかし、今回の復興には二〇年の歳月を要することから、私たちの世代、つまり、三〇代から四〇代前半の世代で取り組むことに決めました。二〇年後も、民間、公共、それに非営利部門で中心的な役割を担う世代です。民間、公共、非営利部門の若い起業家やボランティアが復興事業に携わったことも、新しい時代の始まりを物語っています[52]」

雇用や産業を創出するにあたっても、須田たちは新しい方法を試みた。

「日本中の人たちを引きつける町にしよう、観光だけでなく、ビジネスでも人を引きつける町にしようという、新しい発想が生まれました。この発想は成果を上げつつあるようです。東京をはじめ全国各地から集まってこられた起業家の皆さんが、新たに整備された駅前のプロムナードで、カラフルな石鹸や、地ビールや、高級ギターなど、製造も販売も女川町限定の品々を提供してくれています。二〇一六年一二月にオープンしたこのプロムナードは、皆さんの協力とビジョンの共有によって成し遂げうることのシンボルになりました[53]」

歴史的構想力のまた別の例として、ノルマンディー上陸作戦の開始前日、一九四四年六月五日のノルマンディーへと時代をさかのぼってみよう[54]。

連合国遠征軍の最高司令官ドワイト・D・アイゼンハワー将軍は、その日、あることを思い出した。それはかつてエイブラハム・リンカーンが一八六四年の大統領選前、落選の可能性を覚悟して、私的なメモを書き記したことだった。そのことを思い出したアイゼンハワーは、作戦の失敗時に読み上げるつもりで、一枚の紙切れにメモを書いて、財布にしまった。指揮官としての責任感から、作戦の参加部隊を一隊ずつすべて回った後、アイゼンハワーが紙に書きつけたのは、次のようなメモだった。

「シェルブールからル・アーヴル間への上陸は失敗し、十分に陣地を獲得できなかった。やむをえず、私は部隊を退却させた。今回の攻撃の決定は、入手可能な最善の情報に基づいてなされたものである。陸海空のどの部隊も、勇気と任務への献身によってあたう限りのことをすべて果たしてくれた。作戦の失敗の責任はひとえに私一人にある[55]」

アイゼンハワーは言うなれば、平凡とはかけ離れた状況で、平凡とはかけ離れた責務を課された、平凡な人間だった。二〇〇四年に放映されたドキュメンタリードラマ『ノルマンディ――将軍アイゼンハワーの決断』でアイゼンハワー役を演じたトム・セレックは、役作りのため、アイゼンハワーの息子ジョン・アイゼンハワーに助言を求めた際、次のように言われたという。「あんなに平凡な人を演じるのは、きっと至難の業ですよ[56]」

アイゼンハワーは国民に愛された。いつもニコニコしていて、誰とでも気さくに話し、気取りがまったくなく、ひと目で誠実な人柄だとわかった。そして、想像を絶する重い責任を負うことにも、まったくひるまなかった。部下たちは喜んで彼に従い、信頼を寄せ、命を捧げた。アイゼンハワーが部下から信頼されたのは、部下への共感があったからだった。財布にしまわれたメモには、歴史的構想力で肝心なのは共感であることが示されている。

5 第7章のまとめ

言うまでもなく、フロネシスはワイズリーダーに卓越した洞察力を与える。本質を見抜くためには、個別のことの中から普遍的な「真理」をつかみ取ることが求められる。普遍と個別をつなぐためには、主観的・直観的な考えを概念化して、みんなにわかる言葉にするとともに、意欲を掻き立てる野望やビジョンとしてそれを表現する能力が必要になる。

一方、本質を伝えるためには、メタファーと物語が役に立つ。なぜならメタファー(特にスポーツや子どものメタファー)は感情に働きかけることで(パトス)、物語は追体験によって、共感を引き出すからである。

また、本質を伝えるためには、豊かな想像力、中でも歴史的構想力を働かせなくてはならない。なぜなら、あるとき、ある場所で起こったことの背後に何があるかは、想像力を働かせることで初めて見えてくるからである。そのような想像力を育むためには、いろいろなジャンルの本を読み、心に残るスピーチからレトリックを学び、経歴の違うさまざまな人と会って、話をするとよい。

大事なのは、これらのことを習慣化することが、本質を伝える能力を磨く秘訣であるということである。

第8章

政治力を行使する

Exercising "Political" Power

ワイズリーダーは政治力で人を束ね、行動を促す。

本質をつかみ、伝えるだけでは足りない。ワイズリーダーには人を束ねて、行動させることも求められる。一人一人の知識と活力をまとめ上げ、全員にリーダーの目標の実現のために力を尽くさせなくてはならない。相反する目標を持つ者たちを動かすためには、それぞれの状況に応じたあらゆる手段を――場合によっては、マキャベリズムの手段も辞さず――講じることが必要になる。

ニッコロ・マキャベリという名前は、「典型的な政治指導者が武器にする二枚舌や、権謀術数や、無慈悲さや、鉄の意志」を連想させるが、同時に、変革型リーダーに備わっていなくてはならない「創造性、柔軟さ、日和見主義」という要素にも目を向けさせてくれる(1)。

リチャード・サミュエルズによれば、マキャベリの名著に出てくる賢い君主には、柔軟さや時代への適応力の高さが見られるという。君主は目的を遂げる方法はいくつもあること、その中には安全なものと危険なものがあること、安全か危険かは時期によって変わること、そして、いつどの手段を用いればいいかということを知っている。サミュエルズはまた、マキャベリについて、「高次の善に無関心だったわけではない。目的は手段を正当化するという有名な言葉も、あくまで道徳的な立場から言われたものだ」と指摘している。(2)

一方で、政治力を行使するリーダーは、自分が率いようとしている人々がどういう人間か、また、どういう文脈に置かれているかも理解する必要がある。それぞれの人間性と文脈を知ることで、それぞれの者がどう行動し、どう反応し、将来、状況がどう変化するかを予測できるようになる。

そのような予測は、関連する過去についての知識からもたらされる。現在をどのように見るか、将来をどのように思い描くかは過去の影響を受けるからである。この予測のスキルには、「幅のある現在」という感覚、つまり過去の記憶と、現在の知覚と、将来の予期がないまぜになったものとしての「いま・ここ」という感覚も含まれる。

われわれがここでいう「政治力」には、典型的な政治のリーダーが使う戦術だけではなく、人を管理する、組織する、あるいは人と交渉するといった場面での狡猾さも含まれる。新しいよいものを生み出そうとするときには、たいてい狡猾さが必要になる。

したがって、本書では「機転が利き、狡猾」という意味で、「政治力」という言葉を使っていきたい。そういう意味で、相手のものの見方や気持ちを理解して、行動を引き出せるワイズリーダーは、政治力に富むといえる。彼らは「秘密の手」を使ったり、現実の歪曲という手段に訴えたりすることもある。またワイズリーダーは、人間性に含まれるあらゆる矛盾も理解しようと努める。本章では最初にそのことを見ていきたい。その後で、政治力の鍛え方を三つ提案する。

1 人を行動に駆り立てる

本田技研工業の創業者、本田宗一郎は社員の声に耳を傾け、その思いを理解することで全社員を一つにまとめ、行動に駆り立てた。一九七三年、社長を退任するにあたっての挨拶で「従業員の声に耳を傾けることで初めて、優れた経営は可能になる」と述べている。

社を引退後、ホンダインターナショナルテクニカルスクールの校長に就任してからは、その卒業式の式辞で決まって次の言葉を卒業生たちに送った。「君たちは、相手の人の心を理解する人間になってくれ(3)」

それだけではない。宗一郎は社長退任後、自らハンドルを握って車を運転し、七〇〇カ所ほどある全国各地の事業所を回り、全社員と握手を交わした。これには一年半かかった。さらにそれから六カ月かけて、海外の社員ともやはり握手を交わして回った。

宗一郎は次のように述懐している。「みんな胸に名前をつけてもらったよ。『おう、XX君、ありがとう』といって、一人一人手を握ったんだ。オレは涙が出た。むこうの若い人たちも泣いたよ。けど、オレは士気を鼓舞するなんて気じゃない。自分が嬉しいからやるんだ(4)」

このような途方もない努力によって人々は一つになり、行動へと駆り立てられる。宗一郎に対するホンダ社員の反応は、前章で紹介したアイゼンハワーに対する米国民の反応と同じだった。日本語には、この社員たちの行動を言い表すのにぴったりの慣用句がある。米国民がアイゼンハワーのために喜んで命を捧げようとしたように、ホンダの社員は「(ホンダのために)火中の栗を拾った」のである。

本書ではこれまで繰り返し、人々を一つにまとめ、行動へと駆り立てるワイズリーダーのことを書いてきた。一人一人の知識と熱意をまとめ上げて、全員にリーダーの目標の実現のために力を尽くさせるリーダーである。たとえば、これまでの章では、リーダーたちが次のようなことをどのように成し遂げたかを見た。

●ホンダエアクラフトカンパニーの藤野道格はホンダジェットを開発し、商品化することで、ホンダの創業者、本田宗一郎の夢を実現させた。ノースカロライナ州グリーンズボロで、主に米国人技術者で構成される優秀な開発チームを作り、日本のホンダ本社に秘密にしたまま、約二〇年間、開発プロジェクトを続けた。

- JALの稲盛和夫は会長に就任すると、国内のすべての事業所を回り、子会社の社長一〇〇人全員と一人一人面談した。月一回、三〇人の事業部長との会議を開いたり、五二人の経営幹部を選んで、五週間のリーダーシップ教育を実施したりもした。さらに、倒産した会社の再建という目標の下、全三万人の社員を対象に、アメーバ経営とJALフィロソフィの研修プログラムも始めた。
- シマノの島野容三は、ミドルマネジャーたちにドイツのハノーファーで冷間鍛造を学ばせ、ベルギーのレーシングチームに入らせ、サンフランシスコ近郊でマウンテンバイクの先駆者二人と交流させ、のちにアトランタオリンピックとツール・ド・フランスで優勝を飾ることになるSTIシステムを開発させ、新しい市場を開拓するという目標の下、自転車の自動変速機を開発するため、メルセデス・ベンツなどのメーカーと協力させた。
- エーザイの内藤晴夫は、「不夜城」と呼ばれた筑波研究所でアリセプトの開発に打ち込む杉本八郎とそのチームと緊密に連携した。内藤の指揮の下、研究員たちは病院を訪問して、認知症の患者とその家族や介護者と交流したほか、四二人のリージョナル・アリセプト・マネジャーからなるタスクフォースを結成して、何百人もの医療情報担当者とともにアルツハイマー病の啓発運動に取り組んだ。また、認知症の進行を遅らせるだけではなく、病気そのものを治すことを目標に掲げ、地域のコミュニティや自治体と協力して、その実現に全力を傾けた。

● ヤマト運輸の木川眞は、三・一一後、東北地方で働く従業員一万人に「助けを必要とされたら、助けてあげてください。利益のことは考えなくて構いません」と呼びかけた。この言葉に背中を押されたセールスドライバーたちは、地震から一〇日後に業務を再開し、避難所に救援物資を届け始めた。さらに、荷物一個につき一〇円寄付するという活動には、一七万人の全セールスドライバーが参加し、一年間で一四〇億円以上の寄付金が集まった。

● 伊藤穰一（元ＭＩＴメディアラボ所長）は三・一一後、ショーン・ボナーとピーテル・フランケンと連絡を取り、わずか一週間で、二〇〜二五人の仲間と、福島第一原発のメルトダウンによってもたらされる放射能問題の対策を話し合うチャットルームを立ち上げた。彼らが達した結論は、正確で信頼できるデータを集めるためには、自分たちでガイガーカウンターを作るしかないというものだった。世界的な人脈を使って、ガイガーカウンターの作り方を知っている人を集め、東京に到着してから六日後には活動の態勢を整えた。

◆ 狡猾なリーダー

ワイズリーダーは人を動かすため、状況に応じてあらゆる手段を使わなくてはいけない。たとえば、アイゼンハワー将軍にもマキャベリズム的な側面はあった。

米国のジャーナリスト、エバン・トーマスは次のように指摘している。「米国にとって幸運だったのは、国を率いる人物が戦争の性質を誰よりもよく理解していたこと、忍耐強さや知恵に加え、平和を保つために必要な抜け目のなさも兼ね備えていたことである」[5]

アイゼンハワーは「器用で柔軟」[6]な人物と評されてきた。その狡猾さは、ポーカーやブリッジの名手として知られたことにもうかがえる。自分の手は悟られずに相手の手を読むのがうまかったという。

人とやり取りするときには、直接会って話すのが、アイゼンハワーの流儀だった。相手の思惑を読み取ることが重要だと考えていたからである。アイゼンハワーは相手と面と向かって話をすることで、相手が何を考えているかや、自分にどういう選択肢があるかや、好機をつかむには何をすればよいかを鋭く見抜いた。[7]

◆東北での救援活動で力を発揮したマキャベリズム

二〇一二年、筆者はハーバード・ビジネス・スクールの教材として、三・一一後の混乱の中で迅速に行動した日本企業の事例を四例取り上げた。[8] ファーストリテイリング、ヤマト運輸、健育会、ローソンの四例である。

ファーストリテイリングは三月一四日の月曜日までに現金(一億二〇〇〇万円)と衣服(七億円相当)を寄付し、週末には衣服の発送を始め、ヤマト運輸は地震の一〇日後に早くも通常の宅配業務を再開すると、三月二三日には二〇〇台のトラックと五〇〇人の人員を動員して、救援物資の配達を始めた。

石巻港湾病院(現・石巻健育会病院)など、六つの病院を運営する医療法人社団健育会と、国内第二位のコンビニエンスストアチェーンのローソンの対応も同じように早かった。健育会は地震の発生から二〇時間後、水と食料と医療用品など、必要な物資を載せられるだけ載せた車を、東京の本社から三〇〇キロ離れた石巻港湾病院に向けて出発させた。

石巻港湾病院は三・一一からちょうど一カ月後に外来診療を再開した。ローソンは自衛隊と協力して、三・一一後の最初の一週間で五万個のパンとおにぎりを被災者のもとに届けた。また、地震や津波の影響で閉まっていた店舗も、一五日後には、営業を再開させた。被災地のコンビニエンスストアの中で最も早い営業の再開だった。

これらの四社はいずれも、これから見ていくように、状況に応じたマキャベリズムの手段を使って、狡猾さや巧妙さを発揮し、政治力を行使している。すべては東北を救援するという目的のためである(次の画像は、マキャベリの肖像画。まさしく「機転が利き、狡猾な」人物に見える)。

三・一一の四日後、石巻港湾病院で食料が底を突くと、職員たちは車で六〇キロ離れたところまで、患者の食料を調達しに行くことになった。ところが道路の渋滞がひどいうえ、多くのガソリンスタンドが閉まっていたので、途中で車のガソリンが尽きてしまった。

そのとき一人の職員が、機転を利かし、狡猾な行動を取った。路上に放置されていた車からガソリンを抜き取ったのである。もちろん、それが違法行為であることはわかっていたので、事情の説明と連絡先の電話番号を記したメモを残し、車の持ち主に返済を約束した。

「ニッコロ・マキャベリ」
ステファノ・ビアンケッティ作

一方、ローソンは三・一一後の二週間で、地震と津波の被災者のもとに最終的に一八万個の食品を届けた。しかし、法律で定められた適切な食品表示ラベルはそれらの食品の多くにはついていなかった。極端に厳しい日本の食品衛生法で、ラベルはパンやおにぎりなどの商品のパッケージに直接貼ることが義務づけられていた。当初はこの規制のせいで、ローソンは避難所に食品を送ることができなかった。ラベルの印刷などできる状況ではないと考えられたからである。

しかし、事は急を要した。そこでローソンの東北地区の地域担当マネジャーは、ラベルなしで食品を出荷することを決めた。「その状況でどうするのが賢明かを考え、規制の遵守よりも被災者の健康を優先することにした」と、地域担当マネジャーは事例の筆者に話している。

本社にも、その判断は支持してもらえるだろうという確信があった。三・一一の直後、当時の新浪剛史社長が「七日以内に東北に届けよう。コストはいくらかかってもいい」と宣言したのを鮮明に覚えていたからである。津波の被災者のことを考えれば、社長の宣言を「規制を度外視していい」と拡大解釈することは許されるはずだった。

次元は違うが、ファーストリテイリングも、経済産業省から法的な要請を受けていた。それは福島第一原発のメルトダウンの影響で電力供給量が不足しているので、東北地域では夜間、節電のため、店舗の屋外の照明を消してほしいというものだった。節電という観点からはそれは妥当な要請だったが、柳井正には、かつて炭鉱で栄えた山口県宇部市の商店街が「シャッター通り」と化したときの記憶があった。夜になると、シャッターを下ろしたままの空き店舗が並ぶ商店街は、暗闇に閉ざされた。それは不気味な光景だった。

そのことを思い出した柳井は、歴史的構想力を働かせ、各店長に照明を消すかどうかの判断を一任した。結局、東北のユニクロの店舗のほとんどは政府の要請に従わず、照明を消さなかった。ローソンの事例同様、ユニクロの店長たちも、規制の遵守より地域の人々の生活を優先したのである。

前にも紹介したように、ヤマト運輸の石巻東支店長は、地震と津波の発生時に配達に出ていたセールスドライバー二〇人全員の帰社を待ったが、一人だけ戻らないドライバーがいたので、自ら車で探しに出て、津波にさらわれた。幸い、泳いで岸に戻ることができ、命は助かった。数日後、生き残ったドライバーたちから、行方不明になったドライバーの捜索を続けながら、石巻の住民への配達を再開したいという要望が出された。

市内を走っていたほうが同僚を見つけられるチャンスも高まりそうだった。また、食料や医療などの救援物資を届けられる自分たちは、被災者にとって命綱であるという自覚もあった。支店長は、津波で道路が水没しており、配達には危険が伴うことを承知していたが、ドライバーたちの要望を受け入れた。万一のときのために二人一組でトラックに乗るというルールを設けたが、地域の人々に必要な物資を届けることが自分たちの使命だという思いは、ドライバーたちと同じだった。

◆マキャベリズムの手段で生き延びた南極遠征隊

危機に際して人間の最高の力が引き出されることは珍しくない。一〇〇年と少し前、南極遠征に挑んだアーネスト・シャクルトンの事例がまさにそうだった。

南極探検家で地質学者のレイモンド・プリーストリーは、探検家アプスリー・チェリー＝ギャラードの言葉をパラフレーズして、紹介している。「科学的な発見ならスコットが、旅の速さと効率ならアムンゼンが頼りになる。しかし、災難に見舞われ、希望がすべて失われたときには、シャクルトンに祈りを捧げたい」[9]

一九一五年一月、シャクルトンの遠征隊はエンデュアランス号でウェッデル海を航行中、流氷に衝突して、船体にひびが入り、氷上への脱出を強いられるという災難に見舞われた。その晩、シャクルトンは日記にこの新しい試練について次のように書いた。「古い目標を捨てたら、ただちに新しい目標に向かって、進み始めなくてはならない。(中略)全隊での帰還が叶うよう神に祈りを捧げる」[10]

ホンダの社員は本田宗一郎のために「喜んで火中の栗を拾」い、米国民はアイゼンハワーのために「喜んで命を捧げた」。エンデュアランス号の船長を務めたフランク・ウォースリーによれば、隊員たちは「喜んで、シャクルトンの命令に従って、どこへでも黙ってついていった」という。ウォースリーは回想録の中で、自分たちの隊長について次のように書いている。

「彼は偉大な探検家であるだけではなく、立派な人間でもあった。(中略)では、人間としてどういう人物だったか。エンデュアランス号を失って、氷上に逃れたとき、彼がどのように隊を率いたかを私は今も覚えている。天賦のリーダーシップによって全隊員の健康を保ったことも、並外れたオーラの強さで隊員の士気を維持したことも、素晴らしい手本を示して、隊員たちに尋常ならざる苦難を切り抜けさせたことも、私の心に刻まれている」[11]

危機に引き出されるのは、人間の最高の力だけではない。マキャベリズムも引き出される。とりわけひどい苦難に直面したときはそうだといえる。たとえば、シャクルトンが用いた手段は、平時であれば正当化されないものだった。

一九一五年、エンデュアランス号が流氷に囲まれ、動けなくなったとき、シャクルトンは船を臨時の冬季基地にするという命令を下し、隊員たちに海軍調査船の通常の仕事をやめさせた。流氷が解け始めるのは、春が訪れる九月であり、それまで船上で長い間待たなくてはならなかった。隊員たちの怠惰と退屈による悪影響を懸念したシャクルトンは、海軍や海上の決まりをいったん無視することにした。

動かない船の上では、高級船員にも、科学者にも、水夫にも、医者にも、船大工にも、カメラマンにも、料理人にも、平等に仕事が割り振られた。それらの仕事には、甲板と船体の清掃や、食事の配給や、錨鎖の錆つきの防止や、氷の裂け目の監視なども含まれた。生肉の蓄えが少なくなったときは、地位や肩書きに関係なく、アザラシやペンギン、ときにはアシカを捕まえるという仕事もそこに加わった。配給できる食料が減り、六九匹の犬に生肉を与える余裕がなくなると、シャクルトンはその射殺を命じた。そうせざるをえない理由は誰もが理解していたが、おぞましい経験であることに変わりはなかった。

シャクルトンはときに隊員たちを「秘密の手」で率い、真の意図を誰にも明かさなかった。たとえば、船が座礁した日、シャクルトンは壊れた船からガソリン缶を持ち出して、粉ミルクでホットミルクを作り、朝食にした。そして、その半年後、隊の新しい日課を定めた。それは日中、四時間おきに少量の温かい食事を摂り、夜は四時間おきにホットミルクを飲むというものだった。

シャクルトンは隊員たちの健康状態を監視し、注意すべき症状を呈する者がいないかどうかに常に気を配った。もし体が過度に冷え、震えている者がいれば——それは死にかかっている悪い兆候だった——、ただちにホットミルクの時間にして、全員に飲ませた。具合の悪い者のためにそうしていることは本人に絶対に気取らせなかった。具合の悪い者に生きて帰れないかもしれないという不安を抱かせないためである。そのような不安は隊全体にパニックを引き起こすおそれがあった。[12]

シャクルトンは命を救うためなら、現実を歪曲することも厭わなかった。一九一六年五月二〇日——シャクルトン、船長ウォースリー、二等航海士トム・クリーンがサウスジョージア島で捕鯨業者によって発見された日——の夜明け前、三人はしばし休憩を取ることにした。二四時間ぶっ続けに歩いてきた後だった。ウォースリーとクリーンはたちまち深い眠りに落ちた。

シャクルトンは自分が目を閉じれば、三人とも凍死するとわかっていたので、目を閉じず、眠っている二人を見守った。そしてきっかり五分後に二人を起こし、もう三〇分眠ったから、出発の時間だと嘘をついた。のちに二八人の隊員全員が無事に帰還できたのは、シャクルトンがこのとき、現実を歪曲して、二人の命を救ったおかげだった。

◆現実の歪曲

現実を歪曲するのは、シリコンバレーの冒険家、スティーブ・ジョブズに備わった性格でもあった。ウォルター・アイザックソンによる伝記『スティーブ・ジョブズ』(13)では一章（第一一章「現実歪曲フィールド」）が丸ごとジョブズのこの性格を描くことに費やされている。アイザックソンによれば、ジョブズは次のようなことの手段として現実を歪曲したという。

- 他者に対してだけでなく、自分に対しても、あえて現実を認めない。
- かかわりたくない物事をシャットアウトする。
- 自分の願望に合わせて、現実を捻じ曲げる。反抗的で、強情だった子どもの頃、そうしていたように。
- ルールは自分に適用されないと考える。自動車にナンバープレートをつけない、駐車場の身障者用スペースに車を停めるなど。

- 実際に起こったことを起こらなかったことにする。娘リサが生まれたときにもそうした。
- 対処したくない情報を意図的に無視する。がんと診断されたときにそうしたように。

ジョブズと仕事を共にしたことがある人々は、ジョブズのこのような現実の歪曲について次のように述べている。[14]

「相手に彼のビジョンを支持するよう仕向けるのに役立っていた。彼自身は自分のビジョンを愛し、心から信じていたから」

「世の中には一握りの特別な人間がいると彼は信じている。アインシュタインや、ガンジーや、インドで出会った導師などがそうであり、自分もその一人だと思っている」

「現実歪曲フィールドは、カリスマ的な話術と、不屈の意志と、どんな事実もそのときの目的に合わせて捻じ曲げてしまう熱意の混合物だった」

「スティーブは世界を自分の思いどおりにしたいという願望が並外れて強い人だと思う」

「彼には向き合いたくないことは無視するという能力が備わっている。あれは天性の才能だ」

現実の歪曲が仇になることもあった。二〇〇三年一〇月、がんの診断を下されたときがそうだった。医者からも、友人からも、妻からも、繰り返し、手術と化学療法を勧められたが、ジョブズはそうしようとしなかった。そうはせずに、インテルの元会長アンディ・グローブによれば、「得体の知れない草だとか、根だとかを食べる」[15]ことで自力でがんを治そうとした。アイザックソンの伝記は次のように書かれている。

「具体的には完全な菜食主義の食事を続け、生のにんじんと、果物のジュースを大量に摂取した。食事療法に加え、鍼やさまざまな種類の薬草も試みた。ときに、インターネットで見つけたり、霊能者など、全国の人から教えられたりした治療法も取り入れた。一時は、南カリフォルニアで自然治癒の診療所を営む医者に全幅の信頼を寄せた。その医者が重んじていたのは、有機ハーブや、ジュースしか飲まない断食や、頻繁に行う腸内洗浄や、水治療や、ネガティブな感情の吐露だった[16]」

とはいえ、ジョブズの現実の歪曲はほとんどの場合、周りに好ましい影響を及ぼした。アップルの共同創業者スティーブ・ウォズニアックは、現実の歪曲の効果に驚いている。「彼が現実を歪曲するのは、理屈では考えられない未来のビジョンを描くときだ。たとえば、私は彼から、おまえなら数日で『ブレイクアウト（ブロック崩しゲーム）』を設計できると言われた。こちらにはとうてい不可能に思えるのだが、彼の手にかかると、それがなんだかんだと実現してしまう」

デビ・コールマン――一九八二年、マッキントッシュの開発チームに加わり、のちにアップルの製造部門のトップにまで昇進した――もウォズニアック同様、現実の歪曲の威力を信じている。現実の歪曲はジョブズのチームがコンピュータの歴史を変える原動力になった。「自己成就的な歪曲だった」とコールマンは言う。「不可能だと思っていないから、不可能なことでも実現できた[17]」

現実の歪曲はコーニングなどのサプライヤーとの間でも、素晴らしい奇跡を起こした。ジョブズがコーニングのCEOであったウェンデル・ウィークスに、iPhoneの画面にどういう種類のガラスを使いたいと考えているかを説明したのがきっかけだった。ウィークスは、自社で一九六〇年代に「ゴリラガラス」という特殊なガラスを開発したのだが、当時は売れなかったと話した。ジョブズはウィークスからそのガラスの化学的な性質を聞くと、それこそ自分が探していたガラスだと感じた。そこで、そのガラスを六カ月でどれぐらい生産できるかと、ウィークスに尋ねた。

ウィークスからは、ごくまっとうな答えが返ってきた。現在はどこの工場でも生産していないので、生産するためには既存の工場の生産をそのガラスの生産に切り替えなくてはならない。六カ月ではその切り替えは不可能だ、と。ジョブズはウィークスをまっすぐ見つめて、言った。「やれば、できる。そう思わないか。君なら、できる[18]」

結局、見事にそのとおりになった。コーニングは六カ月かからずに、工場の設備を総入れ替えして、「ゴリラガラス」の生産を始めることができた。

この事例が示しているように、アップルのコールマンとコーニングのウィークスは、現実の歪曲によって、画期的な商品を生み出したいという消えることのない情熱を植えつけられた。それだけではない。不可能なことも実現できるという信念も、ジョブズの現実の歪曲によって心に刻まれた。

2 矛盾を受け入れ、総合する

ワイズリーダーは人間性には矛盾——善と悪、礼節と非礼、楽観と悲観、理想主義と現実主義、勤勉と怠惰——が含まれることを理解し、それらを状況に応じて総合しようと努めてもいる。互いに矛盾するものの間に適切なバランスを見出そうとか、妥協点を探ろうとかするのではなく、ダイナミックに弁証法的な思考法をするのである。そうすることで矛盾や、対立や、パラドックスに高次の次元で対処できるようになる。

ワイズリーダーたちがより大きな善を見失うことなく、その場の状況に最もふさわしい判断を下せるのは、「あれか、これか」ではなく、「あれも、これも」という発想をするからにほかならない。F・スコット・フィッツジェラルドがかつて言ったように、「二つの相反する考えを同時に抱きながら、なおかつきちんと考えられるのが、第一級の知性の証し」である。[19]今の断絶の時代には、そのような知性がかつてないほど切に求められている。

ただし矛盾や、対立や、パラドックスを受け入れるのは簡単ではない。チャールズ・ハンディは『パラドックスの時代』で次のように指摘している。「人生を生きがいの感じられるものにするためには、よりよい生き方を見つける契機として、矛盾を活かせるようにならなくてはいけない」[20]

ファーストリテイリングの柳井正には、品質を高めると同時にコストを抑えなくてはならなかったことが、ビジネスのよりよい方法を見つける契機になった。ユニクロの服を、シンプルで、かっこよく、着心地のいいもの、できるだけ斬新で、情熱が詰まったものにすることを求められる一方で、顧客を喜ばせるためにコストは下げなくてはならない。これは「明らかに矛盾です」と柳井は言い、この矛盾によりよい方法を見つける契機を見出した。[21]

「矛盾解決なしには、次なる成長はないというわけです。特に挑戦的なことをすると矛盾が伴うものです。そしてそこで目にする矛盾は、初めての経験ですから、頭を抱えてしまう類いのものだったりします。そこで『やっぱり無理だった』とか『こんなのでは商売が成り立たない』と言ってあきらめてしまうか。それとも、何とか解決する方策はないのかと、必死になって食い下がって努力するのか。これが大きな分かれ目になるわけです。

普通の人は前者です。ということは、そこの市場には挑戦者がいないか、あるいは挑戦者がいたとしてもあきらめて撤退をしているから、空白の市場だったりするわけです。ということは、あきらめないで粘って、その矛盾の問題解決を最後までやりきった会社が、その市場を創造することができるということです。矛盾を解決すれば、そこにチャンスが大きく広がるということなのです」

◆トヨタにおける生き方としての矛盾

トヨタ自動車ほど矛盾やパラドックスを生き方として真剣に扱っている企業はない。物語と同じように、トヨタの矛盾への対処には、始まりと、中間と、終わりがある。始まりでは、矛盾やパラドックスを自社の文化に欠かせない要素として、まずは受け入れる。中間では、二つの相反する力をぶつけ合わせ、総合する。そして終わりでは、絶えず新しい矛盾を生み出して、生き方にすることで、矛盾の文化をさらに強化する。

矛盾を受け入れる

われわれが六年がかりの研究を始めたとき、[22]真っ先に気づいたのは、トヨタは矛盾にどっぷり浸かっている企業であるということだった。トヨタは受動的に矛盾に対処するのではなく、積極的に矛盾を受け入れ、育んでいる。パラドックスを発展の糧にし、意見の対立を活力の源にしている。トヨタでは矛盾や、対立や、パラドックスが社内の文化に不可欠の要素になっており、トヨタの成功の秘密を解く鍵もそれらの要素にある。

われわれの研究では、以下のような矛盾がトヨタの文化の一部になっていることが確かめられた。

①歩みは遅いが、大飛躍をする。

たとえば、トヨタは米国での生産をゆっくりと始めた。最初は、一九八四年にカリフォルニア州フリーモントでGMとの合弁事業「ニュー・ユナイテッド・モーター・マニュファクチャリング(NUMMI)」を立ち上げ、それから四年後にケンタッキー州で初めて自社の工場を開設した。しかし、一九九七年のプリウスの発売は大飛躍だった。トヨタはハイブリッドエンジンの開発でライバル企業に大きく水をあけた。

②倹約家だが、重点分野には大盤振る舞い。

トヨタが無駄遣いをしないことはつとに有名である。昼食時にはオフィスの照明が消され、社員たちはパーティションで区切られていない、広い一つの部屋で一緒に仕事をする。その一方で、製造設備（たとえば、二〇〇二～〇八年の間に、米国とヨーロッパの生産拠点や支援施設には二二〇億ドルが費やされた）や、販売代理店やディーラー網（四年に一度、販売代理店向けに開催されるトヨタ世界大会の二〇〇三年と二〇〇七年の大会には、一六〇カ国から八〇〇人が招かれた）や、Ｆ１レースや、人材開発には、莫大な資金が投じられている。

③高効率だが、社員の時間を無駄に使っているように見える。

トヨタ生産方式は品質の高い自動車を低コストで生産し、需要の変化にも機敏に対応できることで知られる。その一方で、われわれが驚かされたのは、多くの社員が自分は議論には加わらないのに、すべての会議に出席していることである。現場の社員の数も、同業他社に比べはるかに多い。本社と海外との円滑なやり取りを手助けするマルチリンガルのコーディネーター――日産自動車では二〇〇一年、カルロス・ゴーンの下で廃止された職――も大勢雇っている。

④着実に成長していながら、偏執的。

トヨタは一九五〇年代初頭に倒産の危機に直面したことがあるものの、その後は五〇年以上にわたって売り上げと市場シェアを絶えず伸ばしてきた。そのような着実な成長にもかかわらず、幹部は常に社員に「満足しては駄目だ」「もっといい方法があるはずだ」などと、発破をかけ続けている。元社長の奥田碩《ひろし》や渡辺捷昭《かつあき》は、それぞれ「何も変えないことが最も悪いことだ」「改善は景気のいいときにやれ」と口癖のように言っていた。

⑤ヒエラルキー型の組織だが、みんなに反論の自由が与えられている。

トヨタには厳格なヒエラルキーがあるが、反対意見を述べることも、問題を指摘することも、上司の指示に従わないことも、上から言われたことを重んじすぎないことも、すべての社員に認められている。元社長の渡辺捷昭は、かつての自分がいかに上司とけんかをしたかをよく語り、社員たちに「仲よくけんかしろ」としばしば言っていた。われわれはインタビューの際、社員の口から自社や経営幹部への批判が飛び出すことに驚いたが、本人たちに臆する様子はなかった。建設的な批判をするのは正しいことだという意識が社員たちにはあった。

⑥社内のやり取りはシンプルさを第一としながら、複雑な社会的つながりを築く。

トヨタでは、社員は互いにシンプルな言葉でやり取りしなくてはならず、いかなるプレゼンテーションもA3用紙一枚にまとめなくてはならない。その一方で、社員同士の複雑な社会的つながりも育まれている。「みんなが何でも知っている」会社にしたいからである。専門分野や入社年によるグループを作って、職種や地域を超えた社員のヨコのつながりを築いたり、上下間の指導や助言の機会を設けてタテのつながりを築いたり、あるいは出身地やスポーツや趣味などのクラブ活動によってナナメのつながりを築いたりしている。

矛盾を総合する

矛盾がトヨタの成功の要をなしていることに気づいたわれわれは、次に、どういう力が矛盾を生み出しているのかを探った。その結果、トヨタについてのケーススタディを六件書いたところで、あるパターンが浮かび上がってきた。それは膨張力と集約力という二つの相反する力によって、絶えず社内に不均衡がもたらされていることだった。

膨張力はトヨタに変化と向上を促しており、次の三つの要素からなる。不可能な目標、実験、現地に合わせたカスタマイズである。当然ながら、これらの要素は会社に多様さをもたらし、意思決定を複雑にする。したがって管理や意思疎通のシステムにとっては、脅威になる。図8-1の球体(トヨタ)から外方向に向かう矢印は、この力を視覚化したものである。

この変化の力で組織が崩壊するのを防ぐため、トヨタは集約力も用いている。集約力は、創業者の哲学、開かれたコミュニケーション、アップ・アンド・インの人材管理の三要素からなる。これらの三要素には、会社を安定させ、社員たちの経験の内面化と環境についての理解を助け、トヨタの価値観と文化を揺るぎないものにする働きがある。この力は図8-1に示したように、球体(トヨタ)へ向かう矢印として視覚化できる。

図8-1 トヨタの相反する2つの力

「A3」は、A3用紙を使った報告を意味する。トヨタでは社員間の意思の疎通をシンプルにするため、1枚のA3用紙を使って報告が行われる。その紙には問題の解決に必要な最も肝心な情報だけが書かれており、それが社内全体で共有される

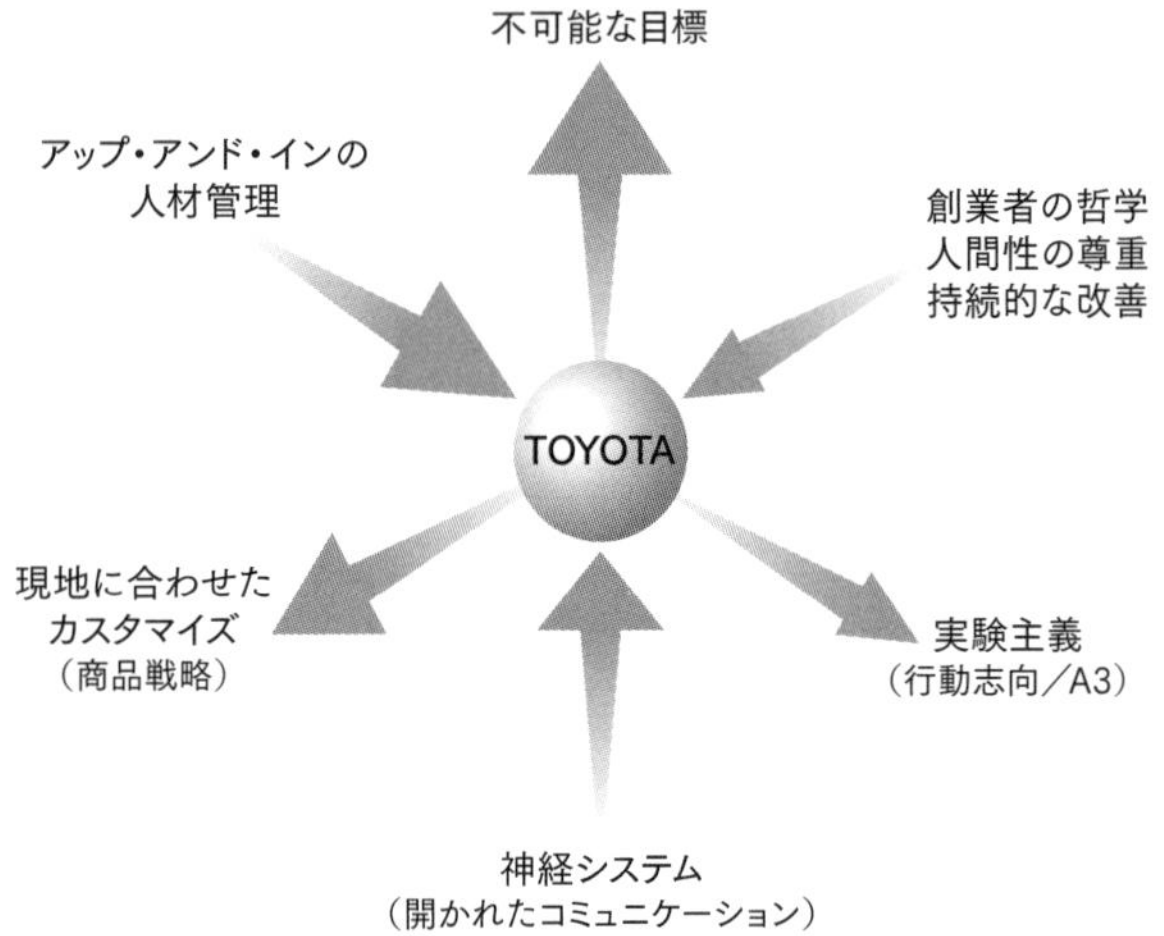

では以下に、二つの相反する力のそれぞれの三要素を順に見ていこう。

【膨張力】

①不可能な目標を設定する。

これはトヨタの創業時までさかのぼる。一九三七年、トヨタの創業者、豊田喜一郎は外国の技術を使わずに国内で自動車を作りたいと考えた。誰の目にもこれは不可能な目標に映った。当時、三菱や三井といった財閥でさえ、尋常ではない投資が必要になることから、自動車産業への参入はあきらめていた。喜一郎はそれに果敢に挑戦した。今のトヨタがあるのは、その挑戦のおかげである。

②失敗しても実験を繰り返す。

不可能な目標を実現しようとするとき、次々と目の前に立ちはだかる壁を乗り越えるのに役に立っているのは、粘り強く実験を続ける姿勢である。深く考えながらも、小さなステップをコツコツと積み重ねることが、不可能な目標を実現させる現実的な方法であること、そして絶対にあきらめないことが肝心であることを、トヨタは経験から学んでいる。

プリウスの開発では、最初に作ったプロトタイプはエンジンがかからなかった。次に作ったプロトタイプは、エンジンはかかったが、テストコースを数百メートル走ると、そこでぴたりと停止してしまった。開発がもっと進んだ段階でも、温度が上がりすぎたり、下がりすぎたりすると、バッテリーが上がってしまうという不具合が生じた。

そのような数々の失敗に見舞われながら、トヨタは開発プロジェクトを中止しなかった。その結果、最後には一九九五年の東京モーターショーで、画期的なハイブリッドカーを披露することができた。

③地域のニーズに合わせて商品や事業をカスタマイズする。

トヨタは各国や各地域の顧客に合わせて、商品をカスタマイズしている。トヨタが圧倒的なシェアを誇る国内市場にとどまることなく、劣勢に立たされることの多い海外市場へ進出しているのは、そういうカスタマイズを慣行にしているからである。現地に合わせたカスタマイズによって事業は複雑になる。
しかし同時に、社員の創造性が最大限に引き出される。新しいテクノロジーや、新しいマーケティングの方法や、新しいサプライチェーンをいやでも考えなくてはならないからである。たとえば、一九九九年、小型車ヤリスをヨーロッパで発売した際は、安全性から、室内空間の広さ、デザインの洗練さ、燃費性能まで、ヨーロッパの顧客の高い要求に応えられるものにする必要があった。

【集約力】

④創業者の哲学を植えつける。

トヨタでは創業者たちの下で、時間をかけて自社の価値観(哲学)や慣行が確立された。カイゼンや、人間性の尊重や、謙虚さや、力の源泉としてのチームワークや、「五回のなぜ」などである。

それらの哲学が普段の仕事とどう関係するのかを、OJTや、マネジャーが次の世代に聞かせる物語を通じて伝えることで、トヨタは社員の心に創業者の哲学を植えつけている。実際、われわれのトヨタの研究でも、道を見失うのを防いでいる哲学が四つあることがわかった。「明日は今日よりよくなる」「みんなが勝者に」「顧客が第一、ディーラーが第二、メーカーは最後」「現地現物」である。

⑤開かれたコミュニケーションを促す。

巨大企業でありながら、トヨタの社内には小さな町の会社のようなコミュニケーションが見られる。社内の廊下では、しばしば「横展しよう」という言葉が交わされている。「横展」とは「横に展開する」を略した言葉で、他部署と情報を共有しようという意味である。

コミュニケーションはバイラルであり、知識があらゆる方向に拡散していくためには、パーティションで仕切られていない「大部屋」で全員が一緒に仕事をするのがよいというのがトヨタの考えである。

この「大部屋」の慣行はもともと、慢性的にオフィススペースが不足している日本特有の事情から始まったものだったが、今では全世界で導入されている。プロジェクトチームは専用の作戦会議室の壁に情報を掲示することで、情報がみんなの目に触れるようにしている。この慣行は「見える化」と呼ばれる。

⑥アップ・アンド・インの人材管理に力を入れる。

多くの企業では、アップ・オア・アウトの人材管理が行われている。つまり昇進（アップ）か、解雇（アウト）かという人材管理である。トヨタは成績の悪い社員でもめったに首を切らない。それよりも雇用し続け（イン）、その能力を高めること（アップ）に重点を置いている（アップ・アンド・イン）。実際、トヨタでは、日本から急速に消えつつある長期雇用が維持されている。

一九九八年八月、ムーディーズによる格付けがＡａａからＡａ１に引き下げられたのは、終身雇用を保証していることが主な理由だった。この引き下げにより、トヨタは年間で二億二〇〇〇万ドルの利息を余計に払わなくてはいけなくなったが、経営陣は格付け機関に対し、終身雇用を放棄するつもりはないと告げた。アジアで発生した金融危機のあおりを受け、タイでの事業が四年連続で損失を出したときも、当時社長だった奥田碩は、次のように命じた。「あらゆるコストの削減に努めよ。ただし、一人も解雇してはならない」

これら六つの要素が互いに補い合い、複雑に絡み合うことで、相反するものを共存させる、不均衡状態が社内に生まれる。六つの要素のどれか一つに変化が生じると、緊張が生まれ、その緊張がきっかけとなって、会社は軌道修正を迫られる。

トヨタはカイゼンによる持続的な変化を重んじるがゆえに、常に不安定な状態にある。図８－１に示したように、矢印の大きさは一定ではない。どの矢印の大きさも、六つの要素の強さや影響に応じて、時間とともに変化する。社内に持続的な不均衡状態がもたらされるのは、この矢印の大きさが変化するたび、バランスも変化するからにほかならない。

生き方としての矛盾の文化を育む

最後にトヨタの話の締めくくりとして、トヨタが矛盾を生き方にしていることを見ていきたい。トヨタでは持続的に新しい矛盾が生み出され、絶えず変化し続けることが常態になっている。以下に紹介するのは、そのようなトヨタの矛盾の文化がどのように育まれているかを示す、最近の三つの事例である。

事例その一。二〇〇五年、渡辺捷昭は社長に就任すると、「走れば走るほど空気がきれいになるクルマ、ドライバーも歩行者も傷つけないクルマ、事故を起こさないクルマ、乗れば乗るほど健康になるクルマ、無給油でアメリカ大陸を横断できるクルマ」を作りたいという夢を語った。数年後、燃費に関する基準は、さらに「無給油で世界一周できるクルマ」に引き上げられた。ここには限界に挑もうとする渡辺の姿勢がはっきりと示されていた。

その一方で、渡辺は「身の丈」を知ることの大切さも強調した。この「身の丈」という言葉を繰り返し使って、現実を知ることの重要さを説いている。渡辺は夢追い人であるとともに、実務家でもあった。限界に挑みながらも、周りの人間に現実を重んじさせていた。そのことは次のような発言からもうかがわれる。

「志や目標、あるいはビジョンは高く持ちなさいと私はいつも言っています。目標が五%や一〇%の改善では、人はチャレンジするのを止めてしまいます。同時に、現実はどこにあるのか、これを私は『身の丈』と称しているのですが、これをしっかりと評価しなさいと言っています。人間でいえば、身長とか体重とか心臓や肺の機能などの測定値が身の丈です。海外の事業体で言えば生産性、品質の不良率、あるいは原価低減率です。身の丈を知り、目標をどの高さに置くかで、その二つのギャップがわかります。そのギャップをどう埋めていくのか、いつまでに埋めるのかということを確認すればよいのです[23]」

事例その二。当時トヨタの米国子会社で副社長を務めていた豊田章男は、失敗しても実験を繰り返すという慣行をさらに推し進めた。第6章で述べたとおり、豊田は二〇〇一年、開発段階のセダンやSUVでレースに出場している自社のテストドライバーチーム、GAZOOレーシングに加わった。チームのリーダー成瀬弘からサーキットでの運転の仕方を教わって、自身も二〇〇七年に初めてニュルブルクリンク二四時間レースに出場した。その三年後、成瀬がニュルブルクリンク近郊で事故死を遂げるという悲劇に見舞われた。

しかし、GAZOOレーシングはあきらめなかった。豊田はレースに出るのには危険が伴うことは十分承知していた。レーシングカーに交じって普通のセダンやSUVでサーキットを走るのだから、なおさら危険は大きかった。GAZOOのドライバーたちは、自分を追い抜こうとしている車の進路をふさいでしまわないよう、常にバックミラーで後方を見ながら走らなくてはいけなかった。

ニュルブルクリンクのレースでは、豊田たちのチームが脚光を浴びたり、主役を演じたりすることはなかった。対照的に、二〇一五年の東京モーターショーでは、メジャーリーガーのイチローとともにステージの中央に立った豊田は注目の的だった。豊田がそこで繰り返し使った「バッターボックスに立つ」というメタファーは、失敗しても実験を繰り返すというのとは逆で、愚直に同じルーティンを守ることが強靭さと長続きの秘訣であることを言い表したものだった。

本人が気づいていたかどうかわからないが、豊田はニュルブルクリンクでの経験とイチローとの対談とでは相反するメッセージを発していた。かたやニュルブルクリンクでは、リスクを冒し、不測の事態に臨機応変に対処することの大切さを強調し、かたやイチローとの対談では、安定した力を発揮するためには準備とルーティンが必要であることを強調した。

事例その三。豊田は小さな町の会社のような人と人との密接なコミュニケーションを重視している。前に述べたとおり、トヨタの社内では上下間でも、部署間でも、ベテランと若手間でも、双方向のコミュニケーションが大変活発である。そのようなコミュニケーションの活発さは社外のサプライヤーや、顧客や、ディーラーとの間でも変わらない。トヨタはそうすることで、アナログの手段でつながり合った世界を築き上げてきた。そのコミュニケーション網は、さながら人間を神経伝達物質とする中枢神経系のように機能している。

豊田は、これをもう一歩さらに推し進めたいと思っている。自分をアナログなコミュニケーション網の中心に据えて、「中小企業のオヤジ」のような役割を果たしたいという。本人の言葉では、次のように語られている。「体温があって、血が通っていること。中小企業と大企業の違いは、従業員の顔が見えているか、体温が感じられ、彼らの気持ちにどれだけ寄り添うことができるかにあると思う。僕はね、大企業だからそれができないと言いたくない」[24]

同時に、トヨタはデジタルの手段を使って、外の世界とつながることにもきわめて意欲的に取り組んでいる企業でもある。たとえば、顧客とディーラーとサプライヤーをつなぐ最先端のITシステムも導入している。レクサスの顧客は一〇年以上前から、自動車に関することであれ、それ以外のことであれ、二四時間、いつでも専用のコールセンターに問い合わせることができる。

あるいは別の例としては、最近、人工知能に大規模な投資を行い、シリコンバレーのスタンフォード大学の近くにトヨタ・リサーチ・インスティテュートを設立してもいる。同研究所のCEOギル・プラットによれば、「目標は、運転するのが人間であっても、機械であっても、絶対に事故を起こさない車を開発すること」だという。[25]

このようにトヨタには、生き方として両極——理想と現実、変化と安定、アナログとデジタル——を追求することが文化として根づいている。そのような文化を育んでいるのは、「あれか、これか」と考えず、「あれも、これも」と考え、理想と現実のどちらも、変化と安定のどちらも、アナログとデジタルのどちらも追求しようとするアプローチである。

3　政治力を育む

ここからは、政治力を磨く方法をいくつか見ていきたい。一つ目の方法では、「あれも、これも」追求する「両立型」のアプローチを使う。これは一九世紀の哲学者ヘーゲルの弁証法に基づく方法である。二つ目の方法では、われわれが考案したミドル・アップダウン・マネジメントのフレームワークを使う。三つ目の方法では、最近の日米両国の潮流に着目し、「肯定的な反抗」の活用を提案したい。

◆弁証法の利用

政治力を磨く一つの方法としては、スミス、ルイス、タシュマンの三人が提唱する「両立型」のアプローチを使う方法がある。(26)「両立型」のアプローチでは、「AとBの両方を同時に成し遂げるにはどうすればよいか」と問われる。筆者たちは二〇一六年の『ハーバード・ビジネス・レビュー』に掲載された論文を執筆した際、ゴアテックスで知られるゴア社の当時のCEO、テリー・ケリーにインタビューした。ケリーはそのインタビューで、次の三つの矛盾と絶えず向き合っていると述べている。

①短期目標の達成と、長期目標の達成
②イノベーションへの適切な注力と、効率と成果の向上
③小さなチームの力の重視と、会社全体のもっと大きなニーズ

CEOは、しばしば二つの相反する目標を突きつけられる。グローバルな規模とローカルなニーズ、製品ラインの深さと幅、他社との協力と競争、株主価値の最大化と社会的な価値などは、そのほんの一例である。

従来のマネジメント理論では、組織設計や、報奨制度や、ルーティンや、組織文化の設計を通じて、矛盾の解消がめざされる。ワイズカンパニーでは、矛盾は克服されるべき障害とは見なされない。むしろ逆に、知識の創造と実践に不可欠のものとされる。ワイズリーダーは矛盾を受け入れるからこそ、成し遂げるべき善を見失うことなく、状況に応じた最善の判断を下せる。

西洋には世界を「あれか、これか」という発想で眺める傾向が強くある。この知的伝統の起源は、第2章で簡単に触れたように、デカルトとデカルト的分裂、つまり二元論までさかのぼれる。Aか、Bかという考え方をすると、どうしても「A対B」という図式ができあがってし

まう。主観対客観、心対身体、合理主義対経験主義、分析対直観という議論はすべて、そのような知的伝統の産物にほかならない。

しかし、組織的な知識創造と知識実践（つまり、暗黙知と形式知）という要素をそのように捉えるのは危険である。暗黙知と形式知は二元論の両極に位置しているわけではなく、むしろ相補的な関係にある。それらが相互に作用し、相互に入れ替わることで、新しいものが生まれる。正反対に見えるもの同士が相互に作用し合って、総合される。SECIモデルは、動的に、同時に相互に作用し合うAとBの両方からなるといえる。

両極に位置するように見えるもの同士──あるいは、代替物になりえそうにないもの同士──の間に動的に、同時に相互作用が生じることで、それまでとは違う新しい解決策が生まれる。言い換えるなら、AとBから生まれるCは、AやBから独立した別のものであり、AとBの「中間」でも、「折衷」でもないということである。双方向に動的に、同時に生じるAとBの変化のプロセスによって、両者を総合したものであるCが生まれる。

「総合」という用語は、言うまでもなく、弁証法の概念を思い起こさせる言葉である。弁証法の哲学は古代ギリシアのプラトンやソクラテスまでさかのぼるが、近代に入ってから弁証法に新しい命を吹き込んだのは、一九世紀ドイツの哲学者、ゲオルク・ヴィルヘルム・フリードリヒ・ヘーゲルである。「定立（テーゼ）、反定立（アンチテーゼ）、総合（ジンテーゼ）」という定式化で広く知られるヘーゲルは、次のように書いている。

図8-2　弁証法的な思考の図解

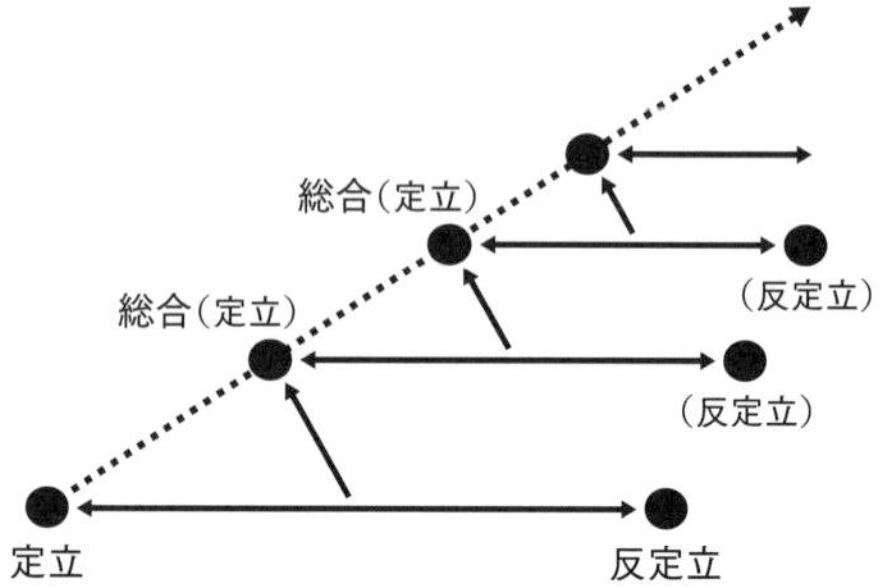

「ある概念が『定立』として、つまり肯定的な概念として出される。次にその概念が発展して、最初の概念を否定する第二の概念、すなわち、『反定立』が導き出される。最後に、最初の二つの概念が統一され、第三の概念『総合』が生まれる」[27]

弁証法的な思考を視覚化したのが図8-2である。この図に示すように、総合では思考が定立や反定立より一段高い次元へと達する。点線は定立と反定立の緊張関係が総合によって解消し、思考が新しい段階へ進むことを示している。

柳井正の著書『経営者になるためのノート』の「チームを作る力――経営者は本物のリーダーであれ」と題された章には、この弁証法的な思考の現場での実践例が描かれている。柳井がそこで用いているメタファーは「鬼となり仏となる」である。本物のリーダーになるためには、いつでもA（鬼）にもB（仏）にもなれなければならないと、柳井は説く。そのようになれて初めて、考えなくても自然にAもBも両方できる本物のリーダー（C）になれるという。

「部下の未来を明るくするのがリーダーの仕事です。

ですからその人の未来のことを考えたら、ある仕事ができるようになるまで鬼となって指導することも大切です。そこでさもものの分かりよく振る舞って『それくらいできなくてもいいよ』などとやっていたら、その場は丸く収まるかもしれませんが、その人の未来をかえって暗くしてしまいます。

基準が低いところで満足をしていたら、容赦なく『失敗です』と言う鬼になることも必要です。

一つの達成で終わらせずに、どんどん要求をしていくという鬼になることも必要です。そうしないと、チームとしての成果が上がらないし、成果が上がらなければ未来が暗くなり、未来がなくなっていくからです。

そのとき大切なことは、（中略）本当にあなたの未来を明るくしたいからやっているのだという心を持ちながらやるということです。

一方、『鬼』だけでは部下はついてきませんし、成長もしません。ですから、よい仕事をしたときや、前と比べて成長したなと思ったときは、『仏』となって、きちんと褒めてあげる、評価してあげることが大切です。

それがあって初めて、鬼にしごかれて頑張った自分への報いを感じますし、鬼になってしごいてくれたリーダーの本当の心も理解してくれるでしょう。

リーダーとして成功しようと思ったら、相手の痛みとか、人間とはこういうものだ、一緒に仕事をするというのはこういうことだということを、上になればなるほど、体得していく必要があります。

一緒に仕事をするというのは、表面的なことでは本当に歯が立たないのです。

このことは頭でわかるのではなく、実践を通じた体得が必要です。

部下に対する関係性はリアルしかないのですから、理論だけわかっていても、実行されないと、全く意味がありません。ですから、体得なのです。

ここで伝えたことが、身体として自然と動いてしまう。習慣になっている。そんな状態になるまで実践し、自問自答し、また実践し……をぜひ繰り返してほしいと思います[28]」

専門家の中には、ドイツ語の「アウフヘーベン（止揚）」という言葉でこの弁証法のプロセスを言い表す者もいる。アウフヘーベンとは、「否定すると同時に保存する」[29]という意味である。「どちらも」「いいとこ取り」「両刀遣い」「陰陽」「動的平衡」といった言葉も、このプロセスの文脈では使われる。われわれは「二項動態」と呼ぶのがよいと考えている。それは次の三つの理由による。

①矛盾した問題の動的で創造的な性質――つまり、AがBと結びついて、Cが生まれるという性質――を捉えている。(30)

②AとBの相補的な性質を捉えている。歴史的にデカルト的な分裂と結びついている「二元論」という言い方の代わりに、「二項」という言い方をする。

③弁証法のプロセスの持続的、循環的な性質を捉えている。ある時点で、総合に達した後も、時間の経過とともに状況や文脈が変わると、その総合が新たな定立になり、新しい相互作用が始まる。

二項動態が示唆するのは、相反する二つの要求を含んだ問題に直面したとき、それぞれの要求に別々に取り組んでも、その矛盾は解消されないということである。それらの要求はたいていつながり、依存し合っている。また、矛盾は常に変化する可能性があり、問題の文脈も次第に移り変わる。一つ一つの要求に個別に取り組んでいては、元の問題が解決しないばかりか、新しい問題を引き起こしかねない。

ワイズリーダーは矛盾を解消するため、矛盾がどこでどのように生じたのか、また相反する二つの要求はどのようにつながっているかを見きわめる。全体像、つまり問題の文脈をつかむことで、効果的で包括的な解決を図るのがワイズリーダーである。[31]

◆ミドル・アップダウン・マネジメントの適用

二つ目の方法は、『知識創造企業』で紹介したミドル・アップダウン・マネジメントという概念を用いる方法である。この概念については、同書で丸一章を割いて詳しく論じているので、ここではエッセンスだけ述べたい。

ミドル・アップダウン・マネジメントとは、トップダウンとも、ボトムアップとも違い、トップと現場の間の持続的、反復的なプロセスを言い表す概念である。ミドルマネジャー――チームやプロジェクトやタスクフォースのリーダーを務める機会が多い――は、経営トップと現場の社員（ボトム）の接点になることで、知識変換プロセスの中心的な役割を担っている。経営トップは、ビジョン（どういう未来を築きたいか）や夢を言葉にすることで、自社の進むべき方向を示す。

本書でこれまでに見てきたように、ＣＥＯたちはたいてい理想とする「あるべき姿」を追い求める情熱家である。一方、現場の社員たちは会社の第一線にあって、それぞれの市場や、商品や、技術の日常の業務に携わり、現実の「今の姿」と向き合っている。このトップが実現したいと望むことと、現場が実際に直面していることとの間に横たわる矛盾、つまり理想と現実

図8-3　ミドル・アップダウン・マネジメントのプロセス

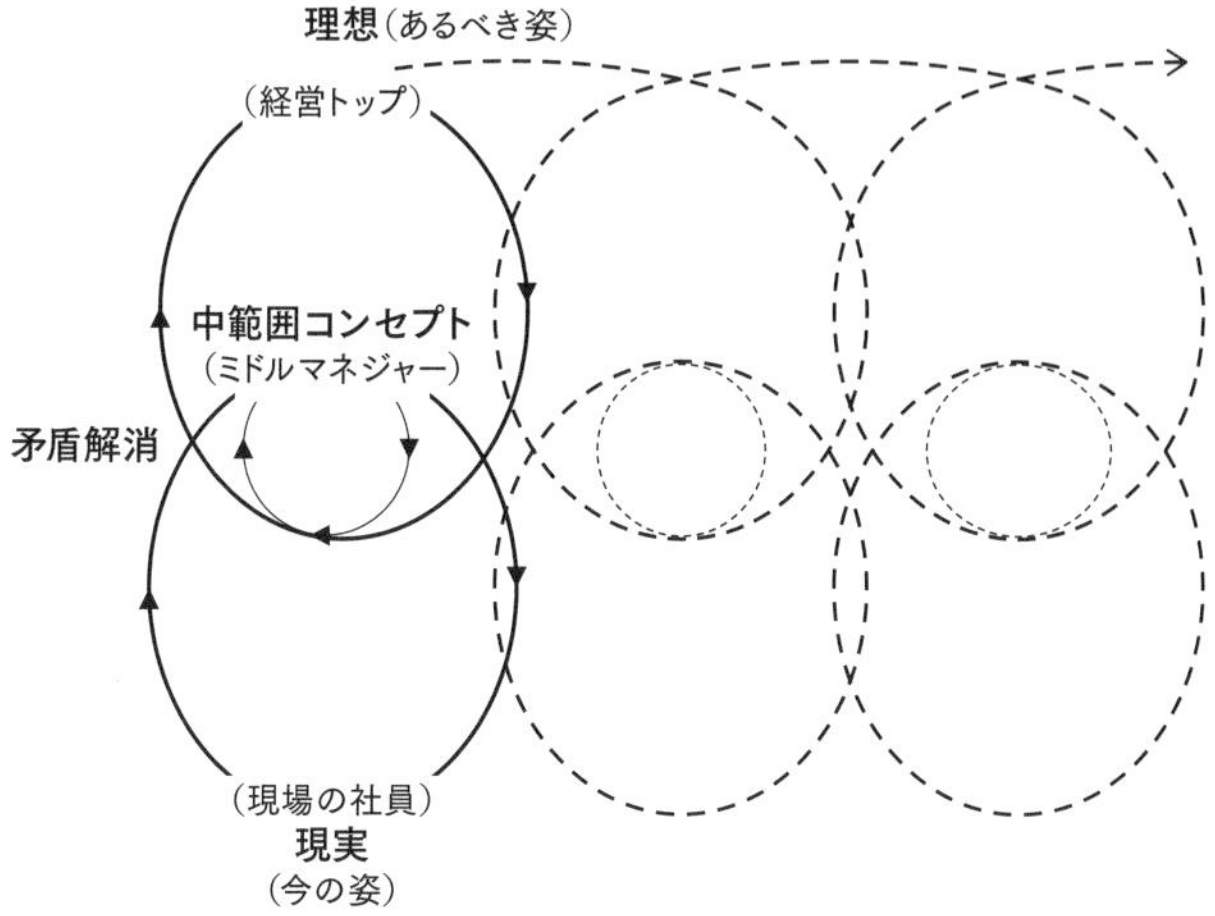

のギャップの解消に努めているのが、ミドルマネジャーである（ミドル・アップダウン・マネジメントは、図8－3に示す）。

ミドルマネジャーは、しばしばビジネスコンセプトや商品コンセプトを考えて、現場の社員と一緒にそれを実地で試してみる。そうすることで経営トップと現場の社員の暗黙知を総合し、新しい商品やサービス、テクノロジー、システムに取り入れる。このプロセスにより、ミドルマネジャーが知識の創造と実践の中心、つまり社内情報のタテとヨコの流れが交差する場所に位置づけられることになる。

したがって当然ながら、本書では数多くのミドルマネジャーの事例を紹介してきた。ここでは、その中の三つのグループに注目したい。いずれも経営トップの理想的なビジョンと、第一線での現実との両方を踏まえて、解決策を見出してきたグループである。

「機転が利き、狡猾」な東北のミドルマネジャー

本章の冒頭で、狡猾さを発揮することで、政治力を行使したマネジャーを四人紹介した。東日本大震災のとき、道端に乗り捨てられた車からガソリンを抜き取って、ガス欠を回避し、患者に救援物資を届けた石巻港湾病院のドライバーは、ミドルマネジャーだった。法律で定められた食品ラベルを貼らずに、被災者におにぎりなどの食料品を配るという判断を下したローソンのマネジャーも、政府からの要請を無視して、店舗の屋外の照明を消さなかったユニクロの店長も、地震と津波後の危険な状況の中、トラック一台にセールスドライバー二人という態勢で配達を行うことを決めた石巻のヤマト運輸の支店長も、全員、ミドルマネジャーである。

これらのミドルマネジャーたちの胸には、次のような経営トップの言葉が刻まれていた。

- 医療法人社団健育会の理事長、竹川節男は七つのステークホルダー――患者、家族、地域、紹介元、取引先、職員、株主――に価値をもたらさなくてはいけないということを組織のミッション、長期目標(ビジョン)、バリューでうたっている。
- ローソンの元CEO新浪剛史は、次のように述べていた。「七日以内に被災者に食料を届けよう。コストはいくらかかってもいい」

- ファーストリテイリングのCEO柳井正はしばしば、故郷である宇部市の真っ暗になった商店街の不気味な光景のことを語っている。
- ヤマト運輸の元CEO木川眞は、次のように宣言した。「助けを必要とされたら、助けてあげてください。利益のことは考えなくて構いません」

同時に、ミドルマネジャーたちは混乱をきわめた東北の現場で、機転の利いた斬新な解決策を見出すことを求められた。

シマノのミドルマネジャー

シマノでは昔から、ミドルマネジャーたちが新しい技術や、市場や、商品をもたらしてきた。それはCEOが自社のミッションやビジョンとして掲げる理想と、米国やヨーロッパで自分たちが直面している現実との矛盾を解消することによってであった。シマノの歴代のCEOは、次のようなビジョンを描いていた。

①島野庄三郎（創業者）……堺市を自転車部品製造の中心地にする。
②島野尚三（長男）……海外市場での日本製品に対する安かろう悪かろうのイメージを払拭する。

③島野敬三（次男）……ロードレース選手がシマノの部品を使ったユーザーフレンドリーな自転車で優勝する。
④島野喜三（三男）……自転車を楽しい乗り物にし、マウンテンバイク市場を開拓する。
⑤島野容三（創業者の孫）……あらゆる人の健康と幸せを増進できる自転車を作る。

第3章と第6章で取り上げたように、シマノはヨーロッパと米国にミドルマネジャーを派遣し、次のようなことに関して、世界の情勢を自分の目で見てこさせた。

- テクノロジー……若いエンジニアをドイツのハノーファーに送り、冷間鍛造を学ばせた。
- 自転車の小売り……六人のミドルマネジャーに米国中の自転車店を一店一店回らせ、「実演」によって製品を売り込ませた。その販促活動は「キャラバン」と名づけられた。
- ロードレース……シマノがスポンサーを務めるベルギーのレーシングチーム、フランドリアにミドルマネジャーを同行させた。
- マウンテンバイク……ミドルマネジャーをマウンテンバイクの考案者であるゲイリー・フィッシャーとジョー・ブリーズに接触させ、サンフランシスコ近郊のタマルパイス山で初期プロトタイプの試験走行をさせた。
- 競技……ミドルマネジャーを中心とするボランティアの一団を、ツール・ド・フランスやオリンピックをはじめ、世界各地のレース会場に送り込んだ。

- SMOVER《スムーバー》……メルセデス・ベンツやルイガノなどのハイエンド自転車メーカーに若手エンジニアを派遣して、自動変速機を搭載した自転車の市場開拓に取り組ませた。

これらのミドルマネジャーたちは日本の本社に戻ると、他の社員たちに働きかけ、新しいテクノロジーや、新しい自転車の部品や、新しい商品コンセプトの開発を促した。経営トップが実現したいことと現状との間にある大きなギャップを理解するミドルマネジャーたちが、両者の架け橋となったのである。

エーザイのミドルマネジャー

島野容三同様、エーザイのCEO内藤晴夫も創業者の孫だが、島野と違い、長期にわたって会社の舵を取っている。第3章と第6章で紹介したように、内藤は一九八八年にトップに就任後、「エーザイ・イノベーション宣言」と題したミッションステートメントを発表し、「ヒューマン・ヘルスケア（hhc）」という企業理念を打ち出した。

「エーザイ・イノベーション宣言」はエーザイにとって、患者やその家族を第一に考えるヘルスケア企業へと変わる第一歩だった。製薬会社は従来、医者や病院への売り込みに重点を置いていた。エーザイは日本では珍しく、研究所として出発しながら、薬全般を手がけることをやめ、認知症とがんの二分野に特化した製薬会社である。内藤のビジョンははっきりしている。それは認知症とがんを先制医療によって治せるようにするというものである。

前に述べたとおり、エーザイは長年にわたり、内藤のミッションとビジョンを実現するため、数々の行動を起こしてきた。

- 杉本八郎をリーダーとする十数人のタスクフォースを結成し、「不夜城」とあだ名された筑波研究所で認知症治療薬アリセプトの開発に取り組ませた。
- アリセプトの臨床試験時、R&Dのメンバーに認知症の患者や家族を訪問させ、そのニーズや思いを理解させた。
- 一九九七年、「知創部」を設立した。
- リージョナル・アリセプト・マネジャーのタスクフォースを結成し、医療情報担当者と連携して、認知症の患者や家族がどこにいるかを探させた。
- シンポジウムや医師向けの症例検討会を開いて、認知症に対する社会や自治体の意識を高めた。
- 地域社会や自治体と連携して、認知症の患者と家族を支援する機関を設立した。

これらの行動や努力はすべて、エーザイのミドルマネジャーたちによって率いられたものだった。実際、知識の創造と実践のプロセスを促進するうえで、重要な役割を果たしているのは、ミドルマネジャーたちである。

前著で、われわれはミドルマネジャーを「ナレッジエンジニア」と呼んだ。経営トップの理想と第一線の現実の両方を踏まえて、中範囲の解決策を策定し、部下たちに自分たちがしていることの意味を理解させられるようにしているからである。ミドルマネジャーたちは企業の世界ではともすると「絶滅しつつある種」とか、「不必要悪」とか、「障害物」とか言われるが、われわれはそれとは全く違った観点から捉えている。ミドルマネジャーは持続的なイノベーションに不可欠な「矛盾の解決者」だというのが、われわれの見方である。

◆肯定的な反抗を奨励する

政治力を磨く三つ目の方法は、「良心に基づく反抗」や「社会のための反抗」、あるいは、「創造的な反抗」[32]と伊藤穰一が呼ぶものを奨励するという方法である。伊藤によれば、人々の政治的な反抗によって、一七七三年、ニューイングランドでボストン茶会事件は引き起こされ、モハンダス・カラムチャンド・ガンジーに率いられた市民たちの政治的・社会的な反抗によって、一九四七年、インドは独立を果たし、マーティン・ルーサー・キング・ジュニアなどに率いられた市民の反抗によって米国の公民権運動は始まったという。

これは法律を破れとか、反抗のための反抗をせよとかいう話ではないが、一切の反抗を抑えつければ、「創造性や柔軟性、生産的な変化、長期的には社会の健全さや持続可能性をも損なうことになる」[33]と伊藤は論じている。

伊藤はまた、ボストンでのエグゼクティブ・プログラムで日本のある大手貿易会社の幹部たちに話をしたとき、「非許可型のイノベーション」ということも語っている。[34]非許可型のイノベーションで生まれたものとして例にあげられたのは、インターネットである。インターネットのイノベーターたちは誰一人許可など求めず、必要なことやしたいと思うことを実行した。伊藤は高校時代にインターネットのサービスプロバイダを立ち上げたとき、通信会社から弁護士を通じてやめるよう求められたが、構わずに続けたという。著書の『9プリンシプルズ』には次のように書かれている。

「イノベーターたちを引きつけているシリコンバレーの創造的な反抗の文化は、ヒエラルキー型組織のマネジャーや多くの従来の組織にとって大きな脅威になっている。だが実は、それらのマネジャーや組織こそ、クリエイティブな人材を支え、これからの創造的破壊の時代を生き抜こうとするなら、誰よりもそういう文化を必要としている。イノベーターたちは遵守の原則より反抗の原則に従うことで、自分たちの創造性を高めると同時に、周囲の者たちを刺激し、卓越へと駆り立てるからだ[35]」

シリコンバレーでは、スティーブ・ジョブズがそれと似たことを説き、「海賊になれ」「無法者のように振る舞え」「どんどん略奪せよ」「反逆者の精神を持て」と人々を焚きつけた。アップルのCEOを引き継いだティム・クックは、次のように述べている。「自分の意見を言わないとばっさり切り捨てられると、早い段階でわかりました。彼はわざと反対の意見を言って、活発な議論をしようとするんです。そうすることでいい結果が得られることがあるからです。ですから反論するのが苦手な人は、生き残れません」

マックの開発チームは一九八一年以来、毎年、ジョブズに最も果敢に楯突いた者に賞を授与して、メンバーの反抗的な振る舞いを褒め称えていた。あるとき、偶然にその賞のことを知ったジョブズは、喜んだという[36]。

日本では、トヨタが社員に完全な反論の自由を与えていることで知られる。社員たちは安心して、反対意見を述べたり、上司に異議を唱えたりでき、そうする権限が与えられているとさえ感じている。誰もが自分が正しいと思うことをすることを期待されており、上司の命令を過度に重んじなくてよいことが、すべての社員に認められている。上司に楯突くことが許され、悪い報告をすることが奨励され、上司の命令を無視することがしばしば大目に見られる[37]。

トヨタの元社長、渡辺捷昭は次のように話している。「もしも問題がどこかに隠されていたら、私は一晩中まんじりとすることもできないでしょう。ですから私は、何も隠さないでほし

い、どうか私には悪いニュースから先に伝えてほしいと言っているのです」(38)

前に紹介したとおり、渡辺はみんなに「仲よくけんかしろ」とも勧めていた。「仲よく」と「けんか」は相反することのようだが、トヨタではこの二語の組合せが成り立つ。ディーラーも含めてみんなが、顧客を幸せにするためによりよい自動車を提供するという目標を共有しているからである。「理由ある反抗」は、政治力の行使に役に立つ。

4

第8章のまとめ

最後に、本章の中心をなす言葉、「政治力」に再び戻ろう。ワイズリーダーは部下を一つにまとめて、行動に駆り立てなくてはならない。その際、政治力を行使して、相反する目標を総合して、共通善を成し遂げることが求められる。ワイズリーダーはまた、マキャベリズムの手段も含め、それぞれの状況に適した手段を選んで、使わなくてはいけない。狡猾さが善をなすための助けになることもある。

「マキャベリズム」という言葉には、昔からさまざまな解釈がなされている。一番有名なのは、「目的は手段を正当化する」である。しかし、われわれが注目したのは、賢い君主の適応力である。前に述べたとおり、マキャベリの著書で描かれている賢い君主は、①目的を遂げる方法がいくつもあることを知り、②その中には安全なものと危険なものがあり、それは時期に左右されることを知り、③いつどの方法を選べばよいかを知っていた。つまり、知識は力の源泉になるということである。

ただし、力の源泉としての知識は脆弱であり、養ってやらなくてはならない。「脆弱」であるのは、今の世界では不測の事態や、不確かさや、複雑さや、創造的破壊が当たり前になっているからである。今の世界は途方もない速さで変化している。工業化の時代には、大きくて強いことが企業に力を与えた。現代においては、大は小に勝てず、強さは機敏さに勝てない。『9プリンシプルズ』で伊藤が指摘するように、既存勢力にとっての最大の脅威は「スタートアップ、変わり者、離脱者、無名の研究所など[39]、最も小さいところからもたらされる」し、「もはや強い者が生き残るとは限らない[40]」。

速い者が勝ち、遅い者が負けるのが現代の世界である。賢い君主のように、ワイズリーダーは素早く状況の変化に適応するだけではなく、並外れて迅速に行動することも求められる。そのためには知識を養う必要がある。われわれは矛盾や、対立や、パラドックスが当たり前になった時代に生きている。だから弁証法や、ミドル・アップダウン・マネジメントや、肯定的な反抗という形で、多様な考え方を取り入れることが肝心になる。

変化の目まぐるしい矛盾に満ちたこの世界で、変わらないものが一つあるとすれば、それは共通善の追求の大切さである。マキャベリの思想は、一面ではアリストテレスの思想にも通じている。前に触れたとおり、マキャベリは「高次の善に無関心だったわけではない」。手段の正当化は、あくまで道徳的な立場からのものだった。「道理に背いた行為が結果によって正当化されるとしたら、それは結果がよいもののときである。善は常に行為を正当化する」とマキャベリは書いている。[41] 変化の激しい今の世界を生き抜くため、ワイズリーダーの行動には、迅速さと善の両方が求められる。

第9章

社員の実践知を育む

Fostering Practical Wisdom in Others

ワイズリーダーは徒弟制度やメンタリングで社員の実践知を伸ばす。

実践知をCEOや経営陣の占有物と見なしてはならない。実践知は社内中に分散させるべきものであり、その分散のプロセスを促進するのがミドルマネジャーの役割である。ワイズカンパニーを築きたいのであれば、社内のトップから、ミドル、現場まで、あらゆる層の社員に実践知を使いこなせるようにさせなくてはならない。(1)

したがって、自律分散型リーダーシップの育成が、ワイズリーダーの最大の責務の一つになる。この自律分散型リーダーシップのエッセンスは、図らずも、月岡芳年《よしとし》が描いた孫悟空の絵に見事に表されている。(2) 孫悟空が自らの毛を抜いて、吹き飛ばすと、毛の一本一本が次々と分身に変わっていく様子を描いた絵である。

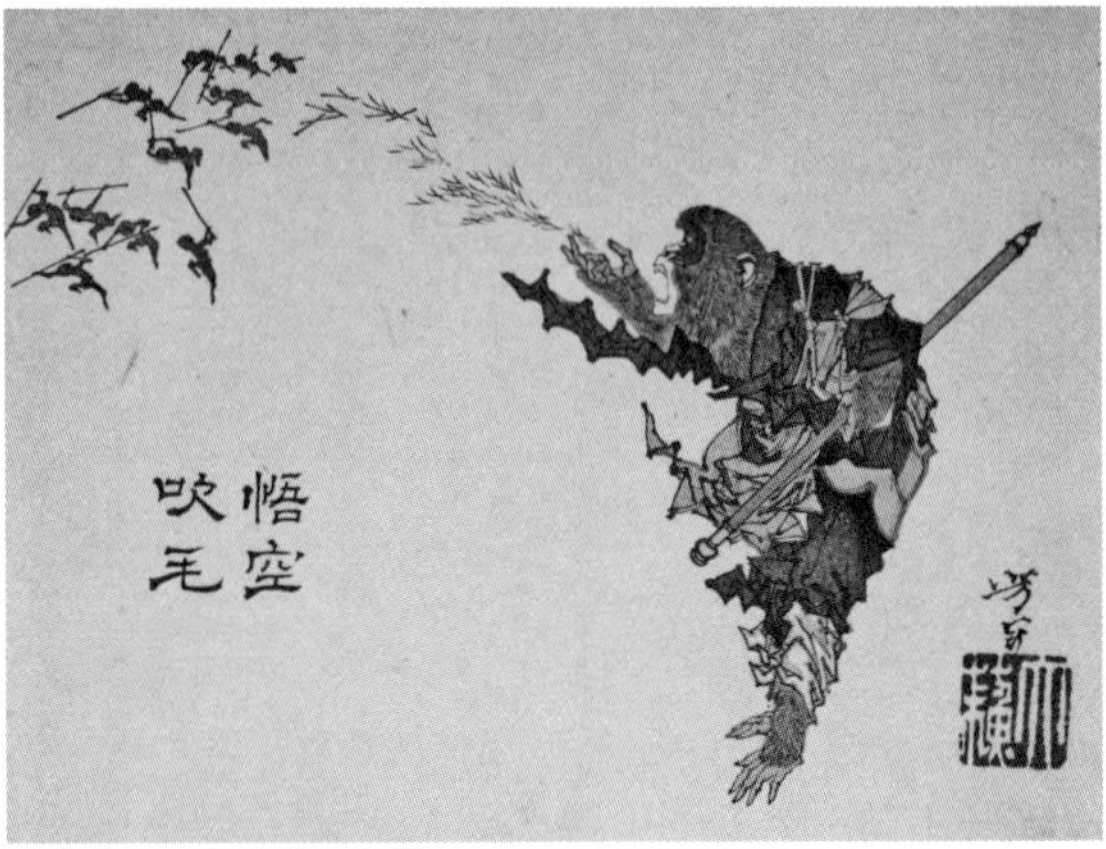

月岡芳年作「悟空吹毛」（1882年）
提供：国立国会図書館デジタルコレクション
（https://dl.ndl.go.jp/info:ndljp/pid/1312839）

われわれのSECI（共同化、表出化、連結化、内面化）モデルでは、人々の行動や、経験や、協力や、相互作用に伴って、知識が持続的に創造される。しかし、第1章で指摘したように、知識が組織内の一部の者にしか共有されなければ、SECIのプロセスは滞ってしまう。組織の全員が実践知を体現するとき――言い換えれば、全員が「すべきことを知っている」とき――に、知識はすみやかにスパイラルに上昇し、質の高いものになる。ワイズリーダーになるのに年齢や、地位や、肩書きは関係ない。

本章では、自律分散型リーダーシップによってどのように組織のあらゆる層の人々の実践知を育めばよいかを見ていきたい。

1

社員の実践知を育む

二〇世紀を代表する経済学者の一人、ヨーゼフ・シュンペーターは、起業家的なリーダーによってイノベーションはもたらされると主張した。しかしシュンペーターの考えでは、リーダーシップはエリートの役割であり、起業家精神は個人的な資質とされた。(3)

われわれはそれとは反対に、知識創造と知識実践は組織のあらゆる層で、日常的に行われるべきものだと考えている。知識創造や知識実践のためには、少数のエリート集団だけではなく、全社員の積極的な関与が必要になる。なぜならダイナミックで多様な人と人との相互作用を通じて、知識は創造され、実践されるからである。

ワイズリーダーには組織全体に実践知が浸透しているかどうかが直感的にわかる。前に紹介したように、本田技研工業の創業者、本田宗一郎は自分の半分ほどの年齢のプロジェクトマネジャーたちに、日夜、低公害エンジンの開発に取り組んでいるのは、米国のビッグスリーに勝つためではないとがめられた。自分たちは子どもたちのために頑張っているのだと、エンジニアたちは言った。「よりよい未来を築くために」そうしているのだ、と。宗一郎はその瞬間、ワイズリーダーの務めを果たせる次世代のマネジャーがすでに育っていることに気づき、次の世代にバトンを渡すときがきたと悟った。

同じように、JALで、ある客室乗務員が社長の植木義晴に次のように語ったのは、実践知が社内に浸透している証拠だった。「今日のフライトは満席だと、笑顔で他の乗務員にいえました。アメーバ経営以前は、満席だとそれだけ仕事も増えるので、つい不機嫌な顔になっていたのですが(4)」

他の実践知の事例には、フロネシスの二つの側面――「いま・ここ」と共通善――が見て取れる。それらの側面は、われわれのフロネシスの定義から浮かび上がってきたものである。われわれは前に述べたとおり、フロネシスを経験によって獲得される暗黙知と捉え、共通善の追求という指針の下、「いま・ここ」にふさわしい賢明な判断と行動を可能にするものと定義している。本書では、フロネシスの「いま・ここ」の側面にかかわるマネジャーの事例を多く紹介したが、共通善の側面にかかわるマネジャーの事例も取り上げた。両方の側面にかかわるマネジャーの事例もいくつかあった。

- JALでは三〇〇〇人のアメーバチームのリーダーがワイズリーダーとなって、倒産した自社を一日でも早く再建するため、月単位でコストと収益を管理した。
- セブン-イレブン・ジャパンではパートタイム従業員がワイズリーダーとして、顧客やその家族や友人の立場になって考えることで、どの商品を発注するかを自分で決めた。

● シマノのミドルマネジャーには次のようなことをしたワイズリーダーがいた。
○ ハノーファーへ行き、冷間鍛造の技術を学んだ。
○ 米国の自転車店の店主や店員に自社製品がいかに便利かを実演してみせた。
○ ベルギーのレーシングチームに加わり、プロのレースを直に体験した。
○ マウンテンバイクのことを学び、その市場を開拓するため、カリフォルニアのゲイリー・フィッシャーのガレージで、フィッシャーとジョー・ブリーズとともに、マウンテンバイクを修理した。
○ メルセデス・ベンツやルイガノと共同で、自動変速機を搭載した自転車の市場を開拓しようとした。
● エーザイのミドルマネジャーには次のようなことをしたワイズリーダーがいた。
○ チームに加わり、認知症の進行を抑える薬の開発という目標の下、アリセプトの開発を始めた。
○ 認知症の患者と家族、介護者を訪問して、その経験や思いを理解しようとした。
○ 新たに設立された知創部を率い、社内のあらゆる層の知識創造の促進に取り組んだ。
○ 社会全体で認知症患者を支えられるよう、社会の風潮を変えようと努めた。
○ 認知症に対する世の中や自治体の意識を高めるため、医療情報担当者と協力して、シンポジウムを開催した。

・福島ヤクルト販売のヤクルトレディには、次のようなことをしたワイズリーダーがいた。
。会社に無断で、被災者の家に水や麺類を無料で届け始めた。

。食料や情報が足りずに困っている顧客にそれらを届けたいという思いから、自宅で待機せず、普段より少ない給与で宅配センターで働いた。
・ヤマト運輸のセールスドライバーには次のようなことをしたワイズリーダーがいた。
。三・一一の一二日後に発足した「救援物資輸送協力隊」に加わり、被災者に救援物資を届けた。

。道路の状況が危険だったので、トラック一台につきドライバー二人という態勢で、本社の承諾を待たずに配達を再開した。救援物資の到着を待っている被災者にとって、宅配は命綱であるという自覚がドライバーたちにあった。

◆経営トップによる自律分散型リーダーシップへの積極的な関与

ミドルマネジャーと現場の社員が賢明な行動を取れるのは、経営トップから信頼されていると知っているからである。最高幹部が第一線の社員を信頼できるのは、時間と労力をかけて、ミドルマネジャーや現場の社員に困難な状況で難しい判断を下すのに必要なスキルや専門知識を身につけさせているからである。

資本主義に共同体主義を取り入れた手法は、第1章で指摘したように、人と人との相互信頼に基づいている。自律分散型リーダーシップが機能するためには、経営トップがミドルマネジャーと現場の社員の能力を育まなくてはならない。そしてそのためには、アマルティア・センが述べているように、社員になりたいものになり、したいことをする「幅広い自由」を与える必要がある。(5)

われわれが会ったビジネスリーダーの多くは、ミドルマネジャーや現場の社員に、なりたいものになり、したいことをする幅広い自由を与えている。

たとえば、ホンダの元社長、福井威夫はわれわれに次のように話した。「ホンダは経営トップだけが重要な役割を果たしている会社ではありません。現場の誰もがとても重要なのです。すべての社員が本田宗一郎にならなくてはいけません。たくさんの本田宗一郎を生み出すことが大切です(6)」

これは創業者の真似をせよという意味ではない。宗一郎の時代と今とでは、直面している状況が違う。そうではなく、自分で判断しなくてはならないとき、次のように問えという意味である。「もし本田宗一郎だったら、どうするだろうか」と。

宗一郎は社員に、自分で判断を下すときには、おのれの得手不得手を冷静に把握することが必要だと説いていた。『惚れて通えば千里も一里』という諺がある。それくらい時間を超越し、自分の好きなものに打ち込めるようになったら、こんな楽しい人生はないいんじゃないかな。そうなるには、一人ひとりが、自分の得手不得手を包み隠さず、はっきり表明する。石は石でいいんですよ、ダイヤはダイヤでいいんです。そして、監督者は部下の得意なものを早くつかんで、伸ばしてやる、適材適所へ配置してやる。そうなりゃ、石もダイヤもみんな本当の宝になるよ(7)」

宗一郎は適材適所についての自分の考えを言い表すため、船のメタファーを用いた次のような詩も書いている。

「企業という船にさ
宝である人間を乗せてさ
舵を取るもの
櫓を漕ぐもの
順風満帆
大海原を
和気あいあいと
一つ目的に向かう
こんな愉快な航海はないと思うよ(8)」

実際、自律分散型リーダーシップに力を入れているCEOは他にも何人かいる。セブン&アイ・ホールディングスの元CEO、鈴木敏文はわれわれに次のように話した。「わたしには二つの目と一つの心しかありません。店舗では何千というパートタイムの従業員が働いています。それらの全員が自分で判断できたら、わたしたちははるかに多くの目と心を持つことになります(9)」

トヨタ自動車の現CEO豊田章男も、次のように述べている。「これだけの規模の会社ですから、何でもかんでもイエスマンで、何でもかんでもトップの指示だったら、絶対おかしくなる。だからリーダー〝ズ〟にしなきゃいけない。できるだけ現場に近いところで判断できて、決められる。それで責任はこっちが持つ(10)」

自社のミッションやバリューを社員に説くことが、認識論的な意味で社員のフロネシスの能力を育むうえでは欠かせない。リーダーが共通善に貢献することの大切さを身をもって示すとともに、人間性についての基本的な考え方を貫き通すなら――言い換えると、なりたい自分になろうと努力を続けるなら――社員は、自分たちがこれまでにしてきたことや、これからすることに意味を見出せるだろう。

意味が生まれるのは、望む未来が現在や過去と同じ時間軸の上に示されるときである。ハイデガーが指摘したように、そのような未来が示されない限り、何が善であるかを判断することも、知識を創造することもできない。肝心なのは、物事を時間軸の上に置くことである。時間という次元を抜きに、いろいろなアイディアを引っ張ってきたり、比較したりするだけでは意味は生まれない。

◆チームの力

トヨタでは自律分散型リーダーシップを機能させるため、チームに自分たちで判断し、実行し、解決を図る権限が与えられている。そのようにチームに自由裁量を許すことが、創業当初からトヨタの土台になってきた。創業者、豊田喜一郎は次のように述べている。「各自、受持ちの任務に満腔の誠を致せ、集まりて偉大の力を生ず、連鎖も一環の集まりなり」(11)

この「連鎖」の力、つまり、個人の働きの総和よりもチーム全体の働きは大きくなるという考え方は、昔も今も変わらず社員に共有されている。何らかの問題が発生すれば、それはメンバー全員の責任であり、メンバー全員にその解決策を探る義務と権限がある。

もともとは「自働化」されたトヨタの工場で始まったこの慣行では、チームの誰もが「アンドン」のコードを引っ張って、組み立てライン全体を停止させることができる。あるトヨタの幹部によれば、「このようにして各自に品質への責任を持たせているのです。各自が自分には責任がある、権限があると感じています。重要な役割を果たしているという自覚がそこから生まれます」(12)

トヨタでは品質について議論するときは、肩書きや地位は問題にされない。前に述べたとおり、正しい判断に至る過程では、上司に異議を唱えることが許され、悪い報告が奨励されている。上からの指示を無視しても、たいていはとがめられない。社内用語でそのような行為は「黙否」と呼ばれる。

アメーバ経営

第3章で紹介したアメーバ経営は、自律分散型リーダーシップのコンセプトに基づいた会計システムである。もともとは京セラのために稲盛和夫が考案したこの会計システムでは、組織がいくつもの小さなユニットに分割され、事業部制のようにそれぞれのユニットごとに収益とコストが算出される。

各ユニットは小さな会社のように独立しており、ミドルマネジャーが言わばCEOとして、運営を担う。その運営で指標に使われるのは、時間当たりのユニットの採算表である。ユニットのメンバーはこの採算表を見ることで、変動する市場価格と比較して、自分たちがどれぐらいの付加価値を生み出しているかを把握できる。アメーバ経営はそのような特色を持つことから、市場の変化に迅速に対応できる会計システムだと考えられている。

しかし実は、アメーバ経営にはわれわれがまだ論じていない重要な要素がある。それは道徳的な側面である。このシステムの維持には、稲盛の経営哲学に導かれたモラルの高さが欠かせない。利己的に振る舞うユニットが一つでもあれば、システム全体が崩れてしまうと、稲盛の経営哲学は戒めている。どのユニットも社内の他のユニットとしかやり取りをしていないので、各ユニットは互いのバリューチェーンの顧客となって、深く依存し合ったシステムを形成しているからである。もしあるユニットが自分たちの利益を最大化しようとして、勝手なことをすれば、システム内の他のユニットにも連鎖的に勝手な振る舞いは広がってしまう。

稲盛の経営哲学――その目標は「ユニットのCEO」を務めるミドルマネジャーたちに高いモラルを植えつけることにある――には、利己的な行為を防ぐ役割がある。その理念の土台をなしているのは、稲盛が子どもの頃、親や教師から教わり、実践してきた道徳的な規範――正直であれ、嘘をつくな、欲張るな――だった。稲盛は自らの経営哲学を次のように力強く語っている。(13)

「そして、その末に行き着いたのは、『原理原則』ということでした。すなわち『人間として何が正しいのか』というきわめてシンプルなポイントに判断基準を置き、それに従って、正しいことを正しいままに貫いていこうと考えたのです。

嘘をつくな、正直であれ、欲張るな、人に迷惑をかけるな、人には親切にせよ……そういう子どもの頃に親や先生から教わったような人間として守るべき当然のルール、人生を生きるうえで先験的に知っているような、『当たり前』の規範に従って経営も行っていけばいい。

人間として正しいか正しくないか、よいことか悪いことか、やっていいことかいけないことか。そういう人間を律する道徳や倫理を、そのまま経営の指針や判断基準にしよう。経営も人間が人間を相手に行う営みなのだから、そこですべきこと、あるいはしてはならないことも、人間としてのプリミティブな規範にはずれたものではないはずだ。

人生も経営も、同じ原理や原則に則して行われるべきだし、またその原理原則に従ったものであれば、大きな間違いをしなくてすむだろう――そうシンプルに考えたのです。

それゆえ、迷うことなく正々堂々と経営を行うことができるようになり、その後の成功にもつながったのです。

人間としての最も正しい生き方へと導くシンプルな原理原則、それはすなわち哲学と言い換えてもよいでしょう。しかし、それは小難しい理屈ばかりの机上の学問ではない、経験と実践から生み出された『生きた哲学』のこと。

なぜ、そのような哲学を確立しなければならないかといえば、人生のさまざまな局面で迷い、悩み、苦しみ、困ったときに、そのような原理原則が、どの道を選び、どう行動すればいいのかという判断基準となるからです」

スクラムの手法

チームベースで組織内全体のフロネシスを育む方法にはもう一つ、スクラムがある。アメーバ経営同様、スクラムも組織があらゆる状況に柔軟かつクリエイティブに対処することを可能にする。スクラムという言葉はラグビー用語に由来するもので、ラグビーではボールをコントロールしたり、動かしたりするときに組まれる陣形を意味する。

このメタファーを最初に使い始めたのは製造業だったが、今ではアジャイルソフトウェア開発のプロセスの正式な呼び名として定着している。シリコンバレーの小さなスタートアップにおいてはもちろん、巨大企業においても、スクラムの手法は現場での作業の進め方を根底から変えた。

アメーバ経営同様、スクラムでもチームはそれぞれ独立しており、各チームがソフトウェア開発やタスク遂行のあらゆる責任を追う。一チームの規模は小さいが（三〜九人が一般的）、プロジェクトの規模が大きくなれば、それに応じてチームの数は増やされる。開発プロセスは一、二週おきにいったん停止し、そこでチームのメンバーが「スクラム」を組んで、未完了のタスクを完了させる方法を決める。

スクラムでは、何百人というスクラムマスター――絶えず「もっとよいやり方はないか」と問うプロジェクトの進行役ないしコーチ――と、何千人というチームのメンバーが一つのプロジェクトに携わって、それぞれに学習しながら、「いま・ここ」での判断を下すことができる。(14)

スクラムの手法とSECIスパイラルには明らかな類似点が見られる。それはどちらにおいても文脈や状況の変化に応じることと、行動を通じてかかわる人間が増えることが、要をなしている点である。

スクラムの手法は一九九三年にジェフ・サザーランドによって考案された。もとになったアイディアはいたってシンプルで、サザーランドは次のように述べている。「要はどんなプロジェクトでも、自分たちが正しい方向に進んでいるかどうか、自分たちが本当に望むことをしているかどうかを、しょっちゅう確かめればよいのではないか。そして、どうすれば自分たちの取り組み方を改善できるか、どうすればよりよく、より速くできるか、何が改善を妨げているかを問えばよい[15]」

サザーランドは一九八六年に『ハーバード・ビジネス・レビュー』に掲載されたわれわれの論文「新しい新商品開発ゲーム」に刺激を受けたといい、われわれ二人を「スクラムの祖父」と呼んでいる。その論文は、世界の革新的な企業の新商品開発チームを、スクラムを組んでボールを動かすラグビーのチームにたとえたものだった。

アメーバ経営同様、スクラムでは不確かさと創造性が重視される。チームはスクラムによって自己組織化のツールを得るとともに、状況の変化に適応しながら、仕事の速さと質の両方を素早く向上させる手段も得る。アメーバ経営同様、スクラムにもモラルの側面がある。スクラムを利用するためには、誠実さや信頼、精神的なタフさ、それに感情的な成熟が求められる。

サザーランドは次のように述べている。

「問題が生じたとき、大事なのは、誰かのせいにしようとしないことだ。それより問題が生じた経緯に目を向けなくてはいけない。なぜそういうことが起こったのか。なぜ見逃したのか。どうすればもっと速くできるのか。チームとして、過程と結果に責任を持ち、チームとして、解決策を探ることが肝心だ。同時にチームのメンバーには、非難や批判のためではなく、解決のために、厄介な問題があることを指摘できる精神的なタフさが欠かせない。また、そのようなとき、他のメンバーには、その指摘に素直に耳を傾けて、解決策を探すことができる人間的な成熟が求められる(16)」

二〇一四年刊行の著書『スクラム――仕事が四倍速くなる〝世界標準〟のチーム戦術』で、サザーランドは誠実さについて論じるにあたって、二つの古典文学を例に引いている。一つは、アンデルセンの『裸の王様』である。『裸の王様』では、小さな子どもが最後に、誰もが言うのをはばかっていた真実を口にする。「でも、王様は裸だよ！」と。スクラムでは、全員がこの子どものように真実を言う勇気を持たなくてはならない。

またサザーランドは、シェイクスピアの『リア王』(第一幕第四場)で次のようなことを言う道化のように、全員が正直にならなくてはいけないと述べている。「ありゃまァ、あんたとあの娘ども、ほんとに血がつながってんのかねェ。あの連中、おいらがほんとのことを言うからって、鞭をくらわす。ところがあんたァ、おいらが嘘をついたからって、鞭をくらわす。おまけに時々は、黙ってるからって鞭くらわすんだもんなァ。いや、まったく、何になるにしたって、阿呆にだけはなりたくないねェ[17]」

◆クリエイティブ・ルーティン

組織内のすべての層でワイズリーダーを育てることで、企業はあらゆる状況に柔軟かつクリエイティブに対応できるようになる。そのような企業は回復力に富み、長く存続できる。本書で取り上げた次の事例を振り返って、実践知が組織内にどのように広まっていったかを思い出していただきたい。実践知は一部の人間に独占させるべきものではない。

- ミドル・アップダウン・マネジメント……経営トップが実現したい理想(「あるべき姿」)と現場の社員が直面している現実(「今の姿」)との矛盾が、中範囲の解決策の策定によって、ミドルマネジャーによって解消された。例：東北地方、シマノ、エーザイ
- 弁証法……リーダーは部下が明るい未来を築けるよう、「鬼」にも「仏」にもならなくてはならない。例：ファーストリテイリング

●重労働の分担……南極で流氷に閉じ込められたとき、シャクルトンは隊員二八人全員に、地位や肩書きに関係なく、船内の日常業務を分担させた。

●A、A0、A00の問い……社員に真、善、美を深く追い求めさせ、必要であれば、上司にもぶつかっていくことを奨励した。ホンダで実践されている。

●単品管理……日本のセブン-イレブンで始まった、店舗ごとに商品単位で需要を把握する商品の管理手法。この手法では、店員が自分で立てた仮説に基づいて、品揃えに変更を加えたり、発注数を決めたりすることができる。セブン-イレブン・ジャパンはこの手法によって、全従業員に木と森の両方を見させている。

●五回のなぜ……問題を正しく把握するため、自分の目でじっくり観察して、根本的な原因を突き止められるまで、「なぜ」という問いを繰り返す。トヨタで実践されている。

◆トヨタにおける「型」

トヨタは「五回のなぜ」の他、「カンバン（生産ラインで部品に付される作業指示書）」や、「横展（成功事例の共有）」や、「自動化」などの慣行を言い表すのに、「型」という言葉を用いている。「型」とは、トヨタでは「予測のつかないダイナミックな状況で、思考と行動を一致させる手段[18]」と定義される。

この定義からわかるのは、社外の状況は絶えず変わり、予測不可能であっても、トヨタはそのような状況の変化に応じたクリエイティブ・ルーティンを築けるということである。「型」は行動をベースにするものであり、社員に「どのように行えばいいか、どのように進めればいいか、具体的にどのような手順を踏めばいいかを教える」[19]。知識実践の土台をなす「遂行」に重点を置くのが「型」である。

では、トヨタの「型」の実例を二つ、見てみよう。一つは、A3用紙を使うことからその名がついた「A3報告」のプロセスである[20]。

トヨタでは問題の解決に欠かせない重要な情報は、一枚の用紙にまとめられて、社内全体に伝えられる。A3用紙にはかなり多くの情報を詰め込めるが、「A3報告」にはあらかじめ決まったシンプルな書式がある。それは問題解決のプロセスに基づいた書式で、初めに用紙の左上に問題の定義と説明を書き、その後に順に、問題の分析、実行計画、予想される結果、今後のステップを書くようになっている。

もう一例は、「見える化」である。トヨタではあらゆるプロジェクトに関する情報が、みんなの目に触れる壁やボードに掲示される。「大部屋」と呼ばれる広いオフィスの壁には、フローチャートやヒストグラムの描かれたA3の報告書がしばしば貼り出されている。同じ情報はコンピュータサーバー内にもあり、マウスをクリックするだけで閲覧できる。しかしトヨタでは、目に見える場所に掲示したほうが、社内が今どういう状況にあるかや、自分たちの行動が他のチームにどういう影響を及ぼすかについて、共通の理解が育まれやすくなると考えられている。とりわけ、さまざまなグループが「大部屋」を訪れるときに、「見える化」の効果は一段と大きい。その場で弁証法的な意見のやり取りが交わされ、全員が同じ方向に進めるようになるからである。

◆「型」の実践としての守・破・離

「型」はルーティンやパターン、行動様式と定義される。「型」という言葉の由来については、諸説があり、師から弟子へ代々身体操法が受け継がれていく武術にあるとも[21]、茶道や能などの伝統芸能にあるともいわれる。それでも、「型」の実践が守・破・離の三段階からなることは、専門家全員の意見が一致している。

「守」の段階では、弟子は師の教えに従い、体の動かし方を真似したり、価値観や技術を学んだりして、それらの習得に励む。次の「破」の段階では、師のやり方から脱しようとし、自分なりに改良を加えようとする。最後の「離」の段階に達すると、師を超えて、独自の手法を確立する[22]。

書道の例でこの三段階を見てみよう。「守」の段階では、弟子は先生や師から言われたとおりのことをする。先生のお手本を真似て、何枚も何枚も書くことで、代々受け継がれてきた知識と技術の習得に励む。伝統的な知恵を体で覚え、完全に内面化できるまでそれを続ける。そうすることで、揺るぎない技術の基礎が身につく。

「破」の段階では、伝統から自由になって、新しい筆運びやスタイルを試す。すでに伝統的な技術はすべて反復練習によって体で覚えているので、先生の技術を支えている原理を理解して、新しい境地を開こうとする。この段階では、師弟間に相互主観性が生まれる。つまり、弟子と先生が同時に新しい筆運びやスタイルの誕生に貢献するのである。これはたとえを用いるならば、ひな鳥が卵の内側から殻を割って外へ出ようとするのと、親鳥が外側から殻を突いて、それを手伝うのが、ぴったり同時に行われることに似ているといえる。

墨書された「守破離」の字

「離」の段階では、弟子はもはや弟子ではなく、新境地を開いた一人前の書道家である。自分自身の作品を創造するため、伝統的なスタイルから離れ、師を超える。書道家は人から教わるのではなく、自分の経験と思想に基づいて、独自の理論と手法を築き上げていく。筆運びも、筆も、墨も、紙も、大きさも、空白の使い方も、伝統に縛られない。[23]

「型」は組織内でフロネシスの「いま・ここ」の側面を育むための、クリエイティブ・ルーティンとして使うことができる。従来の経営システムのルーティンは、標準化されており、厳格に守らなくてはならないマニュアルの一種と化している。そのような単純なルーティンでは、組織は絶えざる変化に対応できるようにならない。

しかし、「型」のようなクリエイティブ・ルーティンには、瞬時の判断で修正を加えるための高い自由度がある。だから、「型」は絶えざる変化に適応できる。

加えて、知識がSECIスパイラルによって繰り返したえまなく増幅するように、「型」は絶えざる反復によって組織に定着していく。SECIスパイラルでは知識創造と知識実践が反復によって個人レベルから組織レベルへと存在論的に上昇するにつれ、知識が広まり、かかわる人が増え、より多くの行動が引き起こされる。そういう意味で、SECIスパイラルは、環境の変化に適応しようと常に自己刷新を繰り返すことで持続的なイノベーションをもたらす、一つの「型」だといえる。

2 社員の実践知を育む方法

自律分散型フロネシスを育む方法は四つある。一つ目は、現代版の徒弟制度を使うことで、組織全体に実践知を広めるという方法。二つ目は、全員をビジネスリーダーにするという方法。これは「全員経営」と呼ばれる経営方針である。三つ目は、ジャズのように即興を効果的に活用するという方法。そして四つ目は、よりダイナミックで、より大きなネットワークを築ける新しい組織構造を取り入れるという方法である。

◆現代版の徒弟制度またはメンター制度

守・破・離の三段階は、弟子から職人を経て、最後に親方に昇格する中世の徒弟制度に似ている。当時の封建社会では、多くの職業の徒弟制度が同業組合や領主によって監督されていた。それに対し、現代版の徒弟制度を監督しているのは、たいていは企業である。現代版の徒弟制度はメンター制度とも呼ばれ、メンターが経験や、文脈や、時間を社員と共有する。

この現代版の徒弟制度の実際の様子を生き生きと捉えられているのが、次の写真——本田宗一郎が開発中の自動車の脇で、二人の工員とともにしゃがみ、地面にチョークでスケッチを描いている——である。

この写真からうかがえるように、前に紹介した「現場」「現物」「現実的」というホンダの三現主義は、リーダーと部下の直接的なやり取りを通じて、社内に浸透していった。新商品開発の「現場」で、宗一郎は社員を徒弟のように扱い、怒鳴りつけたり、小突いたりした。その雰囲気は会社というより武術の道場のようだったという。

「徒弟」たちは、親方から手取り足取りものを教わるのではなく、親方のすることを見て学んだ。ある若い工員が不満を口にすると、宗一郎はきっぱりと言った。「馬鹿野郎、うちは学校じゃないんだ。仕事ってのは見て覚えるものだろうが！[24]」

床にスケッチを描く本田宗一郎
提供：本田技研工業

エンジン開発の陣頭指揮を執っていたときには、設計室に現れては、前の晩に思いついたアイディアを話した。

「『おい、昨日の晩、こういうふうに考えたんだ』と大声でしゃべり出す。スタッフが集まってくるうち、本人も興奮し口角泡を飛ばして説明する。そのうち、口で説明するのがじれったくなり、床に座り込んでチョークで構想を描く。描いているうち、新たな考えが生まれ、描いた図を手で消して新たな線を引く。その様子は大道芸人のようだったという[25]」

ファーストリテイリングでも同じように、二〇一四年に始まった未来のグローバルリーダー育成プログラムの一環で、ＣＥＯの柳井正が六〇人のグローバルリーダー候補生のメンターを務めている。二〇代後半から四〇代前半までの候補生たちは、経営幹部とともに経営の改善計画に取り組む。期間は平均一八カ月で、その間、候補生たちは本来の職務もこなさなくてはならない。柳井は年に四回、候補生たちと会って、それぞれの改善計画の進捗状況や結果について、評価を下す。そうすることで、次世代のグローバルリーダーの育成を自ら手助けしている。

以上の二人はたまたま、どちらも創業者であるが、必ずしも経営トップがメンターになるわけではない。トヨタの豊田章男の場合、自身がＧＡＺＯＯのテストドライバー、成瀬弘の弟子だった。豊田は今でも、二〇〇二年に成瀬に初めて会ったときに言われたことを覚えている。当時、北米子会社の副社長だった豊田に成瀬は次のように告げたという。「月に一度でもいい、もしその気があるなら、俺が運転を教えるよ」

成瀬の事故死から五年後、トヨタは若手メカニックにＧＡＺＯＯレーシングで使うテストカーを一から作らせる新部署を設立し、徒弟制度を正式に取り入れた。全日本ラリーなどの国内のレースの他、ニュルブルクリンクなどの海外のレースにも、成瀬の弟子たちがそのテストカーで出場した。それらのテストカーは普通のセダンやＳＵＶ――レクサスＲＣ、Ｃ‐ＨＲ、ヴィッツなど――だったが、GAZOOレーシング用に改造されていた。

毎回、五人ほどの若手メカニックが一緒に一台のレース仕様の車を「ホワイトボディ（何も取りつけられていない車体）」から作り上げ、レーストラックで整備作業にあたった。それらのメカニックたちはそれぞれの分野（自動車電子工学など）や部品（ブレーキなど）の専門技能に基づいて社内から選抜された者たちだった。この部署で、一からレースカーを作り上げるという経験を通じて、「人の能力は無限大」であることを学ぶと、再び、元の部署に戻った。

C‐HRのチーフメカニックとテストドライバーを務める大阪晃弘は、成瀬の言葉を引いて次のように述べている。

「今は数値の上で八〇点のクルマを作ることは簡単です。しかし、それゆえにクルマに特徴を持たせるには、人間の感性をいかに商品に結び付けるかが勝負になる。レースでは何かが壊れても、『お金を出して買ってくれればいい』というわけにはいきません。『人の能力は無限大だ』と成瀬さんは言っていた。人間の感性でどう工夫するか。レースはその精神を受け継ぐ現場になっています(26)」

同じく成瀬の弟子で、レクサスRCのチーフメカニックとテストドライバーを務め、ニュルブルクリンクにも出場している高木実は、若手メカニックがレーストラックでの経験から得ることについて、次のように話している。

「今の自動車会社では、数万点の部品がどう取りつけられ、どう開発されているかをトータルに理解している技術者は少ない。ここで仲間と協力して一台のレースカーを作ることで、自分の工程がその隣の工程、さらには後ろの工程などにどんな影響を与えているのかを肌で感じるわけです。彼らはニュルでのレースを戦うことを通して、クルマづくりの本来の姿を体験していくんです(27)」

二〇代のメカニックで、高木の弟子のひとりである木村彰馬は、自分たちで組み上げたレクサスRCが初めて走るのを見たときには、「ちゃんと転がった」という素朴な感動を覚えたという。「凄腕技能養成部」なる風変わりな名称のこの新部署での経験を次のように語っている。

「以前は社内で自分たちの領域のデータを取り、その数値が満足していれば良い、という気持ちが自分の中にもありました。でも、レースの現場では数値が良くても、ドライバーに怖いと言われればそれまで。クルマをトータルで見る目が養われていったのを感じています(28)」

◆社内に「全員経営」の意識を浸透させる

社内全体のフロネシスを育むには、ファーストリテイリングで行われている「全員経営」、つまり、「全員に経営者のマインドセットを持たせる」という方法もある。柳井正は「全員経営」について社員に次のように説いている。

「皆さん一人一人が、ビジネスリーダーのメンタリティーを持ち、起業家のように主体的に仕事をする必要があります。自分の頭で考え、するべきことを見出し、行動を起こしてください。ですが、何でもすべて自分一人でやるという意味ではありません。物事を成し遂げるためには、関係する人たち全員の知識が必要です[29]」

柳井は本社の人間からパートタイムの従業員まで、すべての社員を念頭に置いて、「全員経営」と言っている。そのことは社内研修で次のように語っていることから明らかである。

『全員経営』は新しく入ったばかりのパートタイムの従業員にも当てはまります。誰もが意思決定のスキルを持ち、決定を行動に移せるようになってください。店長が本社の生産の責任者や販売管理の人間と問題について話し合い、決定を下し、それを実行に移せる、そういう会社にしたいと思います。自分が決定の最終責任者であるという自覚を、店長と本社の全員が持つことが肝心です。（中略）

誰もが経営者意識を持った、自立した商人になってください。リーダーがどれだけ優秀でも、彼や彼女がどれだけ一生懸命頑張っても、一人の人間ができることには限りがあります。一人一人全員が自社の成功のために努力しなくてはなりません。だから、みんなで力を合わせて、やり遂げてほしいのです。そこで二三条の経営理念とFRウェイ（ファーストリテイリングのミッションと価値観）が大事になってきます。それらは共通の価値観と基盤をもたらすものです[30]」

「経営者意識」は、一九五九年に京セラを創業したばかりの稲盛和夫が築きたいと思ったものでもあった。当時、稲盛はR&Dから製造、営業、経営、管理などまで、すべての部門を自ら指揮していた。多忙を極め、一般の従業員を経営者意識を持ったマネジャーに育てたいという思いがおのずと沸いてきた。そんなとき、本書でも前に紹介した、自分の毛を抜いて分身をつくれる孫悟空のことが頭に浮かんだ。「自分の分身をたくさんつくり、〝おまえはお客様のところへ営業に回れ〟〝おまえは製造の問題を解決しろ〟と命令できれば、どれだけ助かるだろうと思った」という[31]。

従業員を小さな集団に分けるというアイディアがひらめいたのはそのときだった。先に見たように、稲盛はアメーバ経営とＪＡＬフィロソフィを効果的に使って、ＪＡＬを再建した。稲盛によれば、再建に成功できた最大の理由は、新しいシステムの導入で社員の考え方が変わったことにあったという。「ひとりひとりの社員がそれぞれの持ち場・立場で自分の会社を少しでもよくしようと懸命の努力を重ねてくれるようになった」と稲盛は述懐している。「ひとりひとりの社員の意識と心が変わり、その集合体としての組織風土が変わったことで業績が劇的に向上していった[32]」

ＪＡＬの全社員が「人のために」と考えられるようになったことが大きいと稲盛は言う。それは稲盛が「京セラフィロソフィ」を初めて打ち出したときから述べている「利他」の精神だった。

「会社のためという『利他の行い』も、会社のことばかりだと、社会からは会社のエゴと見える。家族のためという個人レベルの利他も、家族しか目に入っていなければ、別の視点からすると家族という単位のエゴと映るかもしれない――したがって、そうした低いレベルの利他にとどまらないためには、より広い視点から物事を見る目を養い、大きな単位で自分の行いを相対化して見ることが大切になってきます。(中略)われわれは個人よりも家族、家族より地域、地域より社会、さらには国や世界、地球や宇宙へと、利他の心を可能な限り広げ、高めていこうとするべきなのです[33]」

◆即興の活用

自律分散型リーダーシップを育む三つ目の方法は、即興の活用である。変化が激しく、不透明感が増す現代において、企業は俊敏さと、適応力と、柔軟性を必要としている。それらのためには「いま・ここ」での判断に加え、「即座」の行動が欠かせない。また、複数のリーダーと自己組織化チームとの相互作用によって、回復力とサステナビリティを保つ必要もある。そのためには個人レベルでは自発性が、集団レベルでは連携と相互主観性が求められる。

即興については、ジャズから多くのことを学べる。ジャズミュージシャンは演奏者どうしのやり取りや、協力や、ひらめきによって、その場で新しい音楽をどんどん創造していく。晩年のマイルス・デイビス（一九二六〜一九九一年）のようにジャズの巨匠になると、楽曲に独特の解釈を施し、絶対に同じ演奏を二度することはない。そのときの気分や雰囲気に応じて、あるいは他のバンドマンや聴衆とのやり取りの中で、メロディーを変えたり、ハーモニーを変えたり、リズムを変えたりする。演奏中は常に、あらゆる音楽の可能性に開かれた状態でいるのがジャズミュージシャンである。

ビジネスリーダーもジャズを習ったほうがよいという話ではない。二〇一四年のアカデミー賞受賞映画『セッション』に描かれているとおり、そもそもジャズは才能と長年の努力を要する芸術である。しかし、CEOなどのビジネスリーダーもジャズのコンサートを観れば、ミュージシャンたちがそれぞれの役割を果たしながら、グループによる即興演奏のためにどういうことをしているかが、わかるだろう。

また、真に独創的な名演が自然発生的に生まれるのは、演奏者全員の心と体とスピリットが一つになって、完璧な調和をなしたときであることも、理解できるだろう。そういう演奏を目の当たりにしたCEOは、「あのような調和した即興を自社でも生み出したい」と思わずにいられないはずである。

グループによる即興の能力は、演劇や踊りや歌などの舞台芸術でも磨ける。われわれは二〇一七年七月、日本の大手企業三〇社のジュニアエグゼクティブ八〇人を対象に、東京のスタジオで即興の演習を実施した。講師にはハリウッドで活躍する演出家・映画監督の奈良橋陽子を招いた。三〇代から四〇代前半の受講者たちは、将来のグローバルCXO候補としてそれぞれの会社から送られ、一年間の幹部育成プログラムを受講している者たちだった。(34)

即興の演習は、四回の即興劇からなっていた。受講者たちはチームやペア、八人のチーム、あるいは八〇人全員で即興劇を演じた。演技はすべてビジネスの国際共通語である英語で行われた。最初のウォームアップセッションでは、受講者たちは二人一組になって、奈良橋から出されるテーマ――「ナイフとフォーク」「花と花瓶」「バターとトースト」「トランプとアベ」など――を演じた。

次に、受講者たちは八〇人全員で、渋谷のスクランブル交差点の歩行者を演じるよう指示された。あらゆる方向から人が流れ込んでくる交差点である。歩くだけでなく、おしゃべりする人もいれば、写真を撮る人も、途中で立ち止まって、はしゃぐ人も、信号が赤に変わったのに気づいて歩道に駆け戻る人もいる。

二回目のセッションでは、まず、八人ずつのチームに分かれて、チームごとに互いの体を組み合わせて「スーパーカー」の形を作り、その動きを表現した。次に、最初の人が選んだ演技（たとえば、「吠える犬」など）を、伝言ゲームのように、演技で次々に伝えていくという演習を行った。これには二つの条件が付された。①次の人に演技を伝える際は、前の人の演技をすべて真似たうえで、別の演技を一つ加える。②周りの人も含め、誰も一切口を利いてはいけない。

三回目のセッションでは、求められる創造性のレベルが引き上げられた。受講者たちはペアになって、それぞれ相手に「わたしの人生の目的」を――心と体とスピリットのすべてを注ぎ込んで――独創的に、あたかも舞台で演じているかのように情熱を込めて語るようにいわれた。際立った表現をした者たちは、みんなの前で演じるよう求められ、拍手喝采を浴びたり、みんなを爆笑させたりした。

最後のセッションでは、ペアでジェスチャーゲームが行われた。ペアの一方がジェスチャーだけで何らかの思い（「ハグしてほしい」など）を表現し、相手に当てさせるゲームである。この段階になると、ほとんどの受講者が相手の思いを正しく言い当てられた。みんなのジェスチャーが大きく、豊かになっているからである。

奈良橋はセッションの締めくくりに、受講者に三つの重要なアドバイスをした。自分に忠実であること、自分を信じること、よい演技のためにはよく聞くことが肝心であることの三つである。

受講者たちはセッション後、われわれに感想を書いて送ってくれた。ほとんどが肯定的な感想だった。そこには奈良橋の演習で次のようなことの大切さを教わったと記されていた。

- 高次の目的を持つこと。
- 情熱を持って率いること。
- 理屈よりも直観で本質をつかむこと。
- 素直な気持ちで、虚心に、真剣に相手の言葉に耳を傾けること。
- 感情的なつながりを築いて、相手を引き込むこと。
- 心と体を使って、周りの人間の気持ちを理解すること。
- 慣れない状況では、想像力を働かせること。
- 自分が学んだことを組織内に広めること。

◆ダイナミックなネットワーク型組織

組織全体のフロネシスを育むのには、組織の構造を変えることも有効である。たとえば、YKKの森林型の組織がその手本になる。創業者、吉田忠雄が築いたYKKのフラットな組織は「森林」と呼ばれ、そこでは新入社員からCEOまで全員が協力し、一緒に仕事をする。誰もが経営者であり、誰もが労働者であり、誰もが同じ次元に立つ。驚かされるのは、世界の七一カ国に五万以上の従業員を擁する大企業に成長しても、「森林」が保たれていることである。

米国の海兵隊の組織も参考になる。海兵隊は定まった組織構造を持たず、そのつど「あらゆる環境下の派遣任務」を遂行できる作戦部隊を編成している。これはつまり、「常に状況に適した手段を使って、作戦を展開しなくてはならない」ことを意味する。[35]

海兵隊が送り込まれるような場所は、当然、混沌としている。先行きは常に不透明で、状況は二転三転し、絶えず抵抗に遭う。そのような環境では、迅速さと自発的な行動が欠かせない。そこで生まれたのが、任務の遂行に重点を置き、定まった組織構造を持たない「海兵空陸任務部隊（MAGTFs）」である。海兵隊によれば、海兵空陸任務部隊は「一人の指揮官と、状況に合わせた混成部隊からなる。状況が変われば、当然、部隊は再編される」という。[36]

さまざまな種類の危機や紛争で「機動戦」を展開する海兵隊にとっては、海兵空陸任務部隊が唯一の現実的な選択肢なのだろう。

不安定（Volatile）、不確実（Uncertain）、複雑（Complex）、曖昧（Ambiguous）を特徴とするいわゆる「VUCA」の環境に直面している企業もまた、そのような極端に非中央集権的な組織への改編を迫られているのかもしれない。[37] そういう組織を機能させるためには、海兵隊の事例に示されているとおり、有能なリーダーが組織のあらゆる層に必要になる。われわれはそれを自律分散型リーダーシップと呼んでいる。

「中央集権的なシステムでは、理論上、有能なリーダーは一人しか必要ない。全権を握る最高司令官が有能であればいい。非中央集権的なシステムでは、組織のすべての層に、時宜にかなった賢明な判断が下せるリーダーがいなくてはならない。自発性がそれらの指揮官の必須の条件になる」[38]

成熟企業の場合には、スタートアップの場合と違い、組織を二重構造にするのが現実的な方法になる。つまりヒエラルキー型の組織を維持したまま、それとは別にネットワーク型の組織を築くという方法である。言わば「あれも、これも」の解決策であり、ジョン・コッターによれば、それは図9-1のような形態になる。

左側にヒエラルキー型組織、右側にネットワーク型組織があり、それらの間を絶えず情報や、活動や、人が行き交っているのが、両組織をつなぐ線で示されている。ネットワークでの活動は、ヒエラルキーに籍を置く者たちのボランティアによって担われている。ただし、この二重構造におけるヒエラルキーと普通のヒエラルキーとでは、重要な違いが一つある。

図9-1　ヒエラルキーとネットワークの二重構造

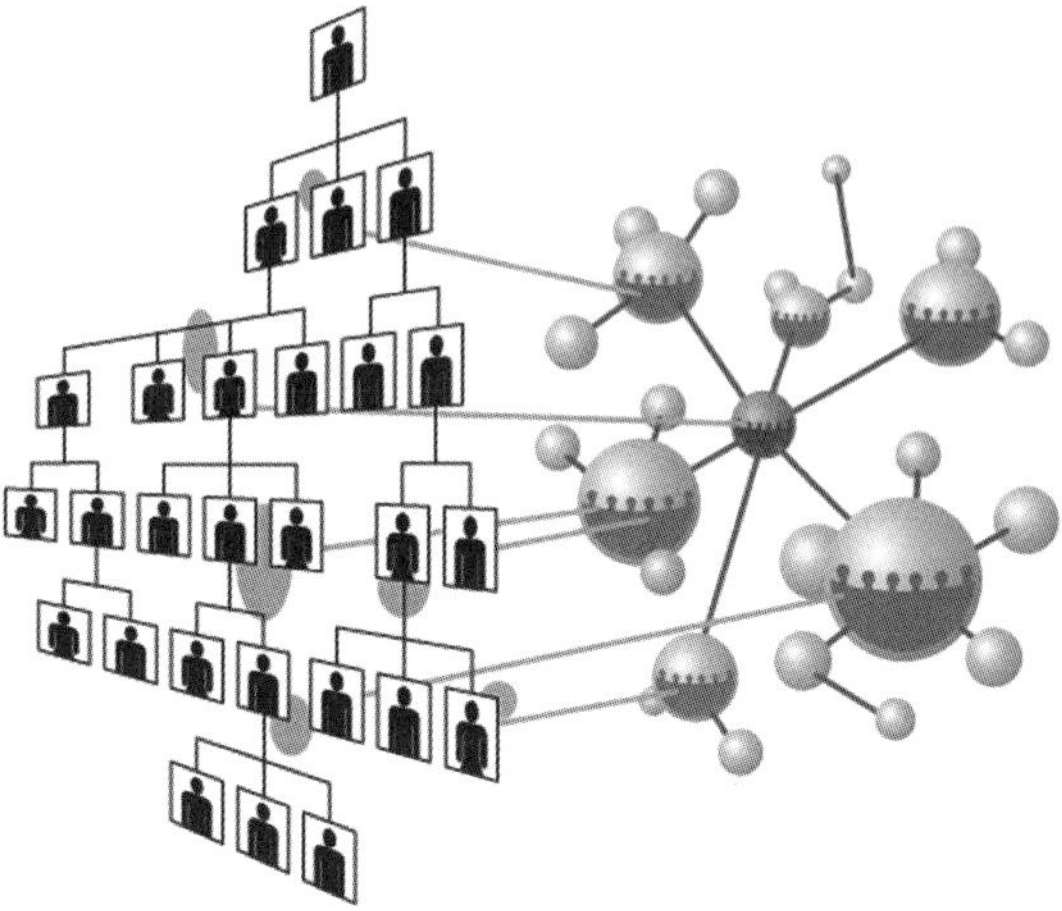

出所：Kotter (2014).

「これまでヒエラルキー型の組織が、イノベーションや、俊敏さや、難しい変革や、大がかりな戦略構想の迅速な実行を必要とする数々の仕事を引き受け、タスクフォースや、専門家チームや、戦略部門でどうにかしのいできた。しかし、二重構造ではそのような仕事の多くは、ネットワーク側に移される。その結果、ヒエラルキー側はそれらの負担から解放され、本来の仕事——滞りのない日常業務の遂行や、効率向上のための漸進的な改善や、予測可能な修正（ITのアップグレードなど）をしやすくする戦略的計画の策定など——でもっと力を発揮できるようになる[39]」

二重構造の右側はネットワークとして組織されており、スタートアップ企業の組織によく見られる太陽系型システム――創業者を太陽、戦略的計画に取り組むメンバーを惑星、副計画に携わるメンバーを衛星とするシステム――に似ている。ほとんどのスタートアップがそのような形態の組織を築いているのは、チャンスをつかむために必要な俊敏さや、迅速さや、創造性のためである。やがて会社が成熟するにつれ、左側に本来の仕事に専念させるため、ネットワークでヒエラルキーが補完されるようになる。

変化がますます激しくなり、不透明感が増す中、企業は新旧ともに、イノベーションの新構想を次々と打ち出している。

たとえば、ファーストリテイリングの未来のグローバルリーダー育成プログラムでは、若手リーダーたちにイノベーションのプロジェクトを立案させ、迅速に実行させている。それらの若手リーダーはヒエラルキーに属しているが、プロジェクトの立案と実行は、二重構造のネットワークの側でなされる。平均一八カ月で実施されるそれらの戦略的計画や副計画は、途中で他の計画と統合されることもあれば、中止されることもある。

新構想はすべてネットワークに委ねなくてはいけないということではない。ネットワークで手がけるべきなのは、①大きな変革を求められる、②スピードが重要、③曖昧な要素が多分にある、④イノベーションと俊敏さが不可欠といった条件が当てはまる構想である。

「変革を求められない場合や、方法がわかっている場合には、どんなプロセスや活動もすべて左側にとどまる。したがって戦略課題に曖昧な部分がなければ――つまり、向かうべき場所（AからBへというように）とそこまでの距離がはっきりしていて、反発が強くなく、大がかりなイノベーションを必要とせず、期限内に目標を達成する方法がわかっていれば――普通、それらの課題はすべて左側で受け持たれる。戦略計画部門や、プロジェクト管理部門や、従来型のタスクフォースなどが左側にはある[40]」

今でも組織を安定的かつ効率的に機能させるためには、よくできたヒエラルキーが欠かせない。コッターが指摘するように、ヒエラルキーは「二〇世紀の最高の発明の一つ[41]」である。それを「廃止する」とか、「ミドルマネジャーをなくして、自分で管理させる」とか、「蜘蛛の巣型の組織にする」とかいう必要はない。ワイズリーダーがしなくてはならないのは、次のような危険な信号を察知することである。

- 計画の指揮を任されるのが、一部の信頼された人間ばかりになってきた。
- 経営上層部の数人だけですべての決定や判断が下されるようになってきた。
- ヒエラルキーの上位の人間が、権力や地位にしがみつくようになってきた。
- ヒエラルキーの下位の人間が、指示を待つばかりで、決まり切ったことしかしない。

- ヒエラルキーの下位の人間が、新しいことをせず、上司の許可を得ずに思い切ったことをしない。
- 誰もが慣例に固執するようになってきた。
- 誰もリスクを冒そうとせず、既存の枠にとらわれない発想が生まれなくなった。

このような危険な兆候が現れたときにするべきは、機能しているシステムを捨てて、まったく新しいシステムと入れ替えることではなく、ネットワークを土台にした第二のシステムを築くことである。二重構造——ヒエラルキー型組織とネットワーク型組織の二つの組織を持つ構造——によって、成熟企業は安定性と柔軟性を維持し、スピードと俊敏さを向上させられる。

3 第9章のまとめ

今日の知識創造企業は明日のワイズカンパニーへと変わらなくてはならない。そのためには、新しいタイプのリーダーシップ（自律分散型リーダーシップ）、新しいタイプの創造的ルーティン（「型」）、新しいタイプの徒弟制度（守・破・離）、新しいタイプの経営哲学（「全員経営」）、新しいタイプの組織構造（ダイナミックなネットワーク型組織）、新しいタイプの戦略立案のアプローチ（インサイド・アウト）が必要である。

ここまでの議論で、ワイズカンパニーの輪郭がだいぶ明確になってきた。ワイズカンパニーとは、次のような企業のことをいう。

- 社内のあらゆる層にワイズリーダーがいる企業。
- 「悟空吹毛」のように、ワイズリーダーが後継者として絶えず育まれ、誕生している企業。
- フロネシスが経営幹部、ミドルマネジャー、現場の社員によって実践されている企業。
- アメーバ経営やスクラムなどのシステムによって小さなチームの力を活用し、ダイナミックさと俊敏さを保っている企業。
- ミドル・アップダウン・マネジメントや、「型」などの創造的ルーティンを通じて、自律分散型リーダーシップを実現している企業。
- ヒエラルキーとネットワークの融合で、今の世界の複雑さや速さに適応している企業。
- インサイド・アウトのアプローチで戦略を立案し、信念と理想主義的な現実主義に基づく未来を思い描いている企業。
- 社内のあらゆる層で実践知を育み、持続的なイノベーションと長寿を実現している企業。

エピローグ

最後に伝えたいこと

本書の最後の章を書き上げたばかりだった二〇一七年一一月三日、野中郁次郎がカリフォルニア大学バークレー校ハース経営大学院の「生涯功労賞」を受賞した[1]。同校の卒業生では五人目、学者では初の受賞者となった。

感動的なその授賞式で、学部長リチャード・ライオンズは野中を次のように讃えた。人間的な視点を用いるとともに、研究に実践知を取り入れることで、新しいフレームワークを構築し、企業に単なるデータ管理を超えて、よりよい結果を生むための知識の活用を促した、と。

野中はそれを受けて、哲学に基づいた素晴らしい学術研究の土台を身につけられたのはカリフォルニア大学バークレー校のおかげだと、同校——本人はしばしば「太平洋岸のアテネ」と呼んでいる——に感謝の言葉を述べた[2]。

ハース経営大学院発行の学術誌『バークレー・ハース』の二〇一七年の秋号では、野中の長年の業績が特集された。「イノベーション・マネジメントの錬金術師」と題するその記事には、情報処理モデルの研究を行ったハース経営大学院の修士課程（一九六八年）と博士課程（一九七二年）時代に始まり、「知識マネジメントの聡明な父にして、最も偉大な哲学者の一人」[3]と称されるようになるまでの、野中の研究の歩みが紹介されている。本書『ワイズカンパニー』の刊行につながった研究は、次のように要約された[4]。

「情報から知識へ、知識から知恵へと考えを進化させてきた野中は、人間的なリーダーシップの必要性をますます強く訴えている。それはよりよい社会を築くために人間の独創的な能力を役立てるリーダーシップである。『ビジネス界にもっと人間中心の経営という発想や実践が求められる時代だ』と野中は指摘する」

1

人間中心の経営

長年の間に、われわれの考えは情報から知識へ、知識から知恵へと進化し、そこからおのずと経営の中心に人間を置くことになった。そのことはメタファーを使ったり、「スクラム」「ミドル・アップダウン・マネジメント」「場」、戦略の「インサイド・アウトのアプローチ」といった概念を打ち出したりすることに表れているとおりである。『バークレー・ハース』の記事で述べられているように、われわれは世の中がますます複雑になり、デジタル化が進展する時代状況の中で、人間中心の経営――身体的な経験、感覚、直観、信念、理想、勘、主観、関係、モラル、価値観が重視される経営――の価値を強く信じ、提唱している。

なぜ、世の中がますます複雑になり、デジタル化が進展する時代に、経営の中心に人間を置くのか。

本書の第1章「知識から知恵へ」の冒頭で、われわれは複雑な世界が今後ますます複雑になるだろうと述べた。伊藤穰一とジェフ・ハウによれば、そもそも複雑さ――科学者の言葉では「複雑系」――は、目新しいものではないという。

「複雑系はホモサピエンスよりも三〇億年以上前に生まれている。動物の免疫反応は複雑系だし、アリの巣も、地球の気候も、ネズミの脳も、あらゆる生命細胞内の生化学も複雑系だ」(5)

『アナログの逆襲――「ポストデジタル経済」へ、ビジネスや発想はこう変わる』の著者、デイビッド・サックスの表現を借りるなら、現実の世界は白か黒かではない。グレーですらない。それは多色である。サックスは現実の世界について、さらに次のように述べている。「無限にさまざまな風合いがあり、幾重にも感情が折り重なっている。ときに強烈な匂いがし、ときに奇妙な味がし、人間の不完全さから大きな喜びが生まれる。最高のアイディアはそういう複雑さから紡ぎ出される」(6)

加えて、ゲイリー・モーソンとモートン・シャピロが『センツ・アンド・センシビリティ』で指摘するように、現実の世界には「言葉にできない感受性」(7)を要求する倫理的な問題がある。したがって、われわれはニュアンスや、心理学的な特質や、文化的な要因に対して、感覚を研ぎ澄まさなくてはならない。「倫理的な問題は得てして、既存または新規のいかなる理論にも軽々しく委ねられない。そうするにはあまりに複雑すぎ、あまりに重大すぎるからである」と、二人は主張している。複雑さはすでに人々の生き方に組み込まれており、それは将来も変わらないだろう。

同様に、われわれは「まえがき」で、インターネットやビッグデータ、クラウド、人工知能(AI)、モノのインターネット(IoT)の影響で、世界がますますデジタル化しつつあるとも述べた。未来はわれわれの予想よりも速く近づいてきており、科学者や技術者たちは、これまでSFの世界の話と思われていたこと——自動運転車とか、農業ロボットとか、トライコーダーとか——が実現するのは、「もし」ではなく「いつ」の問題だと考えている。

「デジタル」という言葉はいろいろな文脈で使われる。デイビッド・サックスによれば、「デジタルとは、一と〇の無限の組合せによって、ハードウェアやソフトウェアに通信や計算を行わせられる二進コードのことだ」という。[8]

サックスはさらに次のように続けている。「デジタルテクノロジーは、よりよいモノやサービスを、より安く、より簡単に、時間や空間の制約を受けずに広く消費者に届けることを可能に」し、ひいては「市場に激変を起こし、ビジネスのこれまでの常識をひっくり返す[9]」。

実際、新聞には毎日のように、デジタル技術を使った自動化（機械学習、AI、ビッグデータ、データ分析、IoT、拡張現実）の話や、四半世紀前には存在しなかったブランド（シンギュラリティ〔技術的特異点〕、ワトソン、Siri、アレクサ）の名が出ている。

◆なぜ人間か

なぜ経営の中心に人間を置くのかという問いは、裏を返せば、世界の不確かさや、断絶や、複雑さや、デジタル化がさらに進むにつれ、世界はコンピュータのハードウェアやソフトウェアに支配されるようになるのかという問いでもある。すでに警鐘を鳴らす専門家もいる。[10]

「スティーブン・ホーキングや、ビル・ゲイツ、イーロン・マスクは、AI、とりわけロボット兵器が人間のコントロールを脱し、世界を支配するようになる恐れがあると警告を発している。レイ・カーツワイルは、『シンギュラリティ』（世界がAIに支配され始める時点を意味するカーツワイルの造語）はすぐそこまで近づいており、人間の原始的な恐怖心を掻き立て始めていると主張する。監視社会や、テクノロジーへの深い依存や、ＩｏＴの登場といった最近の動向は、私たちにそのような未来の到来を予見させるのに十分ではないだろうか」

果たして、そうだろうか。最近の神経科学の研究では、人間が今後も主役であり続けるというわれわれの主張を支持する発見が報告されている。たとえば、人間には世界をありのままに見るだけではなく、ありうるものとして見るという不思議な能力が備わっていることが、脳の研究からわかってきた。人間は「もし～だったら」と考えることができ、それにより未来を築いていけるというのが、二〇一七年に刊行されたアンソニー・ブラントとデイビッド・イーグルマンの著書『ランナウェイ・スピーシーズ』の結論である。[11]

ドラッカーはすでに五〇年以上前にそれと同じ結論に達し、人間は未来を予測できないが、未来を「創る」ことはできると述べていた。ドラッカーの名言の正しさが、今や神経科学によっても裏づけられたのである。

アンソニー・ブラント（作曲家）とデイビッド・イーグルトン（神経科学者）は、人間の脳には過去の経験から得られた知識を活用する「深化」の能力と、新しい可能性や未知の選択肢を探る「探索」の能力が備わっていることを発見した。人間が『『どうあるか』という現実を読み取って、それを多様な『どうなるか』という未来へ変換する」ことによって、現実を生み出すことに長けているのは、人間の脳が経営学の分野で盛んに論じられている知の深化と探索のバランスをうまくとっているからだという。[12]

可能な未来を考え出す能力が人間に備わっていることは、さまざまな形で示されている。人間は受け継いだものを作り変えることができる。「iPhoneの開発であれ、自動車の製造であれ、現代美術の創作であれ、人間は神経系に世界を取り込んで、組み換え、可能な未来を考え出す[13]」

もっと日常的な場面でも、われわれは「他のやり方を探したり、別の道を進んだらどうなるだろうかと考えたりする」たび、未来をシミュレーションしている。「家を買うときも、大学を選ぶときも、結婚相手を決めるときも、株に投資するときも、自分が考えたことが間違っていたり、現実には起こらなかったりする可能性があることを承知している[14]」

頭の中でありうる未来をシミュレーションするのは、人間の日常的な営みなのである。

「同意のしるしにうなずくべきか、それとも上司にそれは愚かなアイディアだと言うべきか。結婚記念日には何をすれば、妻(夫)は喜ぶだろうか。今晩の夕食は、中華料理、イタリア料理、メキシコ料理のどれがよいだろうか。就職したら、郊外の一戸建てに住もうか、都心のマンションに住もうか。(中略)いくつかの選択肢を用意しておくことで、未来

に柔軟に対応できるようになる。このような感性が発達したことが、現代人の認知面での大きな特徴である」(15)

人間は他の動物と何が違うのか。コンピュータとは何が違うのか。ブラントとイーグルトンによれば、われわれはまだ築かれていない世界との境界を絶えず叩き壊そうとしているという。Ｓｉｒｉやアレクサとは違い、人間はピタリと閉じられた世界に生きているのではない。われわれの世界は開かれており、「未来の世界との境界にも、いくつも隙間が空いている」。そして、「われわれは今の現実を理解することと、将来の現実を想像することのバランスをとり、絶えず今日という柵越しに、未来の景色を覗いている」(16)のだ。

一部の専門家によれば、コンピュータも未来を思い描けるという。当然ながら、それは人間が思い描く未来とはかなり違い、もっと機械的なものであるだろう。ここからはその人間対機械の議論を深めていきたい。

2 イノベーションのゼロから一〇へ

知識から知恵へ、イノベーションから持続的なイノベーションへと向かって出発したわれわれの旅も、終わりに近づいてきた。今、われわれの視線の先にあるのは、三段階からなるイノベーションの研究の未来である。

第一段階は、それまでなかったアイディアが生まれ始める「ゼロから一へ」である。これは植物の芽が地上に顔を出す瞬間にたとえられる。この段階では、人間がイノベーションの推進の中心的な役割を果たすだろう。

第二段階は、イノベーションが具体的な形をなし、成果を上げる「一から九へ」である。これは植物の茎や葉が育ち、花が咲き始めるときにたとえられる。この段階では、AIや、IoTや、拡張現実や、ワトソンや、その後継となる無名の技術の数々が、イノベーションの主な原動力になるだろう。

第三段階は、イノベーションが洗練され、人間の高次の感性的な欲求や美的な欲求を満たせるようになる「九から一〇へ」である。花が大きく開いて、多彩な色を帯び、豊かな香りを放つときにたとえられる。この段階では、人間がふたたびイノベーションを推し進めるうえで重要な役割を担うことになるだろう。

ただし、これらの三段階すべてにおいて、アナログとデジタルの融合が見られるだろう。ここで言うアナログとは、デジタルとは反対のものを指す。デジタルの陽に対する陰であり、夜に対する昼である。アナログはバーチャルなものとは違い、コンピュータがなくても機能を果

たせ、物理的な世界に存在できる。(17)

人間が生きている物理的な世界は、まさにアナログである。その意味で、われわれは人間をアナログ的なものの一つに数えている。したがって、イノベーションの三段階すべてにおいて、人間と機械は助け合い、共進化を遂げるが、これから見ていくように、第一段階と第三段階では人間が、第二段階では機械がその共進化をリードすることになる。

◆ゼロから一へ

ゼロから一へ進む(18)には、創造性と想像力が求められる。最近の研究で示されているとおり、人間には新しいアイディアを思いつく能力(創造性)と、不確かな状況と向き合って、別の可能性を思い描く能力(想像力)がある。人間は誰もが、豊かな創造性と想像力を持っている。

「人間は常に退屈さを追い払おうとせずにはいられない。そのおかげで『創造性』が生物学的な習性になっている。人間が芸術やテクノロジーに求めているのは、驚きであって、単に期待が満たされることではない。だから、人間の歴史は奔放な『想像力』によって彩られてきた。(中略)

根っからの新しいもの好きである人間には、イノベーションが欠かせない。それは一部の特殊な人間にだけ当てはまることではない。新しいものを生み出そうとする衝動はすべての人にある。その衝動から生まれるのが、単調な繰り返しを打破しようとする戦いであり、その戦いの結果が、世代ごと、一〇年ごと、一年ごとの大きな変化である。新しいものを創造しようとする衝動は、人間の生物学的な特性に組み込まれている[19]。（中略）知っている事実の先にまで考えを巡らす能力があるおかげで、私たちは周囲の世界に目を向けるだけでなく、可能な世界を思い描くこともできる。事実を学び、フィクションを生み出せる。『どうあるか』を知り、『どうなるか』を思い描ける[20]」

「ゼロから一へ」では、歴史に触れることがイノベーションの促進につながる。第7章で論じたように、歴史的構想力を働かせることは、未来に「なしうること」を思い描くのに役に立つ。現在の時点から、歴史的な出来事を振り返って、過去を解釈し、再構築することで、可能な未来を築けるようになる。

前にも述べたとおり、歴史を知れば、「なぜ」と「いかに」がわかる。歴史には過去と現在の因果関係と、「どのようにそれは起こったのか」が示されているからである。とりわけ危機においては、歴史的構想力が頼りになる。歴史的構想力を働かせれば、危機（特定のときと場所で生じた状況）の背後に何があるのかについて、広く深い洞察を加えられ、ひいては可能な未来を築くために何をするべきかを自分で判断できるからである。

歴史の他に、文学も役に立つ。第7章で指摘したように、別の世界を思い描き、別のあり方を考えるのが文学である。われわれは物語を読むことで、好きなだけ他人の人生を体験し、「なしうること」の選択肢を知り、複雑さや見通しの不確かさに対処するすべを学べる。

「論理的な思考をどれだけ働かせても、個人や集団がすることの意味をつかみ取ることはできない。ロベスピエールやフランス革命を理解するのは、ピタゴラスの定理を証明したり、火星の軌道を計算したりするのとはわけが違う。人生の成り行きは火星の公転軌道のように予測できるものではない。人生には偶然とか、個性とか、選択とか、定まっていないものが、(偉大な小説家によって書かれた物語におけるように)不可欠の要素として含まれている[21]」

加えて、「どうなるか」や「何をなしうるか」という問いに答えを出すためには、「何をなすべきか」という問いによって、未来を思い描く必要がある。本書で一貫して論じてきたように、そこで真骨頂を発揮するのがフロネシスである。第2章で、古代ギリシャの哲学者にして科学者のアリストテレスが、約二四〇〇年前、知識を三つに分類したことを紹介し、われわれはそれぞれに次のような短い定義を与えた。

①エピステーメー……なぜを知る
②テクネー……いかにを知る
③フロネシス……何をなすべきかを知る

この③の「何をなすべきか」を知ることが、理論上、第3章で論じた新しい知識実践モデル(図3－1)の土台になる。

フロネシスはSECIスパイラルの中央を縦に伸びる太い矢印で表されている。何をなすべきかを知ることによって、高次の目的を追求できるようになり、拠り所にできる共通の文脈と価値観を築けるようになる。道徳的な判断を下したり、複雑な状況で倫理的な問いを立てたりするうえでの指針も得られる。われわれの理論に社会的な次元――社会にとって何が善で、何が正しいことか――をつけ足すのが、フロネシスである。

フロネシスは、具体的な時や状況の中に組み込まれている。したがって、フロネシスによってわれわれの従来のモデルに時間的な次元が加わる。それぞれの時と状況において何が善であるかを判断したり、自分で最善策を判断して、その場で行動を起こしたり、あるいは共通善に貢献したりできるのは、具体的な時や状況と不可分のフロネシスのなせるわざである。

たとえば、ラタン・タタが大衆車「ナノ」の開発を思いついたのは、次のような特定の時、特定の状況においてだった。すなわち、ある雨の日、五人家族が一台のバイクに乗って、びしょ濡れになりながら、ムンバイの混雑した道路を縫うように危なっかしく走っているのを見た時である。新しいものを創造したいという衝動は、そのような具体的な時と文脈に応じて生まれてくる。

◆一から九へ

一から九へ進むために求められるのは、知性の拡大である。イノベーションを引き起こすため、この第二段階では、AIやIoTや拡張現実などの新しいデジタル技術分野を生み出したSTEM——科学(Science)、技術(Technology)、工学(Engineering)、数学(Mathematics)——の知見が積極的に活用される。加えて、「一から九へ」のイノベーションには、ビッグデータや、クラウドソーシング、データ分析、三次元情報などの新しい情報源も利用される。[22]

これらの新しい分野の知見や情報源を取り入れている身近な例としては、AIを使ったアルファ碁、IoTを使ったバボラの通信機能搭載テニスラケット、拡張現実を使ったポケモンGOなどが挙げられる。

AIは今では音声アシスタント(Siri)から自動運転車まで、あらゆるもののラベルとして使われているが、AIの知名度を一気に高めたのは、二〇一六年半ばに行われた、コンピュータ囲碁プログラム、アルファ碁と、世界的な名棋士イ・セドルの対局である。人間と機械の知恵比べに決着をつける一戦と呼ばれたこの対局で、アルファ碁は五戦中、四勝を収めた。これが象徴的な出来事となり、技術的特異点（シンギュラリティ、機械の知能が人間の知能を追い越す時点）の提唱者たちは、二〇四五年までにその日が到来すると予言した。

伊藤穰一とジェフ・ハウはそれよりはだいぶ控え目だが、「アルファ碁のようなものが刑の執行猶予期間や保釈金の金額を決めたり、飛行機を操縦したり、子どもたちを教えたりする日はそれほど遠くないかもしれない」と述べ、次のように続けた。「AIが進歩するにつれ、機械が私たちの体や、家や、乗り物や、市場や、裁判制度や、創造的な活動や、政治と融合し、その一部となることも十分ありうる[23]」

遠くない将来、機械が人間の生活に欠かせないものになることにわれわれが気づかされたのは、二〇一八年一月、ホンダが開発した人間型ロボット、アシモ（ASIMO）の公開実演が東京で行われたときだった。三〇年以上前から開発が続けられてきたアシモ――Advanced Step in Innovative Mobility（新しい時代へ進化した革新的モビリティー）の略――の最新バージョンの身長は一三〇センチ、体重は五四キロある。

公開実演では、時速一一キロで走り、高さ数センチのジャンプを見せ、階段を上り下りし、人間のように指を動かし、複数の言語でいくつかの言葉を話した。それらの身体的な能力に加え、アシモには顔や、音や、移動物体や、人間のジェスチャーや、周囲の環境を認識して、人間とやり取りする能力も備わっている。

だから、問いかけにうなずいたり、言葉で返答したりすることも、複数の人の名前を呼び分けることも、握手が必要かどうかを判断することもできる。「将来、特に体に障害がある人にとって、よきお供や家庭での介助者として役に立つ存在になるでしょう」と、アシモの開発責任者を務めるエンジニア、重見聡史は話している。[24]

ＩｏＴの登場からはすでにしばらく経つが、われわれが初めて私生活でＩｏＴに触れたのは、テニスラケットを通じてだった。バボラの「バボラプレイ」システムでは、ラケットのグリップ部分に内蔵されたセンサーで、ボールの速度や、回転量や、インパクトの位置など、プレーに関するさまざまなデータを計測し、分析できる。[25] 事実上、物理的な製品（テニスラケット）の中にコンピュータが組み込まれており、プレイヤーとメーカーの間で双方向の通信が可能になっている。ＩｏＴはモノをインテリジェント装置に変え、広いシステムの中に組み込むことで、イノベーションを引き起こす。

ＩｏＴの例には、他に次のようなものがある。[26]

「スマート・サーモスタットは、家庭にあるさまざまな電子機器を制御し、それらの機器の使用状況をメーカーに送信する。ネットワークにつながったコンピュータ内蔵の産業機械は、自動で作業を調整し、最適化する。自動車は、運転や位置や環境のデータをメーカーに送って、ソフトウェアをアップグレードすることで、性能を高め、故障を未然に防ぐ」

拡張現実によって現実世界とデジタル世界との隔たりを埋めることで、ＩｏＴはさらに進化を遂げている。拡張現実の技術を使うと、二次元のページやスクリーンに表示されたデジタルデータを画像や動画に変換して、三次元の現実世界に重ね合わせられる。ポケモンＧＯにも簡単な拡張現実が用いられていたが、最近は、頭部装着ディスプレイやメガネ型端末などのウェアラブルデバイスを使って、物理的な現実世界にデジタルデータや画像がスーパーインポーズされるようになってきた。

拡張現実は、根本的にはデジタルデータのインターフェースである。たとえば、自動車の「ヘッドアップ・ディスプレイ」では、ナビゲーション画像や衝突の警告などの各種情報が、ドライバーの正面のフロントガラス越しに表示される。[27] 消費者向けと企業向けの両分野で、そのような「ヒューマン・インターフェース」のソリューションをもたらす拡張現実のイノベーションが進むことで、デジタル世界はますます現実に近接したものになっていくだろう。

ＡＩや、ＩｏＴや、拡張現実などのテクノロジーに牽引されたデジタルオートメーション業界からは今後、新しいイノベーションの波が起こり、新しい種類の仕事が創出され、物理的な世界に膨大な量の新しいモノやサービスがもたらされるだろう。

この波の身近な例は、東京に開店した無人カフェである。この無人カフェでは、機械にお金を入れて、好きなコーヒーを選ぶと、七つの可動部からなるロボットがコーヒー豆を挽いて、ドリッパーをセットし、注文から三、四分で、一杯のおいしいドリップコーヒーを提供してくれる。値段も近くのカフェより安い。しかも客が待っている間、流暢な日本語で話しかけてもくる。(28)

デジタル世界とアナログ世界の融合が起こるとき、人間が生きている世界の様相はがらりと変わるだろう。われわれがこのイノベーションの第二段階を「一から九へ」と呼ぶのは、その変化がそれほど大規模なものになると考えられるからである。人間は共進化のシステムの中で、今よりはるかに緊密に機械と協力し合うことになる。ただし、「一から九へ」の段階では、機械技術がイノベーションの原動力の中心になるだろう。

◆九から一〇へ

第三段階では、イノベーションが洗練され、人間の感性や美意識に訴えるものになる。この段階のイノベーションの好例としては、バルミューダの「ザ・トースター」が挙げられる。トースターというコモディティーが消費者の体と心に触れることで「生きる喜び」の一つへと変わった例である。

第5章で紹介したように、「ザ・トースター」では、自分の好みに合った完璧なトーストが焼け、しかもそのトーストを焼くことに心地よい体験が伴う。小さなカップでトースターに「水やり」をする、小窓から中を覗き込む、焼き上がったことを知らせる柔らかい合図の音を聞く、蓋を開けたときに立ち上るおいしそうなパンの匂いを嗅ぐといった体験である。「ザ・トースター」の体験には、人間の五感すべてが含まれている。

　このような体と心に触れる革新的なアイディアは、無から生まれるわけではない。人間の経験という原料から「製造」されるものである。したがって、イノベーションのこの段階では、人間がふたたび主導権を握ることになる。「ザ・トースター」の開発者は、二つの忘れがたい経験——一〇代のときに訪れたスペインのロンダでの経験と、バルミューダの社長になってから、東京で社員たちとともにバーベキューをしたときの経験——が、開発のきっかけになったと話している。

　われわれは一九八四年、ホンダの副社長に就任した川島喜八郎に会って、話を伺った。そのとき川島は自動運転車という画期的なアイディアを口にし、おおよそ次のような話をしてくれた。[29]

> 「クルマは私たちにとって最も高い買い物の一つだ。ところがそんな大金を払って、イライラさせられるというのは、おかしなことではないか。渋滞にはまって、時間どおりに目的地につけるかどうかやきもきしたり、事故に遭わないかどうか、怖がったりさせられ

る。クルマを運転するせいで、心配したり、疲れたり、ときに冷や汗をかいたりする。まったく馬鹿げた話ではないか。それよりもボタンを一つ押せば、あとは自動で目的地まで連れて行ってくれるほうが、はるかによいではないか。それが私の夢だ。あなた方が生きている間に、きっとその日は来るだろう」

自動運転車――デジタルインフラを使って、コンピュータで自動運転される自動車――の実用化は、もうそれほど遠い先のことではない。自動運転車が普及すれば、ドライバーのイライラはもちろん、衝突も、死亡事故も、二酸化炭素の排出量も、騒音も、駐車場も、自動車保険の保険料もすべて減る。かつて産業革命から最初の大衆車T型フォードが生まれたように、デジタル革命からは、クラウドコンピューティングやデータ分析などのテクノロジーの進歩を通じ、最初の自動運転車が生まれるだろう。

T型フォードからトヨタ・レクサスまでの進歩は、工業化時代における「九から一〇へ」のイノベーションを象徴している。一九八九年のレクサスの投入時に掲げられたのは、次のような目標だった。「走行距離が八万キロに達しても、外観や、乗り心地や、音や、性能が出荷時といささかも変わらないこと[30]」

デジタル時代には、それと同じような改良が最初の自動運転車に加えられるだろう。その改良の営みは、人間の飽くなき完璧さの追求によって特徴づけられるはずである。最近の神経科学の研究で明らかになったように、現実世界の難題に立ち向かおうとする人間の衝動は尽きることがなく、新しいものを求める欲望は決して満たされることがない。

人間は生まれつき備わっている次のような行動パターンを使って、新しいアイディアを生み出す。

- 順応し、回復する。
- 卓越さをどこまでも追求する。
- 互いに休みなく働いて、相手を驚かせようとする。
- 互いに影響し合い、かかわり合う。
- 相手の身になって考えることで、共感を抱く。
- 主観的な見方と客観的な見方を組み合わせることで、全体的な見方をする。
- 自分の周りにあるものを変えたり、捨てたり、破壊したりする。
- 絶えず自分の限界を乗り越えようとする。

人間には自分が築きたい未来を思い描くという人間に固有の能力が備わっている。われわれは世界をありのままに見るだけではなく、世界のありうる姿を見ようともする。自動運転車が登場したら、人間は次のように「もし～だったら」と考えずにいられないだろう。

・もし、これまで駐車場やガソリンスタンドだった場所を公園に変えたら、どうなるか。
・もし、通勤中も仕事ができるおかげで、都会から遠く離れた自然の豊かな地域に引っ越せたら、どうなるか。
・もし、免許の取得や更新に時間を費やす代わりに、家族や友人との絆を深めるために時間を使えたら、どうなるか。
・もし、自動車保険の保険料が安くなったぶん、困っている人や、効果的利他主義のような運動のためにお金を使えたら、どうなるか。[31]

自分の周りにあるものを作り変えたり、組み合わせたりするという不思議な能力が備わっているのは、人間だけである。機械やアルゴリズムにそういう能力を持たせることは、しばらくはできないだろう。

3

生き方としての経営

以上はすべて、イノベーションの分野での人間中心の経営がいかなるものかを描いたものである。イノベーションの重要な二つの段階——最初（「ゼロから一へ」）と最後「九から一〇へ」）において、人間は中心的な役割を果たしている。そのような経営思想からは、まったく新しい組織観が生まれる。すなわち組織をデータや情報を処理する機械としてではなく、生きた有機体として見る組織観である。われわれが研究した日本企業の数々が、経営を単に利益を最大化するための手段としてではなく、生き方として捉えていることともそれは一致する。

生き方としての経営では、自社が何を象徴するか、どういう世界に生きたいと思うか、そのような世界をどのように実現するか、どういう方向に進むか、どういう未来を築きたいか、どういうレガシーを残したいか、どのように社会に貢献できるかということが考慮される。よりよい未来を実現できるのは、自分たちにどういう使命が与えられているかを理解し、ひたすら正しく生きようとし、終わりのある一生の中で常に自らを磨き続けるときである。

始まりと終わりがあることに加え、理想に生きようとすることにおいても、企業は人間に似ている。京セラの名誉会長、稲盛和夫によれば、人間は日常的なことでベストを尽くすことで、理想に生きようとするという。たとえば、仕事に打ち込む、よい考えを持つ、正しいことをする、自分を見つめる、自分を律する、心を磨く、普段の生活の中で人格を養うというようにである。そのように理想に生きようとする企業は、第4章で紹介した柳井正の言葉を借りるなら、「社会から存在が許される」。さもなければ、社会からたちまち締め出しを食うだろう。

企業は幸い、人間とは違って、一〇〇年、三〇〇年と生きられる。極端にいえば、永遠に生きることもできる。第1章で指摘したように、理想に生きる企業には、持続可能性、回復力、長寿という見返りがある。

4 橋を渡る

最後に読者の皆さんに大事なことを三つお伝えしたい。

一つ目は、次世代の多くの学者たちに、われわれが築いた橋を渡って、理論をさらに力強く、世の役に立つものにしていただきたいということ。とりわけ、STEM分野（特に神経科学と生物学）の学者や、最近では人文分野（特に文学と歴史）の学者たちが知識マネジメントの領域に進出してくれていることは嬉しい。われわれは長く知識マネジメントの研究を続けているが、いまだに研究を進めるほど、絶えず自分たちの知らないことがまだまだあることに気づかされる。皆さんには次のように申し述べたい。ようこそ、知識マネジメントの世界へ！

二つ目は、読者の皆さんに、なぜ知識と知恵の間に橋を架けることが必要かを理解していただきたいということ。高次の暗黙知である知恵は、SECIに次のような改良を施す。

①SECIは二次元のモデルだったが、認識論的な次元と存在論的な次元に時間的な次元が加わることで、三次元のモデルに改良された。時間的な次元が加わったことには、ダイナミックな文脈で生じる知識創造のプロセスに、循環的、蓄積的な性質があることが捉えやすくなるという効果がある。時間的な次元が加わったおかげで、SECIスパイラルは過去に創造された知識を反映したり、活用したりしながら、止まることなく回転し続けられる。

②SECIは組織モデルだったが、共通善という概念が組み込まれたことで、社会モデルになった。知識創造とは、組織と社会との絶えざる相互作用であり、対話である。したがって知識の創造や実践は、組織の物理的・社会的な境界線内に限定されるものではない。

③SECIは一回の水平方向の動きに重点を置くものだったが、それがダイナミックな回転を繰り返すものになった。スパイラルに上昇するほか、変わり続ける文脈や状況に応じて、左右に傾いたりもする。

これについては、次のように皆さんに申し述べたい。おもちゃの駒を思い出そう！

三つ目は、本書が企業やビジネスリーダーにとって、理論から実践への橋渡しになることを願っているということ。経営行動を起こすためには知識創造だけでは十分ではなく、知識実践がどうしても欠かせない。本書では「SECI行き詰まり症候群」を回避するための六つのリーダーシップの実践を紹介した。知識創造と知識実践の二つが合わされば、世界のどこの企業や経営幹部であっても、知識を活用し、知識を善の役に立て、知識を賢い行動へとつなげられるだろう。

最後に皆さんに次のように申し述べて、筆を擱きたい。

さあ本を閉じて、行動を起こそう。真の知恵は行動によって示されることを忘れてはならない。

謝辞

Acknowledgments

長い旅の間には多くの方々に助けられ、数々の厚恩を受けた。われわれが知識と知恵、理論と実践、現在と未来、人間と機械の間の「谷」を越え、橋を架けることができたのは、それらの方々のおかげである。

ここにお名前を記し、謝意を表したい。武田悠作はわれわれの研究を手伝い、本書の前半の執筆をサポートしてくれた。哲学、心理学、神経科学、社会科学における知識実践の知的な土台を論じた第2章の共同執筆者の一人でもある。

竹内が悠作と初めて会ったのは、彼がコネティカット州のウェズリアン大学の学生のときだった。知識創造理論について詳しく学びたいと言い、ボストンに私を訪ねてくれた。同大学を卒業した後は、東京で野中に研究員として雇われた。その後、ハーバード・ビジネス・スクールの博士課程に入学し、竹内とも共同で研究を行って、ノースカロライナ州のホンダエアクラフトカンパニーを訪問した。現在は、博士候補生である。

悠作が東京を去った後、その研究を引き継いだのが、本書の主に後半の執筆を手伝ってくれた宇野宏泰である。宏泰は悠作のウェズリアン大学の二年後輩で、同大学を卒業後、やはり野中に雇われ、竹内が初代研究科長を務めた一橋大学大学院国際企業戦略研究科で研究を行っている。隅々まで注意を払って、われわれの草稿を一冊の本の形に仕上げてくれた宏泰に、心から「ありがとう」と言いたい。

原稿の校閲では、ライターでエディターのアナンド・P・ラマンに感謝し切れないほどお世話になった。アナンドは一章ごとに原稿を読み、最終的な原稿もチェックしてくれたほか、素晴らしい内容をつけ加えてくれた。われわれの考えを理解するとともに、それを表現するのを手伝ってくれて、ありがとう。

われわれの考えについての理解を深め、表現の仕方を練ってくれたのは、ボストンのハーバード・ビジネス・レビューのエディター・アット・ラージとして、われわれの論文「賢慮のリーダー」を担当してくれたのがきっかけだった。「賢慮のリーダー」から『ワイズカンパニー』という一冊の本への道のりは容易ではなかった。しかし、長年のつき合いで培われた君への信頼があったおかげで、「谷」を無事に渡り切ることができた。

事務面では、教え子である野際法子と川田弓子に助けられた。二人は本書の執筆中、東京で調整が必要なあらゆること(日程や、講演や、ワークフローなど)において、面倒な調整の労を執ってくれた。野際は一橋大学商学部の竹内ゼミの一期生で、現在は、われわれが東京で設立した野中インスティテュート・オブ・ナレッジのマネージング・ディレクターである。川田は一橋

ＩＣＳの野中ゼミの一期生で、現在は野中の非常勤研究員を務めている。
そして、本書で数々の引用をさせていただいた次のＣＥＯ、重役、マネジャーの諸氏にも衷心より謝意を表したい（敬称略）。

柳井正（ファーストリテイリング）
本田宗一郎、藤野道格、福井威夫（本田技研工業）
稲盛和夫、植木義晴（日本航空）
内藤晴夫、高山千弘（エーザイ）
豊田章男、成瀬弘（トヨタ自動車）
島野容三（シマノ）
鈴木敏文（セブン＆アイ・ホールディングス）
渡辺博美（福島ヤクルト販売）
伊藤穰一（元・ＭＩＴメディアラボ）
吉田忠雄、吉田忠裕（ＹＫＫ）
寺尾玄（バルミューダ）
公文公（公文教育研究会）
飯島彰己、槍田松瑩（三井物産）

木川眞（ヤマト運輸）
新浪剛史（ローソン、現・サントリーホールディングス）
竹川節男（健育会）
奈良橋陽子（映画プロデューサー、キャスティング・ディレクター）
須田善明（女川町長）
小林陽太郎（富士ゼロックス）
スティーブ・チャン、ジェニー・チャン、エバ・チェン（トレンドマイクロ）
スティーブ・ジョブズ（アップル）
サム・ウォルトン（ウォルマート）
ウォルト・ディズニー（ザ・ウォルト・ディズニー・カンパニー）
ジェフ・サザーランド（スクラム）

学問面では、数多くの師や同僚、学生たちから教わったことがわれわれの知的な糧になっている。以下に一部ながら、そのお名前を記させていただく。阿久津聡、大薗恵美、妹尾大、浅川和宏、小川進、遠山亮子、平田透、西原文乃、一條和生、舩橋晴雄、紺野登、山口一郎、梅本勝博、藤田忠、フランコ・ニコシア、ピート・バクリン、マイケル・ポーター、デイビッド・ティース、ヘンリー・チェスブロウ、デイビッド・ボーゲル、デイビッド・アーカー、へンリー・ミンツバーグ、ゲオルク・フォン・クロー、J・C・スペンダー、ローレンス・フリードマン、リチャード・サミュエルズ、ノエル・ティシー、カール・ワイク（以上、敬称略）――われわれにもっと上をめざすよう刺激を与えてくれた、これらの方々全員に厚く感謝申し上げる。

本書の執筆にあたっては、ハーバード・ビジネス・スクールから研究助成金を賜った。同校の学長ニティン・ノーリア、副学長シンシア・モンゴメリー、ならびに、のちに上級副学部長に就任した戦略ユニット主任ジャン・リブキン、そしてデニス・ヤオの諸氏の励ましと支援に謝意を表したい。

また、ハーバード大学のマイケル・ポーター教授には深い恩義がある。竹内が二〇一〇年、ハーバード大学に戻り、教授と共同で「競争力のミクロ経済学」の講義を受け持つことになったのは、教授の尽力のおかげだった。野中は日本で助成を受けており、両筆者ともセブン&アイ・ホールディングス、富士通の両社の支援に心から感謝している。

オックスフォード大学出版局には、四半世紀近くわれわれを信頼し続け、一九九五年に『知識創造企業』を、二〇一九年に続編『ワイズカンパニー』を刊行していただいたことにこの場を借りてお礼を申し上げたい。同社のシニアエディター、デイビッド・パービンには、その鋭い洞察と、最高の本を出版しようとする献身に感謝することしきりだった。また、デイビッドの助手エミリー・マッケンジーとメイシー・フェアチャイルドにも、大変お世話になった。本書が賢明とは言いがたい今の世界に方向転換を促す一助になることを願っている。

最後に、長年にわたって、辛抱強くわれわれを支えてくれた野中幸子と竹内信子に心より感謝を捧げたい。半世紀以上(野中)、または半世紀近く(竹内)に及ぶ結婚生活がわれわれの賢慮を育んでくれた。今なら、幸せとは何かがわかる。幸せとは、一番の親友と結婚することである。子どもたち、野中美峰、幸峰、竹内夢子、弘太郎にも感謝したい。子どもたちは愛とは何かを教えてくれた。愛とは見返りを求めずに与えることなのだ、と。

日本語版あとがき

本書は二〇一九年一〇月に上梓された*The Wise Company: How Companies Create Continuous Innovation*(Oxford University Press)の日本語版である。

われわれは、企業の競争力の源泉は情報処理(information processing)ではなく知識創造(knowledge creating)だという観点から、本書の兄貴分である*The Knowledge-Creating Company*(邦題『知識創造企業』)を著した。二五年前のことである。

本書では、その知識を絶えざる実践を通じて知恵(wisdom)にまで高めることの重要性と、その知恵を獲得・活用するための方法を示した。実践を積み重ねていくと、実践知が得られる。なおも繰り返していくと、実践知が豊かになり、次第にスケールが大きくなる。企業の枠を超えて社会までも巻き込んでいく。

本書の翻訳から出版までに約一〇カ月を要したわけだが、その間、われわれ人類はコロナ(COVID-19)禍という思いもよらぬ災厄に見舞われた。ワイズカンパニーの英語版を著したのはコロナ禍以前であったが、その主張の本質は変わらない。

ワイズカンパニーの基盤は共感だ。全身全霊で相手になりきり、「我と汝」の二人称の関係から共感が生まれる。共感をベースにして「利己」と「利他」を社会レベルで両立させる。このコロナ禍において、われわれの主張の普遍性が、より明確になったと考える。本書で示した日本企業の事例は、いかなる時代においても生き抜いていける「持続的イノベーション」の実践に向けたプロトタイプになるのではないだろうか。

「我と汝」の二人称の関係は、二人の著者にも当てはまる。一九七〇年、留学先のカリフォルニア大学バークレー校で出会って以来だから、ちょうど半世紀になる。二人の性格はことごとく対照的で、ある人たちからは水と油のように見えるらしいが、それこそ、何が善であるのかという価値観の根本は共有しているし、日本をいかにしたらよくできるかを常に考えている。

二人の次なる「知的コンバット」は、コロナ危機後の資本主義のあり方に向けられている。ROE偏重などの行きすぎた株主資本主義から脱却して、日本発のワイズキャピタリズムに関して世界に発信していきたい。

本書には、日本を代表する多くのワイズカンパニーとワイズリーダーが登場する。多くの日本人が本書を読んで、一緒に腕まくりして、これからの時代の新しい「生き方」について議論を深めていただきたい。そう願ってやまない。

野中郁次郎
竹内弘高

二〇二〇年八月

索引

ア行

カ行

サ行

タ行

ナ行

ハ行

原注

まえがき

(1) SECIについては第3章で詳しく取り上げるが，SECIという言葉を初めて聞く方のために，ここで簡単に説明しておこう．SECIモデルとは，暗黙知と形式知についての洞察をもとに，われわれが考案したイノベーションのフレームワークのことである．SECIモデルでは，共同化，表出化，連結化，内面化という過程を経て，新しい知識が創造される．

「共同化」は，日常の社会的な交流を通じて，経験が共有されることで，新しい暗黙知が築かれる過程.「表出化」は，暗黙知が言葉にされることで，他の人たちと共有されうる形式知に変わり，新しい知識ベースになる過程のこと.「連結化」は，組織の内外から集められ，積み重ねられた形式知が組み合わされたり，整理されたり，加工されたりして，より複雑で系統だった形式知が築かれる過程．ここで築かれた新しい形式知は，組織のメンバーの間に広まっていく.「内面化」は，組織内に広まった形式知が，個々のメンバーによって再び暗黙知に変えられる過程．いわば知識の実践段階であるこの過程では，知識が実際の場面で使われるとともに，新たなSECIのサイクルの出発点になる．

(2) 他にはクレイトン・クリステンセン『イノベーションのジレンマ』，アルフレッド・チャンドラー・Jr.『組織は戦略に従う』，マイケル・ポーター『競争の戦略』が挙げられていた．

(3) 『知識創造企業』は1996年，米国出版社協会によってビジネス・経営書の「ベスト・ブック・オブ・ザ・イヤー」に選ばれた．

(4) 「情報」が当時，中心テーマとされていたのは，ノーベル経済学賞を受賞したハーバート・サイモンをはじめとする，多くの経済学者によって情報処理パラダイムが提唱され，広められたことによる．情報処理パラダイムについては，以下の文献に詳しい．Simon (1947)；March and Simon (1958)；Simon (1973).

(5) 以下を参照．Dierkes et al. (2001)；Davenport and Voelpel (2001)；Nonaka et al. (2006).

(6) 筆者2人は現在，一橋大学名誉教授．

(7) Lewin (1951) p.169.

(8) 実践知が経営や組織生活において中心的な役割を果たしていることを描くにあたっては，現象学や米国のプラグマティズム，実践組織論，近年の神経科学の知見も援用している．詳しくは，第2章を参照．

⑼ 「場」については，第2章（理論）と第6章（実践）で深く掘り下げる．

第1章

⑴ McGinn（2016）．

⑵ この500円は，2005年と1945年の物価指数をもとに2005年の価値に換算すると，331万4065円になる．

⑶ "Honda Aircraft Company Begins HondaJet Deliveries," company news released on its website（http:// www.hondajet.com/）on December 23, 2015.

⑷ 前間（2015）pp.48–49.

⑸ Christiansen and Pascale（1983）p.3.

⑹ Ibid.

⑺ Ibid., p.7.

⑻ ホンダは「新たな参入者」になったが，日本政府からは自動車産業には参入しないよう求められていた．当時，強大な権力を持っていた通商産業省は，日米間に生じつつあった自動車の対米輸出をめぐる貿易摩擦が，ホンダの参入で悪化することを懸念したのである．ホンダは通産省の「命令」に従わず，圧力をはねのけて，自動車産業に参入した．この反抗は，ホンダが「日本株式会社」の一員ではないことを明白に示すものだった．

⑼ 前間（2015）p.10.

⑽ Mattoon（2012）p.3.

⑾ Muller（2015）p.18.

⑿ *The Executive Guide to Private Aviation and Business Travel*, October-November 2015; Pia Bergqvist, "Honda Aircraft HA-420," *FLYING*, June 2016, pp.3–13.

⒀ Mattoon（2012）p.10.

⒁ この部分は，主に前間（2015）と社内記録に基づく．

⒂ 2016年10月21日，ノースカロライナ州グリーンズボロで行った藤野道格氏へのインタビューによる．

⒃ Christiansen and Pascale（1983）p.1.

⒄ 2016年10月25日に藤野道格氏と交わした電子メールによる．

⒅ この部分は，Mattoon（2012）；Muller（2015）；前間（2015）；Haines（2005），および2016年10月21日の藤野氏へのインタビューに基づく．

⒆ Fujino（2005），p.764.

(20) Muller (2015) p.18.
(21) Haines (2005) p.4.
(22) 2016年10月21日の藤野氏へのインタビュー.
(23) 前間 (2015) pp.203-204.
(24) Mattoon (2012) p.10.
(25) Christiansen and Pascale (1983) p.1.
(26) 前間 (2015) p.261.
(27) Drucker (1989) p.223.
(28) Nonaka and Takeuchi (2011).
(29) ハーバード・ビジネス・スクールは2010年，ニティン・ノーリア学長の下，「Knowing (知識) からDoing (実践)，そして，Being (自身を知ること) へ」というスローガンを掲げ，教育改革に取り組み始めた.
(30) Takeuchi (2013).
(31) Robert Safian, "Find Your Mission: How to Succeed in Business and Life," *Fast Company*, November 2014, pp.73-74.
(32) Funabashi (2013) pp.274-275.
(33) 船橋 (2003).
(34) Paul Tudor Jones, "Just Business," *The Economist*, March 30, 2016, special edition, p.46.
(35) Wilkinson and Pickett (2010) p.177.
(36)「エピローグ」で詳しく論じる.「ゼロから10へ」のフレームワークはイノベーションを段階に分けて理解するためのもの.「ゼロから1へ」と「9から10へ」の段階では，人間が重要な役割を果たす.「1から9へ」の段階は，AI，IoT，バーチャルリアリティー，データ分析，アルゴリズムなど，「デジタル」なものに導かれる.
(37) 知識という領域への2回目の旅を始めるにあたって，前著の読者に対してどこから読み始めたらよいかを助言した．読者がどのような方かによってそれは異なる．同様に，多忙な経営幹部の方であれば，第4章から読み始めるのが一番よいだろう．理論には興味があるが，アリストテレスやポランニーにはどうしてもついていけないという方は，おそらく第3章から読み始めるのが一番よい．その他の方は，ぜひ第2章からご一緒していただきたい.
(38) Polanyi (1966b) p.7.

第2章

(1) Nonaka and Takeuchi (1995) pp.21-32.

(2) Spender (2013) p.46.

(3) Coleridge (1836) p.186.

(4) アリストテレスはエピステーメーについて，論理的な思考に基づくものであり，主に不変の原理に従った真実を扱うと論じている．エピステーメーの最大の特徴は，一連の命題から結論を導き出そうとする推論（合理的な思考法），すなわち演繹にある．演繹では，基本的な前提から導き出される結論の内的な整合性が保証されている．前提の命題が正しいなら，結論も正しくなくてはならない．一般原則という前提から出発して，そこから推論の範囲を狭めていき，最後に結論に到達するというのが，演繹のプロセスである．したがって，演繹はトップダウンの論理といわれる．このような推論の仕方は，論理的三段論法に見られる．次のような推論が典型的な論理的三段論法である．

①大前提……人間はみんな死ぬ．

②小前提……ソクラテスは人間である．

③結論……ソクラテスは死ぬ．

この例に示されているように，大前提では，最も一般的な次元のことが考慮され，すべての人間に当てはまる命題が立てられる．続く小前提では，主題（ソクラテス）が分類される領域の範囲が明らかにされる．ソクラテスは人間である，ゆえに，「人間はみんな」のうちに含まれる．三段論法では，命題で述べられている概念は真か偽かのどちらであるとされ，すべての前提が真であれば，結論も真であるはずだとされる．論理的三段論法は合理的な思考によって，既知のことから未知のことを明らかにするのに役立つ推論方法である．

そこからは新しい科学的な知識が得られる．その場合，科学的な知識は不変の原理に従うことになる．次のような実践的三段論法の例を考えてみよう．実践的な思考が論理的な思考とどう違うかがわかるだろう．

①大前提……私はいつまでも健康でいたい．

②小前提……リンゴを毎日1個食べれば，医者にかからないですむ．

③結論……私は毎日，リンゴを食べればよい．

大前提と小前提では，この実践的三段論法で取り上げられる特定の状況が描き出されている．論理的三段論法と違って，推論によって何らかの未知の真実や間違いが明かされることもなければ，説明力を高める事実や知識が得られることもない．実践的三段論法では，大前提と小前提からの推論によって導き出されるの

は，どういう行動を取るのが最善かという洞察である．それらの前提は，実際の状況についての記述ないし証言となっている．実際の状況はあまりに複雑で，不確かで，自然発生的なので，とうてい不変のものとは見なせない．

加えて，実践的三段論法には主観的な要素がかなり多分に含まれる．この例でいえば，「いつまでも健康でいたい」かどうかや，「リンゴを毎日1個食べれば，医者にかからないですむ」かどうかは，主観的な評価や判断に依存する．いつも健康でいることを何より優先する人もいれば，楽しく過ごすことを一番の生きがいにする人もいるだろう．

実践的三段論法では，前提が不変の原理として通用するかどうかはわからない．それが当てはまるかどうかは，人によって違うこともあれば，時と場合で違うこともある．つまり，実践的三段論法のような実践的な推論では，初めに適切な前提を選べるだけの，文脈を読み取る能力があることが想定されているということである．

(5) アリストテレスは，テクネーとフロネシスは実践的な推論に基づくと論じている．論理的な推論と違って，実践的な推論で考慮される原理は，文脈に依存し，時とともに変化する．

(6) Aristotle (1998) pp.129–130.

(7) Beiner (1983).

(8) Spillane et al. (2001).

(9) Nonaka and Takeuchi (2011) p.60.

(10) Nonaka et al. (2008).

(11) Ibid.

(12) フッサールが最終的にめざしたのは，人間の経験からどのように意味が生まれるかを明らかにすることだった．人間の経験を研究するためには自然科学とは違う手法を用いなくてはいけないとフッサールは考えた．生の営みの意味についての問いには，自然科学を援用するだけでは答えを出せないからである．フッサールはその研究の手法として現象学を提唱し，知識（科学的な知識も含め）が人間の意識の中でどのように生み出されるかを哲学的に探究することが必要だと主張した．この点については，Husserl (1936/1970) やNatanson (1973) で詳しく論じられている．

(13) Husserl (1936/1970；1999)；Moran (2014) を参照．脳科学者が「クオリア」と呼ぶ人間の経験については，Jackson (1982)；Levine (1983) を参照．

(14) 志向性は，認知を受動的なものと見なす考え方ではない．だから，Gibson (1979) で説かれたアフォーダンスという概念などとは違う．アフォーダンスで

は，認識対象によってわれわれの行動は引き起こされると考えられているが，志向性は，われわれ自身が志向性の発生源になっているという意味で，本質的に能動的なものである．

(15) これらの例では志向性の意識的な働きが強調されているが，志向性は無意識のうちにも働いている．つまり，人間は意識せずに対象を経験することもある．

たとえば，たまたま音楽が鳴り響いている部屋に足を踏み入れてしまったとしよう．そのときあなたは音楽を聞くつもりがなくても，音楽が鳴っていることに気づくことになる．この場合，あなたは「聞こう」とはしていないのに，すでに音楽を聞いている．これは志向性が無意識のうちに働いて，音を聞き取った結果である．すると聞き取られた音は，部屋の他の要素，つまり匂いや，温度や，明るさや，湿度などと自動的にひとまとまりになって，「音楽が鳴り響いている部屋にいる」という経験を作り出す．

フッサールは，このように無意識に人間の経験が作り出される志向性の働きを「受動的総合」と呼んだ．一方，意識的に人間の経験が作り出される志向性の働きは「能動的総合」と呼ばれる．われわれの知識創造理論でいうと，受動的総合は暗黙知の創造で，能動的総合は形式知の創造でそれぞれ中心的な役割を果たしている．

(16) Heidegger (1962)．原著の刊行は1927年．

(17) ハイデガーの『存在と時間』では，哲学と科学がこれまでずっと「ある（存在する）」とはどういうことかを深く問わないまま，「あるもの（存在するもの）」に関心を向けてきたことが指摘されている．ハイデガーは「志向性」という用語を使う代わりに，人間は常に何かを「気遣って」いる存在だといい，人間のありようは「気遣い」の構造で決まると説く．ハイデガーによれば，「気遣い」の構造は次の3つから成り立っているという．

①事実性……われわれに与えられた基本的な存在の事実．われわれが自分ではなかなか選ぶことができない．人種，民族的なアイデンティティ，育ち，性別などがこれに含まれる．ハイデガーも，フッサールの現象学の基本的な前提に従い，人間は否応なくこの世界に投げ込まれている存在（被投性）だと考えた．

②頽落……頽落とは，いかにわれわれがハイデガーのいう「非本来的」な生き方をしているかを表す概念である．社会的な要因――社会規範や，文化的な慣習や，仲間からのプレッシャーなど――のせいで，われわれは周囲の人々が考えることや言うことを行い，自分のもっと深い運命や本来の可能性から遠ざかってしまうという．

③実存性……実存性とは，人間の潜在能力を示す概念である．人間には「本来的な」生き方を実現する潜在能力があるという．

ハイデガーは人間の究極の被投性は，われわれの存在の一切に終止符を打つ死であると考えた．自分に備わった可能性を最大限に発揮するためには，この人間存在の究極の現実から目をそらさず，「いま・ここ」を生きる以外にないと，ハイデガーは論じる．確実に保証された時間は現在だけであり，それ以外の時間は保証されていないからである．

(18) Merleau-Ponty (1962) pp.x-xi.

(19) Husserl (1936/1970).

(20) 山口一郎は，相互主観性は自己という概念の構築（または状態）に先立って，受動的相互主観性と受動的総合という形で成し遂げられると論じている（山口，2005）．山口によれば，無意識的な純粋経験は人と人との間に生じうるもので，まるで相手と主観的な経験を共有しているかのような感覚をもたらすという．これが「相手の身になって考える」共感のメカニズムである．

それは相手が自分と同じことをしていると感じるのが共感であるという説明とはまったく異なる．後者の説明では，われわれはまだ自己という概念によって隔てられており，あくまで自分の経験に基づいて，相手の感覚運動的な経験を推し量ろうとしているにすぎない．受動的相互主観性の共感では，相手にも自分にも強い自意識はなく，どちらも共有された主観的経験の中で，ものを感じたり，相手に応じたりしている．

エゴイズムの壁を取り払って，本当に互いに共感し合うためには，自分という意識が消えるぐらいまで，相手のために力を尽くそうとしなくてはいけない．われわれはもう幼児ではないので，身体的な感覚運動システムには境界があることを知っており，自分と他者の体を区別しないということはできない．

(21) 人間にはもともと社会志向性が備わっているかどうかについては，何世紀も昔から，社会学者や政治学者の間で広く議論が続けられている．社会契約論に立つ学者は，人間は利己的にできているのだから，人々の利己心を最大限に満たせる社会制度を最善と見なすべきであると主張している．

(22) フッサールは相互主観性の総合について，次のように述べている．「それもまた時間化作用である．自我極の同時性という時間化作用，（中略）すなわち，すべての自我が自分がその中にいることを知っている人格的な地平の構成という時間化作用である．それは普遍的な社会性である」(Husserl, 1936/1970, p.172).

(23) James (1878) p.17.

(24) Bacon (2012)；Dewey (1908) を参照．

(25) パースは演繹と帰納を助ける第3の推論方法として，アブダクション（仮説的推論）という概念を提唱したことでも知られる．アブダクションとは「仮説の形成作業」のことであり，パースによって次のように説明されている．「何らかの新しい推論の方法を導入するのは，ごく当たり前のことだろう．帰納法では，価値を決めることしかできず，演繹法では，純粋な仮説から必然的な結果を導き出すことしかできないのだから．演繹法は，はずであることを証明するのみであり，帰納法は，実際に有効であることを明らかにするのみである．アブダクションはかもしれないことを提示するのみである」(Peirce, 1935, p.172)．アブダクションは新しい発見をするための重要な手段であり，知識創造と知識実践の中心的なメカニズムであるとパースは考えた．

(26) Dumas Malone, *Dictionary of American Biography* Vol.14 (NY: Charles Scribner's Sons, 1934), p.403.

(27) Bacon (2012)；Misak (1991) を参照．

(28) Charles Sanders Peirce, "How to Make Our Ideas Clear," *Popular Science Monthly* 12 (January 1878), pp.286–302.

(29) Ibid., p.287. この格率によれば，ある場所が「遠い」とは，今自分がいる場所からその場所へ行くのには時間と労力を要するということを意味する．「東京から京都は遠い」といえば，東京から京都へ行くには，鉄道や車や飛行機で数時間かかるなど，時間と労力を要するという意味である．したがって，この「遠い」という概念には，ある地点から別の地点への移動という行為が暗に含まれている．

(30) 引き続き上述の「遠い」の例でいうと，パースの格率ではもっぱら東京から京都までの物理的な距離が問題にされる．だから，もし東京から京都へ行くのに鉄道で2時間かかるとしたら，2時間の道のりは誰もが遠いと考える距離になる．一方，ジェイムズの拡大された格率では，距離は心理的なものとされる．長距離の移動に慣れた人にとっては2時間の鉄道の旅は，むしろ短いと感じられるかもしれないし，めったに鉄道に乗らない人には，2時間，列車の座席に座り続けるのは苦痛に感じられるかもしれない．その場合，後者のような人にとっては，京都は東京から遠いことになる．

(31) Bacon (2012) p.33；Putnam (1995) p.17からの孫引き．

(32) アリストテレスとデューイの「客観主義」は似ていて，どちらも人間やその思考は互いに客観的な世界の一部として相互作用していると主張した (Chambliss, 1990)．

(33) Dewey (1915) pp.514–515.

(34) ポランニーは主にゲシュタルト心理学から洞察を得ている．特に絵と背景の関係の意味は全体性によって決まるという洞察はそうである．一方で，対象に対してどちらかというと受動的なゲシュタルト心理学とは対照的に，対象に能動的にかかわることの重要性を強調してもいる．

(35) Polanyi (1958；1966a).

(36) Nonaka et al. (2016).

(37) ポランニーのこの枠組みは，もとは，個別の経験と全体の経験との相互作用を説明するものとして考え出された．ポランニーは次のように述べている．「われわれの注意が向けられるのはその意味に対してである」(Polanyi, 1966a, p.12).

ハワイのことを知るためには，まずハワイという概念（全体として）に意識的に注意を向けなくてはならない．そうすることで，ハワイという概念（個別として）を構成するいろいろな知識に無意識に注意が向けられるようになる．その知識には，フラダンスを観るとか，市場で現地の人とやり取りするとか，ハワイの果物の香りをかぐとか，ワイキキビーチで寝そべるとかいうことから得られる知識が含まれているとしよう．その時点では，ハワイは旅行者の天国に感じられている．

しかし，天国というハワイのイメージは，その後の経験次第で変わりうる．たとえば，カネオヘ海兵隊基地やアリゾナ記念館を訪れたり，ハワイと米国本土と日本の関係史を聞かされたりすれば，世界の安全保障上の要衝としてのハワイについての知識が加わるだろう．ここで新たにされたハワイという概念には，天国としてのハワイに関する表面的な知識とは違い，歴史的な視点からの広くて深いハワイについての理解も含まれることになる．このように全体がどういう意味を持つかは，個別の意味に左右される．

(38) Teece (1977).

(39) ポランニーの暗黙知の理論は，根本的には新しい意味を創造することについての理論である．明確な目的意識の下に行われる環境とのダイナミックな相互作用によって，対象や活動や出来事に新しい意味が見出される．対象や活動のある部分，つまり，「個別」から全体へ，あるいは全体から個別へと注意の向きを変えることで，われわれは新しい発見をする．逆に，われわれが対象や活動や出来事の全体のどの個別の部分に注意を向けるかは，既存の意味の影響を受ける．つまり暗黙知は，意味を創造したり，発見したりするプロセスであると同時に，意味によって方向づけられるということである．

(40) Hurley (2008).

(41) Clark (2008)；Varela et al. (1991).

(42) 近年の脳科学の研究は，このメカニズムを解明しつつある．運動や知覚のシステムがわれわれの認知においてどういう働きをしているかについて，神経科学では大脳新皮質の背側システムと腹側システムに着目して説明がなされている．背側システムは感覚情報を処理し，行動を導く．脳は感覚情報の入力に対して，2種類の計算タスクを実行していることが知られている．1つは運動システムである背側システムで行われるものであり，もう1つは概念記憶システムである腹側システムで行われるものである．詳しくは，Chaiken and Trope (1999)；Evans (2008) を参照．

とりわけ，背側システムは運動指令と感覚フィードバックを司り，脳内で手足の動きの現在と未来の状態を予測する．体を動かす経験とその（遅れて届く）感覚フィードバックが積み重なることで，脳は特定の運動プログラムとその動きに対する体の反応の関係を次第に覚える．この機能を説明するときに広く用いられているのは，「ゴースト〔テレビの画像に反射電波の影響で生じる二重像〕」のたとえである．自動車を運転しているとき，ゴーストによってバックミラーに見えるべきものの像が示されるおかげで，運転手はゴーストの像（予測）と実際の像がぴったり合うのを確認するだけですむ．もしゴーストの像がなかったら，見えるものをすべて知覚し，分析しなければ，自分が状況を制御できているかどうかがわからない．

これは内部フォワードモデルによる予測符号化と呼ばれるもので，効果的な運動制御を可能にする重要な脳の機能である．このように，背側システムは感覚や運動のシステムの無意識の側面，いわゆる「マッスルメモリー」と呼ばれるものにかかわる側面を担っている．感覚運動情報を自動的に，暗黙のうちに処理しているのが背側システムである．

腹側システムでは，以前に見た似たものと関連づけられる視覚情報が扱われる．腹側システムは過去の記憶を参照して，対象を分類・分析し，それを環境的文脈や内的な状態と統合する．これはフッサールの現象学でいわれる「過去把持」に似た機能である．腹側システムは価値的な計算を行って，感知された現象にどういう意味があるかを読み取る．

さらに腹側システムは，長期記憶に保存されている過去の経験と照らし合わせて，今の状況を評価することを可能にするとともに，過去の経験を今の環境や内的な状態と関連づけ，どういう行動を取るべきかを判断するために将来の状況を予測する．

このような評価のプロセスには，腹側ストリームで感覚情報を処理することが，高次の認知活動になっていることが示されている．そればかりか，身体化さ

れた認知論で仮定されているように，われわれの認知は大脳新皮質の背側システムと腹側システムによって形成されているとも考えられる．

この点については，以下の文献に詳しい．Milner and Goodale（2006）；Hickok and Poeppel（2004）；Goodale et al.（2005）；Buchsbaum et al.（2005）；Kaas and Lyon（2007）．

(43) Wilson（2002）p.625.

(44) Varela et al.（1991）p.9.

(45) Juarrero（1999）.

(46) Bunge（1979）；Juarrero（1999）を参照．

(47) Koch（2012）.

(48) Ibid., p.129（括弧内は筆者が付加）.

(49) Ibid., p.130.

(50) 社会過程や社会的行動を生物学的な概念や手法で説明しようとする研究．

(51) Lieberman（2013）.

(52) Eisenberger and Lieberman（2004）.

(53) Koscik et al.（2014）.

(54) Adolphs（2002；2003）；Adolphs et al.（2002）を参照．

(55) Mitchell et al.（2005a；2005b）を参照．

(56) Bernhardt and Singer（2012）.

(57) Gazzola et al.（2006）；Batson and Shaw（1991）を参照．

(58) Di Pellegrino et al.（1992）；Fadiga et al.（1995）；Rizzolatti et al.（1996）を参照．

(59) Buccino et al.（2004）；Catmur et al.（2007）；Rizzolatti and Craighero（2004）を参照．

(60) Dawes et al.（2012）；Hsu et al.（2008）を参照．

(61) Nonaka and Takeuchi（1995）p.72.

(62) 近年，ナレッジマネジメントについて書かれた著作には次のようなものがある．Davenport and Prusak（1998）；Leonard et al.（2015）；Senge（2006）；Sharmer（2009）；Spender（2014a）；Sutherland（2014）.

(63) Nelson and Winter（1982）.

(64) Sahal（1981）；Stiglitz（1987）を参照．

(65) Nelson and Winter（1982）p.99.

(66) Brown（2012）.

(67) Ibid., p.442.

(68) Ibid., p.442．ブラウンは実践論的転回とフロネシスという概念の違いも指摘している．ブラウンによれば，フロネシスは経験によって培われる知的な思考力に基づいているという．
(69) Duggan (2007；2012).
(70) Duggan (2007).
(71) Duggan (2003).
(72) Teece et al. (1997).
(73) Ibid., 516.
(74) Teece (2009；2014).
(75) Freedman (2013).
(76) Danchev, *The Guardian*, March 7, 2014 (傍点は筆者による).
(77) Freedman (2013) p.xiv.
(78) Chesbrough et al. (2006) p.xxiv.
(79) Vogel (2005) p.2.
(80) Porter and Kramer (2011) p.66.
(81) そのような企業と社会の相互依存の関係を築く方法として，ポーターとクラマーは，企業が適切な共有価値を生み出せる次の3つの方法を挙げている (Ibid., pp.68-75)．①製品と市場の調和．②バリューチェーンにおける生産性の再定義．③地域産業集積の推進.
(82) Ibid., p.64.
(83) Ibid., p.77.

第3章

(1) 知識は静的なものでも，自足的なものでもない．発見されたり，収集されたりするのをじっと待っているものではない．具体的なときと場において，そのつど他者や環境との相互作用から生まれるもの，あるいは，そのような相互作用の中に埋め込まれているものである．知識は単に頭の中だけにあるものではない．第2章で紹介した身体化された認知やエナクティビズムでいわれているように，体や，環境や，他者の中に組み込まれている．知識の詳しい特徴については，Nonaka et al. (2008)；野中ほか (2010) を参照.
(2) 知識とは，われわれが個人として，現実の意味をどう受け止めるか，どう解釈するか，それにどう反応するか，どのようにその現実の中で自分を位置づけるかにかかわるものである．言い換えるなら，われわれがこの世界にどのように存在

するか――われわれは何者であるか，何者になりたいか――にかかわるものである．詳しくは，Nonaka et al. (2008)；野中ほか (2010) を参照．

(3) 知識をもっと広く捉えるなら，次のように定義できる．「〝真なるもの〟をめざす，正当化された個人的な信念のダイナミックな社会的プロセス」．われわれは人間が自分の信念に基づいてどのように考えるか，振る舞うか，または行動するかに注目しているので，知識の「真なる」という部分より，「正当化された信念」という部分に力点を置いている．ここでの「真なる」とは，われわれがそういうものとして信じているという意味であり，静的で，普遍的な「真理」とは根本的に異なる．現在の信念よりも「より真である」といえる知識があるかどうかは，われわれがその「より真である」知識を「真なる」ものと認識しない限り，われわれの実際の行動や振る舞いや考えとは無関係である．言い換えるなら，あらゆる知識の創造者や実践者は，常に個人であるということである．個人の信念と献身，価値観と理想によって，知識の創造は促進される．マイケル・ポランニーは，聖アウグスティヌスの次の言葉を引用している．「信じなければ，理解できない」(Polanyi, 1966a, p.61)．

同様にわれわれの知識創造と知識実践の理論においても，個人の主張とか，個人の信念とか，個人の言動の傾向とかと関係のない知識は，純粋な形式知であると見なされる．カール・ポパーの言葉を借りれば，それは「知る主体のない知識」である (Popper, 1979, p.109)．

(4) 信念の正当化は，おおむね散漫に行われるものであり，そのプロセスには言語と非言語両方のコミュニケーションが含まれる．リュック・ボルタンスキーとローラン・テブノーによると，この散漫な正当化がどういうプロセスを経るかは，特定の材料と特定の状況における行為者の振る舞いと行動のモードによって決まるという．また，行為者は何らかの概念や「価値」の程度に基づいて，それらの材料や状況について自分なりの判断を下すという．信念の正当化の社会的なプロセスについては，Boltanski and Thévenot (1991) を参照．

(5) 個人的な思考が幻想であることに関しては，さまざまな学問分野で数多くの学者によって幅広く研究されている．たとえば，認知科学の分野では，スティーブン・スローマンとフィリップ・ファーンバックが，人間がいかに，知らず識らずのうちに他者の知識を利用して，考えたり，行動したりしているかを解き明かしている．詳しくは，Sloman and Fernbach (2017) を参照．

(6) われわれはこのような関係を「相互主観性の関係」と呼ぶ．詳しくは，第2章を参照．

(7) Takeuchi (2014)．

(8) Ibid., p.2.
(9) 野中 (2013) p.47.
(10) 大西康之「誰の金だと思っている」『日本経済新聞』2013年2月18日，2面.
(11) 引頭 (2013) p.75.
(12) 大西「誰の金だと思っている」.
(13) 大西康之「アメーバの威力」『日本経済新聞』2013年2月22日.
(14) Mayo et al. (2009) pp.8-9.
(15) 大西「アメーバの威力」. 節約額の推定は，JALではなく同記事による.
(16) 引頭 (2013) pp.77-78.
(17) 稲盛 (2004) p.26.
(18) 2013年2月12日，東京で行われた筆者による植木氏へのインタビュー.
(19) 引頭 (2013) pp.89-93.
(20) 大西「アメーバの威力」.
(21) 2013年2月12日の植木氏へのインタビュー.
(22) 同上.
(23) 一橋大学大学院国際企業戦略研究科，ポーター賞事務局から提供されたデータ. シマノのバイシクルコンポーネンツ事業部は2003年，優れた戦略を評価され，マイケル・ポーター教授の名を冠したポーター賞を授与された.
(24) シマノは自転車部品事業において，品目を絞り込む戦略を取っており，自転車の完成品の組み立てや，サドルやタイヤの製造，ハイエンド製品の単体販売，カスタム部品の生産は行っていない.
(25) Shimano (2004) p.85.
(26) アリセプトの開発についての記述は大部分，Takeuchi et al. (2011) に基づく. エーザイと内藤に関する情報は，2005年から2009年まで同社の取締役を務めた野中郁次郎から提供された.
(27)「アリセプト開発物語」(http://www.eisai.jp/medical/products/development/Aricept/index.html　2016年7月16日閲覧).
(28) Nonaka and Peltokorpi (2006) p.117.
(29)「アリセプト開発物語」.
(30) Takeuchi et al. (2011).
(31) Ibid., p.5.
(32) Ibid., p.6.
(33) Ibid., p.7.
(34) Ibid., p.6.

(35) Ibid., p.10.

(36) 2017年，エーザイは2つ持っていたオプション権のうち，バイオジェンと共同でアデュカヌマブを開発・販売するオプション権を行使した．

(37) この段落の情報は，2016年3月4日に東京で閲覧した社内文書から入手した．

(38) エーザイ統合報告書2015，p.14.

(39)「エーザイ，認知症の"根治"は実現するのか」東洋経済オンライン，2015年7月4日（https://toyokeizai.net/articles/-/75212）.

(40) 同上.

(41) 2017年に契約は変更された．エーザイがアデュカヌマブのオプション権を行使した．

(42)「エーザイ内藤王国　29年目CEOあと10年の使命」『週刊東洋経済』2016年4月9日号，p.89.

(43) 同上.

(44)「エーザイ，認知症の"根治"は実現するのか」東洋経済オンライン.

(45) Durant（1953）p.205.

第4章

(1) Weber（1930）.

(2) 稲盛（2004）p.178.

(3) Porter and Kramer（2011）p.64.

(4) 厳密にいえば，柳井は現在経営している衣料品会社の創業者ではない．27歳のときに経営を引き継いだ紳士服店，小郡商事の創業者は柳井の父親である．とはいえ，ファーストリテイリングの創業者は柳井正である．

(5) 2017年3月13日現在，従業員の持株会，YKK恒友会がYKKの全株式の18.52%を所有し，最大の株主になっている．詳しい情報は，同社の平成28年度「有価証券報告書」p.24を参照（http://www.ykk.co.jp/japanese/corporate/financial/securities/pdf/yuka82.pdf　2018年4月閲覧）.

(6)「吉田忠裕YKK代表取締役社長『脱カリスマ経営』を掲げグローバル企業を創造する」『週刊東洋経済』2003年8月2日号，pp.120–122.

(7) 吉田忠雄記念室（富山県黒部市）内の掲示物より．

(8) 同上.

(9) 柳井（2015）p.164.

(10) ファーストリテイリングは横浜の会議場で年2回，「FRコンベンション」を開

催している．2日間開催されるこのコンベンションには，全世界から4000人の社員が参加する．

(11) 2016年3月9日，パシフィコ横浜国立大ホールで行われた柳井正のスピーチより．

(12) 柳井（2015）p.148.

(13) 同上，pp.147-148.

(14) 主に社内文書の情報に基づく．

(15) 注11と同じ．

(16) ファーストリテイリング「多様性の尊重」(https://www.fastretailing.com/jp/sustainability/employee/diversity.html)．

(17) Takeuchi（2011）p.10.

(18) 筆者たちは一橋大学に奉職して30年近く経ち，日本の高等教育制度が米国のものと比べ，著しく時代遅れであることを痛感している．竹内弘高はマイケル・ポーターとの共著（Porter and Takeuchi, 2000）でその問題を論じている．

(19) Takeuchi et al.（2016a；2016b）を参照．

(20) ラクトバチルス・カゼイ・シロタ株と呼ばれる乳酸菌．90年前，京都帝国大学の代田稔博士によって発見された．

(21) この節での引用は，すべて竹内弘高が閲覧した社内文書から．2017年1月にヤクルト本社の松園直史と福島ヤクルト販売の渡辺博美の両氏にインタビューした際，閲覧させていただいた．

(22) 3・11の津波でヤクルトの23人の従業員が命を落としていたことを，渡辺は後に知った．

(23) 非課税になる指定寄付金に認定してもらうため，ヤマトホールディングスは次の4つの条件に同意した．①別団体を通じて，寄付を行うこと．そのためヤマトは「東日本大震災生活・産業基盤復興再生募金」を設立した．②外部からも寄付助成事業に参加できるよう，寄付助成事業を拡大すること．そのため調達目標額を300億円に増やした．③最も大きな被害を受けた地域の団体や自治体に寄付金を支給すること．④第三者委員会を設けて，個々の助成先を決めること．

(24) この段落の情報は，Collis and Porter（1997）に基づく．

(25) この段落の情報は，Takeuchi（2017）に基づく．

(26) Walton and Huey（1992）pp.320-321.

(27) 稲盛（2004）p.135.

(28) 同上，p.85.

(29) Takeuchi（2011）p.10.

(30) Ibid., 71.

(31) Ibid., 128.

(32) トヨタ自動車『チームトヨタ5』(社内報), 2003年3・4月, p.24.

(33) 川本信彦『ホンダフィロソフィー』(1992年に配布された社内冊子). 川本は当時, ホンダの社長兼CEOだった.「3つの喜び」の標語は, もともと本田宗一郎によって, 1951年に会社のモットーとして掲げられたものだが, 1988年に「買う喜び, 売る喜び, 創る喜び」に変えられた.

(34) トヨタ自動車『チームトヨタ10』(社内報), 2004年1・2月, p.24.

(35) Osono et al. (2008) p.67.

(36) Ibid., p.71.

(37) Ibid., p.128.

(38) 米国の大学の学士課程学修案内に記されているように, リベラルアーツには一般に芸術, 人文科学, 社会科学, 自然科学が含まれる. 工学技術や経営の専門職学位は普通含まれない.

(39) リベラルアーツを学ぶ意義については, Roth (2014) で詳しく論じられている.

(40) Drucker (1989) p.223.

(41) 野中編著 (2018).

(42) 課題図書の全リストは以下のとおり. プラトン『対話篇』, アリストテレス『形而上学』『ニコマコス倫理学』, デカルト『方法序説』『省察』, ジェイムズ『プラグマティズム』, 毛沢東『語録』, 西田幾多郎『善の研究』, ハイデガー『存在と時間』. 狭義の意味では, 毛沢東は哲学者とはいえないが, 東洋と西洋, 新しいものと古いもののバランスを取るため, リストに加えた.

(43) 1950年に創設された国際非営利団体アスペン研究所のミッションには,「普遍的な価値観に基づいたリーダーシップを育み, 重要な問題に取り組む超党派の場を提供すること」とある. Aspen Institute, "Our Mission." (https://www.aspeninstitute.org/our-mission　2019年2月26日閲覧).

(44) 開催場所は2年目以降, 富士ゼロックスの研修所がある長野県軽井沢市に移された.

(45) リーダーが実際に何がよいことかを判断するとき, 目的と価値観はその助けになる. なぜなら何が善で, 何が悪かは, 目的(自分が成し遂げたいこと)と価値観(自分にとって大切なこと)次第で変わってくるからである.

たとえば, 雨を考えてみよう. あなたはウェディングプランナーで, あなたが担当するカップルがその日, 屋外での結婚式を予定していたとする. ウェディン

グプランナーとしてのあなたの目的は，屋外での結婚式をつつがなく執り行うことであり，参列者全員に素晴らしい時間を過ごしてもらいたいというのがあなたの価値観である．その場合，雨は屋外での行事を台なしにするので，悪と見なされる．

しかし，もしあなたが稲作農家であり，なおかつ環境保護のため，できるだけ灌漑に頼らないようにしたいと考えていたら，雨は善と見なされる．そこでのあなたの目的は稲の成長のために水をやることであり，灌漑の使いすぎで環境を損ねないようにしたいというのがあなたの価値観である．

ウェディングプランナーと稲作農家とでは，目的と価値観が違うせいで，同じ雨が別の意味を持つ．また両者では，雨による影響のどの側面を見るかも異なるので，降雨という現実に対して，互いに違った解釈や判断をすることになる．

この例からわかるとおり，われわれが現実をどう受け止め，どう理解するかは，目的と価値観に左右される．われわれの注意は，意識的にあるいは無意識のうちに，自らの主観的な目的と価値観によって，現実のある特定の側面に向けられている．われわれはそのときどきの時点では，いつも現実の一部しか見ていない．現実のすべての側面を見ているわけではない．これは第2章で論じたフッサールの志向性や，思い描かれる未来によって，現在と過去に意味が与えられるというハイデガーの考えにつながってくる話である．

知識に意味は欠かせないものなので，知識創造と知識実践においても，目的と価値観がかなめになる．したがって，企業のリーダーは，自社にとってだけではなく，社会にとって何が善であるか，何が理想であるかを見きわめる判断基準や，価値観や，原則を打ち立てなくてはならない．

要するに，何がよいことかを上手に判断するためには，目の前の現実を深く，さまざまな角度から理解し，なおかつ，現実を解釈・評価する外的な基準も持つことを，リーダーは求められるということである．理想と現実の両方に同時に目を向ける能力によって，何が善かの判断が可能になり，ひいてはそこから有効な行動が生まれる．だから，リーダーは理想主義者であると同時に実用主義者になる必要がある．詳しくは，Nonaka and Toyama (2007) を参照．

第5章

(1) バルミューダのトースター開発の事例を紹介したのは，本質をつかむとはどういうことかを理解してもらうためだが，この事例には，暗黙知と形式知がどのように作用し合って，「最高のトースト」の本質が見出されたかも描き出されてい

る．1人の社員がバーベキューの日に雨が降っていたことをふと思い出し，湿り気が最高のトーストに欠かせないことに気づいたときには，直観や身体的感覚などの暗黙知が重要な役割を果たしていた．チームが4000枚ものトーストを焼いて，最高のトーストを再現しようとしたときには，身体的な感覚を使って，1枚1枚焼き，味が確かめられた．同時に，パンの種類や大きさや厚さ，電圧タイプ，室温，湿度，焼き時間，1枚のパンを焼いてから次のパンを焼くまでの時間などに関しては，形式知が使われた．加えて，この事例には，商品のコンセプト作りや開発プロセスにおいて，いかに環境の影響が大きいかも示されている．もしバーベキューの日に雨が降っていなかったら，寺尾は最高のトーストの潜在的な力に気づかなかったかもしれない．

(2) この話はナレッジ・フォーラムの受講者であるホンダの鈴木哲夫氏に教えていただいた．

(3) 城山（2009）p.77.

(4) 福井編（2006）pp.70-72.

(5) このエピソードは，竹内弘高がハーバード・ビジネス・スクールの教材として作成した日本航空のケーススタディ（Takeuchi, 2014, p.5）から抜粋した．

(6) 柳井（2015）pp.72-74.

(7) Isaacson（2011）pp.133-134.

(8) Ibid., p.183.

(9) Ibid., pp.133-134.

(10) Ibid., p.397.

(11) Ibid., p.566.

(12) Ibid., p.343.

(13) Ibid., pp.48-49.

(14) Ibid., p.48.

(15) Ibid., p.49.

(16) Hayek（1945）p.519.

(17) Bill Saporito, "What Sam Walton Taught America," *Fortune*, May 4, 1992, p.55.

(18) Walton and Huey（1992）p.90.

(19) John Huey, "America's Most Successful Merchant," *Fortune*, September 23, 1991, p.46.

(20) Walton and Huey（1992）p.216.

(21) Takeuchi et al.（2011）．2011年に野中はセブン＆アイ・ホールディングスの

社外取締役を務めていた.

(22) 経営がなぜ科学よりアートに近いかについては，Mintzberg (2004) に詳しい.

(23) Takeuchi and Fujikawa (2012) p.3.

(24) 公文教育研究会「KUMONの原点」(https://www.kumon.ne.jp/origin/aspirations/index.html).

(25) 指導の原則や注意点が記された冊子．この冊子は全教室の指導者に配布されている．詳しくは，Nonaka et al. (2008) を参照.

(26) Gregersen (2017) p.78からの孫引き.

(27) 柳井 (2015) pp.55-56.

(28) Takeuchi and Knoop (2011) p.3.

(29) 柳井 (2015) p.30.

(30)「経営者 豊田章男」『週刊東洋経済』2016年4月9日号，p.44.

(31)『トヨタが「現場」でずっとくり返してきた言葉』の著者，若松義人氏との会話より.

(32) Aleksandar Hemon, "Skiing," *Fortune*, March 15, 2015, p.30.

第6章

(1) 実際，知識を学んだり，創造したりすることは1人ではできない．知識とは，社会的なプロセスそのものだからである．詳しくは，Nonaka and Takeuchi (1995)；Nonaka et al. (2008) を参照.

(2)「場」という概念については，野中ほか (2010) pp.59-79 などで詳しく論じている.

(3) Nonaka and Konno (1998).

(4) 本章では，第2章で論じたエトムント・フッサールの「相互主観性」という概念の実際の場面での例を紹介している.

(5) SECIプロセスの各局面には，それぞれに対応した「場」がある．共同化には「組織場」，表出化には「相互作用場」，連結化には「サイバー場」，内面化には「実践場」がある．詳しくは，Nonaka and Konno (1998) を参照.

(6) Takeuchi and Knoop (2011) p.8.

(7) 西田 (1926).

(8) Shimizu (1995).

(9) Walton and Huey (1992) p.204.

(10) John Huey, "America's Most Successful Merchant," *Fortune*, (September

23, 1991), p.43.

(11) Walton and Huey (1992) p.243.

(12) John Huey, "Wal-Mart Will It Take Over the World?" *Fortune*, (January 30, 1989), p.58.

(13) Ghemawat et al. (2003) p.6.

(14) Ito and Howe (2016) p.66.

(15) Adrian Storey, Safecast MiniDoc (https:// vimeo.com/ 88977637　2017年4月26日閲覧).

(16) Takeuchi and Stone (2013) pp.1–2.

(17) Ito and Howe (2016) p.71.

(18) セーフキャストのホームページの動画より，2017年4月26日閲覧.

(19) トレンドマイクロ社内冊子*Little Gold Book: Our Culture*, p.3.

(20) 筆者は最近まで同社の外部取締役を務めていたので，いくらか贔屓目に見ているかもしれない.

(21) 本田 (1996) p.56.

(22) Greg Lindsay, "Engineering Serendipity," *New York Times Sunday Review*, April 7, 2013 (https://www.nytimes.com/2013/04/07/opinion/sunday/engineering-serendipity.html).

(23) Ibid.

(24) Sankei Biz，2017年3月17日 (https://www.sankeibiz.jp/business/news/170317/bsd1703170500002-n1.html).

(25) 元ホンダ幹部で，一橋大学ICSでの筆者たちの親しい友人である小林三郎氏との2002年春の会話より.

(26) エーザイ知創部部長，高山千弘氏との2018年12月の会話より.

(27) 稲泉連「豊田章男ドイツ密着72時間」『プレジデント』2016年8月1日号, p.104.

(28) 同上，pp.107–109.

(29) 同上，p.107.

(30) 同上，p.105.

第7章

(1) 誰をも「なるほど」と納得させられるのは，こちらが言いたいことと，相手がすでに知っていることとを結びつけたレトリックである．レトリックの手法でいえば，それはメタファーなどの比喩表現や，さまざまなタイプの物語形式という

ことになる．そのようなレトリックの手法は誰にでもなじみがあり，理解してもらいやすい．加えて，聞き手の感性や感情にダイレクトに素早く訴えかけられる．とりわけ，物語形式は，聞き手に語り手や登場人物の主観的な経験を覗き込ませることができる．そのようなレトリックを用いると，個人や集団――置かれている状況やそれまでの経験が1人1人違っても――に物事を直観的に把握させられる．

レトリックの効果について理解するためには，「フレーミング」という概念のことを考えてみるとよい．フレーミングとは，現実を「編集」することである．フレームは現実の一側面に注目することで，その一側面にプラスやマイナスの意味づけをし，すでにみんなになじみのある概念を用いてそれを描き出す．フレーミングとは現実に「フィルター」をかけ，「色」をつけることだともいえる．メタファーや物語は，相手に伝えたいことをフレーミングによって何らかの文脈の中に置くことで，相手にとって意味や関係があるものにする．そうすることで，相手に行動を起こさせる．フレーミングについては数多くの研究がなされている．文化社会学では，Goffman (1974)，心理学では，Tversky and Kahneman (1981) がフレーミングに関する基礎文献である．

(2) 他者との間に相互主観性を築く能力も含む．

(3) 相手がどう反応するかは社会的，物質的，歴史的文脈に大きく左右される．人間はいつも，意識的ないし無意識にそれらの要素を踏まえて，現実を知覚し，解釈し，判断を下しているからである．人間のコミュニケーションにおける文脈的，社会的な要素については，Kukla and Lanse (2009) を参照．

(4) 本章におけるシャクルトンに関する記述は，Koehn (2010) に基づく．

(5) Christof Rapp, "Aristotle's Rhetoric," Stanford Encyclopedia of Philosophy (https://plato.stanford.edu/entries/aristotle-rhetoric/).

(6) Koehn (2010) p.8.

(7) Ibid., p.2.

(8) 福井編 (2006)．

(9) Pascale and Christiansen (1989) p.3.

(10) 別の言い方をすれば，メタファーとは，あることを象徴的に表現したもののことである．特に抽象的なことを表現するのによく使われる．

(11) 福井編 (2006) p.27.

(12) 2016年10月21日に行われた藤野道格氏へのインタビューと，前間 (2019) p.157.

(13) 前間 (2019) p.109.

(14) Osono et al. (2008) p.235.
(15) Ibid., p.178.
(16) Ibid., p.177.
(17)「経営者 豊田章男」『週刊東洋経済』2016年4月9日号, pp.30–48.
(18)「経営者 豊田章男」のインタビュー記事の執筆者との会話より.
(19) ここに示されているように, メタファーは別のアイデンティティとしても機能し, 豊田章男に世界を見る別の「フレーム」を与えている. アイデンティティにはそれぞれに固有の目的と価値観が備わっているので,「モリゾウ」を名乗るときの豊田章男は,「トヨタの社長」のときとは違う視点から現実を捉え, 考えを述べられる. レーシングドライバーである「モリゾウ」にとって, 自動車はマシンだが,「トヨタの社長」として見れば, 自動車はビジネスである. このように「モリゾウ」というメタファーを利用することで, 豊田章男は2つの異なる視点を使い分けている.
(20) このフレーズは「経営者 豊田章男」のインタビューでも口にされた.
(21) Tyler Kepner, "Summer Is Still Endless, Even after All These Years," *New York Times*, April 2, 2017. p. 7.
(22) 豊田章男が野球のメタファーを使うのは, 日本の文化における野球の位置づけをよく知っているからにほかならない. 野球は日本で最もポピュラーなスポーツであり, イチローは国民的スター選手である. 野球やイチローのメタファーであれば, 多くの日本人が関心を持てて, たやすく理解できる. もし野球がポピュラーでなかったら, あるいはイチローが有名でなかったら, 野球のメタファーに効果はなかっただろう. トヨタで野球のメタファーが効果的に使われたことは, 豊田章男が日本についての正しい文脈的な知識を持っていることを示している.
(23) 柳井正が社員にリスクを恐れず挑戦することの重要さを説くときにしばしば用いるメタファー. "Don't be Afraid to Take Risks-If You Fail, Try Again." (Yanai, 2016, pp.27–30).
(24) Takeuchi (2011).
(25) Morson and Schapiro (2017) pp.9–10.
(26) スティーブ・ジョブズ「ハングリーであれ, 愚直であれ」(2005年6月12日, スタンフォード大学卒業式での式辞).
(27) 同上.
(28) 同上.
(29) Morson and Schapiro (2017) p.13.
(30) ハーバード・ビジネス・スクールの事例教材, Pascale and Christiansen (1989)

p.1より.
(31) 野中(2017) p.170.
(32) Morson and Schapiro (2017) p.11.
(33) Drucker (2007) p.431.
(34) 2017年秋のFRコンベンションでの講演より.
(35) われわれの訪問から数年後,「ピーター・F・ドラッカー伊藤雅俊経営大学院」と改称された.
(36) Morson and Schapiro (2017) p.228.
(37) Ibid., p.227.
(38) Ibid., p.223.
(39) Ibid., p.253.
(40) Ibid., p.230.
(41) Ibid., pp.223-224.
(42) Ibid., p.230.
(43) この論点は第2章で論じたマイケル・ポランニーの暗黙知の概念や仕組みともつながる.人間は個別と普遍の間を往復することで,全体の中の部分としての個別の意味を知る.
(44) 出典は,https://www.entrepreneur.com/article/239672.
(45) この節の記述は,柳井正とともにFRMICの設立に携わった竹内の経験に基づく.
(46) Takeuchi (2011) p.12.
(47) グループ企業には現在,セオリー,コントワー・デ・コトニエ,プリンセス タム・タム,ジーユー,プラステ,J Brandが含まれる.
(48) 2015年秋のFRコンベンションでの講演より.
(49) 米国の歴史家ヘイドン・ホワイトによれば,歴史家たちは叙述をわかりやすくするため,物語形式などの文学的な叙述技術に頼っているので,歴史は厳密にいえば,客観的・科学的なものではないという.ただしホワイトは,歴史叙述における物語形式の重要さも強調している.物語形式は歴史に意味を持たせる技術だからである.詳しくは,White (1974) を参照.
(50) Takeuchi and Stone (2013) p.1.
(51) 須田町長は東日本大震災後,宮城県議会の議員を辞職して,人口7000人の女川町の町長選に立候補した.
(52) ハーバード・ビジネス・スクールの学生の一団が2017年1月7日,Japan Immersive Field Courseの一環で同町を訪れた際,須田善明町長が学生たちに

聞かせてくれた話より.

(53) 同上.

(54) この箇所の記述は, 野中・荻野 (2014) に基づく.

(55) "In Case of Failure" Message Drafted by General Dwight Eisenhower in Case the D-Day Invasion Failed; 6/5/1944; Collection DDE-EPRE: Eisenhower, Dwight D: Papers, Pre-Presidential Principal Files, 1916-1952; Dwight D. Eisenhower Library; National Archives and Records Administration.

(56) John, J. Miller, "Like Ike." *National Review*, May 29, 2004 (https://www.nationalreview.com/2004/05/ike-john-j-miller/).

第8章

(1) Samuels (2003) p.344.

(2) Ibid., p.6.

(3) 福井編 (2006) p.78.

(4) 野中 (2017) p.172.

(5) Thomas (2012) p.416.

(6) Smith (2012) p.88.

(7) Korda (2007).

(8) Takeuchi and Stone. (2013) ; Takeuchi et al. (2012a ; 2012b ; 2012c).

(9) Koehn (2010) p.1. ロバート・スコットは英国海軍の将校で, 1901年に英国南極遠征隊の指揮官を務めた. ノルウェー人, ロアール・アムンゼンは, 1898年に世界初のスキーとそりによる南極遠征隊を率いた.

(10) Ibid., p.1.

(11) Ibid., p.25.

(12) Ibid., p.19.

(13) Isaacson (2011) Chapter 11.

(14) 引用はすべてIsaacson (2011) のChapter 11とChapter 35より.

(15) Ibid., p.454.

(16) Ibid.

(17) Ibid., p.119.

(18) Ibid., p.472.

(19) Fitzgerald (1936).

(20) Handy (1994) p.13.

(21) 柳井（2015）p.93.

(22) 調査は6年にわたり，11カ国のトヨタの重役220人にインタビューを行った．研究の成果は，Takeuchi et al.（2008）およびOsono et al.（2008）として発表された．

(23) Osono et al.（2008）pp.231-232.

(24)「豊田章男ドイツ密着72時間」『プレジデント』2016年8月1日号，p.109.

(25) トヨタ・リサーチ・インスティテュートのウェブサイト（https://www.tri.global）より．2017年8月30日閲覧.

(26) Smith et al.（2016）pp.53-70.

(27) *Stanford Encyclopedia of Philosophy*（https://plato.stanford.edu/entries/hegel-dialectics/）．2017年9月1日閲覧.

(28) 柳井（2015）pp.113-115.

(29) 注27と同じ。

(30) 矛盾が動的な性質を帯びるのには，いくつもの理由がある．第1には，人々が問題を言葉にしたり，行動を起こしたりするなど，何らかの意味づけの行為にかかわるとき，緊張関係や問題は生じるからである．第2には，緊張関係にある2極の力関係は静的なものではないからである．環境が変化したり，2極や問題そのものに対する人々の理解が変化したりするにつれ，2極の位置は移動する．第3には，組織内の複数の層の間でも，緊張関係の異なる種類の間でも，緊張関係はさまざまに入り組んでいるからである．1つの緊張関係が別の緊張関係に情報を与えたり，変化をもたらしたり，あるいは新たな緊張関係を生み出したりする．パラドックスや矛盾に関する議論は，Smith and Lewis（2011）を参照.

また，緊張関係や矛盾は認知的・存在論的なものであるだけではなく，感情的な要素も多分に含んでいる．人は緊張関係や矛盾と向き合うとき，強い不快感を味わう．心の落ち着きや自信が保たれるような工夫――たとえば，チームのメンバーにいつもの仕事から離れさせ，心の平静さを取り戻させるなど――をすることで，不安を軽減できる．認知と感情は絡み合っているので，感情的に落ち着いているほど，矛盾した考え（二項動態）を受け入れやすくなり，問題解決のために直観を働かせやすくなる．詳しくは，Calabretta et al.（2016）pp.365-401を参照.

(31) 組織のパラドックスや矛盾に関する詳しい議論については，Smith et al.（2017）を参照.

(32) Joi Ito, “p.s. Disobedience with a Conscience.”（Ito and Howe, 2016, p.152）.

(33) Ibid.

(34) 2016年5月25日，ハーバード・ビジネス・スクールで行われた伊藤穰一氏の講演より．

(35) Ito and Howe (2016) p.140.

(36) この段落の引用は，Isaacson (2011) pp.460, 122より．

(37) Takeuchi et al. (2008) p.7.

(38) Osono et al. (2008) p.236.

(39) Ito and Howe (2016) p.27.

(40) Ibid., p.19.

(41) Samuels (2003) p.16.

第9章

(1) われわれは「ワイズリーダー（賢慮のリーダー）」という言葉を，フロネシスの実践者という意味で使っている．しかしフロネシスは正式なリーダーの占有物ではない．フロネシスを持つことと，正式なリーダーの肩書きを持つこととは別である．一般従業員がフロネシスを実践しても，正式なリーダーの地位に就けるとは限らないが，フロネシスを実践すれば，必ず，チームや組織に多大な貢献ができる．フロネシスは正式なリーダーになるよりも，それぞれの文脈で役に立つためのものである．

　したがって，正式なリーダーを育てることを，社内でフロネシスを育む唯一の目的にするべきではない．社内のすべての層の従業員にフロネシスを身につけさせ，実践させなくてはいけない．この区別は重要である．なぜなら，われわれの考えでは，知識実践は個人ベースではなく，チームベースで行われるものだからである．誰もがチームの一員として知識創造に積極的に貢献しなくてはいけない．そのような共同体主義的な知識創造では，社内のできる限り多くの人間（理想的には全員）が集団でフロネシスを発揮することが求められる．

(2) 孫悟空は16世紀中国の小説『西遊記』の主人公の1人である．小説の中では，石から生まれた猿（「猿の王」とも呼ばれる）とされ，道教の修行で身につけた超能力を持つ．

(3) Peukert (2003) pp.221-231.

(4) 2013年2月12日に行った植木社長へのインタビューより．

(5) Sen (1992) pp.139-159.

(6) 社内文書『日々のことば 本田宗一郎 挑戦』(2005年2月18日）を発行した福井威夫氏との会話より．

(7) 福井編 (2006) p.38. 同書は本田宗一郎生誕100年を記念して，社員向けに発行された冊子.

(8) 同上.

(9) Takeuchi et al. (2011) p.2.

(10)「経営者 豊田章男」『週刊東洋経済』2016年4月9日号，p.41.

(11)『トヨタウェイ2001』p.13. 同書は2001年，当時の社長，張富士夫によって編纂された社内向け冊子.

(12) 元上級副社長アレックス・ウォーレンの発言 (『トヨタウェイ2001』p.12).

(13) 稲盛 (2004) pp.84-86.

(14) スクラムやアジャイルの基本的な仕組みについては，Rigby et al. (2016) を参照.

(15) Sutherland (2014) p.9.

(16) Ibid., p.238.

(17) 翻訳文は，安西徹雄訳『リア王』光文社古典新訳文庫，2006年，p.47より.

(18) Rother (2010) p.16.

(19) Ibid., p.17.

(20) A3はファクシミリで使える最大の用紙サイズ．パソコンが普及する以前，トヨタではファクシミリが社内の主な通信手段だった.

(21) 書道，茶道，能など，日本のほかの芸術分野にも浸透しているこの慣習は，現在，米国ソフトウェア産業のアジャイル・ムーブメントで広く取り入れられている.

(22)「守・破・離」についてのこの解釈は，野中ほか (2010) p.86による.

(23) この段落の「守・破・離」についての説明は，Arno Koch, *Makigami Info: The Art of Systemic Process Improvement* (https://www.makigami.info) による. 2017年9月16日閲覧.

(24) 野中 (2017) p.176.

(25) 同上，p.161.

(26)「豊田章男ドイツ密着72時間」『プレジデント』2016年8月1日号，p.109.

(27) 同上.

(28) 同上.

(29) Tadashi Yanai, "What is *Zen-in Keiei*?" in *FR: In Spirit and Action*, pp.42-46. 同書は2013年に社員に配布された英語の社内冊子.

(30) 2010年3月のFRMIC (ファーストリテイリング・マネジメント＆イノベーション・センター) の講演より．Takeuchi (2013) p.14より転載.

(31) 稲盛・京セラコミュニケーションシステム (2017) p.22.

(32) 同上，p.52.

(33) 稲盛 (2004) p.181.

(34) 竹内弘高が創設した人材育成プログラムで，名称は「グローバルアカデミー」という．月1回，最大4時間の講習が行われる．奈良橋陽子と竹内は大学の同級生で，同じ演劇部に属していた．

(35) US Marine Corps (1989), p.54.

(36) Ibid., p.80.

(37) Clemons and Santamaria (2002).

(38) Ibid., p.81.

(39) Kotter (2014) p.21.

(40) Ibid., pp.168–169.

(41) Ibid., p.6.

エピローグ

(1) 授賞式には妻と娘，竹内の他，デイビッド・ティース (グローバル経営担当トーマス・タッシャー教授，タッシャー知的資本マネジメント研究所所長，ヘンリー・チェスブロウ (ハース経営大学院客員教授，ガーウッド企業イノベーション研究所所長)，デイビッド・アーカー (ハース経営大学院名誉教授) などの諸氏が列席した．

(2) われわれは2人ともカリフォルニア大学バークレー校で学究の道を歩み始め，ハース経営大学院でMBAと博士号を取得した．

(3) Blanding (2017).

(4) Ibid.

(5) Ito and Howe (2016) p.27.

(6) Sax (2016) p.xviii.

(7) Morson and Schapiro (2017) p.10.

(8) Sax (2016) p.xiv.

(9) Ibid., p.153.

(10) Spender (2014b) (https://hbr.org/2015/08/stop-worrying-about-whether-machines-are-intelligent).

(11) Brandt and Eagleman (2017).

(12) Ibid., p.27.

(13) Ibid., p.45.
(14) Ibid., p.28.
(15) Ibid., p.27.
(16) Ibid., p.250.
(17) デイビッド・サックスの『アナログの逆襲』による定義．サックスはスタートアップ企業グローフォージの創業者ダン・シャピロの次の言葉を引いている．「アナログは常に源泉であり，真実だ．現実はアナログだ」
(18) ペイパルを創業した他，フェイスブックの出資者で同社の取締役も務める起業家ピーター・ティールの著書（Thiel and Masters, 2014）のタイトルにも『ゼロ・トゥ・ワン』という表現が使われているが，同著では主にテクノロジーのことが論じられている．
(19) Brandt and Eagleman（2017）pp.31–32.
(20) Ibid., p.8.
(21) Morson and Schapiro（2017）pp.9–10.
(22) データは今や最も重要な「天然」資源になりつつある．IBMのCEOバージニア・ロメッティは，筆者たちも参加した2015年6月のカンファレンスで，データは21世紀において，18世紀における蒸気機関，19世紀における電気，20世紀における炭化水素のような存在になると述べている．
(23) Ito and Howe（2016）p.244.
(24) 2018年1月8日，東京，南青山で行ったホンダ・リサーチ・インスティテュートのシニア・チーフエンジニア，重見聡史氏へのインタビューより．
(25) Porter and Heppelmann（2014）（https://hbr.org/2014/11/how-smart-connected-products-are-transforming-competition）．
(26) Porter and Heppelmann（2015）（https://hbr.org/2015/10/how-smart-connected-products-are-transforming-companies）．
(27) 詳しくは，Porter and Heppelmann（2017）を参照．
(28) 無人カフェは，同様のコンセプトのホテル「変なホテル」を手がけるHISによって運営されている．「変なカフェ」と名づけられた無人カフェは，東京の渋谷に2018年1月31日に開店した．
(29) 1984年5月6日，当時東京の原宿にあったホンダ本社で，筆者が行ったインタビュー．
(30) Osono et al.（2008）p.51.
(31) このテーマについては，MacAskill（2016）に詳しい．

参考文献

Adolphs, R. (2002) "Recognizing Emotion from Facial Expressions: Psychological and Neurological Mechanisms." *Behavioral and Cognitive Neuroscience Reviews* 1(1), 21-62.

——— (2003) "Cognitive Neuroscience: Cognitive Neuroscience of Human Social Behaviour." *Nature Reviews Neuroscience* 4(3), 165-178.

———, Baron-Cohen, S., and Tranel, D. (2002) "Impaired Recognition of Social Emotions Following Amygdala Damage." *Journal of Cognitive Neuroscience* 14(8), 1264-1274.

Aristotle. (1998) *The Nicomachean Ethics* (W. D. Ross, J. O. Urmson, and J. L. Ackrill, trans.). Oxford: Oxford University Press［高田三郎訳『ニコマコス倫理学　上・下』岩波文庫，1971～73年］.

Bacon, M. (2012) *Pragmatism: An Introduction*. Cambridge: Polity.

Batson, C. D., and Shaw, L. L. (1991) "Evidence for Altruism: Toward a Pluralism of Prosocial Motives." *Psychological Inquiry* 2(2), 107-122.

Beiner, R. (1983) *Political Judgment*. Chicago: University of Chicago Press［浜田義文監訳，滝口清栄ほか訳『政治的判断力』法政大学出版局，1988年］.

Bernhardt, B., and Singer, T. (2012) "The Neural Basis of Empathy." *Annual Review of Neuroscience* 35(1), 1-23.

Blanding, M. (2017) "The Alchemist of Innovation Management." *BerkeleyHaas* 96, 11-15.

Boltanski, L., and Thévenot, L. (1991) *De la Justification*. Paris: Gallimard［三浦直希訳『正当化の理論――偉大さのエコノミー』新曜社，2007年］.

Brandt, A., and Eagleman, D. (2017) *The Runaway Species: How Human Creativity Remakes the World*. New York: Catapult.

Brown, C. (2012) "The 'Practice Turn,' Phronesis and Classical Realism: Towards a Phronetic International Political Theory?" *Millennium: Journal of International Studies* 40(3), 439-456.

Buchsbaum, B., Olsen K., Koch, P., and Berman, K. F. (2005) "Human Dorsal and Ventral Auditory Streams Subserve Rehearsal-Based and Echoic Processes during Verbal Working Memory." *Neuron* 48(4), 687-697.

Buccino, G., Binkofski, F., and Riggio, L. (2004) "The Mirror Neuron System and Action Recognition." *Brain and Language* 89(2), 370-376.

Bunge, M. (1979) *Ontology II: A World of Systems*. Dordrecht, Netherlands: D. Reidel.

Calabretta, G., Gemser, G., and Wijnberg, N. M. (2016) "The Interplay between Intuition and Rationality in Strategic Decision-Making: A Paradox Perspective." *Organization Studies* 38(3-4), 365-401.

Catmur, W., Walsh, V., and Heyes, C. (2007) "Sensorimotor Learning Configures the Human Mirror System." *Current Biology* 17(17), 1527-1531.

Chaiken, S., and Trope, Y. (1999) *Dual-Process Theories in Social Psychology*. New York: Guilford Press.

Chambliss, J. J. (1990) *The Influence of Plato and Aristotle on John Dewey's Philosophy*. Lewiston, NY: Edwin Mellen Press.

Chandler, A. D., Jr. (1962) *Strategy and Structure: Chapters in the History of the American Industrial Enterprise*. Cambridge, MA: MIT Press (有賀裕子訳『組織は戦略に従う』ダイヤモンド社, 2004年).

Chesbrough, H. (2003) *Open Innovation: The New Imperative for Creating and Profiting from Technology*. Boston: Harvard Business School Press (大前恵一朗訳『OPEN INNOVATION――ハーバード流イノベーション戦略のすべて』産業能率大学出版部, 2004年).

――――, West, J., and Vanhaverbeke, W. (2006) *Open Innovation: Researching a New Paradigm*. New York: Oxford University Press [PRTM監訳, 長尾高弘訳『オープンイノベーション――組織を越えたネットワークが成長を加速する』英治出版, 2008年].

Christensen, C. C. (1997) *The Innovator's Dilemma: When New Technologies Cause Great Firms to Fail*. Boston: Harvard Business School Press [玉田俊平太監修, 伊豆原弓訳『イノベーションのジレンマ 増補改訂版――技術革新が巨大企業を滅ぼすとき』翔泳社, 2001年].

Christiansen, E. T., and Pascale, R. T. (1983) *Honda (B)*, Harvard Business School case (9-384-050).

Clark, A. (2008) "Pressing the Flesh: A Tension in the Study of the Embodied, Embedded Mind?" *Philosophy and Phenomenological Research* 76(1), 37-59.

Clemons, E. K., and Santamaria, J. (2002) "Maneuver Warfare: Can Modern Military Strategy Lead You to Victory?" *Harvard Business Review*, April, pp. 3-12 [「ビジネスに勝利する海兵隊の戦略」『DIAMONDハーバード・ビジネス・レビ

ュー』2002年7月号].
Coleridge, S. T., and Coleridge, H. N. (1836) *The Literary Remains of Samuel Taylor Coleridge*. London: William Pickering.
Collis, D., and Porter, M.(1997) *The Walt Disney Company (A): Corporate Strategy.* Harvard Business School case (1-388-147).
Coleridge, S. (1836). "Hacket's *Life of Lord Keeper Williams*." In Coleridge, H. N. (ed.), *The Literary Remains of Samuel Taylor Coleridge*, (Vol. 3). London: W. Pickering.
Davenport, T. H., and Prusak, L. (1998) *Working Knowledge: How Organizations Manage What They Know.* Cambridge, MA: Harvard Business School Press [梅本勝博訳『ワーキング・ナレッジ――「知」を活かす経営』生産性出版, 2000年].
———, and Voelpel, S. (2001) "The Rise of Knowledge towards Attention Management." *Journal of Knowledge Management* 5(3), 212-222.
Dawes, C. T., et al. (2012) "Neural Basis of Egalitarian Behavior." *Proceedings of the National Academy of Sciences of the United States of America* 109 (17), 6479-6483.
Dewey, J. (1908). "What Does Pragmatism Mean by Practical?" *The Journal of Philosophy, Psychology and Scientific Methods* 5(4), 85-99.
——— (1915) "The Logic of Judgments of Practice." *Journal of Philosophy, Psychology and Scientific Methods* 12(19), 505-523.
Di Pellegrino, L., et al. (1992) "Understanding Motor Events: A Neurophysiological Study." *Experimental Brain Research* 91(1), 176-180.
Dierkes, M., Antal, A. B., Child, J. and Nonaka, I. (eds.)(2001) *Handbook of Organizational Learning and Knowledge*. New York: Oxford University Press.
Drucker, P. F. (1989) *The New Realities: In Government and Politics, in Economics and Business, in Society and World View*. New York: Harper & Row [上田惇生訳『新訳 新しい現実――政治, 経済, ビジネス, 社会, 世界観はどう変わるか (ドラッカー選書10)』ダイヤモンド社, 2004年].
——— (2007) *Management: Tasks, Responsibilities, Practices*. New Brunswick, NJ: Transaction [上田惇生訳『マネジメント――課題, 責任, 実践 上・中・下 (ドラッカー名著集13・14・15)』ダイヤモンド社, 2008年].
Duggan, W. (2003) *The Art of What Works: How Success Really Happens.* New

York: McGraw-Hill.
——— (2007) *Strategic Intuition: The Creative Spark in Human Achievement*. New York: Columbia University Press［杉本希子・津田夏樹訳『戦略は直観に従う――イノベーションの偉人に学ぶ発想の法則』東洋経済新報社，2010年］.
——— (2012) *Creative Strategy: A Guide for Innovation*. New York: Columbia University Press.
Durant, W. (1953) *The Story of Philosophy*. New York: Simon and Schuster［村松正俊訳『西洋哲学物語　上・下』講談社学術文庫，1986年］.
Eisenberger, N. I., and Lieberman, M. D. (2004) "Why Rejection Hurts: A Common Neural Alarm System for Physical and Social Pain." *Trends in Cognitive Sciences* 8(7), 294–300.
Evans, J. B. T. (2008) "Dual-Processing Accounts of Reasoning, Judgment, and Social Cognition." *Annual Review of Psychology* 59, 255–278.
Fadiga, L., Fogassi, L., Pavesi, G., and Rizzolatti, G. (1995) "Motor Facilitation during Action Observation: A Magnetic Stimulation Study." *Journal of Neurophysiology* 73(6), 2608–2611.
Fitzgerald, F. S. (1936) "The Crack-Up." Esquire, 1936［村上春樹訳「壊れる」『ある作家の夕刻――フィッツジェラルド後期作品集』中央公論新社，2019年］.
Freedman, L. (2013) *Strategy: A History*. New York: Oxford University Press［貫井佳子訳『戦略の世界史――戦争・政治・ビジネス　上・下』日本経済新聞出版社，2018年］.
Fujino, M. (2005) "Design and Development of the HondaJet." *Journal of Aircraft* 42(3), 755–764.
Funabashi, H. (2009) *Timeless Ventures*. New Delhi: Tata McGraw-Hill.
——— (2013) *The Wisdom of Our Ancestors*. Tokyo: The Japan Journal.
Gazzola, V., Aziz-Zadeh, L., and Keysers, C. (2006) "Empathy and the Somatotopic Auditory Mirror System in Humans." *Current Biology* 16(18), 1824–1829.
Ghemawat, P., Mark, K., and Bradley, S. (2003) *Wal-Mart Stores*. Harvard Business School case (9-704-430).
Gibson, J. J. (1979) *The Ecological Approach to Perception*. Boston: Houghton Mifflin［古崎敬・古崎愛子・辻敬一郎・村瀬旻共訳『生態学的視覚論――ヒトの知覚世界を探る』サイエンス社，1986年］.
Goffman, E. (1974) *Frame analysis: An Essay on the Organization of*

Experience. Boston: Northeaster University Press.

Goodale, M., Króliczak, G., and Westwood, D. (2005) "Dual Routes to Action: Contributions of the Dorsal and Ventral Streams to Adaptive Behavior." *Progress in Brain Research* 149, 269–283.

Gregersen, H. (2017) "Bursting the CEO Bubble." *Harvard Business Review*, March–April, pp.76–83.

Haines, T. (2005) "HondaJet: Behind the Curtain," *AOPPILOT,* August.

Handy, C. (1994) *The Age of Paradox*. Boston: Harvard Business School Press [小林薫訳『パラドックスの時代――大転換期の意識革命』ジャパンタイムズ，1995年].

Hayek, F. A. (1945) "The Use of Knowledge in Society." *The American Economic Review* 35(4), 519–530 [嘉治元郎・嘉治佐代訳「社会における知識の利用」『ハイエク全集 3』春秋社，1990年，pp.107–125].

Heidegger, M. (1962) *Being and Time* (J. Macquarrie and E. Robinson, trans.). New York: Harper & Row (original work published 1927) [中山元訳『存在と時間 1 ～ 6』光文社古典新訳文庫，2015 ～ 19年].

Hickok, G., and Poeppel, D. (2004) "Dorsal and Ventral Streams: A Framework for Understanding Aspects of the Functional Anatomy of Language." *Cognition* 92, 67–99.

Hsu, M., Anen, C., and Quartz, S. R. (2008) "The Right and the Good: Distributive Justice and Neural Encoding of Equity and Efficiency." *Science* 320(5879), 1092–1095.

Huey, J. (1989) "Will Wal-Mart Take Over the World?" *Fortune,* January 30.

――― (1991) "America's Most Successful Merchant." *Fortune,* September 23.

Hurley, S. (2008) "Understanding Simulation 1." *Philosophy and Phenomenological Research* 77(3), 755–774.

Husserl, E. (1936/1970) *The Crisis of the European Sciences and Transcendental Phenomenology* (David Carr, trans.). Evanston, IL: Northwestern University Press [細谷恒夫・木田元訳『ヨーロッパ諸学の危機と超越論的現象学』中公文庫，1995年].

――― (1939/1973) *Experience and Judgement* (J. S. Churchill and K. Ameriks, trans.). London: Routledge [ルードヴィヒ・ランドグレーベ編，長谷川宏訳『経験と判断』河出書房新社，1999年].

――― (1999) *The Essential Husserl: Basic Writings in Transcendental*

Phenomenology (Donn Welton, ed.). Bloomington: Indiana University Press.

Isaacson, W. (2011) *Steve Jobs.* New York: Simon & Schuster［井口耕二訳『スティーブ・ジョブズ 1・2』講談社，2011年］.

Ito, J., and Howe, J. (2016) *Whiplash: How to Serve Our Faster Future*. New York: Grand Central［山形浩生訳『9プリンシプルズ――加速する未来で勝ち残るために』早川書房，2017年］.

Jackson, F. (1982) "Epiphenomenal Qualia." *The Philosophical Quarterly* 32 (127), 127–136.

James, W. (1878) "Remarks on Spencer's Definition of Mind as Correspondence." *The Journal of Speculative Philosophy,* 12(1), 1–18.

Jones, P. T. (2016) "Just Business." *The Economist*, special edition., March.

Juarrero, A. (1999) *Dynamics in Action: Intentional Behavior as a Complex System*. Cambridge, MA: MIT Press.

Kaas, J., and Lyon, D. (2007) "Pulvinar Contributions to the Dorsal and Ventral Streams of Visual Processing in Primates." *Brain Research Reviews* 55(2), 285–296.

Kase, K., González-Cantón, C., and Nonaka, I. (2014) *Phronesis and Quiddity in Management*. London: Palgrave Macmillan.

Koch, C. (2012) *Consciousness: Confessions of a Romantic Reductionist*. Cambridge, MA: MIT Press［土谷尚嗣・小畑史哉訳『意識をめぐる冒険』岩波書店，2014年］.

Koehn, N. (2010) *Leadership in Crisis: Ernest Shackleton and the Epic Voyage of the Endurance, Revised*. Harvard Business School case (9–803–127).

Korda, M. (2007) *Ike:An American Hero.* New York: HarperCollins.

Koscik, T. R., White, N., Chapman, H. A., and Anderson, A. K. (2014) "Sensory Foundations of Socioemotional Perception." In M. S. Gazzaniga and G. R. Mangun (eds.), *The Cognitive Neurosciences*. Cambridge, MA: MIT Press, 751–765.

Kotter, J. (2014) *Accelerate: Building Strategic Agility for a Faster-Moving World*. Boston: Harvard Business Review Press［村井章子訳『実行する組織――大組織がベンチャーのスピードで動く』ダイヤモンド社，2015年］.

Kukla, R., and Lanse, M. (2009) *"Yo!" and "Lo!" Pragmatic Topography of the Space of Reasons*. Cambridge, MA: Harvard University Press.

Leonard, D., Swap, W., and Barton, G. (2015) *Critical Knowledge Transfer: Tools*

for Managing Your Company's Deep Smarts. Boston: Harvard Business School Press.

Levine, J. (1983) "Materialism and Qualia: The Explanation Gap." *Pacific Philosophical Quarterly* 64(4), 354–361.

Lewin, K. (1951) "Problems of Research in Social Psychology." In Dorwin Cartwright (ed.), *Field Theory in Social Science: Selected Theoretical Papers*. New York: Harper & Row, 155–169.

Lieberman, M. D. (2013) *Social: Why Our Brains Are Wired to Connect*. New York: Crown [江口泰子訳『21世紀の脳科学――人生を豊かにする3つの「脳力」』講談社，2015年].

Lindsay, G. (2013) "Engineering Serendipity." *New York Times*, April 5 (https://www.nytimes.com/2013/04/07/opinion/sunday/engineering-serendipity.html).

MacAskill, W. (2016) *Doing Good Better: Effective Altruism and a Radical New Way to Make a Difference*. London: Guardian Books [千葉敏生訳『「効果的な利他主義」宣言！――慈善活動への科学的アプローチ』みすず書房，2018年].

March, J. G., and Simon, H. A. (1958) *Organizations.* Hoboken, NJ: John Wiley & Sons [高橋伸夫訳『オーガニゼーションズ――現代組織論の原典』ダイヤモンド社，2014年].

Mayo, A. J., Egawa, M., and Yamazaki, M. (2009) *Kazuo Inamori: A Japanese Entrepreneur*. Harvard Business School case (08–0139).

Mattoon, J. (2012) "The World of HondaJet." *PILOTMAG,* May–June.

McGinn, D. (2016) "The Best-Performing CEOs in the World, 2016, Resisting the Lure." *Harvard Business Review*, November, 41–51.

Merleau-Ponty, M. (1962) *Phenomenology of Perception* (Colin Smith, trans.). London: Routledge [中島盛夫訳『知覚の現象学 改装版』法政大学出版局，2015年].

Miller, J. J., (2004) "Like Ike." *National Review*, May 29 (https://www.nationalreview.com/2004/05/ike-john-j-miller/).

Milner, D., and Goodale, M. (2006) *The Visual Brain in Action*. Oxford Psychology Series. Oxford Scholarship Online. Oxford: Oxford University Press (https://global.oup.com/academic/product/the-visual-brain-in-action-9780198524724?cc=us&lang=en&).

Mintzberg, H. (2004) *Managers, Not MBAs: A Hard Look at the Soft Practice of*

Managing and Management Development. San Francisco: Berrett-Koehler［池村千秋訳『MBAが会社を滅ぼす――マネジャーの正しい育て方』日経BP社，2006年］.
Misak, C. J. (1991) *Truth and the End of Inquiry: A Peircean Account of Truth*. Wotton-under-Edge, UK: Clarendon Press.
Mitchell, J. P., Banaji, M. R., and Macrae, C. N. (2005a) "The Link between Social Cognition and Self-Referential Thought in the Medial Prefrontal Cortex." *Journal of Cognitive Neuro-science* 17(8), 1306–1315.
———, ———, and ——— (2005b) "General and Specific Contributions of the Medial Prefrontal Cortex to Knowledge about Mental States." *Neuroimage* 28(4), 757–762.
Moran, D. (2014) "The Ego as Substrate of Habitualities: Edmund Husserl's Phenomenology of the Habitual Self." *Phenomenology and Mind* 6, 24–39.
Morson, G. S., and Schapiro, M. (2017) *Cents and Sensibility*. Princeton, NJ: Princeton University Press.
Muller, J. (2015) "The Flight of His Life." *Forbes*, Special 2015 Edition.
Natanson, M. (1973) *Edmund Husserl: Philosopher of Infinite Tasks*. Evanston, IL: Northwestern University Press.
Nelson, R. R., and Winter, S. G. (1982) *An Evolutionary Theory of Economic Change*. Cambridge, MA: Belknap Press of Harvard University Press［後藤晃・角南篤・田中辰雄訳『経済変動の進化理論』慶應義塾大学出版会，2007年］.
Nonaka, I. (1994) "A Dynamic Theory of Organizational Knowledge Creation." *Organization Science* 5(1), 14- 37.
———, Hirose, A., and Takeda, Y. (2016) "'Meso'-Foundations of Dynamic Capabilities: Team-Level Synthesis and Distributed Leadership as the Source of Dynamic Creativity." *Global Strategy Journal* 6(3), 168–182.
———, and Konno, N. (1998) "The Concept of '*Ba*': Building a Foundation for Knowledge Creation." *California Management Review* 40(3), 40–54.
———, and Peltokorpi, V. (2006) "Objectivity and Subjectivity in Knowledge Management: A Review of 20 Top Articles." *Knowledge and Process Management* 13(2), 73–82.
———, and Takeuchi, H. (1995) *The Knowledge-Creating Company: How Japanese Companies Create the Dynamics of Innovation*. New York: Oxford University Press［梅本勝博訳『知識創造企業』東洋経済新報社，1996年］.

———, and ——— (2011) "The Wise Leader." *Harvard Business Review*, May, pp.58–67 [「賢慮のリーダー――『実践知』を身につけよ」『DIAMONDハーバード・ビジネス・レビュー』2011年9月号，pp.10–24].

———, and Toyama, R. (2007) "Strategic Management as Distributed Practical Wisdom (Phronesis)." *Industrial and Corporate Change* 16(3), 371–394.

———, ———, and Hirata, T. (2008) *Managing Flow: A Process Theory of the Knowledge-Based Firm*. Basingstoke, UK: Palgrave Macmillan.

———, von Krogh, G., and Voelpel, S. (2006) "Organizational Knowledge Creation Theory: Evolutionary Paths and Future Advances." *Organization Studies* 27(8), 1179–1208.

Osono, E., Shimizu N., and Takeuchi, H. (2008) *Extreme Toyota: Radical Contradictions That Drive Success at the World's Best Manufacturer*. Hoboken, NJ: John Wiley & Sons [『トヨタの知識創造経営――矛盾と衝突の経営モデル』日本経済新聞出版社，2008年].

Pascale, R., and Christiansen, T. (1989) *Honda (B), Revised*. Harvard Business School case (9-384-050).

Peukert, H. (2003) "The Missing Chapter in Schumpeter's Theory of Economic Development." In J. Bachaus (ed.), *Joseph Alois Schumpeter*. Norwell, MA: Kluwer Academic, 221–231.

Peirce, C. P. (1935) *Collected Papers of Charles Sanders Peirce*, Vols. V and VI: *Pragmatism* and *Pragmaticism and Scientific Metaphysics* (C. Hartshorne and P. Weiss, eds.). Cambridge, MA: Harvard University Press.

——— (1878) "How To Make Our Ideas Clear." In N. Houser and C. Kloesel (eds.), *The Essential Peirce,* Vol. 1. Bloomington: Indiana University Press, 286–302.

Polanyi, M. (1958) *Personal Knowledge: Towards a Post-Critical Philosophy*. Chicago: University of Chicago Press [長尾史郎訳『個人的知識――脱批判哲学をめざして』ハーベスト社，1985年].

——— (1966a) *The Tacit Dimension.* Garden City, NY: Doubleday [高橋勇夫訳『暗黙知の次元』ちくま学芸文庫，2003年].

——— (1966b) "The Logic of Tacit Inference." *Philosophy* 41(155), 1–18.

Popper, K. (1979) *Objective Knowledge: An Evolutionary Approach*, rev. ed. Oxford: Clarendon Press [森博訳『客観的知識――進化論的アプローチ』木鐸社，2004年].

Porter, M. E. (1980) *Competitive Strategy: Techniques for Analyzing Industries and Competitors*. New York: Free Press [土岐坤・中辻萬治・服部照夫訳『競争の戦略』ダイヤモンド社，1995年].

———, and Heppelmann, J. E. (2014) "How Smart, Connected Products Are Transforming Competition." *Harvard Business Review*, November, pp. 64–88 [「IoT時代の競争戦略」『DIAMONDハーバード・ビジネス・レビュー』2015年4月号，pp.38-69] (https://hbr.org/2014/11/how-smart-connected-products-are-transforming-competition).

———, and ——— (2015) "How Smart, Connected Products Are Transforming Companies." *Harvard Business Review*, October (https://hbr.org/2015/10/how-smart-connected-products-are-transforming-companies).

———, and ——— (2017) "Why Every Organization Needs an Augmented Reality Strategy." *Harvard Business Review*, November–December, pp.46–57 [「AR戦略――拡張現実の並外れた可能性」『DIAMONDハーバード・ビジネス・レビュー』2018年1月号，pp.26-47].

———, and Kramer, M. R. (2011) "Creating Shared Value." *Harvard Business Review*, 89(1–2) January–February, pp. 62–77 [「共通価値の戦略」『DIAMONDハーバード・ビジネス・レビュー』2011年6月号，pp.8-31].

———, and Takeuchi, H. (2000) *Can Japan Compete?* New York: Basic Books [『日本の競争戦略』ダイヤモンド社，2000年].

Putnam, H. (1995). *Pragmatism: An Open Question*. Oxford: Blackwell [高頭直樹訳『プラグマティズム――限りなき探究』晃洋書房，2013年].

Rigby, D., Sutherland, J., and Takeuchi, H. (2016) "Embracing Agile." *Harvard Business Review*, May, pp. 40–50 [「臨機応変のマネジメントで生産性を劇的に高める」『DIAMONDハーバード・ビジネス・レビュー』2016年9月号，pp.92-106].

Rizzolatti, G., and Craighero, L. (2004) "The Mirror-Neuron System." *Annual Review of Neuroscience* 27, 169–192.

Rizzolatti, G., Fadiga, L., Gallese, V., and Fogassi, L. (1996) "Premotor Cortex and the Recognition of Motor Actions." *Cognitive Brain Research* 3(2), 131–141.

Roth, M. (2014) *Beyond the University: Why Liberal Education Matters*. New Haven, CT: Yale University Press.

Rother, M. (2010) *Toyota Kata: Managing People for Improvement, Adap-*

tiveness, and Superior Results. New York: McGraw-Hill［稲垣公夫訳『トヨタのカタ――驚異の業績を支える思考と行動のルーティン』日経BP，2016年］.
Sahal, D. (1981) *Patterns of Technological Innovation*. Reading, MA: Addison-Wesley.
Samuels, R. J. (2003) *Machiavelli's Children: Leaders and Their Legacies in Italy and Japan*. Ithaca, NY: Cornell University Press［鶴田知佳子・村田久美子訳『マキァヴェッリの子どもたち――日伊の政治指導者は何を成し遂げ，何を残したか』東洋経済新報社，2007年］.
Sax, D. (2016) *The Revenge of Analog: Real Things and Why They Matter*. New York: PublicAffairs［加藤万里子訳『アナログの逆襲――「ポストデジタル経済」へ，ビジネスや発想はこう変わる』インターシフト，2018年］.
Sen, A. K. (1992) "Minimal Liberty." *Economica* 59, 139–159.
Senge, P. M. (2006) *The Fifth Discipline: The Art and Practice of the Learning Organization*. Santa Fe, NM: Doubleday［枝廣淳子・小田理一郎・中小路佳代子訳『学習する組織――システム思考で未来を創造する』英治出版，2011年］.
Sharmer, C. O. (2009) *Theory U: Leading from the Future as It Emerges: The Social Technology of Presenting*. San Francisco: Berrett-Koehler［中土井僚・由佐美加子訳『U理論――過去や偏見にとらわれず，本当に必要な「変化」を生み出す技術　第2版』英治出版，2017年］.
Sheth, B. R., and Young, R. (2016) "Two Visual Pathways in Primates Based on Sampling of Space: Exploitation and Exploration of Visual Information." *Frontiers in Integrative Neuroscience* 10, 37 (doi:10.3389/ fnint.2016.00037).
Shimano. (2004) *The Shimano Story: Harmony and Strictness*. Sakai, Japan: Shimano.
Shimizu, H. (1995) "'Ba-Principle': New Logic for the Real-Time Emergence of Information." *Holonics* 5(1), 67–79.
Simon, H. A. (1947) *Administrative Behavior: A Study of Decision-Making Processes in Administrative Organization*. New York: Macmillan［二村敏子・桑田耕太郎・高尾義明・西脇暢子・高柳美香訳『新版 経営行動――経営組織における意思決定過程の研究』ダイヤモンド社，2009年］.
――― (1973) "Applying Information Technology to Organization Design." *Public Administration Review* 33(3), 268–278.
Sloman, S., and Fernbach, P. (2017) *The Knowledge Illusion: Why We Never Think Alone*. New York: Riverhead Books［土方奈美訳『知ってるつもり――

無知の科学』早川書房，2018年］．
Smith, J. E. (2012) *Eisenhower in War and Peace*. New York: Random House.
Smith, W. K., and Lewis, M. W. (2011) "Toward a Theory of Paradox: A Dynamic Equilibrium Model of Organizing." *Academy of Management Review* 36(2), 381–403.
———, ———, Jarzabkowski, P., and Langley, A. (2017) *The Oxford Handbook of Organizational Paradox*. Oxford: Oxford University Press.
———, ———, and Tushman, M. L. (2016) "Both/And" Leadership." *Harvard Business Review*, May, pp.62–70.
Spender, J. C. (2013) "Professor Ikujiro Nonaka and KM's Past, Present and Future." In G. Von Krogh, H. Takeuchi, K. Kase, and C. G. Cantón (eds.), *Towards Organizational Knowledge: The Pioneering Work of Professor Ikujiro Nonaka*. London: Palgrave-Macmillan, 24–59.
——— (2014a) *Business Strategy: Managing Uncertainty, Opportunity, and Enterprise*. New York: Oxford University Press.
——— (2014b) "Stop Worrying about Whether Machines are 'Intelligent.'" *Harvard Business Review*, August (https://hbr.org/2015/08/stop-worrying-about-whether-machines-are-intelligent).
Spillane, J., Halverson, R., and Diamond, J. (2001) "Investigating School Leadership Practice: A Distributed Perspective." *Educational Researcher* 30 (3), 23–28.
Stiglitz, J. E. (1987) "On the Microeconomics of Technical Progress." In J. M. Katz (ed.), *Technology Generation in Latin American Manufacturing Industries*. New York: St. Martin's Press, 56–77.
Sutherland, J. (2014) *Scrum: The Art of Doing Twice the Work in Half the Time*. New York: Crown Business［石垣賀子訳『スクラム――仕事が4倍速くなる"世界標準"のチーム戦術』早川書房，2015年］．
Takeuchi, H. (2006) *Shimano: Intel of the Bicycle Business*. Harvard Business School case (711–460).
——— (2011) *Fast Retailing Group, Revised.* Harvard Business School case (N2–711–496).
——— (2013) "Wise Leadership and Wise Capitalism." *Kindai Management Review* 1, 17–27.
——— (2014) *The Miracle of Japan Airlines*. Harvard Business School case

(N2-713-521).
——— (2017) *Sam Walton and Wal-Mart.* Harvard Business School case (N9-123-466).
——— et al. (2012a) *The Great East Japan Earthquake (B): Fast Retailing Group's Response*. Harvard Business School case (N9-712-482).
——— et al. (2012b) *The Great East Japan Earthquake (C): Ishinomaki Kouwan Hospital's Response*. Harvard Business School case (N9-712-483).
——— et al. (2012c) *The Great East Japan Earthquake (D): Lawson's Response*. Harvard Business School case (N9-712-485).
——— et al. (2012d) *The Great East Japan Earthquake (E): Yamato Transport's Response*. Harvard Business School case (N9-712-486).
——— et al. (2016a) *The Great East Japan Earthquake (F): Google Japan's Response and Recovery Efforts*. Harvard Business School Supplement (9-716-474).
——— et al. (2016b) *The Great East Japan Earthquake (G): Yahoo! Japan's Response and Recovery Efforts*. Harvard Business School Supplement (9-716-475).
———, and Fujikawa, Y. (2012) *Kumon India in 2007, Revised*. Harvard Business School case (711-459).
———, and Knoop, C.-I. (2011) *Seven-Eleven Japan: The Tanpin Kanri Retail Practice*. Harvard Business School case (711-501).
———, Nonaka, I., and Senoo, D. (2011) *Seven-Eleven Japan: Knowledge Creation and Sharing*. Harvard Business School Supplement (N2-711-465).
———, ———, and Yamazaki, M. (2011) *Knowledge Creation at Eisai Co., Ltd.*, Revised. November 30, 2011, Harvard Business School case (9-711-492).
———, Osono, E., Shimizu, N. (2008) "Contradictions That Drive Toyota's Success." *Harvard Business Review*, June, 96-107 [「トヨタ――『矛盾力』の経営」『DIAMONDハーバード・ビジネス・レビュー』2008年12月号, pp.42-54].
———, and Stone, V. (2013) *The Great East Japan Earthquake (A), Revised*. Harvard Business School case (N9-712-480).
Teece, D. (1977) "Technology Transfer by Multinational Firms: The Resource Cost of Transferring Technological Know-how." *The Economic Journal: The Quarterly Journal of the Royal Economic Society* 87(346), 242-261.

——— (2009) *Dynamic Capabilities and Strategic Management: Organizing for Innovation and Growth*. New York: Oxford University Press［谷口和弘・蜂巣旭・川西章弘・ステラ・S・チェン訳『ダイナミック・ケイパビリティ戦略――イノベーションを創発し，成長を加速させる力』ダイヤモンド社，2013年］.

——— (2014) "The Foundations of Enterprise Performance: Dynamic and Ordinary Capabilities in an (Economic) Theory of the Firms." *The Academy of Management Perspectives* 28(4), 328–352.

———, Pisano, G., and Shuen, A. (1997) "Dynamic Capabilities and Strategic Management." *Strategic Management Journal* 18(7), 509–533.

Thiel, P., and Masters, B. (2014) *Zero to One: Notes on Startups, or How to Build the Future*. New York: Crown Business［関美和訳『ゼロ・トゥ・ワン――君はゼロから何を生み出せるか』NHK出版，2014年］.

Thomas, E. (2012) *Ike's Bluff: President Eisenhower's Secret Battle to Save the World*. New York: Little, Brown.

Tversky, A., and Kahneman, D. (1981) "The Framing of Decisions and Psychology of Choice." *Science* 211(4481), 453–458.

US Marine Corps. (1989) *Warfighting*. New York: Cosimo.

Varela, F. J., Thompson, E., and Rosch, E. (1991) *The Embodied Mind: Cognitive Science and Human Experience*. Boston: MIT Press［田中靖夫訳『身体化された心――仏教思想からのエナクティブ・アプローチ』工作舎，2001年］.

Vogel D. (2005) *The Market for Virtue*. Washington DC.: Brookings Institution Press［小松由紀子・村上美智子・田村勝省訳『企業の社会的責任「CSR」の徹底研究――利益の追求と美徳のバランス　その事例による検証』一灯舎，2007年］.

von Krogh, G., Ichijo, K., and Nonaka, I., (2000) *Enabling Knowledge Creation: How to Unlock the Mystery of Tacit Knowledge and Release the Power of Innovation*. Oxford: Oxford University Press［ゲオルク・フォン・クロー／一條和生／野中郁次郎『ナレッジ・イネーブリング――知識創造企業への５つの実践』東洋経済新報社，2001年］.

Walton, S., and Huey, J. (1992) *Made in America: My Story*. New York: Doubleday［竹内宏監修『ロープライスエブリデイ』同文書院インターナショナル，1992年］.

Weber, M. (1930) *The Protestant Ethic and the Spirit of Capitalism*. New York: Scribner [大塚久雄訳『プロテスタンティズムの倫理と資本主義の精神』岩波書店, 1989年].

White, H. (1974) *Metahistory: The Historical Imagination in Nineteenth-Century Europe.* Baltimore, MD: Johns Hopkins University Press [岩崎稔監訳『メタヒストリー――一九世紀ヨーロッパにおける歴史的想像力』作品社, 2017年].

Wilson, M. (2002) "Six Views of Embodied Cognition." *Psychonomic Bulletin & Review* 9(4), 625-636.

Wilkinson, R., and Pickett, K. (2010) *The Spirit Level: Why Equality Is Better for Everyone*. London: Penguin UK [酒井泰介訳『平等社会――経済成長に代わる, 次の目標』東洋経済新報社, 2010年].

Yanai, T. (2016) *Notes on Becoming a Business Leader*. (Translated version of his 2015 book)(for internal company use).

稲盛和夫 (2004)『生き方』サンマーク出版.

――――・京セラコミュニケーションシステム (2017)『稲盛和夫の実践アメーバ経営――全社員が自ら採算をつくる』日本経済新聞出版社.

稲泉連 (2016)「豊田章男ドイツ密着72時間」『プレジデント』8月1日号, pp.102-109.

引頭麻実 (2013)『JAL再生――高収益企業への転換』日本経済新聞出版社.

大西康之 (2013a)「誰の金だと思っている――業を起こす 日航・稲盛和夫 (1)」『日本経済新聞』2月18日朝刊, 2面.

――――(2013b)「アメーバの威力――業を起こす 日航・稲盛和夫 (5)」『日本経済新聞』2月22日朝刊, 2面.

週刊東洋経済 (2016)「経営者 豊田章男」『週刊東洋経済』4月9日号, pp.30-48.

張富士男編 (2001)『ザ・トヨタウェイ2001』トヨタ自動車 (社内文書).

城山三郎 (2009)『本田宗一郎との100時間』PHP研究所.

西田幾多郎 (1926)「場所」『哲學研究』123号, pp.1-99.

野中郁次郎 (2013)「成功の本質　vol.66　日本航空」『Works』No.117, pp.46-51.

――――(2017)『本田宗一郎――夢を追い続けた知的バーバリアン』PHP研究所.

――――編著 (2018)『野中郁次郎　ナレッジ・フォーラム講義録』東洋経済新報社.

――――・荻野進介 (2014)『史上最大の決断――「ノルマンディー上陸作戦」を成

功に導いた賢慮のリーダーシップ』ダイヤモンド社.
――――・遠山亮子・平田透 (2010)『流れを経営する――持続的イノベーション企業の動態理論』東洋経済新報社，2010年.
福井威夫編 (2006)『TOP TALKS――語りつがれる原典』本田技研工業（社内文書）.
舩橋晴雄 (2003)『新日本永代蔵――企業永続の法則』日経BP社.
本田宗一郎 (1996)『俺の考え』新潮文庫.
前間孝則 (2015)『ホンダジェット――開発リーダーが語る30年の全軌跡』新潮社.
山口一郎 (2005)『存在から生成へ――フッサール発生的現象学研究』知泉書館.
柳井正 (2015)『経営者になるためのノート』PHP研究所.
若松義人 (2013)『トヨタが「現場」でずっとくり返してきた言葉』PHPビジネス新書.

推薦の言葉

野中教授と竹内教授は知識の扱い方について多くのことを私たちに教えてくれた。本書で2人はさらに先へ進み、知識を知恵へと育て上げる方法を説いている。すべてのマネジャーが仕事や組織について、さらには人生や幸福について、本書から学べるだろう。

ヘンリー・チェスブロウ

（カリフォルニア大学バークレー校ハース経営大学院客員教授）

価値のある新しい知識を創造するとともに、それを実践することで持続的にイノベーションを起こせる者たちによって、今の世界は牽引されている。そのような現代の世界において、CEOにとってはもちろん、あらゆるレベルのリーダーにとっても、また世界的なリーダーを志す学生にとっても、大きな助けになる名著がここに誕生した。野中と竹内は世界的な名声を博している学者だが、そのことと同じくらい重要なのは、2人が実際に世界中のクライアントと仕事をともにし、現実に変化を生み出していることだ。本書は見事な筆致で綴られ、魅力に富む。住み心地の良い世界をいかに築くかを理論と実践の両面から説いた刮目すべき指南書だ。

ノエル・ティシー

（ミシガン大学ビジネススクール教授）

野中と竹内――いつまでも色褪せることのない知恵を授けてくれるイノベーション・マネジメントの錬金術師――は、新しい手法で企業を経営し、率いるには、組織のあらゆるレベルで賢慮のリーダーが必要だと説いている。洞察と興趣に満ち、世界トップクラスの日米のビジネスリーダーやイノベーターたちの事例を交えながら説得力のある議論が展開されている快著だ。前作の『知識創造企業』から進化を遂げた素晴らしい続編でもある。

デイビッド・ティース

（カリフォルニア大学バークレー校ハース経営大学院教授）

著者紹介

野中郁次郎（のなか・いくじろう）

1935年東京都生まれ．58年早稲田大学政治経済学部卒業．富士電機製造勤務の後，カリフォルニア大学（バークレー校）経営大学院にてPh.D.取得．南山大学経営学部，防衛大学校，一橋大学産業経営研究施設，北陸先端科学技術大学院大学，一橋大学大学院国際企業戦略研究科各教授，カリフォルニア大学（バークレー校）経営大学院ゼロックス知識学特別名誉教授を経て，現在，一橋大学名誉教授，日本学士院会員．知識創造理論を世界に広めたナレッジマネジメントの権威で，海外での講演多数．主な著作に，『組織と市場』（千倉書房），『失敗の本質』（共著，ダイヤモンド社），『日米企業の経営比較』（共著，日本経済新聞社），『直観の経営』（共著，KADOKAWA），*The Knowledge-Creating Company*（共著，Oxford University Press［邦題『知識創造企業』東洋経済新報社］），*Managing Flow*（共著，Palgrave Macmillan）などがある．

竹内弘高（たけうち・ひろたか）

1946年東京都生まれ．69年国際基督教大学卒業．71年カリフォルニア大学バークレー校にてMBA，77年同校にてPh.D.取得．ハーバード大学経営大学院（ハーバード・ビジネス・スクール）助教授，一橋大学商学部教授，同大学大学院国際企業戦略研究科初代研究科長などを経て，現在，ハーバード大学経営大学院教授，一橋大学名誉教授．2019年より国際基督教大学理事長を兼務．グローバル企業との実務経験もあり，ダボス会議をはじめとする国際会議にスピーカーとして数多く出席している．主な著作に，『ベスト・プラクティス革命』（ダイヤモンド社），『企業の自己革新』（共著，中央公論社），*The Knowledge-Creating Company*（共著，Oxford University Press［邦題『知識創造企業』東洋経済新報社］），*Can Japan Compete?*（共著，Basic Books［邦題『日本の競争戦略』ダイヤモンド社］），*Extreme Toyota*（共著，John Wiley & Sons［邦題『トヨタの知識創造経営』日本経済新聞出版社］）などがある．

訳者紹介

黒輪篤嗣（くろわ・あつし）

1973年茨城県生まれ．上智大学文学部哲学科卒業．翻訳家．ノンフィクションの翻訳を幅広く手がける．主な訳書に，ヤーギン『新しい世界の資源地図』，グレガーセン『問いこそが答えだ！』，バジーニ『哲学の技法』，ラワース『ドーナツ経済学が世界を救う』，ダベンポート『宇宙の覇者　ベゾスvsマスク』，ヒルほか『ハーバード流　逆転のリーダーシップ』，ロバートソンほか『レゴはなぜ世界で愛され続けているのか』などがある．

ワイズカンパニー

知識創造から知識実践への新しいモデル

2020年9月10日　第1刷発行
2024年5月30日　第4刷発行

著　者――野中郁次郎／竹内弘高
訳　者――黒輪篤嗣
発行者――田北浩章
発行所――東洋経済新報社
〒103-8345　東京都中央区日本橋本石町1-2-1
電話＝東洋経済コールセンター　03(6386)1040
https://toyokeizai.net/

装　丁……………竹内雄二
本文デザイン・DTP……米谷　豪（orange_noiz）
印　刷……………ベクトル印刷
製　本……………ナショナル製本
編集協力…………荻野進介／重田祐子
編集担当…………佐藤　敬
Printed in Japan　　ISBN 978-4-492-52230-1